蜜蜂的寓言

The fable of the BEES

私人的恶德，公众的利益

［荷］伯纳德·曼德维尔 ◎ 著
刘霂 ◎ 译

华文出版社
SINO-CULTURE PRESS

图书在版编目（CIP）数据

蜜蜂的寓言 /(荷) 伯纳德·曼德维尔著；刘霈译. -- 北京：华文出版社，2019.9
ISBN 978-7-5075-5150-1

Ⅰ.①蜜… Ⅱ.①伯… ②刘… Ⅲ.①自由主义(经济学) Ⅳ.①F091.33

中国版本图书馆CIP数据核字（2019）第152832号

蜜蜂的寓言
MIFENG DE YUYAN

著　者：	[荷]伯纳德·曼德维尔
译　者：	刘　霈
出版策划：	兴盛乐
责任编辑：	魏姗姗
出版发行：	华文出版社
社　　址：	北京市西城区广安门外大街305号8区2号楼
邮政编码：	100055
网　　址：	http://www.hwcbs.com.cn
电　　话：	总编室 010-58336239　发行部 010-58336267　58336238
	责任编辑 010-58336195
经　　销：	新华书店
印　　刷：	北京柯蓝博泰印务有限公司
开　　本：	710×960　1/16
印　　张：	25
字　　数：	422千字
版　　次：	2019年9月第1版
印　　次：	2019年9月第1次印刷
书　　号：	ISBN 978-7-5075-5150-1
定　　价：	68.00元

版权所有　侵权必究

出版说明

本书为荷兰哲学家、经济学家伯纳德·曼德维尔（Bernard Mandeville）的代表作，在西方近代思想史上，这也是一部引起过巨大争议的作品，再版三次后曾在英国被全面封禁。作者在书中提出了"私人的恶德，公众的利益"的观点——从道德角度讲，奢侈、虚荣、自利等恶德应该受到谴责，但是从经济角度来看，上述恶德更有助于促进商业繁荣，增加经济繁荣的是消费而不是储蓄。这也就是所谓的"曼德维尔悖论"。

曼德维尔及其悖论对西方经济学、伦理学、政治学、社会心理学和文学均产生了巨大的影响，其理论还被认为对后世经济学有巨大的引导作用，比如哈耶克就认为曼德维尔是经济自由主义重要的、最初的创建者，阅读《蜜蜂的寓言》可以从经济学角度总结其理论；凯恩斯的"总需求决定理论"也是来自本书的启发；萨缪尔森等经济学家还对曼德维尔悖论做了解释和理论扩展……"蜜蜂的寓言"已经成为了现代自由主义经济学和经济伦理的基本隐喻，看似荒唐的故事背后仍蕴藏着较高的学术价值。也正是基于研究与教学的目的，我们翻译出版了本书，供读者参考之用。译本保留了作品原貌，并附加了大量译注，便于读者阅读理解。值得一提的是，由于时代所限，作者的观点具有一定的局限性，读者在阅读时应取其精华、去其糟粕，用书中的知识财富来丰富自己的头脑。

序言

对于市民社会的政治团体而言，法律与政府就如同灵魂对于生命本身一样。我们通过解剖尸体进行研究发现：真正让人体这部机器得以运转的核心在于那些不足挂齿的薄膜与导管，而非表面上看起来的那些坚硬的骨骼、强壮的肌肉及神经，抑或它们表面上那些优雅、细腻白皙的皮肤，这些薄膜与导管是如此普通，以致人们长期忽视了它们的存在，认为它们可有可无。把人的天性从艺术与教育中剥离出来进行研究时，情况也是这样。这种研究会告诉我们：人之所以被称为社会性动物，其原因并不是人具有团结合作、善良天性、怜悯及友善等最高尚、最优秀的品质，也不是人追求造就赏心悦目外表的其他优点；恰恰相反，最不可或缺的造诣其实存在于人的那些最低贱、最可耻的品质之中，是它们使人在最庞大（参照世人的标准考量）、最幸福与最繁荣的社会中世代繁衍，生生不息。

我所要表达的思想都涵盖在下面这则寓言里了。在八年前，它刚刚问世时还只是一本价值六便士的小册子，题目是《抱怨的蜂巢或骗子变作老实人》①。没想到这本小册子出版后盗版接踵而至，很快就成为被印在仅值半个便士的纸张上的廉价品，卖遍街头巷尾。小册子的第一版问世之后，我就碰到了一些人，他们既不是有意，也不是愚昧，却误读了它的意图（假如说它能有什么意图的话），认为它旨在嘲讽美德与道德，全篇皆是吹捧恶德之词。这种误读使我下定决心：无论这本书何时再版，我都要尽我所能让读者了解我写这首诗的真正意图。我还打算在诗歌的名义下去借机吹捧这几行松散文字，这不是为了让读者多读到一首韵律齐全的诗，所以，给它们取名，着实让我大费脑筋，因为它们无法归于史诗、田园诗的一种；也无法归于讽刺诗、滑稽诗或英雄喜剧诗任意一种。它们缺少作为故事所需的现实可能性；也因过长而无法看作寓言。对此，我只能说：它们是一个用打油诗形式叙述的故事，其中没有半点卖弄聪明的意思。我已尽我所

---

① 作者在1714年写的那本小册子。——译者注

能把它叙述得通俗易懂：无论它在读者眼中是什么，我都不反对。传闻，蒙田①对论述人类的缺点了然于胸，却对人类的种种最好的天性浑然不知；只要人们对我的评价比对他稍微好点，那我就心满意足了。

寓言中蜂巢所指代的，无论大家认为是这个世界上的哪个国家，对这个国家的法律和体制的形容，对其居民的荣誉、财富、权力及勤勉的形容，都印证了一点：这个国家一定疆域辽阔、物产富饶而又好战，他们的人民在一种有限度的君主政体统治下幸福地生活着。因此，这个寓言的讽寓将包含下面将提及的几种专业及职业，并且各个等级和各种身份的人几乎都被囊括其中，这绝不是为了去伤害、去针对特定的某些人，只不过是要借此表明：各种卑劣的成分混合在一起，便会建构成一个健康的存在，也就是形成一个井井有条的社会。因此，我们不得不佩服政治智慧的惊人力量，这种力量的源泉是一种帮助，它来自一部美妙无比的机器，而正是那些最无足轻重的部件构成了这部机器。这是因为，这个寓言旨在（如同这个寓言的"寓意"一样）表明：正所谓鱼与熊掌不能兼得，想要既享受一个勤勉、富裕和强大的民族所具备的最安闲自在的全部生活，同时又要有一个黄金时代所能希望的一切美德与清白是不可能的。因此，我将揭穿一些人的荒谬和愚蠢的嘴脸，他们梦想着成为有钱人，并且异常贪婪，把一切能够攫取的收益都收入囊中，却总是或小声嘀咕，或高调地抱怨那些恶德及不便。要知道，从世界诞生之日起，那些恶德及不便就与一些王国及国家形影相随，而那些王国及国家却同时是强大、富裕和文雅的代名词。

我将分散部分阐释以达目的，首先我会大致描述一些专业及职业经常导致的某些谬误及腐败。之后我再证明：充分利用每一个人内心潜伏的恶德，对于全体的伟大乃至世间的幸福都不无裨益。最后，我要讲述普遍的诚实、美德及全民的节制、无邪和满足的最终导向，并以此表明：假如人类真的能够治愈其天性邪恶所造成的恶果，那么，人类将与如此庞大、有效而文雅的社会说再见了，因为他们与繁荣起来的联邦政体及君主政体的统治早已融为一体，不可分割。

如果你问我做这一切是为了什么，有什么好处？这些见解对大家有什么用？事实上，除了能开拓读者的思维之外，估计就没有任何其他用处了。然而如果有人问我：从这些见解当中能顺其自然地推论出什么？我便会告诉他们：首先，人

---

① 蒙田（1533—1592），法国文艺复兴后期、16世纪人文主义思想家。启蒙运动以前法国的一位知识权威和批评家，是一位人类感情的冷峻的观察家，亦是对各民族文化，特别是西方文化进行冷静研究的学者。——译者注

人都在不断地热衷于给别人挑刺，而在读到我这些见解之后，人们将学会反省并拷问自己的内心，他们将会为自己犯下的错误却不知悔改而感到羞愧。其次，一些人热衷于安逸和舒适的生活，他们将所有利益都收入囊中，而这些利益原本属于一个伟大、繁荣的民族。这些人将学会对那些不便之处有更大的容忍之心，地球上所有的政府都对它们无可奈何，而这些人应当看到：要想享受安逸舒适就必须要面对那些不便之处，这是无法逃避的。

如果人们虚心接受对他们的片语忠告，想要变得比之前更好，我自忖，我所发表的这些见解，足以帮他们达到这一目的。可是，世事轮回，时代变迁，人类却止步不前，尽管这期间有不少鸿篇巨著得以问世，那些著作曾尽其所能帮人类变好。可能是我的虚荣心作怪，使我希望用这本不足挂齿的东西去获取改善人类的更大成功。

怀着这小小的奇想可能产生的这点小小的优越，我想我有义务去证明：这本书没有歧视任何人，因为一本书如果没有意义，那至少不应带来任何负面影响。为了做到这一点，我用一些解释性的评论加以补充，在那些看上去可能会产生歧义的段落里，这样的评论随处可见。

素未谋面（抱怨的蜂巢）的挑剔者告诉我：只要我所说的与寓言有关（它们最多也就只有这本书的十分之一），那都只是为了介绍那些评论；我不仅没法理清那些值得怀疑的或晦涩难懂的地方，反而从客观上加深了人们对我的质疑；我不仅没法把以前所犯错误的影响降到最小，反而错上加错。他们想以此证明：在闲扯那些无关紧要的事时，我比在寓言里所做的对恶德的吹捧更加恬不知耻，炉火纯青。

面对这些责难，我根本就无暇顾及。对于那些心存偏见的人，所有的道歉或解释都无济于事。我知道有些人认为：恶德存在于世间每个角落，这种假设是有罪的；这些人将永远参不透其中的奥秘。不过，如果对这个假设所能造成的一切冒犯加以深究的话，那错误的推导必然会得到错误的结论，而我不愿这样的错误发生在任何人身上。我说恶德与伟大而有效的社会须臾不离，我说那些社会的财富和庄严与恶德形影相随，并不意味着这些社会里有罪的那些成员可以逃脱应有的制裁，不用为他们的过错付出应有的代价。

在伦敦，只有数目极少的人需要随时步行，但我相信人们却会希望伦敦的街道比通常标准更干净一些；他们只会关注与自己休戚相关的衣服和私人便利，对其他事情一概漠不关心。不过，一旦意识到是这个大城市熙攘热闹的交通和它的富裕使得他们如此窝火,一旦开始关注这个大城市的福利,人们便不再关心这个大城市的街道是否需要清洁一下了。这是因为,我们若是想到:因循惯例的话,数以万计的商业和手工业消耗着这一切材料,我们若想到这个城市每天消费数量惊人的食物、饮料和燃料的同时,也会产生垃圾和废物,想到无数马匹及其他牲畜总是在街道上逡巡游荡,想到这些街道被来来往往的运货马车、四轮马车及更为沉重的客运马车磨损得千疮百孔,最重要的是想到熙来攘往的人群把这些街道的边边角角都糟蹋得面目全非……如果我们想到这一切,便会发现:污物时时刻刻都在出现。试想那些大街离河边如此之远,那些污物一旦产生就要清除的话,代价是多么昂贵,又是多么耗费脑筋,因此,想让伦敦变得更清洁,势必要以牺牲它的部分繁荣作为代价。现在我要问:如果一位良好公民考虑到上述这一切,他是否会认为对于伦敦的幸福生活而言,脏乱的街道是它密不可分的一种副产品呢?那些街道并不妨碍清洁鞋子及清扫街道,因为擦鞋者和清道夫对这项工作没有丝毫成见。

但是,倘若不考虑这个城市的价值取向而问我:哪里才是最适合散步的地方?那么,毫无疑问,相比于邋遢肮脏的伦敦街道,那沁人心脾的花园,抑或乡村里草木青葱的小树林才是最理想的所在。同理,倘若不考虑世间一切虚无缥缈而又让人艳羡的繁华而问我:人在哪里才最有可能获得真正的幸福?我便会认为和平的小型社会再合适不过了。那里的人们既不会相互妒忌,也不会相互谄媚,他们自给自足,怡然自得,兵强马壮,富甲一方。而正是凭借这样的财富和实力,他们能够对外出兵去侵略其他民族,因而把他们本国的快乐建立在别国的痛苦之上。

本书第一版中我想要对读者表达的,就是上述内容。在本书第二版的前言里,我没做任何删减改动。但是,反对这本书的浪潮自那时已然形成,这全都在我对那些好心人的正义、智慧、慈善及公平品质的预料之中。我对他们不抱任何希望。这本书曾被大陪审团提起公诉①,并且遭到数千人的口水围攻,而实际上他们并不知道这本书究竟写的是什么。他们在伦敦市长面前痛陈这本书的罪恶。一位牧师每天都在对它进行洗礼,此人登广告诋毁我,并扬言将在两个月,或至

---

① 此事发生在1723年。1728年11月28日,米德尔塞克斯的大陪审团再次认定这本书是"耻辱的、不光彩的作品",并准许将原书及1723年该陪审团的裁定一同发表。——译者注

多五个月后反驳我这本书①。我在本书的结尾,迫不得已为自己做了声明。那个大陪审团的裁定及一封写给尊敬的C爵士②的信也包含其中。此信不但言辞缜密,而且雄辩、舌灿莲花。作者表现出了诟骂的天赋,表现出了一种伟大的睿智,即洞察秋毫、明辨是非。作者激烈反对邪恶的书籍,矛头直指《蜜蜂的寓言》,并对其作者怒目相向。此人指出该书作者的滔天大罪足有四项之多,说此类作者目前岌岌可危,而上帝将会惩罚整个国家。因此,他忧心忡忡,提醒众人对这个作者要多加小心。

鉴于此信的长度,鉴于它并不仅针对我一个人,我本想先摘录下其中与我有关的部分,但是,经过仔细研究,我发现想要把那些与我无关的部分剔除是如此的困难,因此,我只好劳驾读者耐着性子读完了。我也希望,尽管该信冗长之至,其浮夸之辞仍能使曾经品读过它所批评的那篇论文的读者读得饶有兴致。

---

① 1723年8月12日,《真正不列颠人报》刊发了一则新书广告,说那本新书在为慈善学派辩护时,将不遗余力地反驳曼德维尔等人的许多"不正确的、卑劣的、狠毒的"观点。该报于8月16日、26日和9月2日多次刊登这则广告。但广告中的新书1724年8月才得以面世。因此,曼德维尔在此所说的5个月并没有夸张之语。——译者注

② "尊敬的C爵士"可能是汉诺威的卡特莱特男爵。——译者注

目录

第一部分 诗 歌
 抱怨的蜂巢，或骗子成为老实人.....................003
 寓 意..018

第二部分 评 论
 美德的源起......................................021
 评 论..030

第三部分 关于社会本质的探究

第四部分 对 话
 1 荷瑞修、里欧·门尼斯与维耶尔薇娅的对话...............175
 2 荷瑞修与里欧·门尼斯的对话........................197
 3 荷瑞修与里欧·门尼斯的对话........................224
 4 荷瑞修与里欧·门尼斯的对话........................255
 5 荷瑞修与里欧·门尼斯的对话........................284
 6 荷瑞修与里欧·门尼斯的对话........................329

第一部分

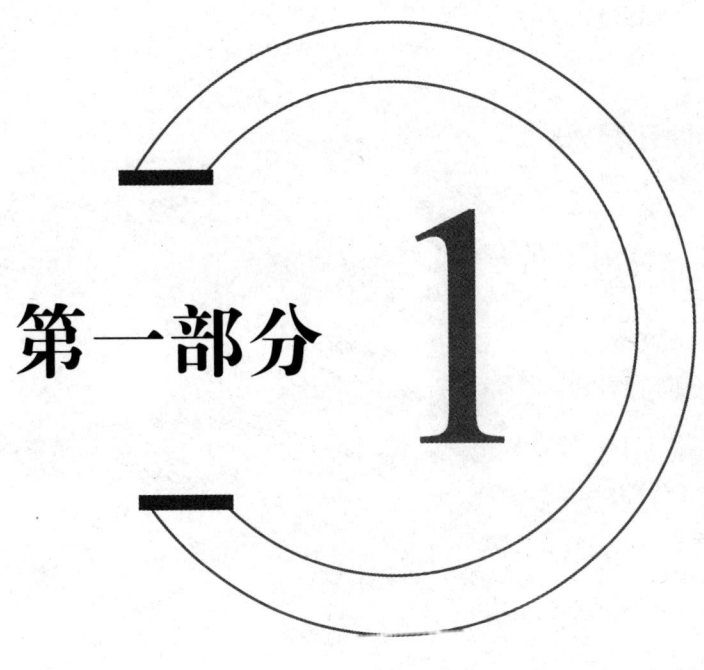

诗 歌

抱怨的蜂巢，或骗子成为老实人

宽阔的蜂巢聚居着许多蜜蜂，
小家伙们的生活真可谓是奢靡铺张；
这蜂国因法律和军队闻名遐迩，
它培养了庞大而又辛勤的蜂群；
这蜜蜂的王国绝对可以称之为
一方科学与勤勉的肥沃热土。
这群蜂有着举世无双的政府，
简直无可挑剔，对此非常知足；
他们无须忍受残暴君主的奴役，
也不用做狂热民主制的试验品；
有一点却毫无异议：他们有国王，
然而法律的权威却在国王之上。

这些昆虫生活在这年复一年，
恰如人类世界的翻版一般；
城市人会做的事他们无一不会，
长剑及法衣的工作也悉数精通；
他们用细胳膊细腿完成各种工作，
精细而复杂，肉眼难以分辨；
尽管我们不知道引擎和劳工在哪，
更别说船只、城堡、军队和技工
及那工艺、科学、商店、工具，
然而蜂国却有其相应的替代品；
我们不知道蜜蜂所言意为何物，

然而每个名词必定都有所指代。
有一点可以确认：除了其他事物，
钱也是必需品，他们仍有国王；
他们也有卫兵；因此我们能够
恰当地推论：他们也欣赏戏剧；
如果军团的士兵不去每日巡行，
他们的存在又所为何来。

大量蜜蜂来到繁荣的蜂巢，
那众多的蜜蜂使他们人丁兴旺；
成千上万的蜜蜂竭尽全力，
满足着彼此的巨大胃口；
而雇来的另外数百万蜜蜂，
则见证自己的手工被糟蹋；
他们占据了蜂国的半边天，
与工蜂相比工作却要更多。
有些天生资本富足，没有困扰，
集中精力忙于生意，收获颇丰；
有些则命定每日使用斧头和铁铲，
做着所有最辛苦沉重的工作；
那不幸者，甘心天天挥汗如雨，
待到耗尽力气、疲惫不堪才有饭吃。
另一些则做着些神秘技艺，[A]①
将为数甚少的蜜蜂收为徒弟；
它不求股本，只对黄铜感兴趣，
即使一文不名，也能发家致富；
他们是骗子、寄生虫、皮条客和唱戏的，
是小偷、造假币的、街角医生和卜卦者。
对于辛勤的劳作，他们统统

---

① 为了和后面的"评论"部分对应起来，方括号中的字母是标出"评论"的地方，用于跟后面的评论相互对应。——译者注

不怀好意,因此纷纷费尽脑筋,
将诚实又粗心的邻居的劳动成果,
无一例外全都收入自己囊中。
把这类人叫作骗子,他们并不认同,[B]
严肃勤勉者也可能徒有虚名:
所有地方所有行业都有欺骗,
任何一种行业里谎言都存在。

律师,这个行业最大的诀窍,
是把办案所得瓜分完毕,狂敛钱财,
与所有登记抗衡,而这些伪君子
会为抵押的财产而丧尽天良;
他们如同不法者,尽管不是被告,
然而他们了解自己的所作所为。
他们一直存心延迟出席听证,
却掐指计算聘人收取的费用;
为了给一桩邪恶的案件申辩,
他们就翻遍所有的法律法典。
就像窃贼在商店和客栈的举动,
找寻着乘虚而入的一点可能。

医生们对自己的财富及名声
比垂危患者的健康还要珍视,
也重于其医术:他们最费心钻研的,
并非医术的规则细文;
而是专注的外表和无用的举止,
以此赢得药剂师的交口称赞;
以此赢得接生婆、神甫和源于
所有为生与死服务者的齐声称赞。
以便与那些精于口角的人相融,
洗耳恭听我太太的姑妈的指令;

用一成不变的笑容，问候日安，
去奉承家庭当中每一个成员；
并且，最该受谴责的事情是
忍受护士们的各种粗俗野蛮。

以服务主神为业的众多神甫，
他们的职责是赢得上界赐福，
其中少数人拥有口才和学识，
大部分却全都是无知和粗鲁；
然而全部考核通过，
并把其懒惰、骄淫、贪财和无礼悉数掩藏；
凭这些嗜好而出众，
如同缝衣匠钟爱白菜、水手嗜好白兰地一样。
有些神甫相貌丑陋，衣着不堪，
常常鬼鬼祟祟地为面包祈祷；
原想凭这个收获丰厚的存货，
但是他们并没有因此而多得；
当这些神职苦役忍饥受冻时，
他们所服务的那帮懒散之人却悠闲自得，
他们的脸上
正闪耀着健康富裕的灼灼光泽。

有些士兵必须要去征战沙场，[C]
若侥幸生还，他们会满载荣誉；
有一些尽管没有以死亡收场，
然而却肢体不全地仓皇逃窜；
一些英勇的将军们浴血奋战，
另一些却贪恋钱财，放走对方；
有些向来都英勇地投入战斗，
这次没了腿，下次又没了胳膊；
直到没有一丝能力，被弃置一旁，

只凭着他们一半的工资生存；
而另一些人却没有上过战场，
待在家里，还坐拥着双份酬金。

国王们被服侍妥帖，却最易受骗，
被那些内阁大臣骗得团团转；
许多大臣为自己的福祉效劳，
死死地盯着他们的每枚钱币；
尽管年金不多，生活却骄奢而铺张，
他们向来因为自己的坦诚扬扬得意。
他们每每挥霍自己的权力时，
就把狡猾骗术视为暂且为之；
百姓如果揭穿了这些嘴脸，
他们常常会用津贴进行交换；
但凡所有与获取有关的事务，
他们就不想节约，也毫不知足；
这是由于任何一只蜜蜂都想，[D]
（我不点明）得到更多的回报；
可这想法却生怕让别人知道，
他为此努力，如同你们赌徒，[E]
虽然机会都一样，然而在输家
赢过之前，赢家没有赢的机会。

然而谁会总把他们称作骗子？
他们把抛之于大街上的东西全都当成垃圾，
那些却可滋养土地，
买主们会频频发现：
自己常常在与一大群一无是处的流氓
以及肮脏的地痞掺和在一起；

连枷①却没有可供抱怨的借口,
他卖另一种盐只为换取黄油。

正义女神②向来凭其公平无私出名,
她尽管目不能视,却仍有感情;
她的左手,原本持着天秤以维护公平,
却被黄金贿赂,频频扔掉天秤;
还有,虽然她表面上公正无私,
其惩罚其实只是因为一己之私,
审判谋杀及所有暴力犯罪之时,
却假装是通过正常的法律程序;
可有人尽管由于欺骗备受讥讽,
最后仍以失败告终且处以绞刑;
有些人觉得:这位女神的利剑
只是用来惩治绝望者与贫穷汉;
那利剑只是因为逼不得已罢了,
高悬于那株恶名累累的病树,
那些罪人真的不该受此责罚,
接受福泽的乃是尊崇的富人。

所以,所有部分尽管满是邪恶,
但是,整个蜂国却堪称乐园;
蜂群喜欢和平,同时恐惧战争,
这蜂群被异邦群蜂尊崇备至,
一掷千金的生活也享之不尽,
无比受用与其他蜂巢的差额。
而这已成为这个蜂国的福泽,

---

① 连枷,农具,由一个长柄和一组平排的竹条或木条构成,用来拍打谷物、小麦、豆子、芝麻等,使籽粒掉下来。也作梿枷。这里是指那些想尽一切办法发财的人。——译者注

② 正义女神,也就是古罗马神话中的朱斯提克,古希腊神话中的狄刻。其形象为一蒙眼女性,白袍,金冠。左手提一秤,置膝上,右手举一剑、一束棒。束棒缠一条蛇,脚下坐一只狗,案头放权杖一支、书籍若干及骷髅一个。——译者注

其共有的罪恶让其繁荣强大。
而美德则早就从政客们那里[F]
学得了各种狡猾奸诈的计谋，
在政客们的高声呼吁之下，
美德与恶德以朋友相称，自此，
众多蜜蜂中的那些最卑微的[G]
对公众的共同福祉贡献巨大。

这就是蜂国的计谋，所有的分支
都牢骚满腹，其整体却运转良好：
这就好像是那音乐里面的和声，
总体和谐中也有一些不谐和音；
那截然相对的党派互为助力，[H]
尽管表面上看好像势不两立；
而约束饮酒的规定更是会让
众蜂都烂醉如泥且暴殄天物。

贪婪，这个孕育邪恶的根源，[I]
这备受谴责、与生俱来的恶德，
乃是那些挥霍者的虔诚奴仆，
挥霍是一种崇高罪责；[K]而奢侈[L]
也掌控着千千万万穷苦大众，
讨厌的骄傲则掌控着更多人：[M]
都出于嫉妒心与虚荣心唆使[N]
都在鼓舞积极进取的传道人；
他们那种天真的愚昧与无常
体现在饮食、家具及服装中，
那恶德尽管尤为荒诞滑稽，
却是贸易车轮前进的动力。
他们的法律还有他们的服装，
也全部都是一样的变化莫测；

因为这一刻被视为正当行径
半年过后就可能被当成犯罪；
而他们根据这个修改法律时，
还幻想寻找并改正某些过错，
他们被频频犯下的过错修正，
怎样的精明都不能预知谬误。

恶德就是如此培养机智精明，
它与时代及勤勉一同进步，
并且让生活拥有了诸多便利，
它是确切的快乐、舒适与安然，[O]
其威力巨大，居然让赤贫之众[P]
过得比曾经的富人还要快乐，
因此他们已不存在太多奢求。

但凡众生知道了福乐的范围，
就会明白其幸福是多么渺茫！
芸芸众生所具备的那种完美，
已不是上界众神所全都拥有的；
这些怨气冲天的畜生一直都
对传道士们和政府非常满意。
可是他们尽管此次侥幸成功，
却委实喜欢病入膏肓的生灵，
即那些卑鄙的政客、军队及舰只；
所有人都在叫嚣着"骗子该死"，
虽然明白自己也是个大骗子，
却非常希望其他人心地坦荡。

有人由于欺瞒主人、国王、穷汉，
拥有了王侯贵族一样的家资，
他居然狂呼：

这国土必会由于其所有的欺瞒而沦丧;
你觉得谁能算这说教的流氓呵斥的对象?
是那用羔羊换取孩子的商人。

最不该做的错事木已成舟,
最有碍公众生意的也成事实;
然而恶棍们却都卑鄙地狂呼:
"善良的神,我们要是诚实多好!"
他们对无耻袒露无邪的笑容,
而被另一些人视作好坏不分,
他们对其所爱之德牢骚满腹,
然而愤怒的主神却听信抱怨,
主神最后斩钉截铁立下誓言:
"消除那牢骚满腹的蜂巢中的欺诈。"
神践行了誓言。欺诈离开须臾,
诚实就填塞了蜜蜂们的心窝。
如同那知善恶树①,让蜜蜂们洞悉
他们的那些面目无光的罪行;
他们虔诚地忏悔自己的罪行,
脸儿因自身的丑恶而羞红:
就像儿童,频频隐藏其过失,
他们的脸红就揭露了其思绪;
他们还认为:当旁人发现他们,
会了解他们曾经的所作所为。

众神啊!蜜蜂是多么心慌意乱,
其变化又是多么广泛而迅速!

---

① 知善恶树,根据《圣经》旧约创世纪记载,耶和华上帝将一男(称亚当)一女(称夏娃)安置在伊甸园中。伊甸园的中央有两棵树,一棵是"生命树",另一棵是"知善恶树"。上帝吩咐说园内所有树上结的果子他们都可以当作食物,唯独知善恶树上的果子例外,上帝吩咐他们不可吃,因为他们吃的日子必定死。后来夏娃受蛇的哄诱,偷食了知善恶树上所结的果子,也让亚当食用,二位人类的祖先遂被上帝逐出伊甸园。——译者注

过了半个小时，在整个蜂国里
一镑的价值只值一文钱而已。
伪善面具全都被弃置于一旁，
无论大政治家还是卑微笨蛋：
那假面附身者原本鼎鼎大名，
现在看上去却很陌生。
酒馆从那天开始就生意冷清，
如今欠债者都甘心偿还
甚至是已被债主忘却的欠账；
债主将其删掉，没有铭刻在心。
那些曾犯错误的人静默一边，
褪下了满是补丁的粗鄙外衣：
在一个坦诚的蜂巢中，
众律师已经失去了能够致富的东西，
只有那些不辞辛苦、勤勤恳恳的律师，
才能赚取应有的薪水。

正义女神惩治一些罪犯，放走其他，
在她自己的目标已然实现之时，
她就再也没有存在的必要，
其所有仪仗及辉煌到此为止。
首先是铁匠还有枷锁和铁栏、
脚镣和用铁片打造的监狱门板；
之后是看守、狱吏及其助理，
正义女神目之所及之处，是
她那最珍视最虔诚的践行者——
凯奇老爷①，这位杰出的执法者，
那看不见的利剑已脱离他手，
握住自己的工具：斧头及绞索。
蒙眼的正义女神矗立云霄，

---

① "杰克·凯奇"这个名字在当时被看作刽子手的代名词。——译者注

她本人已然被抛诸一旁；
车辇就在身旁，在她后面
是形形色色的警察和执行官、
法警及法院的官吏，
他们通通靠泪水维持生存。

当众蜂患病时，尽管还有医术，
却只有老到的蜂医可以看病，
蜂医来往的蜂巢都非常遥远，
他们本无须对患者虚情假意，
也无须泛泛争论，
而是尽量帮助患者去摆脱病痛的纠缠。
无论欺诈的国家有何种药材，
众蜂只会用本国所产的药品；
他们明白：众神如果让哪个蜂国染上疾病，
良药也必会相随。

蜂国的教士们从懒散中振奋，
已无须从副牧师那获取利润；
而是自力更生并且摆脱恶行。
由祈祷者和牺牲侍奉的神明、
所有落伍的神，以及那部分
明白供奉自己没有必要的神，
都各自退去；所以圣事的数量
就大大缩减，（如果众蜂有敬神的需求）
少数圣事由专职大主教负责，
众蜂全部都听凭他任意差遣。
他本人恪守关怀的神圣使命，
对其他一切国事都绝不干涉。
他不会把饥饿者驱之于门外，
也不会敲诈穷困者们的所得。

饥饿者可以在他家饱餐一顿，
雇工在那可以发现许多面包，
贫困旅人也能因此衣食无忧。

在国王的各个权贵重臣当中，
在国家的一切下属官员当中，
变化是这般明显，因他们这时[Q]
已经克勤克俭，只凭薪俸生活。
穷蜜蜂会多次频繁地
来讨要本应属于它的薪水，小钱而已；
教士的职业全都是只求奉献，
付给某个在职教士一个金币，
如今会当成名副其实的诈骗，
虽然这曾经被称为额外贴补，
所有事务都由三巨头来负责，
他们都要相互监督以免不端。
曾经他们这样的感觉出现时，
它激励他们去力行盗窃之事；
现在他们心中只有一种感情，
那感情与数千蜜蜂并无二致。

所有的荣誉都无法让人知足，[R]
只希望具备该有的生活、器具。
捐客把制服搁置在其商号里，
他们高兴地告别了四轮马车；
为还钱，他们把乡间别墅卖掉，
还卖掉富丽堂皇的整套马匹。
众蜂远离虚伪的价值与骗术，
他们在国外已经不再设防御；
众蜂讥讽异国蜜蜂自命不凡，
讥讽以战争获取的空洞虚荣。

在正义、自由身处危险境地时，
他们也奔赴沙场，以祖国之名。

如今我们审视这伟大的蜂巢，
审视诚实与商业的彼此配合。
虚饰已成为过去，正快速退却，
而另一种面貌已然登场。
由于如今已不仅是某个蜜蜂
每年都在市场消耗大宗钱财；
而是靠劳作谋生的许多蜜蜂
每天都必须要干相同的工作。
他们就算改行也是依旧如此，
因为全都只有这项工作技能。

土地和房屋的价格迅速回落，
雄浑瑰丽的殿宇宫墙开始贬值；
就像底比斯宫殿被充当赌注，
寻求出租；而身处殿堂的众神虽曾经欢欣，
如今却甘心被焚，
也不希望目睹门上简陋镌铭
讥讽那被众神所憎恨的虚荣。
建筑业也基本上全都被废弃，
所有人都不想雇用建筑工匠。
没有一个测绘师声名远播，[S]
石匠和雕刻匠也都隐姓埋名。
压抑欲望的众蜂在好好学习，
不学怎样花钱，而学如何生活。
虽然他们曾浪费自己的酒钱，
今后他们却不能再踏入酒馆。
整个蜂国没有哪个葡萄酒商
可以穿织金衣装或发家致富。

托凯酒①也不能赚取巨额利润，
勃艮第②、奥特朗酒命运全都如此。
众廷臣已然辞官，与自己的妻子
在家享用圣诞晚餐的豌豆粒。
他们每天都需要花两个小时，
去喂养自己手中大群的马匹。

傲慢的克洛伊③为了生活舒适，[T]
一度逼迫她丈夫去抢劫国家。
而如今她把所有的家具变卖，
酒鬼们一直在竭力找寻它们。
她正靠劳动挣钱来维持生计，
年复一年都只穿耐磨的粗布衣。
浮华俏丽的时代已成过去时，
而服装与时尚却一直在变化。
汇集美丽丝绸与金箔的织工，
及依附于这行当的各种职业，
销声匿迹。安宁与丰饶已渐成时尚，
所有器用既简陋且廉价。
仁慈早已经不被园丁所左右，
任由世间万物生长和结果。
众群蜂都没有资格享用珍馐，
因为拥有它们委实苦大于甜。

骄傲与奢侈已经越来越稀缺，
众蜂再也无须到大海上受苦。
不仅是商号，而且全部公司，

---

① 托凯酒，生产于匈牙利东北部托凯镇的红葡萄酒。——译者注
② 勃艮第，法国东南部勃艮第产的红葡萄酒。——译者注
③ 克洛伊，这里指善良的乡村少女，克洛伊本来是古希腊田园传奇中的牧羊女，其恋人为牧羊少年达夫尼。——译者注

如今已让工场作坊歇业停顿。
各行与各业全都厌恶欺诈，
而那种摧垮了辛勤的自得[V]
则让众蜂称颂粗鄙的器具，
不祈求也不渴慕更多东西。

这样，各个蜂国极少能存活，
蜜蜂数量减少到敌国百分之一，
尽管无法抵挡众仇家的骚扰，
仍英勇地与其劲敌顽强抗衡。
直至最后一刻，他们才想撤退，
或死于战斗，或与国土共存。
其军队的士兵都不是雇佣的，
而是为自己去勇猛冲锋上阵。
他们的英勇和众志成城，
最终让其戴上了胜利的桂冠。
他们为凯旋付出沉重的代价，
因为数千蜜蜂已经为国捐躯。
苦难和磨砺让他们无比坚韧，
让他们把安于享乐当成恶过。
这极大提升了他们的自制力，
以致为了远离那些奢华铺张，
他们全都飞进一个空树洞里。
以此来安享自己的心地坦诚。

寓　意

因此无须抱怨：傻瓜只会竭力
去让一个优秀而直率的蜂国[X]
安享世间的丰裕便利，[Y]
既拥有战争的荣誉，还要生活得舒适，
没有严重的恶德；然而这只是
他们头脑里的美妙幻想而已。
每当我们享用各种便捷之处，
一定会同时发现欺诈、奢侈和骄傲；
饥饿肯定是一种巨大的劫数，
然而有谁终其一生没被困扰？
我们难道不能把酒业的兴旺
算作干枯、丑陋、扭曲的葡萄藤的功劳？
葡萄枝藤的成长尽管无人关注，
却扼杀了其他植物，终成树木；
而它一旦枯干萎缩而被切断，
就为我们提供果实，无比甜美。
我们知道：只要被正义修缮调教，
恶德就能带来利益；
一个国家一定离不开恶德，
就像饥渴必会让人吃喝饮用。
单凭美德不能把各国变得兴旺发达；
各国如果想要重回黄金时代，
就一定还需接纳
坦诚无欺和无比艰涩的橡果。

第二部分

评 论

美德的源起

有自知之明的人之所以非常少,最主要是因为:大多数作者都在教读者应当做什么样的人,但告诉读者他们实际上是什么样的人这样的想法却几乎很少。于我而言,我既不想拍谦逊读者的马屁,也不想夸赞我自己。我相信:所谓人(除了皮肤、肌肉、骨骼等肉眼可视的部分之外),不过是各种激情的组合而已;因为这些激情都能被唤起并首先出现,它们就轮流成为人的主人,无论人愿意与否,都必须要接受这一点。我们表面上会以此为耻,然而前面那首诗的主旨却要表明正是这些资质支撑着一个社会的繁荣。可是,那首诗的有些部分似乎前后不通,逻辑混乱。在前言里我承诺要对此加以阐释,这会更有助于阐明(我想它们可能也适合探究):人虽然没有拥有更为优秀的品质,却足以依靠自身的现有条件,有能力把美德与恶德区分开来。在此,我必须最后一次要求读者注意:我口中的人,既不是犹太人,也不是基督徒,只是人而已——自然的、没有任何神性的人。

未开化的动物只会对愉悦自己感兴趣,因而会率性而为,却不会考虑这样的愉悦会带给他人什么后果。因而,自然野生的生灵,最适合聚居生活,平静安详,不需要具备什么理解能力,一定要满足的欲望也不多。所以,如果没有政府的管制,人类会比任何一个动物物种都要缺失长期过群体生活的能力。但是,这刚好就是人的特性。至于这种性质究竟是好是坏,我不想予以评判,因为人类是唯一能被赋予社会性的生灵;不过,作为一种动物,人既精明无比,也特别自私顽固。无论用多大的力量对人进行压制,都不可能只凭蛮力让人臣服,并且真正有所改善。

因此,为建立社会而耗尽心力、孜孜以求的立法者及其他智者们的主要目标,一直就是说服被他们治理的人们:相比放纵私欲而言,克服私欲将会让每个人受益更多;而关注公众利益也比关注私人利益要好处多多。这项任务任重而道远,为此,他们试过了一切机智与雄辩,而各个时代的伦理学家和哲学家也绞尽脑汁,去证明这个如此有用的命题是不容置疑的。然而,无论人类是否曾经相信过这一命题,如果每个人不能同时向人们提供一种能为他们所用的替代品,以此来补偿对他们天性的冒犯,那么,他想要说服人们对抗自己的天性,或者要做到先人后己也是枉然,因为人们这样做,是要以违背自己的天性作为代价的。那些把人类文明作为自己使命的人也并不是不知道,但就算这样,他们也没有办法为每一种个人行为都提供相应的物质奖励,以取悦每一个人。因此,他们只好发明一种精神奖励,作为一种普适的替代品,用以奖励人们每时每刻因为克己造成的困扰。这种替代品不需要他们自己或其他人有丝毫损失,却仍不失为最能被接受者认同的慰藉。

他们彻查了人类天性中的全部力量及弱点,结果发现:人就算再野蛮也会为赞扬所陶醉;人就算再卑鄙也绝不会容忍轻蔑。由此他们做出了正确的决定,即恭维一定是一种最好的奖励,人世间通用。于是,他们便利用这令人着迷的动力之源,盛赞人类天资卓越,声称人类是最高级的动物,并用最华美的辞藻,述说人类历史上的丰功伟绩,说明人类拥有无法比拟的知解力。他们集千种赞誉于人类理性,说因为理性,人类才能够获得那些最高尚的成就。他们这种精心编织的恭维,潜移默化,深入人心。接着,他们开始向人们宣扬荣辱观,说其中一种是万恶之源,而另外一种则能使人类进入至善。这一切做完之后,他们便向人们说明:以如此尊崇的生灵之身,去追逐那些与禽兽没有任何差别的欲望,而不关注那些更高级的品质是不明智的,因为正是这些品质使他们超脱于一切可见的生物之上,这样的情况与人类的地位如此不匹配。当然,他们也承认:那些源于人类天性的冲动是客观存在的;抗拒那些冲动会招致许多麻烦,而彻底扑灭它们也困难重重。不过,这一点只是成了他们的另一个论据,来证明正因为困难才使得战胜这些冲动变得何其光荣,而如果不去尽力压制它们又会是怎样的不得人心。

除此之外,为给人类树立榜样,他们还将整个人类划分为两个极端:一类人,行为卑劣、思想低俗。这些人总是追逐当下的享受,没有克制能力,从不考虑他人的利益,将个人私利当作更高目标,除此之外别无他求。此类人沦为各种肉欲的奴隶,臣服于各种粗俗欲望毫无还手之力,从来不去利用他们的理性机能,只会去追求自己的感官快乐。他们说:这些卑鄙粗俗、匍匐于地的坏蛋就是人类中的败类,徒有人形而已,除去外表与野兽没有差别。然而,另外一类人,思维高尚、情志高洁。他们不受蝇头小利的诱惑,将增进心智看作自己最伟大的财富。此类人对自己具有自知之明,他们的最大快乐是砥砺心智,让自己更为卓越。他们不屑自己与无理性动物之间存在的共性,凭借理性的帮助,抗拒自己最强烈的天然欲望,时刻与自己做斗争,以维持他人的太平盛世。此类人将公众福祉及战胜自身激情作为毕生追求,一生无悔。

不轻易发怒的,胜过勇士;治服己心的,强如取城。

他们认为此类人才能真正代表人类这一最高物种,其价值不仅远远高于上面提及那一类人,而且也远远超过那类人高出野兽的水平。

我们发现:在一切尚有瑕疵以致还会骄傲的动物中,那些最完美,因而也是最高贵、价值最大的动物,往往也是最骄傲的动物。所以,在人这种最完美的动物身上,骄傲之心与人的本性就可谓是形影不离(无论有些人怎样巧妙地学习隐藏与掩饰骄傲),以致没有骄傲,组成人的复合物便会不完整。如果我们细心考察,就会发现:毋庸置疑,缺失的不过是些教训及责备而已。它们极为巧妙地切合了人的自我嘉许(那些好评我在前面已经提及),以致如果将它们散布开来,那些擅长思辨的人甚至大多数都会对其高度赞同;而且很可能还会劝诫一些人,尤其是那些最激进、最果断,也是最优秀的人,去忍受重重不便,去克服各种困难,甚至使他们可能乐于认为自己是上面所说的第二类人,由此认为自己拥有那类人的一切优秀品质。

因此我们说:首先,由于英雄们为了克制自己的天然欲望,承受了常人不能承受的痛苦,先天下之忧而忧,后天下之乐而乐,我们便应当希望他们能够坚持他们拥有的有关理性动物尊严的良好信念,希望政府永远支持他们,用可以预见的一切活力,弘扬理应属于第二类人的尊崇,宣扬他们比其余人优越的原因。其次,由于一些人不够骄傲或果敢,没有能力通过克制自己最看重的欲望去提升自己,而臣服于天性中种种感官层次的诱惑。我们还应当希望:因为往往被人看作与畜生无异,他们终究会因为承认自己与低等类别的卑鄙坏蛋之流为伍而感到羞耻。希望如同其他人一样,他们在自我申辩时尽力掩饰自己的不足,极力颂扬自我克制和公众取向的高尚情操。希望他们会说:他们当中的一部分人,在亲眼看见了那些毅力与自胜的真实证据后会心悦诚服,因此转而去赞美他人身上那些自己欠缺的品德。由于第二类人的果敢与英勇令另一部分人害怕,我们希望他们能完全被震慑于统治者的威力之下。因此,我们有理由确信:他们当中所有人(无论他们怎样看待自己)都不可能敢于为自己被其他一切人看作犯罪嫌疑的行为进行公开的辩解。

他们就是用这种方式来打败野蛮人的,事实上,这是他们已经应用的手段。

因此，道德的最初基础，明显是由老道的政客们谋划出来的，旨在将人们变得互相牵制，变得容易管理。这个基础的主要目的在于：使雄心勃勃的人从中受益更多，即能够更从容、更安全地管理大量的人群。一旦建立了这样的政治基础，人类就会很快摆脱不文明状态。这是因为：只是追求个人欲望满足的人，尽管有同样追求者从中加以阻挠，但即使是他们也会清楚地看到：一旦他们克制了自己的天然价值取向，或以更为委婉曲折的方式去顺应这些价值取向时，他们就不会惹来数不清的烦恼，并常常能规避许多灾难，因为那些急于寻欢作乐的人才会经常成为灾难的载体。

首先，如同他人那样，他们在社会公益行为中获得了实惠，因此，对公益行为的实施者、其类别高于他们的人，他们会自然而然地产生一种好感。其次，他们越是执着于谋求自身利益，置他人利益于不顾，他们就越发坚定地认为：他们前进路上的障碍，其实是他们自己，而非其他任何人。

因此，他们当中那些最恶劣的人一旦产生倡导公众精神的旨趣，结果会对他最为有利——既可以获得来自他人的劳动，又能享受他人克己的成果，而且还没有任何东西会妨碍他放纵自己的种种欲望，可谓一箭三雕。因此，他也会效仿其他人，将一切置公众于不顾、只关心满足种种私欲的东西叫作恶德。如果他透过这种做法看到其发展趋势，那便可能要么对某个社会成员造成伤害，要么使自己付出更少的公益服务。如果要把人对抗天性的行为都称作美德的话，那么就应当把他人的福祉当作目标，或者以善之名去打败自己的激情。

有人会持相反意见，认为：无论在什么社会，只要大多数人没有对一种统治力量形成绝对崇拜，那么这个社会就无论如何都没有实现文明化；因此，善与恶的含义及美德与恶德的分别，就绝对不是政客间的阴谋，而只可能是单纯意义上的宗教问题。在回应这个质疑之前，我只好重提我前面已经说过的那句话，即在这篇《美德之起源》中，我所谈的既不是犹太人，也不是基督徒，而是自然的、没有任何神性的人，与宗教毫无关联。然后我要再次重申：所有其他民族的各种图腾般的迷信，以及他们脑海中对最高存在的那些可怜观念，都不能构成刺激人追求美德的动力。这些东西没有一丁点用，只能充当吓一下或逗一下粗俗而蒙昧大众的幌子而已。历史证明：在一切我们比较关注的社会里，无论他们给民众灌输的观念怎样愚昧、怎样荒诞（就像他们说自己崇拜的神明的观点一样），人类的天性始终会尽力张扬自己的所有部分；我们原以为关于财富及权力的俗世智慧或道德美德会引人注目，然而事实上它们并不存在，只是偶尔在一切君主政体及联邦政体中，有一些人会做得比别人要好一点。

古埃及人并不满足于将他们能想象出的所有丑陋妖魔全部奉为神明，愚蠢地去崇拜他们自己播种的种子；而与此同时，他们的国土却孕育了世上最为著名的艺术与科学。而相比其他任何民族而言，埃及人本身也更加了解自然界各种神秘莫测的自然现象。

相较其他任何国家或王国而言，古希腊和古罗马帝国产生美德的模式都要更多、更伟大，甚至古希腊也无法与古罗马帝国相媲美。但是，古罗马人对于神圣事物的态度却多么轻率放肆，多么荒诞滑稽！这是由于，如果不考虑那些被古罗马人无限夸大的神明数字，仅仅考虑他们给这些神明编撰的那些可耻故事，我们便只能承认：他们的宗教绝对不是教导人们去克服个人激情，绝对不是为人们明示通向美德的坦途；恰恰相反，他们的宗教竭尽全力袒护人欲，并倡导人的恶德。不过，如果想探明到底是什么东西使古罗马人比起其他人来说更为坚毅、英勇和胸怀宽广，我们就一定要关注一下他们盛大的凯旋仪式，关注一下他们恢宏的纪念碑和拱门，关注一下他们那些战利品、雕像及碑铭。我们还要看到他们对军功的丰富奖赏、赠予死者的无上荣耀、社会公众对生者的称颂，以及他们赏赠给有功者的所有能赏赐的一切。这样我们便不难发现：古罗马人之所以能做到最高程度的自我克制，不是因为别的什么原因，而正是源于他们的一种政策，即将最有效的逢迎人类骄傲之心的手段应用到最大化。

因此，最先使人类战胜私欲、让自己最珍爱的天性泯灭的，明显不是什么野蛮人的宗教或其他什么图腾式的封建迷信，而是精明政客的老练谋划。我们越是细致地研究人的本性，就越会深信不疑：所有的道德、美德都不过是逢迎骄傲的政治副产品而已。

没有一个人能够全然抵抗得住阿谀奉承的妖法，无论他多么能力超群、多么洞悉一切，只要这种妖法的手段足够高超，就能够起作用。儿童与傻瓜常常会对别人给予的赞美全盘收下，而对更加聪慧的人，则不得不采用更加迂回委婉的方式奉承。阿谀越是包罗万众，接受阿谀的人就会对此越少心存怀疑。你赞美全城的人，全体居民会欣然接受；你赞美一般水平的文人，每一位博学之士都认为他本人才最符合这样的夸赞。你可以不用带有丝毫顾虑地称赞一个人的职业，或是颂扬一个人的祖国，因为是你给了这人一个机会，使他可以佯装尊重别人观点的同时，掩饰一下他自我骄傲产生的快感。

精明的人一般都知道阿谀对于骄傲的威力，生怕自己上当受骗，怀疑别人夸大了他们的（尽管这往往与他们的良心相左）荣誉、公平交易、家族甚至是他职业的清正廉洁；因为他们懂得：人的决心有时会动摇，做出有违天然欲望的举动；虽然他们可能继续让自己的行为契合某种观念，却意识到事实上自己志不在此。如此一来，圣明的伦理家便将人归为天使之列，至少是希望某些人在骄傲的簇拥下会去仿效他们本应该具有的那些美好表现。

无可比拟的理查德·斯蒂尔爵士①以其一贯的优雅文风，口若悬河地赞美着人这一最高物种，在听着他用华美辞藻叙说着人类天性是多么卓越时，人们必定会沉浸在他的豁达的思想及优美的词句中。然而，尽管我经常会为他的雄辩家的风采所折服，并随时准备接纳他狡黠的辩驳，但我充其量只会将其视作儿戏，我要对他那些精妙的赞誉进行审慎地反思。我想到了那些陷阱，女人们会用它们去教育孩子们要温文尔雅。一个还在牙牙学语的小女孩都还不懂得怎样得体地说话和走路，就要因为诸多恳请而要试着开始行屈膝礼的第一次尝试，尽管笨手笨脚、跌跌撞撞，而保姆却惊喜若狂，盛赞道：真是一位优雅的小姐啊，这个屈膝礼行得太优雅啦！虽然年龄还小，但简直就是位淑女嘛！妈妈！小姐比她姐姐莫莉的屈膝礼行得优雅多啦！众使女也点头称是，而那位妈妈则把那孩子紧紧拥入怀中，高兴得几乎要把她揉碎。只有那位年长妹妹四岁的莫莉小姐，知道真正优美的屈膝礼需要怎样做，因此她搞不清楚那些人的判断为何这般不公平，于是怒火中烧，几乎要为自己忍受的不公待遇而哭天抢地，直到有人悄悄告诉她：那只不过是为逗那宝贝乐一下而已，而她已经长成一个女人了，这时她那颗骄傲的心才会因为大人与她分享这个秘密而渐渐膨胀起来，并为了自己高高在上的通情达理而分外高兴，还浓墨重彩、反反复复地重提大人告诉她的话，狠狠地羞辱妹妹的弱点。在这段时间里，她妹妹却正在幻想着大家众星捧月般地只宠溺她一个人。每个人，只要能力比那幼儿稍强一点，都会透过言过其实的赞美看到背后过度的阿谀奉承之意。当然只要你乐意，也可以称之为让人嫌恶的谎言。但是，经验却告诉我们：年轻小姐们正是在这种裹着糖衣的华美辞藻的轰炸下，才迅速学会了优雅地行屈膝礼，而在培养淑女气质方面，相比不被阿谀奉承的小姐，她们掌握得要快得多。在这方面男孩子也完全相同。大人们想方设法劝诫男孩子：一切真正的绅士都很顺从，只有乞丐的孩子才举止粗俗、缺乏教养，才会把自己的衣服弄得脏乱不堪。一旦那个尚未驯化的野小子试着去笨拙地玩弄自己的帽子，他的母亲为了让他摆脱那顶帽子，便会立即告诉这个一岁多的孩子说，他已经是

---

① 理查德·斯蒂尔（1672—1729），爱尔兰人，著名散文家。——译者注

个男子汉了。如果她想让这孩子重复这一动作，就会为他冠以各种职业，譬如海军军官、市长、国王或其他某个更高级的角色，只要她想得出就能说得出。结果，那个淘气鬼便会一改野蛮本色，在赞美力量的刺激下，恨不能动员全身每个细胞，使自己看上去真的像是大人眼中的那种人物，尽管这极其幼稚可笑。

即使是最卑鄙的坏蛋也会认为自己价值连城；而雄心勃勃的人的最高愿望，乃是让全世界都认为自己正确无比，这二者本质上是一样的。因此，对声誉的追逐是每一位英雄最终极的追求；这种追逐，完全是超乎个人掌控的贪婪，即梦想着获得后起之秀对他的无上尊崇，而不仅满足于获得同代人的尊崇与赞美。并且（无论一位亚历山大或一位恺撒事后会对这个真理感到怎样的痛彻心扉、悔不当初），丰厚的回报马上可见，为了拥有它，连内心最高洁的人也非常愿意以他们的安宁、健康、快乐及自己的一切为代价。这丰厚的回报从来都不是别的什么，而只能是人类的回应，即赞誉的空头支票。一切伟人都曾这般认真地看待那位马其顿狂人①的理想，看待他宽广的灵魂及他那颗强大的心脏。在罗伦佐·格拉提安眼中，这个世界只能占据那伟人心脏的小小一角，而那心脏仍显得十分空旷，以致放下六个世界绝对绰绰有余②。思及此，有谁会按捺得住不哈哈大笑呢？我是说，把那位作者将对亚历山大的溢美之词，与亚历山大自己定下的远征目标相对比时，谁能绷住不露一丝笑容呢？亚历山大自己就解释了他为何要远征。他历尽艰难险阻渡过海达斯佩斯河③时，曾痛苦地长啸：啊，雅典人，你们是否想过：为了听到你们的赞美，我让自己经历了多少凶险劫难啊！因此，若要定义作为回报的、恰如其分的光荣，就要理清对光荣的常用说法，而应该说：光荣乃是一种无与伦比的欢愉，一个人意识到自己行为高尚，便会在自我欣赏中享受这种美好，而他人的喝彩对他来说犹如锦上添花一样。

不过，这儿会有人告诉我：野心勃勃的人除了立下赫赫战功及在大庭广众之下大声喧哗之外，很多时候也在默默地奉献，做出了许多高尚慷慨的举动；这些举动并没有被遗忘，美德就是它的回报，真正善良的人只意识到这一点就已经心

---

① 马其顿狂人，指亚历山大大帝，他曾是马其顿的国王（前356—前323）。彼埃尔·培尔（1647—1706），法国哲学家。他在编纂的《词典》及《杂忆》中把亚历山大大帝称作是"狂人"。——译者注

② 出自彼埃尔·培尔《词典》的"马其顿"词条下的文章。原文说一个西班牙作者在1757年写了一本书，将亚历山大的心脏比作"慈善的大殿"，这个世界只占一角，仍宽敞无比，足以再装六个世界。根据注释，那个西班牙作者名叫罗伦佐·格拉提安。——译者注

③ 海达斯佩斯河，即当今巴基斯坦境内的杰卢姆河。公元前326年，亚历山大率领1.5万骑兵在此与对岸印度王泼鲁斯的3.4万步兵和200头大象激战，成功利用一处山峡偷渡此河，将印军击败。——译者注

满意足。他们希望那些最有价值的表现能得到的回报也仅此而已。在众多野蛮人之中也有一部分人，他们为别人做好事，却绝不希望别人用感激与喝彩作为回报，做了好事不留名。可见，人要想在骄傲的刺激下达到最高水平的自我克制是根本不可能的。

对此，我的回应是：如果不对一个人究竟根据怎样的原则及动机做出行动追根究底，就贸然评判他的表现是不合适的。在所有的激情中，我们最温和、最无害的感情唯有怜悯二字，即便这样，它同恼怒、骄傲及恐惧构成了我们本性中的软肋。最柔弱的人同情心往往最大，可以说，女人和儿童是最有同情心的了。不能否认，在我们的所有弱点当中，没有比怜悯更容易让人产生好感的了，它也是与美德最接近的弱点。如果一个社会中缺乏一定比例的怜悯，这个社会就基本不能称其为社会。不过，怜悯源自天性，它不会将公众利益，抑或我们自身的理性考虑在内。因此，怜悯既能引发善，也能造就恶。怜悯可以使处女的名誉毁于一旦，也能使法律的公正顷刻坍塌。无论是谁，如果把怜悯作为处事的依据，那么，无论他如何有益于社会，都不会获得人们的称赞，因为他只是一时激情作怪，而这样的结果也恰好是一个巧合而已。让一个无辜婴儿脱离火海，这并没有多么了不起。因为这样的举动无所谓好坏，无论那个婴儿受益多少，我们也只不过是身不由己才出手罢了。这是因为，如果不努力阻止那个婴儿掉下去的话，我们可能会痛苦不已，而我们潜意识里会避免让自己遭受这种折磨。同理，如果一个家财万贯的人刚好具有同情心，挥霍无度，视金钱如粪土，愿意满足自己的这种激情，用自己眼中的"粪土"去救助需要帮助的人，这种美德也不可能被人们称赞。

然而，有些人却不会受制于自己的弱点，因此会根据对自己的评价，以及仅仅源自对善举的一腔热情，私底下做着令人称赞的举动，不让人知晓。我承认，相比我上述提及的那类人而言，这类人对美德的含义有更高层次的认知。然而，就算这样（这种情况在世界上毕竟是少数），我们仍会很容易从中发现骄傲的端倪。就算是最谦虚的人也不会否认：对善举的回报，即因为善举所引发的满足感，也就是某种快乐，即他一想到自己的价值就会心生快感。这种快乐，加上制造这种快乐的机会，都是骄傲的外在表现，这和在所有迫在眉睫的危险出现时，面无血色、战战兢兢，都是恐惧的表现一样。

如果一些喜欢追根究底的读者刚开始会批判这些关于美德起源的观点，可能会将它们看作对基督教的无礼，我希望他在想到这一点时会控制一下自己对这些观点的成见，即人类在标榜高不可及的神圣智慧方面，任何东西都难以望其项背。上帝造就了社会中的人，他们会在自身的弱点及缺陷指引下暂时踏上幸福的坦途，但自然因素使然，他们也会对自身的弱点及缺陷或多或少有所体悟，而正因如此，未来人会在那种真正的宗教中完善自我，并在其指引下，走向永恒的幸福。

评 论

[A] 另一些则做着些神秘技艺，
　　为数甚少的蜜蜂收为徒弟；
　　……

在对青年的教育上，为了使他们长大后能够维持生计，大部分人都会帮他们找那些没有后顾之忧的行业，在每个大型的人类社会当中，这些行业有着完善的行业体系和从业标准。这些行业，既涵盖各种贸易和手工业，也包罗了所有的艺术和科学，而只要是有用于社会的行业，都能在社会共同体中长久地拥有一席之地。这些行业每天都有新人加入，连绵不绝地进行着新老更替。然而，其中的一些行业享有比其他行业更高的声誉，这个区分，是源自掌握从事某个行业技能所付出的金钱的差别。所有精明的父母主要会根据自身的财力和家庭情况而为青年选择行业。如果一个人为了儿子而付给一位大商人三四百镑，却存不下两三千镑用以傍身，那么，在为儿子开辟未来方面，他便是选择了一个错误的方法。他的做法实在不值得赞许，因为他本应让自己的孩子从事那些可以花较少的钱去学习的行业。

许许多多接受了上等教育的人，每年拿着微薄的工资，因而只能依靠他们较高的职业声望，以维持自己高于常人的地位，而他们的收入却只及常人的二分之一。如果这样的人有了孩子（事实大抵如此），他们往往无力承担让孩子去从事确有保障的行业所需的资费，而他们的骄傲又不容许他们让孩子去做一些低下而劳苦的贸易。于是，他们要么梦想着希望自己哪一天财运亨通，要么希望某些朋友能助他们一臂之力或天赐良机。而朋友或良机却迟迟不能给他们提供帮助，直到皱纹爬满了他们的额头，也终无所获。这种疏忽怠慢究竟是对儿童残暴，还是在戕害社会，这点我不得而知。古代雅典规定，一切儿童都要在必要时对自己的父母施以援手。然而，梭伦①却制定过一条法律：任何做儿子的都没有义务去救济没有使他有一技傍身的父亲。

一些家长让自己的儿子在自己能力所能负担的范围内从事良好贸易，但是，在他们的孩子还没出师或掌握那行生意之前，他们要么死去，要么破产，因此，许多年轻人便中途再次丧失了相应的经济来源，而只能依靠自己谋生。有些年轻人太过懒惰，或者对自己那个行业所知甚少；另外一些人则耽于享受；还有少数几个人是时运不济——他们穷困潦倒，根本没办法用他们所学之事去供养自己。这里我所提到的大意、管理不佳及厄运，不一定只会发生在人口众多的地方，因而这个广阔的世界里每天都会平添许多失去生计的人，无论一个国家多么富庶，多么有为，也无论一个政府为避免此类现象做了多少努力，结果依然会是这样。究竟该拿这些人怎么办呢？据我所知，海洋及军队能够吸纳一部分人，而这个世界海洋与军队比比皆是。如果能够从事艰苦劳动，任劳任怨，那些人将成为所在行业的熟练工人，或者转行；其中那些有知识、有文化并被送进大学接受深造的人，将来能成为小学校长、家庭教师，少数一些人则能成为办公室的办公人员等。然而，懒汉却压根不想去工作，浮躁的人则极其讨厌各种约束，这些人将来又会怎样呢？

一些人可能会中意于戏剧和浪漫传奇，并对其有一点旨趣，他们极其可能将目光锁定在舞台上，如果能说会道、长相颇佳，他们就去从事演员的工作；有些人喜欢犒劳自己的肚子高过一切，如果味觉灵敏，对烹调之术略知一二，他们便会竭尽全力成为饕餮者及美食者中的一员；学会拍马屁，学会容忍一切规矩，而成为食客、寄生虫，他们会对主人假意奉承，对家庭中的其他人来说，他们的存在就是一种祸端；另外一些人，他们及其同伴的淫荡都使他们相信人人皆为裙下之奴，自然会沉湎于私通之事，并且以卖淫作为生财之道，还用没有时间或缺乏生存技艺当作借口；至于那些最无视道德原则的人，如果他们聪敏狡猾，则会变成了骗子和扒手，而如果他们的技能和智力都能充分利用，他们便会去制造假币；还有一些人发现欺骗那些头脑简单的女人及其他一些蠢人非常容易，如果他们没有廉耻，并且有几分小聪明，便会当起医生或假装能够占卜吉凶、预测未来。你看，每个人都充分利用他人的恶德和缺点，凭借这点为自己谋求生存之

---

① 梭伦（前638—前559），古代雅典的著名政治家、立法者、诗人，是古希腊七贤之一。梭伦在前594年出任雅典城邦的第一任执政官，制定法律，进行改革，史称"梭伦改革"。他是古希腊最杰出的政治家之一，也是一位多才多艺的诗人。——译者注

道,这对他们来说是能力范围之内的最方便、最容易的谋生方式。

这些人必然是文明社会的蛀虫。但他们也非常愚钝,因为他们把我们已经说过的那些话当作耳旁风,却高声抱怨那些把他们的生活搞得苦不堪言的法律漏洞。相反,聪明人则小心翼翼地躲避着那些疏漏,只要没有为其所害就心存感激,他们并不会去埋怨那些即便是再聪明谨慎的人类都无法左右的东西。

[B]此辈又叫作骗子,他们并不认同,

　　严肃勤勉者也可能徒有虚名:……

我不否认,这不过是在公公正正地称颂一切从业者。但是,如果我们能够明晰骗子这个词的全部含义,并且意识到所有人的诚实都只是表象而已,每个人都不会把自己不想要的东西给别人,那么我就会对这项指控深信不疑,并承认它的存在不无道理。买卖双方的交易中充斥着无数诡计,他们用诡计博弈算计,即便是最光明磊落的交易者,对这种做法也都是默许的,而且每天都在上演。这让我发现:商人总是能够洞悉自己货物的缺点,那些货物因为缺点的存在而贬低了其价值,任何时候都向买主坦率地承认货物的缺点,你见过哪一个商人会这么做吗?良心泯灭,对自己的货物大加称赞,将货物夸赞得物超所值,尽快将它们兜售给买主,你见过哪一位商人不是这么做的吗?

德西奥[①]是个非常富有的商人,他从国外多个地方购进大量白糖。目前他正在就一大宗白糖的买卖与阿尔桑德[②]进行谈判,这位商人在西印度群岛非常有名。虽然两个人都对市场非常熟悉,却没能达成协议,因为德西奥家底雄厚,认为自己买进白糖的价钱应该比所有人都低;而阿尔桑德也是如此,他有的是钱,所以认为自己的出价没有任何讨价还价的余地。起初两个人在交易所附近一家小酒馆里谈判,阿尔桑德手下的一个人给主人送来了一封信,那封信来自遥远的西印度群岛,信中说:此刻大量白糖正在运往英国,数量庞大远超预期。此时此刻,阿尔桑德只希望:在德西奥获知这个消息之前,按照他的买价把白糖卖给德西奥。可是,他老奸巨猾,认为自己既不能显得像是热锅上的蚂蚁,又不能把买卖砸在手中。于是,他便提议中止谈判,让自己显得很愉快。他聊起了舒适的天气,借机谈及自己的花园带给他的乐趣,还邀请德西奥到自己的乡间别墅游玩,那里离伦敦最多只有十二英里之遥。那时正是五月,事实上,那是个星期六的下

[①] 作者杜撰的人名。——译者注
[②] 同上。——译者注

午：德西奥是个光棍，一直等到下个星期二，他才需要回到城里做生意。于是，德西奥觉得盛情难却，便欣然前往，两个人坐上阿尔桑德的马车去了他的花园。当天晚上一直到第二天，德西奥都被奉为座上宾，受到了最好的接待。星期一上午，德西奥到阿尔桑德的别墅外面散步，怡然自得，非常开心。他散步回来的路上，刚好与一位熟人偶遇，此人告诉他：昨夜传言，一场暴风雨把巴巴多斯船队摧毁了，还说，在这之前，劳埃德咖啡馆①已经确认那个消息准确无误，那里的人都确信，到交易时，白糖价格将升至百分之一百二十五。德西奥急匆匆回到阿尔桑德的别墅，想立即恢复之前中断的谈判。而阿尔桑德确信自己手下人的消息没有任何问题——大批白糖即将来到英国，所以并没有立刻开始继续谈判，一直等到晚餐时分，他看到自己的计谋得逞按捺不住心中窃喜。然而事实上，阿尔桑德恨不能马上卖掉自己的白糖，而德西奥却更着急买进白糖。但是，两个人都对对方心生恐惧，因此多数时间里，他们都佯装漫不经心。最后，德西奥被自己听到的消息搅得六神无主，认为再拖延下去没有必要，只能徒增风险，便狠下心来，同意按照阿尔桑德的出价买进这批白糖。第二天，两个人回到伦敦后，那个消息被证明是千真万确，最终德西奥在这桩白糖交易中省了五百镑。虽然阿尔桑德想狂赚一笔，结果却是聪明反被聪明误，到头来损失了钱财。然而，所有这一切交易却不曾有失公允。但我相信：这两个人不会希望自己对付对方的手段在自己身上再上演一次。

[C]有些士兵必须要去征战沙场，
　　若侥幸生还，他们会满载荣誉……

每个人都想给他人留下好的印象，这种欲望是永远不会满足的，以致尽管人们逼不得已被拖入战争的泥潭，有些人为了抵消自己的罪责因而在各种威逼利诱下作战，并且作战时常常忍受鞭挞之痛。人们仍然会尊重他们，因为他们本意并非如此，因为他们已经尽了最大努力。然而，如果一个人理性的分量与他的骄傲相等，他便不会满足于这样的赞扬，因为他觉得自己其实当不起这份赞扬。

所谓荣誉，它的本质没有什么特别的，其实只是来自他人的赞扬而已。荣誉在我们看来是一种或多或少具有一点存在感的东西；而展示荣誉时则或多或少总是浮躁或热闹的。我们说荣誉产生于君主，也就是说君主被赋予了一种权力，即

---

① 劳埃德咖啡馆，世界上最早的咖啡馆。建于1688年，后来逐步成为商人及水手聚会的地方。及至曼德维尔时代，这里几乎成了一个小型的股票交易所。——译者注

为她请来的人冠上一个头衔或加诸某个仪式（或二者兼备），以此为其加上印记。如同君主发行的货币一样，这样的记号全国通用，能为拥有它的人赢得每个人的赞誉，无论他事实上有没有这个资格。

荣誉的反义词是恶名，也叫耻辱。他人的恶评或轻蔑都会带来恶名。良好行为会被嘉奖以荣誉；恶劣行为则会被施以耻辱的惩罚。他人越是公开、极端地轻蔑，遭受轻蔑者就越会声名狼藉。耻辱最终的结果，往往是被称为羞耻的东西。这是由于：虽然荣誉之善与耻辱之恶都是虚幻的，但羞耻却是一种切切实实的感觉。羞耻其实是一种激情，这种激情能够产生各种相应表征。羞耻控制我们的理性；我们要付出巨大努力把羞耻消弭于无形，就如同消弭其他激情一样，这需要自我克制的能力。这种激情常常会影响我们生活中那些至关重要的行为，因此，彻底理清羞耻是怎样一种激情，一定会对阐明世人对荣誉和耻辱的看法有所裨益。所以，我下面将对这种激情加以详细的阐释。

首先，我界定一下羞耻这种激情。在我看来，我们可以将羞耻称作对我们自身卑鄙之处的一种悲哀的反思，正是对事实的领悟构成了这种羞耻。也就是说，如果我们这些卑鄙之处为其他人所知晓，对我们的蔑视必定会油然而生，无论他们是真知道还是假知道，情形都不会有所改变。唯一有能力可以驳斥这个定义的说法是：其一，未经世事的处女常常会感到羞耻，即使她们清白无瑕，也会陡然脸红，并且根本没有办法给出一个合乎情理的解释；其二，男人也经常替别人感到羞耻，即便他们与那些人既非亲非故，毫无交情；所以说，羞耻的表现形式有千千万万种，而上述定义却不能将那些表现包罗其中。对此，我想说：我们首先要考虑到，女人的羞怯源自习俗及教育。因为羞怯，她们会恐惧一切不合时宜的袒胸露背和粗俗言语，对其生发憎恶之心。非但如此，一切最贞洁清白的年轻女子（虽然年纪轻轻）常常都喜欢幻想，容易把想象和现实混为一谈，却绝不会轻易与别人分享她们内心的想法。因此在我看来，当着一位天真无邪的处女的面说些肮脏下流的话语，这会让她忧虑：有人会认为她能听懂那些话，因此便以为她对那类勾当了然于胸，而非对那类勾当一窍不通——而这不是她所希望的。她考虑到这一点，想到人们那些想法会给自己带来不良后果，于是就出现了那种我们称之为羞耻的激情的东西。无论是什么（尽管都与淫荡相差无几）让她心生我方才暗示的那套想法（她认为那些想法是罪恶的），其效果实际上是一样的，特别是当着男人的面，只要她的羞怯还能奏效。

如果想要证明这一点准确无疑，可以以一位贞洁的年轻女子做个实验。让那些男人在她隔壁的房间里，毫无顾忌地大谈淫秽之事。而在隔壁，那女子以为男人们不会发现自己，便会毫不羞耻地偷听他们的交谈（如果算不上偷听的话），因为此时她认为自己与别人都毫无瓜葛。如果这位女子因隔壁的那场谈话而面红耳赤，那么，无论她天真的脑海里浮现了些什么，我们都可以断言：此时此刻，她之所以脸红完全是因为纠结于一种类似羞耻一样的激情。然而，如果在同一个地方，她听见有人把她的某些颜面尽失的事情当作谈资，或者涉及了任何一件她心存惭愧的事情，那她十之八九也会因羞耻而面色绯红，尽管这一刻并未被别人看见，她的惶恐是有原因的，她害怕人们会因为洞悉了一切而小瞧她。

上述第二个反对的论据是，我们经常会替别人羞耻和脸红。这种情况之所以出现不足为奇，它并不是因为别的，而完全是由于：我们让自己身临其境，设身处地将他人的境况想成是我们自己的境况了。因此，看见旁人身处险境时，人们才会大声尖叫。我们太过急切地去思考这种应严加苛责的行为（如果发生在我们自己身上）将会对我们产生怎样的后果。我们的思维，我们的血液，也会潜移默化地出现相同的活动，我们应该就是那个行为的发出者，于是各种相同的症状相继出现也就是情理之中了。

面对比自己强的人，幼稚、愚昧及缺乏教养的人会感到羞耻，虽然这好像无迹可寻，但这种羞耻却与（并且往往是来自）一种意识相伴而生，即发现自身存在的缺陷及窝囊。即便是最谦虚的人，无论他心地多么善良、博学多才、聪慧过人而又文质彬彬，都一定曾有过因为某种内疚和不自信而深感羞愧的时刻。有些人因为天生朴实和没有文化，没有缘由地拜倒在"羞耻"这种激情脚下，或次次臣服于这种激情，这种情形我们称作腼腆。有些人因为骄傲自大、目中无人，缺乏自知之明，却又学不会在必要时不被这种错误估价所左右，这种情形我们称作"恬不知耻"或"不要脸"。人是一个多么奇怪的矛盾结合体！羞耻与骄傲相对而生（参见评论M），然而如果任何人都不曾有过哪怕一丝骄傲的激情，也就绝对不可能心存羞耻之意。这是由于：我们全都太过关注旁人对我们的想法，我们的一切行为全都出于我们对自己的无上尊重，而非其他。

骄傲和羞耻这两种激情孕育了大多数美德，它们是在我们身上真真切切存在着的品质，并非看不见、摸不着。各种清清楚楚、情形迥异的影响就可以将其显露无遗，虽然我们在其中任何一种激情的作用下都会立刻唤醒我们的理性。

一个被羞耻压垮了的人往往会蔫头耷脑，他的心脏阵阵紧缩，五脏翻腾；脸部灼热、胸闷气短、火烧火燎。他的心情也跌落谷底，他耷拉着头，目光游移，眼神半刻不曾离开地面。此刻他不会对任何东西燃起丝毫兴趣，他讨厌自己的存在，恨不得能够立刻找个地缝钻进去。相反，当他的虚荣心得到满足、因骄傲而按捺不住心中狂喜时，他便是一种截然不同的情形。他的精力使心跳加快、血流量增大，一种异乎寻常的温暖使他的心脏强劲有力、心胸澎湃；他的四肢舒展，他觉得自己走路轻飘飘的，仿佛飘在云端。他昂首挺胸、环顾四周，眼神带笑。他庆幸自己的存在，常常喜欢发点无名小火，并且常常会因为成为世人关注的焦点而心中窃喜。

我们彼此之间能够进行交往依赖诸多要素，而羞耻这种成分是绝对不可缺失的，这几乎让人无法相信。羞耻是我们的一种天性。每当羞耻之心作怪，人人都臣服于它，并尽可能不让这种情形出现。可是，我们却仍旧会把交谈的巨大快乐建立在羞耻之上。如果羞耻之心无法支配整个人类，那任何一个社会的改良都无从谈起。所以，羞耻感导致麻烦重重，人人都企图洁身自保。努力避免出现这种不舒适感的人，凭借自己的成长就有可能在很大程度上克服他的羞耻感。然而，这种做法对社会而言却毫无裨益，因此，从一个人呱呱学语的孩提时代至其整个受教育时期，我们便竭力强化而不是削减或克制他的羞耻感，而对此我们给出的唯一解决之道，就是要求他遵守某些规则的约束，以此来避免他可能会因为这种麻烦重重的羞耻感做出的那些举动。不过，如果要让他完全与羞耻感说再见，或者让他完好如初不再受其桎梏，政治家甚至情愿以他的生命作为代价。

我所提到的规则，就在于高明地约束我们自身，克制我们的欲求，以及在他人面前绝不袒露我们内心最真实的感觉。有些人在孩提时代没有学会如何遵循这些规则行事，因而在之后的成长过程中，他们便很少有取得进步的机会。拥有骄傲之心与常识绝对是想要获得我上面提及的那种造就并且加以完善的不二法门。我们非常希望他人能尊重我们，我们想让自己获得他人的垂青，甚至可能因为他人的溢美之词而沾沾自喜、得意忘形，这些都可以说是对克制最强烈激情的回报，非常划算，因为它们的存在，我们便可以跟那些带给我们造成耻辱感觉的言行永远说再见。为了社会的幸福安康与日臻完善，这些激情是我们最需要隐瞒起来的，那便是：贪婪、骄傲及私心。因此，"羞怯"二字包含了三层意思，根据它所掩盖的激情不同来具体界定。

第一层含义是羞怯的一个狭小领域，通常会让它的对象因为贞洁之躯而感到自视清高。要做这样的努力虽然是真心实意却又痛苦不堪，即在他人面前竭力消泯和掩饰我们那种天然性向，而大自然之所以赋予我们这种性向，是为了让人类这个物种能够繁衍生息。我们接受这个应该怎么去做的教育，要追溯到很久之前，远远早于在我们有机会了解或掌握这些课程的实用性之前，就像在我们不懂语法有何用之时便已经学会了那样。因此，在儿童还不知道我所暗示的那种自然冲动究竟是什么之前，他们就经常会因为羞赧而心生羞耻之心同时面红耳赤。一个从小便接受羞怯教育的女孩，在不到两岁的小小年纪，便可能已经开始注意（跟她说话的）那些女人在面对男人时是怎样谨小慎微地掩盖自己的真性情。大人也通过以往的经验及血淋淋的教训不断地告诫她要恪守这样的谨慎守则。因此，这女孩很可能在六岁时便认为露出自己的腿是件多么不雅的事，却既想不通究竟为什么露腿被视为是耻辱的，也搞不懂她的这般羞涩究竟是为何。

要做到羞怯，首先我们就应当注意合乎时宜的袒露自己的身体：如果一个国家的风俗许可的话，女人们袒露脖颈上街便无可厚非。如果女人把胸衣的领口开得极低是出自时尚的需要，那么一位花季的处女便可以无所畏惧所有以理性为名的谴责，而大胆地向世人展示：

她胸前的双乳如此坚挺，如同白雪一样美丽，

在丰满的胸膛上安然对视，静默生长。

但此时此刻，她却会因为脚踝的裸露而痛苦万分，因为时尚要求女人把双足收起，而裸露脚踝却是对羞怯的挑衅。如果一个国家的礼法要求女人把脸遮盖住，那么，即便只是露出半个脸，那女人也是恬不知耻的。羞怯的第二层意思，在我们的话语体系中一定是贞洁。它不仅要求自己不能满口秽言，而且要与低贱粗俗的话语划清界限。换言之，我们这个物种的繁殖行为绝对不能出现在我们的话语中，至少，只要是与我们的繁殖行为之间稍微有一点点联系的话，都该三缄其口。羞怯的第三层意思是：所有只要能够有损想象的姿势及举止，也就是一切姿势及举止只要能使我们联想到我所提及的淫秽之事的，全都应当慎之又慎，竭力规避。

更有甚者，如果年轻女子想要看上去富于涵养，还应当在男子面前让自己的举止端庄，绝不轻易收受男子的恩惠，更不对男子施以恩惠。除非这男子德高望重、年岁颇大，或者是她的直系亲属，或者恩惠施受的双方地位极为悬殊，她才能为自己的做法开脱。教养良好的年轻女士不但应严格谨言慎行，同时也应对自己的外表严格把关。她可能会有意识地展示出自己非常自重的一面，虽然不是因为担心堕落，羞怯却使她有毅力时刻保持自重。对假装正经的女人，人们对其千般讽刺、万种指责；同理，对贞洁美女毫无顾虑的优雅举止及心不在焉的气质，

人们对其赞誉有加。但是，更聪明的人都会笃定：与具有令人知难而退的眼神、言行谨小慎微的美女相比，笑靥如花的美女的那种爽朗轻率的表现更能吸引人，更能让被诱引者胡思乱想。

所有年轻女子，特别是处女，都应当恪守这种严苛的戒律，只要她们非常在意高雅杰出人士的尊重，这就是必然要注意的。男人的行动不会有这么多限制，因为男人的欲求太过强烈，难以把持。如果男人和女人同时背负这样严苛的戒律，那么，他们便都不会是最先做出行动的，而所有上流社会人士当中的繁衍则必定会因此停滞不前，无法延续，而这种结果脱离了政治家们预期的目的。因此，更为妥当的办法是：放松一下这两个性别中那个因为严格戒律而吃苦最多的性别，纵容他们的性欲，制定相应的规则，以削弱他们对自己的严苛节制，因为他们激情太过强烈，而如果施以严苛限制，他们将无法承受那样的重负。

于是，男人便可以把自己对女人的崇敬和无上尊重表露无遗，并因为女人相伴左右，心中会获得较之以前更大的满足、更多的欢愉和兴奋。男人在一切场合都会对女人彬彬有礼、关怀备至，而且可能承认自己有义务充当女人们的保护伞。男人可能会对女人的良好品质赞美有加，费尽心机地对女人的优点夸夸其谈、大肆颂扬，并使自己的言谈举止优雅得体。谈及爱情，他或许会慨叹美女的自律太过严苛而抱怨不止。男人有权用自己的目光表达他心底深处的意思，他用眼睛毫无顾忌地诉说自己的想法。他的表达分寸拿捏到位，可能只是一个随时瞥过来的眼神就已足矣。然而，追求一个女人时跟她走得太近，或紧紧盯着那个女人，这些做法却会让他风度尽失，原因非常简单：这会使女人感到不自在。并且，如果这女人还没有在艺术和自我掩饰下实现自我完善，她就会因为这些做法变得无所适从。眼睛是心灵的窗口，因此，这种可耻的注视会使一个缺乏历练的幼稚女人心神不定，生怕自己的想法会被那男人看透（或者生怕自己早就泄露）。这让她仿佛置身于一场无休无止的拷问之下，强迫她说出自己心底深处潜藏的私欲，并且像是为了从她嘴里套出关系重大的事情一样，而她会碍于羞怯，不遗余力地否认这一点。

大家基本上都很难相信教育到底有何等威力，因而认为男女之所以羞怯有别完全是自然天性使然，殊不知这种差别实际上却应该完全归因于后天的早期教育：一位不到三岁的小女孩，大人便反反复复地告诉她要把自己的腿藏起来别让人瞧见，如果她自己的腿无意间露出来，大人们那些最严苛的话语将会劈天盖地地朝她砸来；而一位年龄相仿的小男孩则被要求穿戴齐整，并要像成年男人一样小解。把所有优雅文明的种子包罗在内的，不是别的，正是所谓的羞耻与教育。既缺乏羞耻之心，又没什么文化的人常常清清楚楚地袒露自己的心迹，心里想什么就直接说出来，尽管这样做本也无可厚非，可他们仍然是世界上最让人瞧不起的物种。如果一个男人胆敢跟一个女人说：他认为她是生育他的后代的最佳人选，而她恰好也认为是这样的；在那一瞬间，他心底萌发出一种以她为中心的强烈欲望，于是想当然地便把她揽入怀中，那么，之后的故事必然如此：这个男人会被看作与禽兽无异，而那女人会溜之大吉，而这个男人将再也无法融入任何文明的族群。无论是谁，哪怕只有一点羞耻之心，都情愿克制住性欲这种最强烈的激情，也不愿忍受此般对待。不过，男人并不需要把各种激情消灭在萌芽状态，而只要适时将它们掩饰起来就可以了。美德要求我们压抑激情，而良好教育却只是要求我们掩饰自己的欲望即可。对于女人，一位衣着时尚的谦谦君子的强烈欲望与那个禽兽般的家伙相差无几，但这位绅士却采取了另外一种方式去达成目的。他先从那女士的父亲入手，说服他，说自己有足够的能力养活他的女儿。如此一来，这位绅士便获得了与那女士交往的许可。然后，他试图通过曲意逢迎、百般拍马、礼物相送及关怀备至的方式，尽力谋求他在那女士心中能留下良好印象。一旦他获得了这种好感，那女士马上就会在万众瞩目之下以最庄严的方式投入他的怀抱。夜幕降临，这两人相拥而眠时，那最保守的处女会百般温顺，任凭这男人为所欲为，最终结局便是：男人甚至无须提出要求，便得偿所愿了。

第二天，这两人开始宴请来宾，而没有人会把他们当作笑柄，没有人会对他们的所作所为指指点点。就这对年轻夫妇本身而言，两人并不会对彼此投以比之前更多的关注（我这里所说的是受过良好教育的人）。他们照常吃喝玩乐，与平日无异，没有什么会使他们觉得有任何羞耻。在别人眼中他们堪称世上最羞怯的人，事实上他们可能果真如此。我说这些话旨在阐明：只要拥有良好的教养，我们便绝不会因为削弱感官的快乐而痛苦纠结，相反只会为男女间的相互幸福而辛勤奋斗，并且会互帮互助，携手享尽世间一切荣华富贵。我所提到的那种良好绅士不需要比野蛮人还强烈地压抑自己的激情，而后者做事，比起前者更加率性且毫不顾虑。如果一个男人去满足自己的欲望的方式在自己国家习俗许可范围之内，他便没有必要担心任何责难；如果他的性欲强烈到比公羊、公牛更甚，只要举行完结婚仪式，他完全可以纵情欢乐，直至精疲力竭；只要他有足够的体力和男子气支撑，他便可以无所顾忌；他可以大胆地嘲笑那些妄图要谴责他的所谓聪明人，因为他的背后站立着所有的女人及十分之九的男人。这男人可以参照对自己纵容激情的狂怒，无拘无束地进行自我评价，而他越是沉溺在淫欲当中，越是全力纵情于声色犬马，那么祝福及女人的好感便会更快地纷至沓来，这种好感也包括那些年轻、虚荣和淫荡女人的好感，以及谨小慎微、美丽端庄和最理性的主妇的好感。

无耻是一种恶德，我们因此说羞怯是一种美德——但这种推断是不成立的。羞怯以羞耻心为基础，是源自我们自然性向中的一种激情，它是好是坏完全在于以它为动机的行为是怎样的。羞耻心可能使一个妓女不会当众屈从于一个男人，也可能会使一个羞涩的女人（由于拜倒在脆弱面前）狠心对自己的襁褓中的孩子下杀手。各种激情有时也能够导致好结果，但是，只有压制激情才会真正有所裨益。

如果美德也存在于羞怯之中，那它就应是黑暗中的一种力量，等同于光明中的力量，但它却并非这样。耽于享乐的男人们对此非常了解，他们从来不会考虑女人的美德，因此能够打败女人的羞怯。所以，诱引者不会选择正午时分侵犯女人，而是会在夜幕降临之后暗修战壕，去偷袭女人。

喧闹的白天之后是蠢蠢欲动的年轻男女，

订婚新郎为羞耻找到了多么胆小的借口。①

家境富裕的人因为追求偷情的欢愉而犯下的罪责，却有可能并不为外人知晓；但低贱的女仆及家境更贫寒的女人却几乎没有办法掩饰自己因怀孕而日渐隆起的肚子，至少她们生下的婴儿无处可藏。一个出身良好的姑娘若不幸遭遇此劫，很可能会流于贫困，除了去做保姆或女仆，别无他选。她或许勤劳、忠诚，有教养，并且羞涩万分；如果你愿意，还可以说她是虔诚的基督徒。她可能曾经克服了重重诱惑，并一直保持处女之身。但是，在一个不幸的时刻，一个位高权重的骗子毁坏了她的名誉，而之后她却又被人遗弃。如果她因此怀孕，她就更无法言说自己内心的苦痛。她深陷这种悲惨的泥潭，无法自拔。她时时刻刻都饱受羞耻的困扰，每每提及此处她都几乎痛不欲生。她的美德获得了所在家庭的全体成员的全部称赞，甚至在上一位女主人心中，她如同圣女一样。那些嫉妒她美德的敌人是多么雀跃！亲戚们对她又是多么鄙夷！而今，她越是羞怯，耻辱和恐惧就越使她无所适从，她想到的解决之道便会更加野蛮、更加卑劣，那个办法既让她愧对自己，也让她愧对肚子里的孩子。

人们常常认为，一个对自己的婴儿痛下杀手的女人，一个亲手杀死自己亲骨肉的女人，内心一定非常残忍，是邪恶的妖魔转世，与其他女人截然不同。但

---

① 出自古罗马诗人奥维德（前43—17）所著《爱经》第1章第5节。——译者注

是，这种看法其实并不正确。我们之所以会有这种错觉，往往是因为不了解各种激情的性质及威力。这个女子用最邪恶的方式将自己的私生子置于死地，即便是同一个女人，如果后来结婚生子的话，依然也会精心照看自己的婴儿，把自己的婴儿视为掌上明珠，因为婴儿而心底萌生出最慈爱的母亲所能给予的全部温情。天底下没有哪个母亲不爱自己的孩子；但这种爱是一种激情，所有激情又全都围绕自爱而产生，因此，一旦更高的激情产生，这种激情就可能甘拜下风，而这都是为了满足那同一种自爱，如果没有任何外来因素，这种自爱将使她对自己的后代宠溺有加。世人皆知，通常很少会有妓女对自己的孩子痛下杀手；即便是抢劫犯和杀人犯也很少听闻他们会犯这种罪行。他们之所以如此，并非因为他们不够残忍或美德泛滥，而是因为他们已经没有那么多羞耻心，而对耻辱的恐惧已经几乎不能拿他们怎么样了。

  对一切我们无法感知的事物，我们很少会对其心生怜爱，即便有爱也非常微小。因此，女人对自己腹中的胎儿的爱并非天性如此。自婴儿出世之后，女人才会母爱泛滥，而在婴儿降生之前她们对孩子的那种感情，乃是源自理智、教养及义务。即便是第一个孩子已经出世，这份母爱也是非常微弱的，只有对孩子的感情日渐深厚，母爱才会慢慢被唤醒，并让人惊讶，而这时孩子的喜怒哀乐已经能用不同的动作进行表达了，他们让人了解自己想要什么，开始对新鲜的事物产生兴趣，并且很多欲望也都能展露无遗。为了抚养和照顾自己的孩子，妇女们要背负怎样的重担，要历经多少凶险！为了孩子，妇女们要拥有远远超过男人的力量与坚忍！但是，即便是最低贱的女人也会为此拼尽最后一份力。每个女人会如此行事完全是出于天性和自然性向的激励，从不顾及这种做法给社会带来哪些利弊影响。我们沉醉于欢乐，不会对社会有丝毫裨益，由此而生的后代往往会毁在父母的宠溺之中，并且无可救药。这是由于，虽然两三岁的孩子如果能得到母亲的精心呵护会生活得更好，但以后如果不对这分呵护加以节制，它只能将孩子完全惯坏，甚至许多孩子会因此走向断头台。

  如果读者认为我对羞怯的第一层含义的叙述太啰嗦了（我们尽量用它来标榜自己的贞洁），那么，我将转变读者的这个观点，因为接下来我对另外两部分的阐述将会非常简明扼要。这一部分的主旨是，我们要说服大家：我们尊重他人的程度远远超过了我们之前的预估；事实上我们最无暇顾虑的，乃是我们自己的切身利益。这种令人称赞的品质，常常被冠以风度与良好教养这类词，它实际上是一种当下比较流行的习惯，人们在不断的教训和实例中逐步培养了这种习惯，即主动逢迎他人的骄傲和自私，同时通过审慎判断和机智的反应来遮盖我们自己的骄傲与自私。这种做法只在和地位与我们相仿或高于我们的人交往时才能行得通，我们与这种人相处下来会觉得如沐春风。这是由于我们的温文尔雅绝不能背弃荣誉的规则，也不应削弱仆人及我们赡养的其他人对我们应有的尊重。

我坚信通过以上的提醒，这个定义可以适用于一切冠之以良好教养或卑劣行径的实例了。要想从人类生活的全部事件和讨论当中，或从古今中外所有国家所有地方找出一个完全没有羞怯或无耻字眼的实例，抑或找出一个用羞怯或无耻没办法解释的实例，实在不是一件容易的事。向一个素昧平生的人索要大量的恩惠却毫无顾虑，这样的人被看作恬不知耻，因为这人毫不掩饰他自私的丑恶嘴脸，却不曾想到他人也有自私之心。我们也许能从中了解到为什么一个男人言谈中很少涉及他的妻子、孩子及一切他所看重的东西，就连他自己也很少提及，那种自卖自夸、骄傲自大的神情更是难得一见。有着良好教养的人也会期待，甚至是渴求得到他人的赞美和尊重，但当面赞美却伤害了他的羞怯之心，其原因在于：在还没有经过磨砺升华之前，所有的人都会因为对自己的赞美而高兴至极；对于这一点我们全都毋庸置疑，眼见一个人在大家面前毫无顾忌地享受这种快感，而这却与我们毫不相干，我们只有在充当观众的角色时，无法按捺心中自私的想法，并且会对这个人暗生嫉妒，甚至对他陡生恨意。因此，真正有良好教养的人会把自己的欢乐掩饰起来，并且绝不承认自己有欢乐可言，用这样的方式来抚慰和抹平我们心中的自私，当然也就不需要忍受我们的嫉妒和憎恨，要不然，他极有可能对它们抱有恐惧之心。我们自孩提时代起便对这一点耳闻目睹，即安然享受对自己的溢美之词的人总是会受到别人的讥笑讽刺，因而，我们很可能会尽力远离那种欢乐，时日已久，每每听到他人对我们的当面赞扬，我们心中都会惴惴不安。但是，这并不意味着我们要因此遵从天性的旨意，而是要将天性藏匿在教育和习俗之后，因为如果绝大多数人都没有因为被人赞美而心生快感的话，那么，抗拒这种赞美也就不可能是因为羞怯了。

面对一道菜肴，真正有涵养的人并不会选择它最鲜美的部分，恰恰相反，他会选择众人最不屑的部分；除非无可奈何，他面对所有东西时都会选取别人最不看重的部分。他凭借这种修养，把最好的东西留给别人享用，悄无声息地恭维了全体在场者，每个人都会因此而心生愉悦。众人越是自爱，就越是必须要认可他这种举动，于是逐渐对他心存感激，无论是否出自本心，对他的印象都会越来越好。正是由于这种涵养，教养良好的人渐渐地自然而然地得到了与之交往的所有人群的尊重。如果说他最终鸡飞蛋打、一无所得，那么，对于一个骄傲自大的人来说，人们称赞他之前的自我约束带给他的快乐，较之他赢得了人们心中的喝彩而言是绝对微不足道的。而在他看来因此获得了众人的好评这样的回报，对他的自爱而言也是非常值得的，这大大抵消了他因为对他人的温文尔雅所遭受的实际损失。

如果有七八个苹果或桃子摆在六位文质彬彬的人士面前，大小几乎相同，那么有资格最先挑选水果的人所选择的（如果这些水果差异明显肉眼可见），必定会是连三岁小孩都知道是最差的那个。此人之所以要这样做，是为了对别人暗表恭维，也就是说，在他看来和他在一起的人都在某些方面或多或少远优于他（三人行必有我师），他希望所有人都能得到比他的更好的水果。这种习惯和行为方式到处都有，虽然我们已经非常了解这种流行的欺骗方式，但却没有惊讶于它的荒诞可笑。因为如果人们直到二十三四岁都还习惯于把自己内心的想法和盘托出，并且做事时习惯倾听自己内心的声音，那么，人们就避免不了在做出这类滑稽之举时要么捧腹大笑，要么怒火中烧。不过，有一点却是毋庸置疑的，因为这样的行为我们会更容易包容彼此。

拥有自知之明，并能把良好品质与美德截然区分开来，这是非常有用的。社会的纽带要求每个社会成员都要在一定程度上尊重他人；那些处在社会最高层的人，就算是面对一个帝国中最为卑劣的人，也要以礼相待，不失半点礼数。但是当我们面对自己时，"羞怯"和"无耻"这样的词语便毫无意义可言因为我们不在众人视线之内，远远脱离了众人可以感知的界限。一个人可能是无耻的，但他独处时却一定会心存羞耻，而他深埋心底不为外人知晓的思想也绝不会是恬不知耻。也许一个骄傲自大的人会竭力掩饰内心的优越感，以致谁都不知道他有骄傲之心，然而，此人因为在这种激情中获得的满足感要远远超过另一个人，而后者则纵容自己，恨不能全天下的人都知道自己的骄傲。良好的风度与美德或与宗教毫无瓜葛，它并不是克制各种激情，恰恰相反，它唤醒各种激情。在那些理性、有涵养的人用最擅长的技巧巧妙掩饰自己的骄傲之时，也是他自傲之心最能得到满足的时刻。他认定所有拥有良好判断力的人都会高度称赞他的行为，他沉醉在这种赞扬中，怡然自得；而目光短浅、傲慢无礼的市政议员则与这种快乐毫不沾边，他脸上的那份高傲毫无顾忌、众人皆知——他不曾对任何人脱帽施礼，不屑于和比自己身份低的人搭个讪，哪怕只是说上一句话。

一个人不需要压抑自己，也压根不需要克服自己的激情，就可以审慎地不让任何人察觉到其行为是源自骄傲。他所要摒弃的，可能只是将自傲表露在外的那些无聊的部分而已，只有愚昧的人才会认为那个部分是有快乐可言的。他以此换得内心的那部分自傲，而最文雅的人及尊崇备至的天才，则心中极为窃喜，靠着这种自傲度日。在涉及礼仪及社会声望的议题中，位高权重的高层人士的骄傲最惹人关注。在这些地方，他们有机会给自己的恶德戴上美德的面具，说服世人：世人之所以会忧虑，世人之所以会关心他的职责尊严或主人的荣誉，是他们自身的骄傲及虚荣作怪的缘故。这一点在所有使节及全权大使谈判时，最显而易见；并且，所有公共契约交易的旁观者，也把这一点尽收眼底。志趣最高雅的人，在他们的德行为外人知晓时，他们绝不会心存骄傲之念，这一点是毫无疑问的。

[D] 这是由于任何一只蜜蜂都想，

（我不点明，）得到更多的回报；

可这想法却生怕让别人看透……

我们认为自己高高在上，对他人却给予极低的评价，这使我们只要是涉及自己的事情就会极度偏心，无法做出公正的判断。没有几个人能认同这样的理由：在买卖中，他们所获得的其实已经远远超出他们售出的东西。然而无论他们的收获多么丰厚，他们都会矢口否认这一点。同时，他们却会为了一点鸡毛蒜皮的微小利益而对卖主横加指责。因此，某件商品令卖主几乎无利可图，便成了让买主最容易动心的理由。商人经常会为了自身利益而不得不谎话连天，却绝不愿意让人知道他们从自己的商品中究竟赚取了多少利润。当然，一些老商贩也会佯装比其邻居更为诚实（更多的情况是试图看上去更傲慢），对顾客经常是惜字如金、从不赘述，坚决不同意自己的货物卖得比最初标价的价格低哪怕一丝一毫。但是，此类商人却全是最奸诈狡猾的老油条，他们深知如果有钱人野蛮高傲，他们的收获往往会远远超过那些礼数周全的人。大多数人以为一个神情庄重、面带怒意的老手所表露的诚意会远远大于一个温和的、扬扬自得的年轻新手。但是，这种认知其实是非常错误的，事实并非如此。如果他们是卖绸缎、布料之类的商人，他们的商品琳琅满目，同一类商品也会有许多不同的款式，于是，你的满足感很快就能达成。如果细心检查他们的货物，你会知道，商人会在每一种货物上都留下自己才能看懂的记号，而那正是一个如山的铁证，表明自己在掩饰的货物到底价值几何这点上，这两类商人同样谨慎细心。

[E]他为此努力，如同你们赌徒，

　　虽然机会都一样，然而在输家

　　赢过之前，赢家没有赢的机会。

这种做法非常普遍，那些曾经亲眼见过赌博的人都知道有这种做法存在。因此，我们一定能从人的天性中找到这种做法存在的理由。然而，许多人都认为探究这个原因实在谈不上是一件明智的事情，所以，我倒希望读者可以对这一条评论视若无睹，除非他脾气非常温和，并且实在是无聊至极。

面对输家时，赌博的赢家往往都尽力掩饰自己赢得赌博的利益。在我看来，这种做法实在是出于一种感激、可怜及掺杂着自我保护的心思。每次利益加身的时候，每个人都会顺理成章地感激在心，只要是在这种感激之情的陶冶下，只要它让人们如沐春风，那么，人们的言行就全部都是真情实意、发自肺腑的。但是，一旦这些言行完结，之后出现的反应便往往全都因为考虑到美德、良好风度、理性及义务，而全然无关于感激了，因为感激这种动机是源自天然性向的、自然而然的东西。我们对自己过度的操纵，如同暴君一般，使得我们不得不把是否会产生有利于我们的行动作为评价每一个人的标准；对一些了无生机的东西，我们还常常对其善意相向，因为我们认为那些东西对于我们眼前而言是有益的。如果我们将这一切考虑在内，就很容易发现我们之所以会喜欢那些输给我们钱的人，完全是因为心存感激。第二个动机则是可怜，因为我们觉察到了输家的悔恨。我们期待得到每个人的尊重，因此，我们恐惧因为自己带给输家的损失而令他们不再对我们心存尊重。第三个动机是，我们已经觉察到输家嫉妒我们，因此，自我保护意识便使我们竭力削弱让我们产生怜悯之心的责任及原因，并且期待输家对我们不那么恨之入骨，不那么咬牙切齿。当激情表现得一览无余时，它们便众所周知了。一个大权在握的人之所以给一个人很高的官位，是因为此人曾经在掌权的人年轻时给过他一点微薄的恩泽，我们把掌权者这种行为称作感激；一个女人因为失去孩子而哭天抢地，双手紧握，控制她的激情乃是悲恸；我们目睹巨大不幸（例如一个人腿摔折了或脑浆四溅）时产生的不安，常常被称作怜悯。但是，各种激情的柔和表现及小小征兆，却往往被漠视或曲解。

要证明我这个论断的正确性，仅仅需要了解一下赢家与输家之间常常产生的那些激情就可以了。赢家产生的激情通常都是感激，而只要输家不失态恶语相向的话，赢家常常还会心存歉疚之意。赢家时刻准备着讨好输家，举手投足慎之又慎，展现出良好的教养，期望弥补自己的失误。输家则如坐针毡，挑三拣四，郁郁寡欢，或许还会大声咒骂。然而，只要输家的一言一行不是有意与赢家作对，赢家便会利益尽收而又不会开罪输家，不会使输家心乱如麻，不会与输家作对，从此老死不相往来。古语有云：一定要容忍输家抱怨①。所有这一切都表明：每个人都认为输家有权利抱怨，有权利因为自己的损失而获得怜悯。我们恐惧输家对我们恶语相向，这显然是因为我们觉察到自己已经惹得输家不开心，顿生恐惧之意，一想到自己比别人幸福得多，我们总会害怕遭人嫉妒。因而，赢家竭力掩饰自己的收获，其目的便是避免他所觉察到的那些灾祸变为现实，因此是一种自我保护机制。只要诱发这些担忧的动机没有消逝，这些担忧就一直在我们身边，如影随形。

但是，再过一个月，再过一个星期，甚至仅仅是再过几天，关于义务的念头、赢家的感激之情就会消失殆尽，而输家也会重现往日神情，以平和之心面对自己的损失，到那时，赢家的怜悯便了无踪迹了。赢家心知输家已经不会对自己抱有多少恶意和嫉妒，换言之，只要这些激情逝去，只要赢家的思想不再受源于自我保护的担忧控制，赢家转瞬间就会对自己得到的收益心安理得，而如果此刻他的虚荣心逐渐生发，他还很可能会得意扬扬地去向众人炫耀自己的收获。

彼此暗藏敌意或成心招惹事端的人聚在一起赌博，或者参与赌博的人，其实只是为了炫耀自己赌技有多么高明这种不值一提的满足感，他主要是为了获得属于胜利者的光荣。如果是这样的情形，也可能我所说的那些情况压根就不会出现。我们不得不根据各种不同的激情来采取相应的举措。我所提到的那些情况在一般的金钱赌博中会比较常见，参与其中的人不顾失去那些对他有用的东西的风险，搏命一拼只为能赢。但据我所知，就算是指这种赌博，许多人也都会对此持反对意见，即虽然掩饰自己的收获使人们心存愧疚，但他们绝不可能将我所说的那些激情看作导致那种弱点的因素。这不足为奇，因为只有为数不多的人才能有工夫去反思自己，而其中能够用正确的方式去反思自己的人则更是少之又少。种种激情对于人类而言，就如同种种颜色对于布料而言。如果是许多块不同的布料，红、绿、蓝、黄、黑等颜色清晰易辨；然而，要想从一块染着比例适中、颜色多样的复合色布料上找出所有颜色及其比例，就只能是画家独有的能力了。同样，当一个人被一种显而易见的激情——而且是纯粹只此一种激情控制的时候——它躲不过任何一个人的眼睛；然而，如果一些行动是源于多种混合的激情，那想要找寻到那些行动的每一单一动机就比登天还难了。

---

① 出自《好胜的蠢货》，见克雷·西博尔著《戏剧作品集》卷2，1777年版，第102页。——译者注

[F]而美德则早就从政客们那里

　　学得了各种狡猾奸诈的计谋，

　　在政客们那些高声呼吁之下，

　　美德与恶德以朋友相称，

　　……

勤勤恳恳的人维持一家人生存，无私地将自己的子女养大成人，给社会纳税，并一直以各种方式成为对社会有用的人。他们以某种行业作为生计来源，这些行业则有赖于他人的恶德而存在，或者大多受到他人恶德所左右。这些人自己不会去犯罪，也不去充当犯罪的帮凶，而只是脚踏实地地做着自己的工作，正如药剂师并不一定会去毒害别人，铸剑者并不一定会去充当杀手一样。鉴于这种情况，我们就可以断言：美德与恶德真正结成了狐朋狗友。

商人就是这样。他们把谷物和布匹销售到国外，又从当地买来葡萄酒和白兰地，刺激了自己国家的种植业和制造业的发展。航运业因商人而获利，关税收入也因此翻番，公众生活也有了诸多便利。但是，毋庸置疑的却是，商人牟利的最大支撑正是奢侈和酗酒。因为如果只有出自必要才会有人去喝酒，如果只有因为有益健康才会有人去喝酒，那么，这些让这个城市繁荣昌盛兴旺发达的人就会沦落到极为悲惨的境地。同理，如果国家此刻就明令禁止骄傲与奢华，那么，不出半年时间，不光是纸牌和骰子制造商（他们直接以恶德人群为服务对象），而且还有绸缎商、室内装潢商、裁缝及其他诸多人便会饿死街头。

[G]众多蜜蜂中的那些最卑微的

　　对公众的共同福祉贡献巨大。

我明白，也许很多人会认为这个说法可能会显得难以自圆其说。这些人会问我这样的问题：从盗贼或入室抢劫的人那里，公众到底有何利益可图呢？毫无疑问，这些罪犯肯定是人类社会的蛀虫，每个政府都应当维护治安，将他们一网打尽。但是，如果所有的人都诚实无欺，如果每个人都安分守己，绝不眼红他人的东西，那么，国内的半数铁匠就会无事可做。无论是在城镇还是乡村，众多的手艺人随处可见，他们现在既做保卫工作，也做装饰工作；如果没有窃贼和强盗，想必没有人会想到正是因为这些手艺人的存在，窃贼和强盗才无法侵犯我们的利益。

如果认为以上结论不够直白，如果认为我的论断仍然难以自圆其说，那么，我期盼读者能够耐心回顾一下各种物品是怎样被消费的。读者会认识到，那些最慵懒、最怠慢的人，那些最能浪费、最无法无天的人，都一定要为公众福祉做点贡献；只要他们的嘴还没有被填满，他们就会持续地耗费乃至破坏一些物品，而这些东西正是由那些被雇用的勤勤恳恳的人每天生产、制造和完成的。因为这些人的胃口，穷人的生计才能够维持，公众的消费也才能得以延续。假若没有数以万计的人，如我在《寓言》中所言那样：

……被雇来，

眼见他们的手工被破坏殆尽。

那么，数以万计的劳动者顷刻间就会饿死街头。

但是，我们不能依据其行为可能导致某种结果而评判一个人，而要以事实及行为产生的动机来评判一个人。一个向来卑劣的守财奴，坐拥大量的金钱，甚至有十万镑之多。虽然并没有人继承他的财产，但他每年仍然只给自己五十镑的花销额度。如果有人抢了这个守财奴一百个或一千个金币，那么，这笔钱就一定会进入流通领域，而整个国家就会因为这次抢劫而有所收益。国家因这次抢劫收获的利益，与一位红衣主教向大众募集同样数量的钱所获得的利益相比，二者并无实质差异。然而，社会出于正义和安宁则要求把抢劫守财奴的那个人或那批人送上绞刑架，即使其中的五六个与抢劫毫无瓜葛。

小偷和盗贼可能因为没有工作而偷盗，可能因为他用诚实劳动获得的收益不足以果腹而偷盗，可能因为天生讨厌一成不变的工作而偷盗。他们需要满足自己的感官快乐，需要吃饭，需要召妓饮酒，需要为所欲为的生活。饭馆老板让他们有饭可吃，以此赚取他们口袋里的金钱，他了解他们是怎样做事的，因而，他其实与这帮顾客并无区别，一样都是大恶棍。但是，如果饭馆老板能够顺利地把盗贼的金钱骗到自己的腰包里，能够精明地打理好自己的生意，那他就既能把钱赚到手，又能与盗贼顾客和谐相处。信贷公司那些奔波在外的雇员，他们最重要的任务是让顾主稳赚不赔，让顾主能够毫无顾忌地踏进任何一家啤酒店的门槛轻松享受，并且要慎之又慎地避免流失顾客。只要顾主有钱，雇员就会觉得，探究顾主那些钱的来龙去脉，并不是自己的分内之事。此时此刻，那富裕的啤酒制造商的一切都是由仆人打理的，尽管对啤酒酿造一窍不通，却能够享用私人马车，能够大肆宴请宾客，能够轻而易举而又心安理得地享受快乐。他购置地产，建造房屋，教导自己的孩子怎样享受富贵荣华，却丝毫不关心那些倒霉蛋从事着怎样的劳作，丝毫不关心那些笨蛋又是怎样艰苦度日的，丝毫不关心那些骗子在商品上动过的手脚。他真正关心的只是如何能够更多地销售自己的商品，源源不断地积累巨大的财富。

  一个拦路抢劫的强盗满载而归之后，拿出十镑给一个颇得自己欢心的妓女，让她从头到脚置办一身行头；而天下会不会有品行还算得上高尚的绸缎商，在他得知这妓女干了什么勾当之后，在良心的驱使下会不答应卖给她一丁点绸缎呢？除此之外，这妓女还需要有鞋子、长袜、手套以及裙撑，而相应地做女外套的裁缝、缝纫妇、布料商等，也一定都因此而小赚一笔。此外，上百个不同行业的商人会依赖这妓女花出去的钱存活下来，一个月之内，他们就能将这妓女的一部分钱收入囊中。此时此刻，那位一掷千金的"绅士"的钱快要花完了，他便只好再度只身涉险，回归自己的老本行。但是第二天，他却因在海盖特周边抢劫行凶时，与一个同伙一起被抓入狱，之后两人都罪责加身，接受了法律的惩罚。他们因犯罪得到的钱辗转被三个乡下人拿到，那三个人急等这笔钱用。其中一个是老实巴交的农夫，省吃俭用，勤劳肯干，却因遭逢厄运而穷困潦倒。去年夏天，他养的十头母牛中有六头都死了，如今，地主为了追讨他欠的三十镑，把剩下的牛都牵去抵债了。另一个农夫是个临时工，家境贫困，家中妻子有病在身，而几个嗷嗷待哺的小孩也在等米下锅。第三个农夫在一位绅士家做园丁，牢狱中的父亲还要靠他供养，他父亲为了十二镑而欺诈邻居，在狱中已被囚禁了将近一年半。他这种行动完全是为了尽孝道，值得称赞，因为他之前曾与一位年轻女子有婚约在身，尽管那女子的父母家境殷实，却一定要这位园丁奉上五十个金币作为聘礼才肯同意他们的婚事。这三人每人都获得了八十多镑，这些钱足以让他们摆脱眼前的困境，在他们看来此刻世上最幸福的人非他们莫属。

  无论是对于穷人的健康、自律心，还是对于穷人的勤恳，没有哪样东西比那种臭名远扬的饮料更有毁灭性了。此种饮料取名于荷兰语里的杜松子果①。现今，鉴于此字的使用频率之高，鉴于这个国家极力推崇简洁，此字已从中等的长度简化为一个单音节的、沁人心脾的字——"金酒"②。这酒引诱着那些懒惰、绝望之至、疯疯癫癫的男男女女，使快要饿死的酒鬼要么对自己衣不蔽体的可怜投以愚昧的眼神漠然以对，要么以麻木不仁的大笑及更无趣的笑话聊以自慰。这酒是热湖之水酿制，使头脑骤然发热，使人五脏灼烧，把体内的一切燃

---

  ① "杜松子"指的是杜松子树的莓果，最重要的功用是在金酒的制作上。杜松子产于北半球，不管是亚洲、美洲、欧洲都有其生长的足迹。最早为埃及人所食用，然而其功效却属医药的一种。——译者注

  ② 金酒，又名叫杜松子酒，最先由荷兰生产，在英国大量生产后闻名于世，是世界第一大类的烈酒。金酒按口味风格又可分为辣味金酒、老汤姆金酒和果味金酒。——译者注

尽。这酒还是忘川①之水，那些倒霉蛋将他们最悲苦的怨愤连同其理性全都倾倒其中，因为其理性会让他想到饥寒交迫的孩子、冬日冰冷刺骨的暴风雪和一贫如洗的家境而万分急躁。

这酒入口辛辣，狂躁易怒，因而很容易让人与他人出现口角，将人们顷刻间变得如同畜生和野兽一般，使人们没有缘由地打架斗殴，并且常常诱发谋杀案；这酒将体格最强壮的人打倒在地，让他们痨病缠身，并且成为中风、发狂和快速发病的第一诱因。然而，因为这些后来的灾祸极少发生，它们便可能被视若无睹。不过，酒精时常引发的诸多病症譬如胃病、高烧、黑疸症或黄疸症、痉挛、结石、水肿及白液增多②等却人尽皆知，时时刻刻都在出现。

那些沉溺其中并称颂这种毒液的人，有好多都被归为最卑贱的人群，从如假包换的酒桌瘾君子到酒商，无一不是。他们全都成了经销酒的中间人，而且都把能为协助他人实现自爱出一份力当作乐趣，就像妓女认为老鸨所从事的行业可以帮助他人带来欢乐一样。不过，鉴于这些贫穷者在喝酒上的花费常常造成入不敷出，甚至导致他们的收支严重不平衡，他们就不可通过销售让自己辛苦劳动的境地有任何改变，因为这时的他们常常仅是酒的消费者而已。在城镇的贫民区或郊区，在一切最贫穷龌龊的地区，无论是哪个屋子里都有个卖酒的角落，通常都是在地窖里，有时也在阁楼上。从事这种让人感觉漫步云端的饮料的零售小贩，都从一些大抵算得上更高层次的酒商那里进货，而专门销售白兰地的商店也从这些酒商那里进货，他们和零售小贩一样不配拥有众人羡慕的眼神，因为本质上也属于中间人。我想不出选择其他哪种行业来维持生计比靠卖酒的行当更可怜。无论是谁，一旦跨进这一行的门槛，都一定要慎之又慎，未雨绸缪，同时也必须要果敢决绝。他需要时刻避免骗子设下的陷阱，避免被卑劣的车夫及兵痞流氓的恶语咒骂所欺辱。其次，他还应当非常善于爆粗口和放声大笑，并对那些吸引顾客、让他们主动掏腰包的一切可行手段都了然于心，对那些卑贱玩笑和嘲弄讽刺也非常熟稔，这些嘲弄被暴民用来取笑那些小心节俭的人。就算是面对最卑劣的人，他也要笑脸相迎，小心伺候。他必须时刻准备帮助脚夫卸下肩上的挑子，时刻准备与提篮贩妇握手搭讪，时刻准备向卖牡蛎的乡下女孩行脱帽之礼，时刻准备与

---

① 忘川，希腊神话中不和女神厄里斯的女儿和遗忘的化身，又是冥府的河流或平原的名字，喝下这条河里的水能将生前的所有事情忘得一干二净。——译者注

② 白液增多，即痰多之病。在西方古代医学中，人由四种颜色的体液构成，红色的是血液，黄色的是愤怒的胆汁、黑色的是忧郁的体液及白色的是痰液。——译者注

乞丐把酒言欢。他一定要学会克制情绪，脾气一定要温和。只有这样，他才能容忍下流妓女和头等淫棍最卑鄙的行径和最肮脏的语言，才能对着一切恶臭、污秽、吵闹和粗俗不会面露愠色，而最穷困潦倒、最懒散怠惰、最嗜酒如命的人，则善于用最卑鄙、最嚣张的粗俗手段干这种下流事。

我提到的这些卖酒的店铺星罗棋布，整个城镇及其郊区可谓无处不在，它们都明确地证明了一点：虽然许多引诱者从事的职业是合乎法律的，但实际上却全都是同流合污之辈，他们培育和助长了一切懒散怠惰、嗜酒如命、贫穷和灾难的事物，大举销售烈酒，他们就可以维持中等以上的收入，其收益可能还要高于那些经营同样酒类的批发商。而那些零售商（虽然他们已经拥有上述的素质）却关门大吉，这是源于他们按捺不住要向他人捧出那只喀尔刻①酒杯；这还算幸运的，有的人则一生都要受到非同一般的痛苦折磨，暗自忍受我上述提及的所有残酷和打击，彻底成为那种只依靠体力生存的人，整日为下顿的面包而苦苦挣扎。

就这条因果链而言，目光短浅的人最多就只能看到其中的一个环节。但其中一些人眼界要更为宽广一些，能通过见证环环相扣的事件发展而心生欢乐，这是因为同样的情境他们已经在不同地方见到数百次之多了，即"善"正在被"恶"所孕育，就像小鸡从鸡蛋中破壳而出一样。国家收入的很大一部分是由麦芽酒税的收入构成的，如果禁止用这些麦芽酒去蒸馏烧酒，公共财富就一定会因此而损失惨重。然而，如果我们就事论事，仔细地考量一下由我眼中的"恶"顺势而生的好处及各种真真切切的利益，我们就会想到因为麦芽酒而收取的税收，种麦仰仗的土地，为此而生产的工具，为此而请来的运输马车及赖以度日的诸多穷人，他们从事着各种与其相关的劳动，例如种植麦子、发麦芽、运输麦芽和蒸馏麦芽，然后麦芽酒才能送到我们手中，我们将其称作"低度酒"，而酿造各种烈酒正是要以它们为原料。

更有甚者，那些眼神犀利、生性淳朴的人还会将大量的"善"从我一直在谴责的"恶"中捡拾出来。他还会跟我说：痛饮麦芽烈酒吧，别去想它会让人们变得多么懒散怠惰，多么嗜酒如命，适度的饮用却能够带给穷人不可计数的好处。穷人没钱去买价格更高的兴奋剂，因此麦芽烈酒就成了他们差不多都能够承受的"奢侈品"，不只是在他们饥寒交迫或困顿乏力的时候，而且更多的是在他们忧

---

① 喀尔刻，是女巫、女妖、巫婆等的代名词。她是古希腊神话中最著名的女巫，是赫利俄斯和珀耳塞的女儿，具有强大的魔力，她能通过药草的协助，诵念咒语与召唤神明来施法，冒犯她的人会变成动物，并创造出不存在的幻影。——译者注

愁烦躁、只能任由命运玩弄的时候。最需要这些烈酒的，常常是那些食品、饮料、衣服和住所这些生活必需品最不完备的人。愚昧迟钝地容忍因这些东西的匮乏而导致的凄惨境遇（我始终在埋怨这样的境况），对于其他上千人则是一个福音，当然也一定是对最开心、最无忧的人们的福音。他会说：虽然酗酒会使一些人疾病缠身，但它也会让另一些有病在身的人康复痊愈，如果说饮酒过量会使极少数人猝死，但每天喝点，却使得许多曾有这种习惯的人的生命得以延续；酒虽然在国内引起了无足轻重的争论，然而，这些争论给我们带来的损失，与用酒在国外获得的利益相比简直微不足道，因为酒能让士兵的士气大振，使海军、水手神采奕奕地投入战斗；如果没有酒的"帮助"，前两次战争就不可能有胜利可言。

　　我已经根据酒的零售商及其无奈服从的恶德这方面进行了一番让人失望的论述，对此，善良者会给出这样的回应：凭借这种生意实现中等富裕的人只是少数，而我所指出的这种行业里存在的那些让人嫌恶的地方，对于那些处变不惊的人而言只是小事一桩；被一些人看作让人作呕和祸患无穷的东西，却常常被另一些人看作让人陶醉的仙品，这是由于不同的人所处的环境及所受的教育背景都不相同。他会告诫我：一种行业所带来的利益，会弥补它的内在涵盖的辛勤和劳碌。他会让我谨记："酒香不怕巷子深①。"他还会对我说：就算是那些上夜班的劳作者，他们也会认为收获的美妙是无与伦比的。

　　如果我提示他关注一下：在某地突现一个著名的大酿酒商，他向其他数以千计的倒霉蛋提供的所谓必需品，并不能缓解他们的悲惨境遇、困顿不堪和接连不断的苦难。对此，善良者会说我压根就并没有资格评判这件事，因为我并不知道他们后来将给全体国民带来了多么丰盈的利益。他会说：借此谋生的人可能会使自己尽全力承担和平或其他事业的重任，并极力避免挥霍无度及满腔抱怨，克制自己暴躁的脾气，就如同灌装自己的酒时那样勤勤恳恳，他们在人口众多的城镇里宣扬忠诚的精神，并倡导改革陈规陋习。最终，这位酿酒商也会斥责妓女、流浪汉及乞丐，极力斥责暴民、愤愤不平的叛逆者还有那些搅扰安息日的屠夫。对此，我的那些善良的反对者会比我还热烈地称颂和褒奖那些酿酒商，特别是当他能向我陈述一个如此伟大的实例时，就更毋庸置疑。他会大声呼喊：此人对其国家而言是多么至高无上的福音啊！他的美德是多么耀眼、多么炫目啊！

　　为了证明他的称颂句句在理，他会让我看到这样一种情形：一个广施仁德的人，其自我约束的最明显表征，就在于他愿意赔上自己的安宁生活，不顾生命危

---

① 出自古罗马讽刺诗人尤维纳利斯的《讽刺诗》第14首，第204—第205行。——译者注

险,一直饱受着折磨,甚至任凭那些人(他正是从他们那里赚得的财富)叨叨碎语,其动机却只是因为他生性讨厌懒惰,只是因为对宗教及公众福祉的无限热忱。

[H]那截然相对的党派互为助力,

尽管表面上看好像势不两立……

在加快宗教改革方面,罗马僧侣的懒散及愚昧无疑是更有效的工具。不过,同样的宗教改革也使他们变得不再那么闲散与愚笨了,由此可见,路德①、加尔文②等人的拥趸既改变了那些他们非常关心的人,与此同时也改变了他们的反对者。英格兰的僧侣对教会分立派非常苛刻,指责他们没有文化,于是,英格兰僧侣就成了他们极难扳倒的宿敌。同理,反对国教者则紧盯实际生活,密切监视他们强劲敌手的一切活动,使国教的活动变得尽可能慎之又慎,就怕给反对者留下把柄,而如果国教不用担心这些居心不良的监督者,结果可能会是另一番情形。在所有罗马天主教国家里,法兰西王国的僧侣以节俭有度且博学多识而闻名,这在极大程度上是法国一直就有的诸多于格诺教徒③的功劳。在意大利,罗马天主教的僧侣远比任何其他国家都要更高高在上,因而也比任何其他国家的僧侣的生活都更为糜烂。而在西班牙,那里的僧侣则比其他国家的更为愚昧,这是由于在那里他们信奉的教义所遭遇的反抗远比其他任何国家都要少得多。

谁能料想到贞洁女子的无心之举竟然客观上帮助妓女获益了呢?此外,谁又会想到(这种状况更像是不可能的)淫荡不羁竟然能有助于保持贞洁呢?不过,这却是无可辩驳的事实。一个举止轻浮的年轻人,在教堂、舞会或其他吵闹的公共场所耗费了一两个小时之后(那些地方有许多装扮眼力的漂亮女人),他的想象力无限地延展开来,远比他在市政厅参加国会的投票选举,或是伴着羊群在乡间漫步时更为火热,不可抑制。最终结局便是,他会尽力去讨好心中蓬勃的欲望。如果他发现端庄的女人食古不化,不解风情,那我们自然而然地就能想到:他会迫不及待地去找那些风情万种的女人。谁能因此就说:犯错的是这个贞洁的女人?这些悲哀的灵魂,她们打扮修饰自己时,对男人的心理毫不知晓,只是竭力让自己穿着得体,端庄大方——每个人都会考虑自己的品质而竭力做到最好。

---

① 路德(1483—1546),德国人,著名宗教改革家。——译者注
② 加尔文(1509—1564),法国人,著名宗教改革家、神学家、加尔文教派(在法国称胡格诺派)创始人,人称日内瓦的教皇。——译者注
③ 于格诺教,即"Huguenots",存在于16—17世纪法国一个新教。——译者注

我并不是颂扬恶德。如果一个国家能禁止那些不雅的罪行，我也会觉得那是这个国家举世无双的福音，但是我所害怕的是，这些罪行是难以遏制的。一些人的激情非常狂躁，没有法律或守则能够遏制得住，而所有的政府都运用了一种聪明的手段，即允许一些不便，以避免更多的不便。如果根据更严厉的法律对上等妓女及一般妓女施以重罚，就像某些蠢人所期待的那样，那么，用怎样的锁具与围栏，才能够保护我们的妻子和女儿们的名誉免遭侵犯呢？这是由于：不只是大部分女人将会遭遇更多的诱惑，而且即使在人类当中比较理性的人看来，企图骗取天真处女芳心的举动也变得比以往更容易获得理解。然而，有些男人却会变得卑鄙无耻，毫无人性可言，而强奸就会因此成为一桩再普通不过的犯罪。无论在哪，如果有六七千名水手来到一个地方（这种情形经常在阿姆斯特丹出现），而在相当长一段时间内，这些人眼前只有男性，在此种境况之下，如果这里没有价格适中的妓女，我们又怎么能想象忠贞的女人能自在地走在街上不会遭遇一丝骚扰呢？鉴于此，那个将城市管理得井井有条的统治者，就一直会允许一定数量的妓院存在，一些女人公开在妓院工作，就像马匹受雇于马车出租所一样。在如此的宽容之下，大量的精明与节俭随处可见，因此说，对它做一番简短的描述，想来不应该是让人嫌恶的题外话。

首先，我上面所说的那些妓院，一般来说都设在城中最肮脏、最低贱的地方，而大多数海员和一些臭名远扬的外乡人就居住于此，或经常在此流连忘返。他们大部分人消磨时间的那条臭名昭著的街道，则充斥着各种丑闻；其次，这些妓院更多地只是为了创建让嫖客与妓女有进一步联系的机会，他们会在这里碰头并且商定价格和时间。在这个过程中没有丝毫不雅举止，因为对此已经明令禁止，避免了这类交易当中经常发生的丑闻和吵闹。发生在那里的下流行径，不会比我们在剧场里见到的多，那里的淫荡之举往往也要比剧场里少得多；最后，那些来这里进行晚间交易的女交易者，几乎都是最低劣的那种人。白天，她们有正常的工作，比如用小推车搬运水果和吃食。而到了晚上，她们的一举一动，就与她们在白天时迥然有别。然而，她们常常都是那样妩媚妖娆、放荡不羁，甚至她们好像更倾向于穿招摇过市的罗马女戏子的服装，而不喜欢淑女的服装。这种衣着再附带她们笨拙的举止、形状难看的双手及东施效颦的淑女气质，我们也就无须担心许多有良好修养的人会成为她们的裙下之臣了。

在这些维纳斯神庙中，风琴演奏着各种优美的乐章，但这并不是因为尊重其中供养的那位神明，而是因为神庙老板的小气。这些老板的能耐，就是用最少的钱弄出最多的声响，而政府的政策也是非常不鼓励风笛手及琴手这些行业。而所有背井离乡出海远航者，特别是荷兰人，都喜欢那种大吵大闹、高声吼叫的嘈杂环境。他们觉得兴致高时，五六个人大声吼叫的声音，已经远远超过十几支长笛或小提琴发出来的声音了。不过，两架风琴制造的声音，就能使整个屋子声响震天，其花费只要养活一个下流风琴手就足矣，无需更多。对老板而言，这点花费完全就是小菜一碟，而且非常合乎这些性爱交易的完备规定。本地治安官及其下属其他官员，习惯对那些不幸老板中最老实巴交的人怒火相向并处以重罚：这种政策有两大好处：其一，它让大部分官员有机可乘。地方官尽量充分利用每一次机会，从这种下流行业所获取的巨大利益中剥削一部分，留作已用，这对他们来说是必不可少的；当然，他们同时也会处罚鸨母和皮条客中那些一向无法无天的人。他们虽然对这些人恨之入骨，却仍然情愿给这些人留下一条活路。其二，有一个秘密众人皆知，也就是对于那些妓院及淫业，地方官其实是睁一只眼闭一只眼的，有时这种态度会危及自身，于是，通过采取这种表面上似乎很严厉的方式，这些精明的地方官便能够让自己赢得那些昏头昏脑者的称赞，那些人会觉得：政府一直在尽力消灭那种它事实上暗许的事情，只是无能为力而已。其实，地方官如果想要将卖淫业赶尽杀绝，他们可以行使正义的力量是非常强悍、非常广泛的。他们完全清楚该怎样将淫业斩草除根，只需一个星期，不，只要一夜足矣，他们便能扫荡所有妓院。

在意大利，对妓女的纵容则更加明目张胆，妓女可以在光天化日之下卖淫，这便是最好的证明。在威尼斯和拿波里①，淫业充其量只是商业中的一种，一种谋生的行当；而在罗马和西班牙，那里的高级妓女则是国家的一个群体，她们的生意与贩卖水果一样是合法的，也像纳税人一样缴纳税金，人尽皆知。数目庞大的良好政治家能对妓院如此包容，并不是由于他们没有宗教信仰，而是由于他们要避免社会上出现一种更下流的罪行，一种会引来更多责骂鞭笞的卑劣行径——也就是说，他们要保卫享有优雅声誉的女人的安全。圣·迪蒂尔②先生之前说过：

大概在距今250年前，威尼斯的高级妓女非常匮乏，于是，公国只得从外邦

---

① 拿波里，意大利港口城市，始建于公元前7世纪，由于气候温和，罗马帝国的奥古斯都大帝、提贝留斯及尼禄大帝都曾来此地避寒。但是这里民风相当强悍，街道环境也很脏乱嘈杂。——译者注

② 圣·迪蒂尔（1630？—1689），意大利外交家、历史学家。此处话语引自他的《威尼斯城及威尼斯公国》（1680年阿姆斯特丹版）。——译者注

大量吸纳高级妓女。对威尼斯重大事件有着详细记录的道格里昂尼①，之前也对威尼斯公国解决这个问题的明智赞誉有加，称它捍卫了享有优雅声誉的女人的贞操，因为她们天天都受到公开暴力的威胁；它捍卫了教堂和神圣处所，使它们不会成为潜在的玷污她们贞操的地方。

在英格兰，大学里的这种事情要相对秘密得多，就是有的学院每个月都会有"解禁期"：在解禁期期间，德国那些修士和神甫的情妇们有责任让他们享受每年一度欢爱的义务。培尔②（这里的最后一段出自他的著作）说：

人们普遍认为，这种可耻放纵的根源在于贪婪；然而更可能发生的情况却是：对这般放纵的行为持默许态度，目的在于避免这些人去骚扰贞洁女人，抚平丈夫们心中的担忧，神职人员始终都在努力削减丈夫们的愤怒。上面提及的内容清晰地印证了一点：想要保护一部分女性，想要避免发生性质更卑劣的事情，就一定要以另一部分女性作为代价。我觉得我应该有把握据此进行推论（我将证明里面部分看上去荒诞的地方）说：贞洁可以借助放荡而得以捍卫，最好的美德也不能摆脱最坏的恶德的协助。

[I] 贪婪，这个孕育邪恶的根源，
　　这备受谴责、与生俱来的恶德，
　　乃是那些挥霍者的虔诚奴仆，……

"贪婪"这个词已经被我赋予了这么多的臭名，这旨在适从人类的风尚，鉴于人类对贪婪的激烈谴责，一般要比对其他所有恶德加起来的谴责还要多，这的确非常易理解。这是由于：无论在今朝还是在往昔，贪婪基本都会是某种祸害的原因所在。但是，人人都激烈批评贪婪，其根本意图却是：基本上所有人都受尽贪婪的摧残，由于某些人积攒的钱越多，其他人手头的钱就越少，因此，每当人们猛烈地斥责守财奴时，心里头想的往往只有自己的利益而已。

没有钱，优雅生活就无从谈起，所以，自己缺钱，又没人施舍的人，就必须要先为社会做些这样或那样的服务工作，之后才能得到钱。然而，每个人却都把自己的劳动当作为了自己。缺钱者的劳动往往能拿到相应回报，不过，大部分没钱的人往往只要挣到了钱，顷刻间又会将它花掉，不留一分，这是由于他们认为

---

① 乔万尼·尼科洛·道格里昂尼，意大利历史学家，死于16世纪初。——译者注
② 培尔（1647—1706），法国哲学家、历史评论家，17世纪下半叶最有影响的怀疑论者。此处引自他的《由彗星引起的杂忆》，写于1708年。——译者注

自己付出的劳动已经远远物超所值，因而并没有丝毫心疼。人们无论工作还是不工作，总是情不自禁地将生活必需品当成自己分内应得的东西，因为他们意识到：自然天性并不会想人们有没有饭吃，只要人们有点饥饿就会命令他们去填饱肚子。因此，每个人都尽力用最方便的手段去赢得那些必需的东西。人们在赢得钱财的路上总会困难重重，而困难的大小每个人的感受可能不同，要看其处理麻烦的毅力和水平。人们常常对得陇望蜀、不知满足的人心生愤慨，这也是情理之中的事情，因为不知满足的人逼迫他们丢弃原本有可能得到的东西，或者逼迫他们为赢得那些东西去经历更大的痛苦。

虽然贪婪可能引发诸多的恶果，但它对社会来说却是非常必要的，因为它集聚和拉拢了恶德所摒弃和消费的东西。如果贪婪不存在了，奢侈的物质基础也即刻就会土崩瓦解。设想一下，如果每个人都不储蓄、每个人都不是挣钱的速度远高于花钱的速度，那就只有极少数人才会花钱快于挣钱了。我在上面已经提到挥霍奴役着贪婪，这一点能够从众多守财奴身上得以验证：我们亲眼看见，为了让那些挥金如土的继承人豪阔地一掷千金，他们每天孜孜不倦地工作，勤俭持家，甚至不惜守着大把钱财过忍饥受冻的日子。贪婪与挥霍，这两种恶德尽管表面上互相对立，但私下里却又频频互施援手。弗罗里奥是个年纪轻轻且性情多变的纨绔子弟。他是家中独子，父亲又是个大富翁，所以，作为巨额财产的继承人，他需要奢靡度日，需要喂养马狗，需要四处挥洒金钱，他身边有不少伙伴就是这样做的。但是，他父亲那个老家伙却极为抠门，对自己的独生子也一样克扣，很多时候连保证生活必需的钱都很难给够他。所以，弗罗里奥极小的时候就频频以自己的名义去借债度日了。然而，如果他早于他父亲死去，那么借给他的钱便会一去不返了，于是，那些精明的人对他就分文不借。最后，弗罗里奥结识了贪婪的科那罗，此人答应借钱给他，但条件是百分之三十的利息。而今弗罗里奥认为自己很快乐，每年都有一千镑的花销。而如果没有弗罗里奥这样的笨蛋，为了豪爽地一掷千金，宁愿负担这么高的利息，科那罗又从哪儿去收回这般巨大的利益呢？如果弗罗里奥不认识科那罗这么贪心的高利贷者，又怎么能搞到钱去挥霍呢？科那罗的过分贪婪让他无视了一个巨大风险——他是在斥巨资用一个放荡浪子的生命做赌注。

如果贪婪的潜台词是对金钱的无耻迷恋，那它就不再是挥霍的反义词了。小肚鸡肠，会让守财奴爱财如命且只是单纯地为了存钱这个目的而贪恋金钱。但是，还有一种贪婪的表现却大不相同，是为了花钱而财迷心窍，恰恰是在这些人身上，这种贪婪常常与挥霍为伍，譬如大部分朝廷重臣及文武高官就是这样。在他们的住处、家居、车马及纵乐上，他们明目张胆地挥霍，事事奢靡浮华。此时此刻，他们又为赢得钱财而现出种种卑劣行径，而他们运用的各种阴谋与狡诈，显示出其贪婪已经达到炉火纯青、无以复加的地步。这两种对立恶德的杂糅，彻彻底底在加蒂兰①这个人的身上得到最好的诠释。传闻说此人"渴望他人的，挥霍自己的"②，即对他人的钱财虎视眈眈，对自己的钱财一掷千金。

[K]挥霍是一种崇高罪行……

我所称之为"崇高的罪行"的挥霍，并不是与贪婪相伴相生，也不是使人挥霍从他人那里巧取豪夺来的财富，而是一种源自让人笑纳的良好天性的恶德，它能让烟囱青烟袅袅，能让所有商人眉开眼笑。我所说的是不以为然、沉迷享乐者那种纯粹的挥霍。这种挥霍者往往出身于富贵荣华的环境，自己没有多少赚钱的本事，只是醉心于挥霍他人费尽心机积攒起来的钱财。这些人用自己的钱财去满足自己的种种欲求，每天都要用旧金钱去置换新快乐，以填饱私欲。这种挥霍是心灵豁达大度的开朗者的专利。他们的罪责，在于太过小瞧了被大部分人太过在意的那些东西。

就挥霍这一恶德，我给出了这样的称赞，并心胸宽广地去对待它。恰在此时，我又考虑到了一个问题，它使我对与这种恶德相矛盾的恶德（贪婪）做出各种激烈谴责，这个问题就是公众福祉。这是由于：贪婪者对其自身毫无效用，撇开其继承人不谈，只会对其他所有人产生危害，可谓有百害而无一益；而挥霍者却是整个社会的福音，除了挥霍者自己之外，不会对其他任何人有所损伤。确实，极大部分贪婪者都是流氓败类，而一切挥霍者却全都是笨蛋。然而，要想保障公众的生存，挥霍者就可称之为了不起的衣食父母，就像是法国人把修士比作"女人们的小鸽子"一样，挥霍者也可被比作社会的豪华大餐。撇开奢靡无度，我们就没有任何机会去匡正权势者的敲诈勒索。一个贪婪的政客，终其一生都在侵犯国民的利益，塞满自己的腰包，借助敲诈和抢劫，积聚累累财富。在他死后，社会的所有善良成员眼见此人之子非同小可的奢华无度，心中都会泛起点点

---

① 加蒂兰（前108—前62），古罗马时代的贵族，被认为是一位阴谋家，曾一度设计推翻罗马共和国。——译者注

② 原文为拉丁语。作者此处引用的语句，出自《加蒂兰传》卷4，作者为萨鲁斯特（前87—前35，古罗马历史学家）。——译者注

欣慰。此人之子的挥霍，是把从公众那里劫掠的财富最终物归原主。劫取某人已经拥有的财富，这只不过是掠夺的一种下流手段。当一个人这般执着于浪费自己的财富时，要用比他自取灭亡更迅速的手段去摧毁他，这种做法就不能说是光明磊落。尽管此人从来没有打过猎，他养的狗却数不胜数，品种齐备，一应俱全；尽管此人从来没有骑过马，他养的马却比国内所有贵族养的都要多；对一个原本为生计发愁的妓女，尽管此人从不和她睡觉，但在她身上花费的钱足以养活一位公爵夫人。难道这不是事实吗？在他可以物尽其用的事情上，此人难道不是更加奢靡无度吗？所以，让他就这样去奢华好了；或者，我们试着去颂扬他的奢华，把他看作投身公益的公爵，称赞他乐善好施、不拘小节。不出几年时间，他自己就会用独有的方式把他的财富挥霍一空，而只要国民可以挽回自己被劫掠的财富，我们就无须在意回敬侵犯者的手段。

据我所知，有很多脾性温和的人，他们十分讨厌挥霍与贪婪这两种绝顶的恶德。他们会跟我说：可以用节约去有效地替换我提到的这两种恶德；如果没有这么多元的方式去挥霍财富，人们就不会被其引诱，不会用这么多种罪恶手段去积累财富；而一旦缺乏这些途径，相同数目的人就会避开这两种绝顶的恶德，让自己更为幸福快乐，而这两种恶德一旦缺失，他们的性情也不可能如此颓废了。我相信有这种想法的人——不论是谁——都说明他本身比政客善良。就像忠诚一样，节约也是一种让人忍饥受冻的可怜巴巴的美德，只在一些由淳朴温和的人组成的小型社会里比较实用。这些人安守本分，不贪恋钱财，这是由于贫穷让他们有机会生活得惬意闲适。不过，在一个一直浮躁难耐的大国里，你很快就会厌烦贫穷。人人都悠然自得，这是闲散者所梦寐以求的一种美德，而在一个看重商业的国度中，这种美德却一无是处，因为在那样的国度里，大部分人都必须做着这样或那样的工作。挥霍自会挖空心思，不让人们闲极无聊，而节俭者却肯定想不出这般妙计。因为挥霍一定要花费累累财富，贪婪就同样要依赖数不胜数的计谋去劫取财富，而节俭者则对运用这些计谋嗤之以鼻。

记者们的天性就是将小事说成大事，如果他们事前得到了许可，就更是这样了。只要之前有例可循就行。但是，把大事说成粗俗繁杂的东西，却是不合适的，除非这样的比喻是在滑稽文章里应用。如果不是这样，我原想把国家政体比喻成一只装满潘趣酒^①的碗（我知道，这个比喻非常恶俗），那么，贪婪就是其

---

① 潘趣酒，一种果汁饮料，主要风味为酸和甜。有的会加碳酸水或苏打水，通常调味后在底部混有葡萄酒或蒸馏酒。通常在宴会、自助餐厅或是派对上常能看到的最显眼的饮品。——译者注

中的酸味剂，挥霍就会让碗中的酒变甜。而人民的孤陋寡闻、愚昧迟钝和轻信他人，就是这碗酒中的水，淡而无味。明智、荣耀、坚强及人类的其他伟大的品德，就被从人性的糟粕中人为地剔除出来，成为光荣的火焰，并被凝聚提升，聚集成一种伟大的烈性因子，冉冉升腾，而适合被比作白兰地。我非常笃定：一个威斯特伐利亚①人或拉普兰②人，抑或其他所有无知的外国人，如果不清楚这碗对健康有好处的混合饮料的制作由来，只是分别尝试其中的几种成分，一定会认为它们没有可能混合成能够入口的饮料。其中的柠檬精过酸，而糖又太甜；他还会说，其中的白兰地委实太烈，就算是一小口也难以下咽；他还会将其中的水说成是淡而无味的液体，只该用来让牛马引用。不过，经验却提醒我们：把我所说的这些成分按照恰当的比例进行配制，就可以酿制出一种非常奇妙的饮料，会赢得品位高尚的人士的青睐和赞誉。

　　对我们目前提到的这两种恶德，也可以用差不多的比喻来形容。贪婪会诱发许多祸害，只有守财奴才对其呵护备至，而其他人都在排斥它；我可以把贪婪比作让人满腹牢骚的酸，它让我们的牙齿感到疼痛，只有挥霍者对其满心欢喜，所有品位高尚的人都对此心生不悦。而一个一掷千金的浪荡子弟，他那让人眼花缭乱的华美衣着，光芒万丈的马车座驾，用最无瑕的方糖闪烁着的明亮剔透的光泽来比喻最合适不过了。这是由于：如果削弱前者的浓烈水平，就能避免碗中饮料的强烈酸味所引起的伤害；所以，后者就成了一种让人心旷神怡的芬芳液体，能够愈合和弥补前者所引起的痛感，而芸芸众生一直由于在贪婪的掌控之中而产生刺痛感。待到这两种东西全部消融，它们自身就会对因它而生的某些混合物有所裨益，而且被其彻底消弭殆尽了。我还能够更进一步地把这个比喻延伸开来：这还牵涉两种东西的合理配比，牵涉到怎样才能保证让其配比恰如其分，这配比揭示了在两种混合物当中每一种成分的比例到底应该是多少。然而我还有别的东西去奉迎读者，那些事情的作用愈加重要，所以，我不希望太过延伸如此滑稽的比喻，让读者心生困顿。为了回顾我上述对此表露过的想法，以致能进行更深层的评析，我想在此补充一下：我把社会中的贪婪与挥霍比作医学上两种彼此相克的毒药。对于二者，有一点是不容置疑的。如果它们的相克修正了它们彼此的毒

---

① 威斯特伐利亚，德意志西北部的历史地区，相当于现在的德意志联邦共和国北莱茵-威斯特伐利亚州全部及下萨克森与黑森两州部分地区（加上前利珀邦）。——译者注

② 拉普兰，涵盖一切拉普兰人居住的北欧地区，包括挪威、瑞典、芬兰等国家。它有四分之三处在北极圈内，独特的极地风光和土著民族风情，使它如今成为旅游胜地。——译者注

性,它们就可以互相施以援手,并且经常能够组合成为良药。

[L]……而奢侈
也掌控着千千万万穷苦大众……

能称得上(标准含义上的)奢侈的东西,如果是指所有间接意义上迎合人的生存之需的东西,那么,世上就压根没有奢侈二字可言,就算是那些食古不化的野蛮人,也不见踪影。在野蛮人的生活里,对他们之前的生活方式进行合乎时宜的调整,也都是奢侈之举。同理,无论是他们对食物的烹饪,还是对居住地方的管理,或者给之前已让他们满足的东西再添置些什么附属物品,都属于奢侈。每个人都觉得:这个对"奢侈"的界定过于严苛。我也对这一观点表示赞同。不过,我们如果对这个严苛的界定稍加放松,想必我们就不晓得究竟何处是尽头了。如果人们跟我们说他们只是想让自己舒舒服服而又清洁卫生,我们就压根无从得知他们到底指代何物。他们如果依据标准的字面含义使用这些词,又有充足的水源,那么,他们的要求很快就能够实现,无须花多少钱财,也不会遭遇多少困难。不过,这两个形容词是麻雀虽小,却五脏俱全,有着丰富的内涵,特别是在一些女士的字典里更是这样,任凭谁都想不到它们的外延到底可以延伸至何处。生活的舒服也大致如此,其内涵丰富,非常广博,以致如果不晓得说话的人过着怎样的生活,就没有人可以道明说话者到底所指为何物。我发觉,诸如"庄严"和"方便"这类词,它们的含义也是模棱两可,如果不是我了解其使用者的性情,我都始终参不透个中含义。人们可以一起去教堂,如果愿意,他们甚至可以心怀同样的思想,而我却常常相信:当人们为每日的面包而双手合十默默祷告时,主教的祷词里蕴藏着教堂司事从未考虑过的一些东西。

到此为止,我所有的话语,都是为了说明:只要我们从此不把间接意义上迎合生存之需的东西看作奢侈,那么,世界上就压根不存在奢侈。这是由于:如果说人们的需要数不胜数,那么,本应为人们供应的东西也就是没完没了、遥遥无期的。被某个阶层的人看作多余的东西,在更高阶层的人那里则被认为是必需品,而无论是自然还是人的技巧,都不可能生产出这么稀缺、这么奢靡的东西,然而对于一些最高贵的君王等人而言,这些东西则定要归入生活必需品之列,这是由于它们要么能让他舒适,要么能让他欢喜。之所以是生活必需品,并不是针对平凡人的生活,而只是对于君王威严的私人生活而言。

奢侈可能会损伤整个国家的财富,同理,挥霍也可能损伤所有奢侈者的个人财富；而国家的节俭可以让国家更富裕，如同个人的节俭可以使其家族财产同比上升一样。这个观点大家都已经广泛认可。我不否认：我已发觉有些人对这个观点的认识比我更深入①，虽是这样，我还是忍不住要给出己见。他们坚持以下的观点：（他们认为）例如，我们向土耳其出口羊毛产品和其他一些国内产品，其每年的收益为一百万英镑；我们用这些钱从当地买回了生丝、马海毛、药品等产品，其花费为一百二十万英镑，而这些物品都被我们国内人民消耗掉了。他们认为，我们这样做最终会让我们空手而归；然而，如果我们大部分人认为我国本土的商品已经足够，而只是消费这些外国一半的商品，那么，鉴于土耳其人仍然需要相同数量的我国产品，他们就将被迫用现金去购买其他商品。如此一来，只是因为这项贸易的收支差额，国家每年就会有六十万英镑的利益入账。

  为了考察这个论点是否能说得通，我们暂且（根据他们的说法）假设：英国现在进口的生丝等商品只被国内消费了一半。我们也假设：虽然我们买回的土耳其人的商品只有从前的一半，土耳其人却必须要有（或者不想缺少）和以前同样数目的英国商品，所以，他们就要用现金抵消贸易差额。换言之，他们将支付给我们同样数目的黄金或白银。这是由于他们购买我们商品的花费，远远超出了我们购买他们商品的花费。我们所假设的情形尽管可能存在一年，却不会一直持续这样：所谓购买是物品的交换，即以物易物，所有国家，都不可能选择那些不购买本国商品的国家的产品。西班牙和葡萄牙每年都会获取新的黄金及白银，它们均产自本国金银矿，但凡它们的金银年年递增，它们就不可能为了获取现金而去消费外国商品。但如此一来，金钱就成了本国的产品，成了本国的商品。我们明白，如果其他国家不希望我们用商品抵账给它们，我们就没有机会一直购买它们的商品；所以，我们凭什么觉得其他国家会与我们的想法有别呢？如果上天赐予土耳其人的金钱并不会多过赐予我们的金钱，那就让我们静候我们的假设会出现怎样的结局。第一年，他们手中余下的那一半生丝、马海毛等商品能值六十万英镑，这肯定会让那些商品的价格暴跌，严重缩水。正是这些商品，会使荷兰和法国赢得跟我们同样数目的利益。如果我们坚持反对土耳其人用自己的商品购买我们的商品，他们就不可能延续与我们之间的贸易，而肯定会转身从另外一些国家购买他们需要的商品，那些国家愿意购买他们那些被我们拒之门外的商品，即使那些商品没有我们的商品考究。如此一来，不出几年，我国与土耳其的商业贸易就一定会以彻底中断收场。

---

① 这种观点在洛克、克莱门特及柴尔德等人的著作中有所体现。——译者注

然而，这些人有可能说：为了避免产生我上述所说的情形，我们需要像之前那样购买土耳其的商品，只是不再消费像之前那么多商品，只是消费半数的商品而已，而把另一半用于出口，把消费转移给其他国家。我们倒是可以看一下这个办法是否可行，看一下这六十万英镑的贸易差额能否让一个国家由此变富。首先，我乐于接受他们的观点，即我国人民消费了这么多的本国商品，而之前雇用来生产生丝及马海毛等产品的人，也可以通过做些加工毛纺产品的各种工作来养家糊口。其次，我并不认同那些商品会像之前那样被销售出去的说法；这是由于：假设将国内消费的那一半商品采用以往的价格销售，那么，准备再出口的另一半商品就自然会非常欠缺，因为我们一定得把这些商品投入已有货源的市场，除此之外，我们还一定要把运费、保险金、预备金及其他所有费用剥离出来。如此一来，这一半再出口商品让大部分商人产生的亏损，就一定会超过国内消费的一半所带来的回报。这是由于：虽然毛纺商品是我们本国的产品，它们却既是出口商赖以养家糊口的根本，也是国内零售商赖以养家糊口的基础。所以，如果出口商品的回报相对于商人在国内销售及其他所有开支而言入不敷出，不足以让他从出口商品上赢取金钱及丰厚的现金利润，这商人就一定会倾家荡产。其最终结局便是：大部分出口土耳其商品的商人发觉自己损失惨重，因而不再从事出口我国商品以换取国内所需要的生丝、马海毛等商品的行当。另一些国家会迅速想撤去和补齐那些我们无法供应的商品，并在某个地方处置那些我们会拒之门外的货物。如此一来，我们这种缩减最终必然走向的唯一结局便是：土耳其人将只会购买我们的一半商品，而我们却刺激并消费了他们的商品，如果没有那些商品，他们也就不会购买我们的商品。

寒来暑往数十载，我始终倒霉地碰到形形色色对这个观点持反对意见的"聪明人"，他们坚持认为我的计算存在问题，之后，我欣喜地等到了亲眼看见我国的智者也出现相同感觉的那一天：在1721年，一项国会法案非常充分地表露了这一点。那时，立法机构背离了一家资产丰厚的公司的初衷，无视在国内带来的诸多不便，去抬升与土耳其贸易的利润，不但支持对生丝及马海毛的消费，而且迫使受处罚者也要用这些商品，无论他们愿意与否。

除此之外，有关奢侈的控诉还包括：奢侈刺激了贪婪和劫掠；在奢侈所统辖的领域，就连最大的信托公司的办事房也被收买；原本该或多或少地为公众服务的部长们的行为也腐化堕落了；而国家则如同一种商品，随时都有被价高者得的风险；最终，奢侈使民众羸弱、缺乏活力，所以国家就成了轻易被入侵者下手的头号目标。这些确实让人无比担忧。不过，奢侈的根本缘由却是管理不力，应该让那些卑劣的政治家承担罪责。所有的政府都本该彻底理解并始终捍卫国家的利益。优秀政治家通过高超的管理，提高某些货物的税收压力，或者对这些货物痛下禁运令，并减轻其他货物的税收负担，他们始终会依据自己的喜好，擅自更改或扭转贸易进程。在利益趋同的情形下，他们始终乐于同那些既可以用货物，也可以用金钱充当支付手段的国家展开商业贸易，而不喜欢与只能用其本国商品支付购买商品的国家进行贸易。所以，优秀的政治家始终会小心翼翼地杜绝与这样一些国家有生意往来：它们坚决抵制外货，而只希望本国能赚取他国的金钱。但最要紧的是，他们会密切关注贸易收支的总体平衡，对他们来说，这样的情况是绝对不能出现的：所有外国商品的年进口总额大于当年出口本国物产或商品的总额。请注意：我目前所提及的那些国家自己并没有金银生产，要不然，就没有必要非得坚守这个准则。

如果可以严格恪守我上述提及的最后一点，绝不容许进口大于出口，那么，没有一个国家会因为进口外国奢侈品而沦落到贫穷。如果它们可以依据恰当的比例，加大对国产商品的物质支持，以此用来购买外国商品，它们就可以依据自己的需求提高贸易收入。

虽然贸易非常重要，但并不是充实国家财富的唯一法宝，这是由于除此之外还有其他一些方面值得关注。一定要确保尊重每个人的私有财产，一定要法办犯罪，一定要理性地出台确保经营合法性的其他相关法律，并做到令行禁止。一定要同样理性地对待外交事务，各国执政者都需要彻底明晰外国国情，通晓与一些国家的对外事务，那些国家要么与该国比邻而居，要么兵强马壮，要么与该国利益休戚相关，所以要么该国有可能蒙受损失，要么该国有可能从中获益，必须要制定合乎时宜的应对之计，坚持政策平衡及力量平衡相结合的原则，与其中一些国家为敌，与另一些国家为友。一定要知道对大众心存敬畏之心；不容许任何人的良心受到逼迫；在涉及国家事务时，神职人员的权力不能延伸到我们的救主曾在约规中所赋予的界限之外。

以上就是让国家在地球上称霸一方的艺术。每个大权在握的人，但凡有着治理国民的重担压身，就算世上还有着其他一些力量，但如果充分运用这些艺术，无论是君主国，还是共和政体，或是两种政体的混合体，都肯定可以让国家兴盛发达，而无论是奢侈还是其他恶德，都不会撼动国之根本。不过，有人极有可能会对此大加辩驳说：什么！难道上帝没有惩治和摧毁过那些恶贯满盈的崇高民族吗？是的，但那惩罚自有其道：那就是让它的统治者头脑昏聩，让他们因为彻底或偶尔地违背我上述提及的普遍准则而遍尝甘苦。时至今日，在世界上曾经出现过的所有伟大的国家当中，只要横遭灭顶之灾的，其最大祸端基本都是其统治者的暴政、大意或管治无方。

对于一个克制而理性的民族及其后代而言，他们身上健康与活力显然要比一个放荡而嗜酒的民族及其后代要强得多。但我肯定：提及奢侈让一个民族羸弱和缺乏活力，我目前对它的害怕比起以前已经大大降低了。我们耳闻或目睹自己压根不了解的事情时，它们大概都会让我们从见过的事情中思及诱发的念头，并且（依据我们的认识）是与那些陌生事物最为相关的念头。我想起来，我看过一部分记载，叙说的是古波斯、古埃及及其他国家奢靡无度导致国民羸弱、缺乏活力。这时常让我想到他们的城市盛宴上的那些肥头大耳、吃相全无的普通商人，想到他们往往饥不择食状如野兽般的吃相。另一些时候，这会让我想到狂放不羁的水手的欢欣，我时常看见他们身边围着五六个淫荡女人，呼来喝去，还有几个人在前面拉着小提琴伴乐。如果我被领到他们的随便一座大城市，我想一定会发觉：三分之一的人因大吃大喝而赖在床上，另外三分之一的人因痛风而卧床不起，或被一种更不值一提的顽疾搞成瘸腿，而剩下的三分之一则完全无法引导，他们衣冠不整对人以色相诱。

但凡我们的理性还没有提升到足以克制我们欲求的时候，面对监管者的害怕就是我们值得庆幸的事情之一。我自忖：当我还上小学时就特别害怕"萎靡"二字，特别害怕从字的起源上产生的一些延伸想法。这种害怕让我在上小学时受益匪浅。然而，当我历尽世事之后，奢侈给一个民族带来的后果，于我而言反而没有之前那般恐怖。但凡人的胃口不变，以上恶德就会持续存在。在所有的大型社会里，总是有些人热衷卖淫，有些人嗜酒如命。放荡不羁、沉迷色情之辈，没有丝毫机会可以在正直贞洁的女人身上有机可乘，而只能用污秽的妓女来弥合肉欲。那些无法买到埃赫米塔日酒①或蓬塔克酒②正品的人，只好用更低等的法国红酒一解酒瘾。如果连葡萄酒都弄不到的话，就只好喝一些更低级的饮料。一个步兵或乞丐喝陈啤酒或烧酒，同样能够一醉方休，他烂醉如泥的程度并不比一位公爵喝勃艮第酒、香槟酒或是托凯酒低多少。纵容我们的激情，以最便宜、最低俗的方式给人身体带来的伤害，与最高雅、最贵重的方式带来的伤害并无差异。

---

① 埃赫米塔日酒，一种葡萄酒，法国南方出产。——译者注
② 蓬塔克酒，一种红葡萄酒，由蓬塔克家族创立并生产，故此得名。——译者注

在建筑、家具、车马及服装上，奢侈的极致表现得一览无余。干净的亚麻布和法兰绒都会让人虚脱无力。绫罗墙围、华美油画或高贵墙板，比起家徒四壁的屋子并不能给健康带来更多好处。奢华卧榻或金边马车，与冰冷地板或农村大车一样都会让人精疲力竭。人在感觉方面的精致快感，很少可以损伤人的身体，而世界上众多伟大的伊壁鸠鲁主义者①，也都非常节制饮食，反对多吃、只要是胃不能消化的哪怕一粒米、一滴酒。寻觅感官舒适的人也如同每个人精心呵护自己的身体：最沉沦的奢侈者的过错，与其说是因为他们经常性的放荡，是因为狂饮暴食（没有比这更伤身体的事情了），倒不如说是因为他们沉溺于精心研发美轮美奂的器具，是因为他们用于宴饮及淫荡之事上的大宗花费。

然而，我们姑且就此假设：存在于每个伟大民族当中的豪门及贵人，已让自己无法承受困苦的折磨、无法容忍战争的苦难了吧。我认可一种看法：大部分市议员只能成为无足轻重的步兵。我也无比坚信：如果你的骑兵团全是市议员的话（他们大部分恰好正是骑兵团成员），那么，一旦几个爆竹炸响，他们就已经溃不成军。不过，市议员和参事，与其说是所有有资产的，但他们除去需要交税，与战争有什么关系呢？个人所承受的战争之困顿残酷，则要让那些冲锋陷阵的人来买单，让一个民族中那些个再卑贱不过的人来承受，也就是那些终身为奴仆的人要尝尽这一恶果。这是由于，无论一个国家多么富裕、多么奢华，都一定要有人干活，一定要修建房屋及船只，一定要开办实业，一定要从事农耕。在每个大国，这些各式各样的劳动都要依托众多的民众，而这里总有些放肆、懒惰、挥霍之徒，其花费供养一支军队都绰绰有余。有些人人高马大，可以修建城墙，开拓沟渠，下地干活，而有些人则可以干些打铁、木工、裁剪、染布、脚力或赶马车之类的活计。这些人身体强健有力，能够成为一两场战役中的先进士兵。如果军风严正，发给他们的物品及奢侈品就很少会给他们带来多少坏处。

所以，人们所担忧的作战军人的奢华浪费引起的危害，最多只包括军官。最高尚的军官或出身非常高贵、接受贵族教育，或源自杰出阶层，经历一样显赫。理性的政府无论任命谁来担当一支军队的总司令，这人都应当通晓军事、英勇善战，这样才能处变不惊、安之若素。而他的其他诸多条件，则一定是一个能瞬间洞悉全局的人、一个非凡的天才，在一个推崇荣耀的世界里经过长时间打磨。健壮的身体、灵敏的关节，这只不过是些无关紧要的优点，跟军事家的水平高低和

---

① 伊壁鸠鲁主义者，以追求个人的身体无痛苦和灵魂的无干扰为目的的快乐主义伦理学体系。在这是指沉迷享乐之辈、贪婪之人。——译者注

高尚与否没有关系。大军事家能够一边吃饭，一边削平整个城池，把整个敌国摧毁殆尽。这些人大都年事已高，所以，认为他们身体健壮、四肢灵敏，就是个滑稽好笑的念头。因此，这些军事家只是头脑在不停运转，而且配置精湛，而其身体剩下的部分怎样，就无足轻重了。如果无法忍受鞍马疲惫，他们可以乘坐马车或使用担架。有些指挥官和英明者尽管腿有残疾，但仍然是杰出的指挥官和英明者。法兰西国王目前最杰出的将领①，甚至连匍匐前行都无法做到。军队司令官直接统帅下的军官，也一定要有与此非常相似的能力，他们往往都因为战功累累而被提拔到那些位置上。其余所有位置上的军官，则必须得从自己的军饷当中拿出数目庞大的金钱，购买精美的军服及装备，迎合那时被看作是必备的奢华所需要的全部消费。他们可以用于淫秽事情上的钱寥寥无几。这是由于：他们得以升职后，薪水尽管相应增多，却必须要随之扩大消费，添置马车等配置，那些东西就像其他所有东西那样，一定要与他们的军衔相匹配。这样一来，其中大多数人的生活方式，就不可能让他们干些可能对其健康有害的奢靡放荡之事了。此时此刻，他们的奢侈则演化成了另一种方式，它加重了他们的骄傲与自满，而骄傲与自满恰恰是让他们依循人们希求的方式做事的最根本动力（请参见"评论R"）。

最能把人类磨炼得高贵儒雅的方式，非爱情与荣誉二者莫属了。这两种激情的功效与许多美德相似，所以，示爱与当兵就是养成优雅教养及气质的最好学校。示爱可以让女子企求无暇，而当兵则可以让男子毗邻优秀。文明国家大部分军官所崇尚的，正是对世界的深切体悟，对荣誉准则的深切体悟，正是一种以诚待人的修为，一种在资格老练的军人当中非常明显的人性精神，以及一种被称作既温文尔雅又英勇善战的精神，它由谦虚与无惧危险相伴而生。只要是优秀品质蔚然成风、儒雅行为得到尊崇的场所，饕餮及嗜酒就没有机会成为时兴的恶德。有涵养的军官所寻求的主要方向，不是粗野卑劣的生活方式，而是优雅闲适的生活方式。他们对其每个军衔层次所能够接纳的最奢华的生活方式是：外表落落大方、举止优雅，在奢华服饰和高档休闲方面比他人略高一等，并因为对所有这类事物心存幻想而出名。

不过，尽管对军官奢华无度的谴责比做其他工作的人的责备要多（这是错误的），但其中最奢侈的人，但凡他们还在意荣誉，却可能极为适合军旅生活。正是鉴于此，掩饰并弥补了他们的诸多过错。无论他们喜欢的举止是多么放肆，却

---

① 此处是指维亚尔公爵，他重病在身，有一条腿残疾，年过花甲，在西班牙王位归属争夺战中，领导部队击败奥地利统帅欧仁亲王（1663—1736）率领的军队。——译者注

没有任何人敢无视荣誉。不过，我们对此却并没有让人心悦诚服的准确证据，所以，我们可以回忆一下最近我们在与法国的两次战争①中出现的情形。我们的军队里到底有多少如此弱不禁风的青年——教育让他们性情懦弱、衣着得体讲究、饮食上吹毛求疵——以狂妄欺瞒之心去执行他们应尽的义务？

这样悲观地觉得奢侈会让人弱不禁风而娇气十足的人，可能以前在法兰德斯②或西班牙亲眼见过那些身穿镶边服装的浪荡子弟，他们尽管身着华美的刺绣衬衫，而且假发还要用粉打理，却饱受诸多困苦。他们被领至一座大炮的炮口边上，对自己的头发毫不在意，就像最肮脏邋遢的懒汉一样。有此想法的人可能还认识很多放荡不羁的纨绔子弟，他们事实上已经折损了自己的健康，由于太过依恋红酒和女人而自毁身体，但在敌我交战时，他们却看上去理性而英勇。体格强健乃是对军官最没有意义的要求；如果说充沛的体力偶尔能起点作用，那么，在紧要的关头，英明果断的头脑则可以成为对体力的补偿，而这种英明果断，正是希求完美、争夺及崇尚荣誉在他们心中油然而生的。

明白自己职责所在的人，有着十足的荣誉感的人，但凡他们习惯了危险，都可以成为干练的军官；而他们的奢华，但凡是用自己的而不是他人的钱财，也不可能会诱发国人的偏见。

按照上述所言，我觉得：我已论证了我在此条对奢侈的评论中想要阐明的观点。首先，在某种意义上，所有事物都能够被看成奢侈；而在另外一种意义上，世上压根就没有奢侈。其次，依据睿智的治理，一切民族都可以尽情享受本国有可能买到的外国奢侈品，而不致因此沦落穷困。最后，只要在军事上受到相应关注、士兵享有丰厚报酬并纪律严明的国家，一个富庶的民族都可以享受所有能够想要的、便捷发达的生活；在该国的诸多地区，人们能拥有人类智慧可以想象的各种精致荣华的生活，同理，这样的国家也会让他们的邻国心存恐惧，而拥有"寓言"中的蜜蜂所拥有的那些特性，也就是：

蜂群喜欢和平，同时恐惧战争，

这蜂群被异邦群蜂尊重备至，

一掷千金的生活也享之不尽，

---

① 此处是指英国参加的"伟大同盟战争"（1689—1697）和"西班牙王位归属争夺战"（1701—1713）。——译者注

② 法兰德斯，过去曾是欧洲的一个国家，是欧洲三大主要文化和语系（英撒克逊日耳曼和拉丁）的交汇点，而今位于现在的比利时东部及法国北部的一部分地区。——译者注

无比受用与其他蜂巢的差额。（对奢侈的深层次论述，请参照"评论M"及"评论Q"。）

[M]讨厌的骄傲则掌控着更多人……

骄傲属于上天赐予的机能。只要是有头脑的普通人，都会因为骄傲而自命不凡，觉得自己比所有（对他所有品性及处境一清二楚的）公允法官对他的判定还要好得多。我们对社会最为有用的品性，非骄傲莫属了。要让社会昌盛发达，最必不可少的品性还是非骄傲莫属。不过，最容易招来芸芸众生嫌厌的品性，也恰恰就是骄傲。我们这一机能有个非常鲜明的特性：最为骄傲的人，最容不得他人的半点骄傲；相反，自身拥有其他恶德的人，却最能容得下那些恶德的可恶之处。清心寡欲的人最痛恨偷奸耍滑的人；滴酒不沾的人最痛恨嗜酒如命的人；不过，每个人都最为无法容忍的，却是周边人的骄傲，它被看作所有骄傲之源；如果有谁愿意包容它，那就是最谦虚的体现。思及此处，我认为：我们可能有依据进行以下推论：为一切世人所讨厌的骄傲其实是某种标识，揭示了世人都在饱受骄傲的困扰。只要有头脑的人都愿意对这一点供认不讳；而且，每个人都会承认自己常常会有骄傲之心。不过，如果对个体的人考察一下，你就会发觉：所有行为都能称得上是源自那个原则的人却只是寥寥数人而已。还有大量人坦承：在每个时代的那些罪责深重的民族当中，骄傲与奢侈有力地刺激了贸易，但他们却反对承认这些恶德，反对承认在一个更推崇美德的时代（这样的时代不应该有"骄傲"二字），贸易将有可能急速衰败。

他们说，万能的上帝赐予我们对海洋及陆地上所有物品的掌控权；除了可以为人类所用的之外，海洋与陆地中已不存在能够被发掘的东西了。人类如果被赐予控制其他动物的机能和勤恳，就可以把动物及人类才智所能想到的全部，悉数转化为更方便人类利用的东西。依据这一点，他们觉得：认为谦虚、节约及其他美德会让人放弃享用生活的安闲（那些最卑劣的民族并不反对这种享受），事实上这是一种缺乏信仰的幻想。所以，他们由此推论说：就算不存在骄傲或奢侈，人们也仍旧会这般吃穿、这般消费，仍旧会雇用相同数目的手艺人及工匠，而一个民族也绝对可以像那些恶德最为风靡的民族一样兴盛发达。

具体说到如何穿衣打扮，他们会跟你说：骄傲比衣服离我们的身体要近得多，它彻底存在于我们心中；藏匿在衣衫褴褛下的骄傲，常常比藏匿在最华丽衣饰下的更多；毋庸置疑，世上一直存在一些仁慈的君王，谦恭和善，头上顶着耀眼夺目的王冠，挥动着羡煞旁人的权杖，却丝毫没有考虑他人利益的鸿鹄之志。因此极可能会产生这样的情形：许多人身着绫罗绸缎的华服和最奢华的手工衣袍（这一点也不会让人考虑到骄傲），这充其量是源于家境及运气而已。（他们说）一个年薪高昂的好人，每年都要购买多种衣服，其数目远远大于他能穿旧的衣服，但其生活追求，除了让穷人有事能做、刺激贸易，并雇用许多人以提升其国家的福利之外，再无他事吗？更何况，食品和衣服属于生活必备，我们在人世间的所有牵挂全都跟这两种主要的物品有密切联系，那么，为什么全人类不能够把自己可观的一笔收入如同用于食品那样地用在衣服上，而这一点不也是为了迎合骄傲之心吗？所有社会中的人们难道不都是依据其自身水平，被迫对保证全民都要仰仗的这个贸易分支贡献自己的微薄之力吗？更何况，让自己的衣着落落大方，这是一种礼仪；我们与交谈者进行交往时，体面的服装常常还是一种必需品，虽然它与我们自身丝毫不存在瓜葛。

高傲的道德家们秉持的反对意见，往往就是以上这些。他们容不下有人拷问他们心中的高贵。然而，如果我们更仔细地研究这些反对意见，答案就可以迅速地水落石出。

如果我们身上没有一点恶德，我就不明白每个人为什么总是添置超过其需要的衣服，虽然他从不曾有热衷于提升民族利益的想法。这是由于：他觉得一个人身着工艺细致的丝绸服装而不穿那些便宜服装、遴选珍贵的上等衣料而不选取粗劣衣料，这能够为更多的人创造工作机会，故而是在提升公共福祉，尽管这样，他对服装的态度，却仍然像是目前爱国者对纳税的态度一样。他们尽管能够利利索索地纳税，但没有谁想缴纳分内之外的税金，在每个人都遵循其能力公允地缴纳不同层级的税金（在十分推崇美德的时代，只好这样）的地方，更是这样。除此之外，在那样的鼎盛时代里，没有人会让自己的衣着高过自己的社会地位，没有人会打肿脸充胖子，没有人会在添置华美衣服方面欺瞒邻居，或妄想多于邻居。所以，整个社会的消费额就会连目前的一半都不到，而就业者的人数会连目前就业者的三分之一都不到。然而，为了更明确地说明这一点，并论述在用户贸易方面，骄傲起着举世无双的作用；我还要研究人们对于外在服装的几种看法，并论述日常生活在衣着方面的投入会让所有人受益匪浅。

穿衣服原本的目的有两个，一个是遮挡我们的裸体；另一个是保护我们的身体，让它不再承受气候带来的损伤及其他外部损伤。我们没有止境的骄傲，使得在这两个目的上增加了又一个目的，那就是为了打扮。这是由于：除了离谱的愚昧虚荣之外，还有什么会盘踞在我们的理性枝头，让我们对装饰品的期望超出其他所有穿戴着大自然赐予的现成衣服的动物呢？而我们这些装饰之物，则必然让我们持续地思及我们的匮乏和困苦。人这般充满理性的生灵，觉得自己拥有这么多种优秀品质，竟会俯首低身，凭借从那些毫无还手之力的可怜动物身上劫掠的东西（譬如从绵羊身上或在人们看来地球上最无关紧要的动物，可能是一只将死的虫子身上劫掠的东西）来评判自己。这真的不值一提。不过，人们尽管由于这般不足挂齿的抢劫而骄傲，却愚昧地耻笑来自非洲最边远海角的霍屯都人①，因为那时霍屯都人用以打扮自己的饰品是那些死去敌人的内脏；人们并不曾想到：正是这些死去敌人的内脏表明了野蛮人最擅长的英勇，它们是名副其实的存在于幻想中的战利品；而如果说野蛮人的骄傲比我们的更残酷，比我们的更滑稽，这是由于野蛮人身上所穿的，乃是凭借战胜一种更高贵动物而得来的。

然而，无论人的头脑进行怎样的反省，世界早已对此事有了评判。美丽的外衣是人们最关注的。漂亮的羽毛产生了良禽，而在无人相识的陌生地方，人们常常都会凭借衣服和其他随身用品而得到应有的尊敬。我们根据人们的外表是否富贵去评判其家底，按照人们预定的东西估计其视野。恰恰是这一点刺激着所有的人。但凡一个人尚有一技傍身，他就会注重自己的微小优点，就要穿着超过自己社会地位的衣服，在人口密集的大城市里更是这样。在那里，一个默默无闻的人在一个小时内可以碰见五十个陌生人，却只能碰到一个熟人，所以能够充分享受得到大部分人尊重的快感的，是他们的外貌，而不是他们自己赢得了这份尊重。这是对大部分贪恋浮华的人的一种更强烈的引诱。

无论是谁，但凡喜欢从研究各种下流生活情景中聊以自慰，都会在复活节、圣灵降临节及其他节日里遇见十来个生活在接近最底层的人，特别是女人。这些人的衣服既考究又时尚。你如果走上前去与他们搭讪，他们会觉得你的举止比他们的更温文尔雅，更充满敬意。他们往往会对自己拥有这般礼遇而心存愧疚。你如果还有一点点好奇心，就经常可以发现：最让他们担心的是要掩饰他们所做的职业，掩饰他们生活的住所。其中缘由非常明晰：他们得到的礼遇往往并不是因为他们本人。他们觉得：他们之所以得到这般礼遇，全都是因为他们身上那些更华美的衣服。他们如愿以偿地幻想着：人靠衣装，外表就是他们的未来，而对于思考能力欠缺的人而言，这恰恰是一桩喜事，是一种真真切切的欢喜，他们的期

---

① 霍屯都人，生活在非洲西南部的土著人。主要分布在纳米比亚、博茨瓦纳和南非。一般认为属于尼格罗人种科伊桑类型，但更像是远古蒙古人种的残存后代。——译者注

待所能幻想出来的，只是这样。他们不希望自己从这个华丽的梦中被唤醒，并且笃定：他们的低俗境遇如果被你洞悉，你必定会十分蔑视他们。所以，他们就沉浸在自己幻想的假象里，小心翼翼，尽力不露端倪，以免你对他们的尊敬顿然消失，而他们却自鸣得意地认为：你是因为他们的华丽衣服而奉送上那份他们应得的尊敬。

在衣服与生活方式方面，我们理应让自己的举止合乎我们的社会地位，理应仿效与我们社会层次和经济水平相当的最理性、最慎重的人。虽然每个人都对此表示赞同，然而既不对他人所拥有的东西虎视眈眈，也不因拥有他人没有的东西而傲慢无礼，能拥有这样见识的人真是少之又少！我们每个人都在朝拜社会地位比我们高的人，并尽力迅速地去效仿在某个方面超过我们的人。

教区里最穷苦劳工的妻子，尽管耻笑烫着对健康非常有好处的卷发的女人，却与丈夫忍饥挨饿，以求能买一件二手睡袍及衬裙。事实上，那东西对她压根没用，只因它的确看上去更像是上流社会的穿着。织工、鞋匠、裁缝、理发匠及每个卑微的劳动者，其收入尽管都非常有限，却都敢于用他们赚取的第一笔钱，把自己打扮得如同一个富庶的商人。平凡小贩在妻子的打扮上都模仿相邻的同行批发商，其原因是：早在十二年前，那批发商的铺子并没有他自己的大。药品商、绸缎商、衣料商及其他信用良好的店铺老板，都搞不懂自己与贸易商有什么区别，所以就在衣着及生活方面模仿他们。贸易商的妻子们不能容忍小商人对她们的模仿，所以逃往城镇的另一头，并从此以后不再迷恋任何时装，而只是穿自己喜欢的衣服。这种高傲让宫廷吓破了胆，有地位的女人眼见商人妻女的衣着居然与自己毫无二致，甚是惊讶。她们大嚷：市民的这种恬不知耻实在不能忍受。所以她们把裁缝师叫到身边，与此同时，时装的各种新时尚自然就成了她们研究的主旨。但凡那些漂亮市民开始效仿她们正在穿的服装，她们就总是更换些更别致的款式。这样的攀比竞争一直延续，从对服装料子某种程度的模仿到不敢相信的奢侈花费。最后，君王恩宠的女人们及最高贵的女人，终于没有一件服装可以超过地位略低于她的女人，而不得已只好在豪华的马车、富丽的家具、奢靡的花园及华贵的宫殿上显露她们的奢华。

因为这种攀比，双方持续尽力超越对方，在服装款式经历了形形色色的更迭转变，经历了频频仿造新款与变更旧款之后，仍给拥有创造才华的人留有一些余地。正是基于此，才逼迫穷人去工作，激励了勤恳，并鞭策着娴熟技师去寻觅更深层的完善。

可能有人会驳斥说：许多人之所以穿华丽时装纯属习惯使然，所以他们常常用毫不在意的姿态去穿着精美的服装；这些人尽管也提升了贸易的收益，但却并非源自心中的那份攀比抑或骄傲。对于此，我答复如下：衣料及时装生来就是为了迎合他人的虚荣心，就是为了让那些人从优美服饰上赢得比不注重自己服装的人更多的快感，如果不是这样，对自己的服装这么漠不关心的人就不会去选择精美服装了。况且，骄傲之心，世人皆有，并不是像表面上那样；而那种恶德的种种表征也不是很容易就被察觉的。那些表象形式多变，会因为人们的年龄、性情、环境及（常常是）体格的差异而显现出不同的形态，可谓变幻莫测。

脾气火爆的市长大人好像迫切想要采取行动，常常会凭借他那掷地有声的脚步来展示自己的好战天赋。由于缺乏劲敌，他只好用力地抖动着臂弯下那根手杖。每当他在城市中穿梭时，他的华美军服都会让他的头脑过度兴奋。他用这些来尽力将他自己遗忘，也尽力将他的店铺抛诸脑后。他怀着类似古代阿拉伯征服者的凶恶仰视戏院包厢。而理性的市府议员，目前却已由于其德高望重而备受尊崇，这迎合了他心底那份被当作大人物的虚荣心。他神采奕奕、正襟危坐于大马车之上，这是因为他实在不晓得还有什么更方便的形式去展示他的虚荣。人们能够通过他那身华美的制服识别他。他兴高采烈地接受着下等人对他的那份敬仰。

年轻稚嫩的少尉佯装出一副与其年龄非常不符的稳重，怀着滑稽可笑的傲慢之心，使劲效仿他的上校的那种庄重表情，一直洋洋自得地自忖；他的果敢风姿会让你觉得他富有英雄气概，无惧风险。年轻的美女则每时每刻都在忧虑自己不能成为众人的焦点，反复改变风格，迫切地想吸引所有人的注视，所以自己那份期待得到众人瞩目的迫切愿望也一览无余。看到她的人都情不自禁地用眼神表达对她的赞赏。与此不同的是，刚愎自用的放荡子弟则展露出一副称心如意的神情，全然沉醉在自己的十全十美当中，在公众场所显出目空一切的做派，而必然会让愚昧的人认为：他觉得自己是在不屑于与人为伍。

状如此举的表现，虽然形形色色，却无一不是骄傲的外在表现，世人只需一眼就能看出端倪。不过，人的虚荣心并非总会在这么短的时间内暴露。我们偶尔会体验到一种人性处境，其中的人好像既缺乏自我陶醉的本能，又并不对他人置之不理，就常常轻易认为他们一点也不虚荣；但是，他们可能只是厌烦了虚荣以及被迎合的感觉，或许只是由于太过享乐所以才精疲力竭而已。在百无聊赖地斜靠在普通马车上的伟人身上，人们往往可以目睹内心平和的外部表征，目睹心不在焉而略显疲倦的从容不迫，但这些并非始终如同表面上那样发自肺腑、毫不掺假。最让骄傲者神魂颠倒、心生向往的事情，绝对是让别人以为他自己很快乐这件事莫属了。

有涵养的绅士觉得自己最能够有骄傲的资格，在于隐藏骄傲的老练技巧，其中有些人在掩饰这个缺点方面称得上是专家，以至于在他们心中骄傲四溢时，旁人倒是觉得他们最能够不被骄傲所奴役。所以，精巧伪装的廷臣出现在公众面前时，却展现出一种谦恭友善的风采。他心中时刻都填满了虚荣，却一点也不显得自己崇高。他谙熟可爱的品格一定会让人们对他倍加尊敬，并能让他的尊贵如虎添翼。而他非常精致的马车马具，以及车上其他的饰品，就能成功地显示他的尊崇。

这些人身上的骄傲常常被人忽略，因为它被故意隐藏起来了。当他们以最公然的方式（至少表面上是在用这种方式）展示骄傲时，旁人依然觉得这些人一点也不骄傲。富足的教区牧师连同其他神职人员，因超脱于世俗欢乐之外，就把一件事情看成是自己的事业，那就是去寻求一身黑色长袍，寻求能用金钱买到的最好布料，穿上完美无缺的高贵外衣，让自己卓尔不群。他的假发也十分时尚，样子就像他必须要去敷衍的那帮凡人所称赞的假发。然而，因为他能使用的假发的样式有限，他就非常看重假发对头发有没有好处，颜色是不是很漂亮。因而，仅有几位贵族能在这方面与他看齐。他的身体总是非常整洁，如同他的衣服一样。他的脸也永远都刮得非常干净。他永远都会细心打理自己美丽的指甲。他柔嫩白皙的手与一颗顶级的宝石戒指相互映衬，让二者都更加秀美。他发觉，亚麻布实在不成体统；他觉得，如果人们发现他外出穿的海狸皮外套没有一个富足的银行家在婚礼上卖弄的那件精致，那就是件栽面的事。在除去这一切华美衣饰之外，他还附上了一副自命不凡的姿态，在自己的马车里展示出一种高高在上的倨傲。然而，虽然有如此多同时显现的证据，世俗的礼貌还是不容许我们把他的任何行为当作是出于骄傲。因为他职务的尊贵，在别人身上被看作虚荣的东西，在他身上却只被当成庄重。我们应当相信他的职业具有良好风范，相信这位富有的先生（就算不把他让人心生敬意的人品考虑在内）这般费神与消费，是全部出自他对自己所做的神职的敬仰，全部出自对宗教的一腔热情，它让他的神圣职责避免受到嘲笑者的鄙夷。我真诚地觉得：所有这些都没有资格称之为骄傲。请容许我的一句赘言：用我们人类的智力评判，他那些做派充其量只是极像骄傲而已。

不过，我如果最后认可：有人确实既喜欢享用华服及所有精致的马车与家具，又没有骄傲之心，结果会怎样呢？能够断定的是：如果每一个人都是这样，我上述提及的那种攀比竞争就一定会停滞，而各行的贸易也必然消停，这是由于贸易在很大范围内依托于那种攀比竞争。这是源于：说每个人都的确拥有美德，说他们会大公无私、专心去为他人服务，去提升公众福祉，其热情就像他们目前因为自爱而攀比的热情一样，这只是一种让人们苦不堪言的改变，是有悖常理的揣测罢了。所有时代都存在好人，所以，我们在这方面定然有实例可循；然而我们可以试着去问问那些做假发的人和裁缝师：到底可以在哪些先生（就算是最富足、最尊崇的先生）身上发觉这种投身公益的气质？去问问卖花边的、卖绸缎的以及布料商：最富有的（如果你愿意，也能说最有品德的）太太们是否用愿意现金买卖，是否计划按期还账，是否愿意为了每一码衣料节约四个或六个便士在不同家商店来回奔波，不愿多选几家，不愿挖空心思地与他们还价，其做派是不是和镇上最贫苦的女人一模一样？如果这些人在你质问下回答说：还有类似的男女，所以，事实上有可能真是这样。然而我要答复说：喂饱的猫偶尔不但不捉老鼠，反而在屋中到处寻觅老鼠，还给幼鼠喂它的奶喝；一只鹞鹰偶尔也会像雄鸡那样请母鸡吃饭，并坐在那里喂养雏鸡，而不是把它们变成一餐美食。不过，如果猫族及鹞鹰确实向来这样，它们就不再是猫和鹞鹰了，因为这不合乎它们的天性，而我们一旦认同猫和鹞鹰的天性，我们所说的猫及鹞鹰这些动物族类就立刻无影无踪了。

  [N]都出于嫉妒心与虚荣心唆使
    都在鼓舞积极进取的传道人……

  嫉妒正是我们天性中的低贱恶德，它让我们对自己幻想出来的他人的幸福心生痛苦和羡慕。我不相信没有一个理性成熟者不曾有过因这种激情而彻底丧失自控能力。然而，我没有见过一个敢于大胆承认自己有嫉妒心的人，这种只有在开玩笑的时候会出现。我们之所以对这种恶德广泛存有羞耻心，是源于那种强大的虚伪习惯作祟。因为虚伪，我们从孩提时代就学着，甚至对自己掩饰这种普遍的自爱及其所有不同分支。没有哪个人会情愿他人的境遇比自己好，只有他觉得自己没有机会把那些良好愿景变为现实时才会这样。所以，我们就有机会轻易得知这种激情在我们身上唤醒的是什么习惯了。为了搞明白这一点，我们首先需要意识到：我们对自己的评价事实上并不公允，而我们对邻人的成见也常常是同样地不公。我们认识到他人正在做着或享用着在我们看来他们没有资格做、没有资格享用的事情时，我们心中就会十分痛苦，并对让我们不舒服的原因非常恼怒。其次，我们常常把美好的期望留给自己。每个人都凭着自己的评判和喜好，对自己心存美好期盼。眼见自己喜欢的东西不在我们手中，而是被他人占有，这立刻会让我们由于无法占有自己所喜爱的东西而痛苦。但凡我们还在意自己的所需之物，这痛苦就无可救药。然而，自卫之心却非常不安分，从来没有让我们想方设法去摒弃自己内心的恶念。常识告诫我们：要消减这苦痛，天下最有效的手段莫过于我们对那些人的愤怒，他们有着被我们重视、对我们有用的东西。所以，我们就珍视并早就痛恨这种激情，以让自己避免因悲哀而产生不自在，或让它稍微缓和，起码是部分地脱离它，或让它有所延缓。

因此，嫉妒乃是悲哀与愤怒的组合体。这种激情的程度，大部分决定于对象与环境的间隔有多远。如果有个出于无奈被迫走路的人，妒忌一位有着用六匹马拉的马车的大人物，这妒忌不可能如同另一个人的嫉妒那么猛烈，他不舒服的程度也不可能如同另一个人那样。另一个人尽管也有一辆属于自己的马车，却只有能力承担得起用四匹马拉的车。嫉妒的表征形式多变，无法言尽，就像瘟疫的各种表征一样。嫉妒时而显现为一种特性，而另一些时候则具有截然相反的特性。嫉妒病在女子当中广为存在。女人相互指责和非难时，全都展示出嫉妒的明显特性。在漂亮貌美的年轻女人身上，你往往能够发觉这种特性最鲜明的表现。她们常常只看了对方一眼就会使劲地相互痛恨，其根本原因只有嫉妒，无它可言。如果她们还不精于隐藏，还疏于佯装，你一眼就可以从她们的脸上发现那种鄙夷，发现那种没有缘由的厌烦。

在既粗俗又缺乏涵养的流氓身上，嫉妒这种激情显露得非常明显。他们嫉妒他人走运时更是这样：这些人呵斥比自己幸运的人，把他们的过错一一列举出来，挖空心思地栽赃他们最为称赞的行为。这些人有时向神明呢喃，有时公开大声埋怨，说世上的好事大部分都让那些没有资格得到它们的人占尽了。在这些人中那些更低贱的人常常尤为怒气冲天，如果不是因为害怕法律而稍加节制，这些人就会径直去找嫉妒的"罪魁祸首"，把他们暴打一通。让这些人愤怒的，其实只是嫉妒传递给他们的东西而已，并无其他。

被这种怪病折磨的文人，其表现差别非常大。他们如果是嫉妒某人的才华与博学，就会把心思集中用在尽力隐藏自己的缺点上，这往往体现为否认和贬抑被嫉妒者的优秀品质。他们认认真真地审阅被嫉妒者的文字，每每看到一处文采飞扬的地方就心生不悦。他们只在意文中的疏漏，并无他求。他们期盼得到的最大快慰，就是发觉其中的一个大错。他们的非难十分苛刻，无事生非，借题发挥，大惊小怪，就算只有半分小错的踪迹也不饶恕，把最微乎其微的过错夸张成弥天大错。

在野蛮的畜生身上也能够发现嫉妒的症状。马匹的症状，乃是跑路时相互竞争竭力跑到对方前面，其中嫉妒心最大的马宁愿在奔跑中死去，也无法忍受别的马超过它。嫉妒这种激情在狗的身上也一样可以显露得清清楚楚：平日里天天被人抚摸的狗，不可能温顺地容忍这种好运气被别的狗抢去。我曾目睹一只哈巴狗，它情愿被食物撑死，也不愿意给同类的争食者剩下一星半点的食物。我们还时常会发现：在我们天天碰到的一些幼儿身上也一样有着类似的习惯。他们非常顽皮，并由于拥有超额宠溺而脾气暴躁。他们时刻都可能异想天开，反对吃自己原本想吃的东西，此时此刻我们就只能骗他们说：目前正有另外一个人（不，就算说正有一只猫或一条狗也是可以的）要抢走他们的食物。因此，他们就会兴高采烈地把他们应有的那份食物吃得一干二净，就算是不喜欢也无所谓，依旧照吃不误。

人类天性中的嫉妒如果不是根基庞大，它在儿童身上就不可能这么广泛，而青年人也不可能这么广泛地受到竞争的鞭策了。一些人常常把所有对社会有用的事物纳入一条原则，把小学生身上展示出来的竞争性说成是一种思维的美德，这是由于竞争要以劳动和吃苦为代价，那些小学生明显常常会对自我产生不认同感，其举止就是源于竞争法则。不过，如果认真察看，我们就会发觉：葬送舒适与欢乐，这些行为只是源自嫉妒、源自热衷荣誉罢了。那种假装出来的美德当中如果缺乏混合着某种类似这种激情（嫉妒）的因素，那么，采用与造就嫉妒相同的手法，就没有可能提升和促进那种美德。一个由于表现出色而得到奖赏的男孩，会发觉要是没有这个奖励将会出现郁闷。这个想法使他尽心竭力，不让被他目前认为没有他强的孩子赶超他。他的骄傲越是强烈，他维持领先地位的行为就越充满自我否定意味。而另一个男孩，虽然也尽力表现得优秀，却并没有赢得奖励，所以非常痛苦，而把一腔怒火转嫁给那个必然被他看作是自己痛苦之源的男孩。然而，大庭广众之下展现这种愤怒既滑稽幼稚，又无济于事。所以，他要么就情愿被那个男孩超越，要么就重整旗鼓，再接再厉，继续努力，成为下一个表现更好的人。不过，十个男孩当中只会有一个对此麻木不仁，天生善良、平心静气地采用第一种办法，所以变得消极懒散。而那些贪心、执拗、爱斗的小流氓却会忍耐无法相信的痛苦，让自己在下一轮竞争中胜出。

画家当中的嫉妒也非常广泛，所以，嫉妒对提升他们的艺术有着极大功效。这并非说低等画家嫉妒绘画名家，而是说大部分低等画家都沾染了这个恶德的风气,他们嫉妒比他们稍有精进的画家。一位伟大艺术家的学生如果是个卓尔不群的天才,并且天赋异禀,他尽管刚开始对自己的师傅百般膜拜,然而当他的技巧逐渐提升时,他会悄无声息地在心底对自己之前膜拜的人泛起一些嫉妒。想要弄清楚这种激情(也就是我提及的嫉妒)的实质,我们只要意识到一点就行:一位画家如果非常努力,不仅赶上了自己嫉妒的人,而且超越了那个人,这位画家的苦痛就会消解,他的全部怒火也都会熄灭。尽管以前他嫉妒那个人,目前却非常乐意跟他做朋友,如果那人愿意屈尊降贵的话。

  沾染这种恶德的已婚女人(例外者非常少见),始终尽力在她们丈夫心中唤醒这种激情。只要是这种女人居于主流的地方,嫉妒与竞争就会羁绊男人的手脚,让表现欠缺的丈夫摒弃懒散、嗜酒及其他恶习,其功效比从使徒时代沿袭至今的所有传教布道都要好得多。

  每个人都希望生活幸福,享用欢乐,并尽己所能地远离痛苦,所以,自爱就会命令我们把所有看上去幸福快乐的生灵当成争夺幸福的敌人。我们眼见他人的幸福有碍,就会称心如意。这尽管不能为我们赢得多少好处,然而从这种快乐中衍生出来的东西,却能够被称为"落井下石",而导致这个弱点的源头就是"怨恨",它也出于"嫉妒"这同一个根源,因为没有嫉妒也就不会有怨恨。这种激情潜伏时,我们压根感觉不到它的存在,人们常常认为在自己的天性中并没有这样的缺点,这是由于在那一瞬,人们还没有被嫉妒所左右。

  一位衣着优雅的绅士恰好被一辆马车或大车溅得满身是泥水,那些社会地位比他低很多的人就会讥讽他,其程度甚至超过与他地位持平的人的讥讽,这是由于这些人更嫉妒他:他们了解他对自己碰到的倒霉事非常窝火,认为他平时生活比他们快乐,所以目睹了他遇上倒霉事就非常高兴。不过,一位沉稳的年轻女士却不仅不会讥讽这位绅士,反倒会可怜他,这是由于她喜欢看到一个清清爽爽的男人,她并没有嫉妒心。对遭遇灾祸的人,我们到底是讥讽还是可怜,起决定因素的是我们心怀恶意还是怜惜。如果一个男人摔了个跟头,受了些许的伤害,然而并没有引发同情,我们就会笑。而与此同时,我们的怜悯与恶意则会交替地打动着我们:"先生,我对此真是十分抱歉,请您宽恕我的笑吧,我是世上最愚钝的动物。"接下来我们又忍俊不禁,然后还会哈哈大笑,"我真是十分抱歉",如此反复。有些人怀揣恶意,会因目睹一个男人把腿摔折了而笑;另一些人则怀揣同情,就算一个男人衣服上有一块最小的污渍,也会引起发自肺腑的遗憾。不过,每个人都不会粗鲁到没有同情之心的境地,同理,没有人会善良到全然不会发出恶意的水平。掌控我们的激情是多么奇异！面对一个富人，我们开始是嫉妒，之后会真心真意地怨恨他。然而，等到我们变得和他一样富足，我们就镇定自若了，但凡他略微展示出一丝谦逊，我们就会与他成为朋友。不过，我们如果变得明显超过他，就可以对他的厄运心存同情。真正拥有理性的人不会如同其他人那样嫉妒，其原因是这些人对自己的赞誉不像傻瓜和蠢人那样犹豫不决，这是由于虽然他们并没有让别人发现这种自我赞赏，却拥有坚贞的念头，这让他们对自己的真实价值深信不疑，而愚钝的人心中始终不会拥有这样的自信，虽然他们有时会佯装信心满满。

古希腊人有一种贝壳放逐法[①]，就是把那些不受欢迎并且又极具社会威望的人的名字写在贝壳上，通过投票决定是否放逐，这被当成一种屡试屡中的疗法，用来治疗和预防普罗大众的怒气及敌意引发的伤害。葬送一个公众人物，常常可以安抚一个国家的民怨，而后人往往会诧异于这种天性的蛮横本性，事实上，在相同的环境中，后人自己也会因循此例。葬送这些人，正是对图谋不轨的群众的迎合，这是由于群众亲眼看见一位伟人名誉扫地，心中会泛起极大的满足感。我们相信自己拥护正义，并且希望目睹奖赏美德；然而，如果人们总是敬仰声誉鼎盛的人，那么，我们当中半数的人就会对他们逐渐心生厌恶之情，因而去找寻他们的谬误。如果找不出一个缺点，我们就会认为这些人把他们的过失都掩饰起来了，就算我们当中大部分人并不期待这些人被摒弃，这已然足矣了。对所有并非自己直接的朋友或熟人，最理性的人应该随时了解这种不平，这是由于最让我们心烦意乱的，绝对要数那些我们拥有的频频赞誉莫属。

一种激情越是与其他诸多激情组合在一起，它就越是不容易被隔离出来。一种激情越是让拥有它的人心生苦闷，它就越能刺激这些人对于他人的险恶用心。所以，嫉妒心就是最变幻莫测、最能惹是生非的东西，它由爱、希冀、恐惧及许多嫉妒组合在一起。关于嫉妒，我已经进行了详细的阐释；读者能够在评论R中了解我对恐惧的态度。所以，为了更细致地诠释和阐明嫉妒这种独特的混合激情，在本条评论中我会更深层地阐释嫉妒所涵盖的因素。它们就是希望与爱情。

所谓希望，就是怀着某种水平的自信去憧憬自己渴望的东西成为现实。我们的希望到底是可行还是愚钝，这全部由我们的信心是否强大来决定，而所有希望

[①] 贝壳放逐法，是古希腊雅典等城邦实施的一项政治制度，由雅典政治家克里斯提尼于公元前510年左右创立。雅典公民可以在陶片上写上那些不受欢迎人的名字，并通过投票表决将企图威胁雅典民主制度的政治人物予以政治放逐。——译者注

中都涵盖着疑虑。这是由于：我们的信心但凡升至拒绝所有疑虑的水平，它就演变为一种笃定，我们就坚信自己必然可以得到曾经想要得到的东西。提到一只"银质的墨水壶"，大家都很熟悉，因为每个人都懂得这个字指代何意，但提及某种"希望"，则不可能让每个人都能洞悉其中的含义：这是由于应用一个名词的人，如果摧毁了这个名词对应的实物，这个名词就没有任何意义。如果名词与它对应的实物本性不一，我们对二者的了解越清楚，就越可能发觉把二者混为一谈是滑稽的。因此，听闻某人提及某个"希望"时，我们并没有如同听他提及一块"热冰"或"液体的橡木"时那么诧异，这并不是由于"希望"中涵盖的滑稽超过后两个字，而是由于大部分人尽管都能了解"冰"或"橡木"的意思，却不能同样了解"希望"这个字的意思（我所说的是它的内涵）。

"爱"的首层意思是好感，就像父母及保姆对儿童的那份爱，以及朋友彼此之间的那份爱。爱由对被爱者的喜爱和美好愿景组成。我们能轻易体悟所爱者的言行，就算亲眼看见他的过错，也会轻易为他洗脱罪责并宽恕他。我们把所爱者的福祉当作自己的福祉，这有时能转化为某种成见。而怜悯所爱者的悲痛，我们心底也会泛起高度的满足感，就像与他一起分享快乐一样。分担所爱者的悲痛，这并非不切实际，无论那悲痛所为何事，这是由于我们如果是真心分担他人的不幸，自爱就会让我们深信不疑：我们心中的痛苦将会削弱友人的痛苦。这种全面的顾虑安抚着我们的痛苦时，在我们对自己所爱者的可怜之中就会有一种私密的欢快陡然而生。

"爱"的第二层意思是指一种激烈的欲求。从根源上讲，这种欲求与其他一些好感（譬如友情、感念及亲情）的差别，就在于它是彼此取悦的异性之间出现的感情。也就是在这个层面上，爱情才被看作组成嫉妒心的因素之一。嫉妒既可以是爱情的结局，也可以是爱情的欢乐装饰，而爱情激励我们为繁衍人类物种而辛勤耕耘。无论男女，但凡身体健康，性爱就像是饥渴一样，都是先天存在的天性，虽然这种天性在青春期以前展现得极不明显。我们如果可以让自然女神一展真实面目，窥探她最内在的私密，就可以发觉这种激情还在襁褓时的种子，就像胚胎中齿龈还没成型时的牙齿一样清清楚楚。健康的两性在二十岁之前没有体验到这种激情的人，实为少数。然而，文明社会的稳定与幸福却命令人们掩饰性爱，不准在公众场所谈情说爱。所以，涵养颇佳的人就把当众坦言所有跟这繁衍物种的秘密有关的行为，看成是十恶不赦的。如此一来，这种激烈欲求尽管是人类延续最必不可少的，但其称谓却让人嫌恶，而对"性欲"的习惯界定，则常常是"肮脏无耻"和"令人作呕"。

　　遵守道德的人和非常害羞的人，他们的这种天性冲动常常先给身体带来较长时间的困惑，之后才能获得他们的领会和认可。让人关注的是：接受了最圆满的磨炼和教育的人，往往最忽略这种事情，而我也只能在这里考察先天环境中野蛮的人与文明社会的人的区别。首先，男人和女人如果是全然没有接受过流行气质方面的教育，他们会迅速发现困惑的缘由，并且会如同其他动物一样，因为无法找到削减困惑的可行疗法而茫然无措。除此之外，他们既无需阅历更丰富的人定下的规则，也无需那些人开创的先河。不过其次，要在明令恪守宗教、法律及礼法的约束、命令不因循天性而遵守这些规则的地方，都明令青年男女警觉和预防这种冲动。所以，他们从孩提时代就遭到故意的恫吓，使他们躲避这种冲动的甚至是最微小的症状。这种激烈欲求自身及其所有表现，虽然被明确地感受到，被明确地了解，却必然要被审慎而严苛地叫停。女子只要有机可循就会全部否认这种欲求，就算她们自身受到它干扰，也会这样。这种欲求如果让她们心情极差，她们要么被迫要依靠体育锻炼去治愈，要么暗暗地悉心忍耐。正是为了捍卫法治和礼数的社会福祉，才命令女子抑制和耗磨自己的欲求，让它消逝，而不该用不合乎法理的手段去削减它。人类中那些喜爱时尚的人、家境高贵和富庶的人，其婚姻都会在意门第、财富和名誉。他们找寻配偶时，天性的呼喊乃是最无关紧要的东西。

　　所以，把爱情与欲望混为同一物的人，就是把爱情的缘起错归为它的结局。不过，教育的能量及我们从教育中得到的一种思维定式，却让我们对此深信不疑：男女两性偶尔确实彼此爱慕，却绝对不会引发肉欲，不会引发大自然延续人类的想法，那种想法就是大自然应有的主旨，缺了它，男男女女就不可能引发那种激情。世上真有这样一群人存在，然而更多的人口口声声说是拥护那些文明的观点，却全然是因为奸诈和伪装。彻底的精神恋爱者，往往都是面无血色的孱弱的人，都是两性中天生漠然的人。身体强健、精神饱满的胆汁质的人，以及满面红光的人，无论他们拥有的爱情多么高雅，也不可能把所有与肉体有关的思想和想法全部摒弃。不过，最单纯的恋人如果洞悉了自己激烈欲求的源头，希望他们能假设对方理应享用被爱者的肉体欢愉。饱受这种思考的煎熬后，他们会迅速发觉自己激情的实质到底是什么。反之，思及被自己寄予美好愿景的人体验到了幸福婚姻带来的欢快和舒畅，父母及友人也会觉得得偿所愿。

　　擅长洞悉人心的猎奇者会给出一种观点：这种爱情越是高尚，越是拒绝所有与感官享乐有关的想法，它就越是虚假，越是从其本来源头的初级单纯性中倒退。政治家将社会文明化时费尽心思，用尽了一切精力和才智，这些明显不是别的，而全都是掌控我们各种激情的锦囊妙计，其宗旨是让我们彼此敌视。满足我们的骄傲，一边让我们对自己的美好评判得到提升，一边刺激我们因为羞耻而对他人心生最大厌烦和高度嫌恶，基于此，那些城府极深的道德家们，已让我们自然而然地懂得了该怎样面对自己，就算不能遏制我们珍视的激情和欲求，起码也要把它们掩盖和乔装起来。我们自己心里有着这些激情和欲望，却基本不了解它们究竟是什么。悲哀！这就是我们想要拥有的、对我们一切自我否定的奖赏！我们把这么沉重的欺瞒和虚假加诸自己及他人身上，让我们这个物种看似距其他物种（比事实上）更高、更远；到头来我们只有如此虚荣的满足感，其余一无所得；事实上我们心知肚明人是何物。如果有哪个人思及此，他是否会庄重到没有一丝笑意呢？然而这就是现实，我们从中亲眼看见：我们为什么一定要把全部可能展示我们内心欲求的言行涂上让人作呕的色彩，我们可以体验到这种欲求，它让人类周而复始、繁衍生息。我们也从中亲眼看见：温顺地拜倒在一种激烈欲求的暴力之下（抗拒这种暴力会让人非常难受），单纯地服从大自然最急切的命令而没有一丝奸诈和伪饰，就像其他的动物那样，这为什么会被印上"兽性"这个耻辱的符号。

所以，我们口中的"爱情"就不是一种实在的欲求，而是一种混合杂质的欲望，或者可以说是一种由各种对立的激情杂糅而成的东西。它是一种披着习惯和教育外套的先天成品。所以，就像我之前提醒过的那样：在有涵养的人身上，这种激情的真实缘由和初始目的已被消解，并且基本不可能被他们发现。这全部都表明了其影响为什么会随着人的年龄、体格、意愿、性格、境遇及礼数涵养的差别而不同，以及它的影响为什么差异如此巨大，如此反复，如此让人诧异，如此说不通。

恰恰是这种激情，让嫉妒心引起了许多困扰，其中的嫉妒往往是摧毁性的：有人认为可能会有一种并不涵盖爱情的嫉妒心，这些人压根不了解那种激情。男人们可能对自己的妻子并无爱意，却依旧会由于她们的行为而恼怒，并且无论有没有根据都猜忌她们。然而在这种情形下，左右这些男人的纯属他们的骄傲，是源于对自己名声的注重。他们毫不惭愧地怨恨妻子；如果是粗鲁霸道的人，还会先把妻子暴打一通，尔后称心如意地去睡觉：这样的丈夫不但会监督自己的太太，而且会请旁人去跟踪她；然而他们的警觉心并不这么警醒。他们对妻子的质询既不追根究底,也不挖空心思。他们心中缺乏杂糅着嫉妒的爱情,所以并没有担心察觉妻子不贞的忧虑。

可以印证我这个见解的是:我们从没目睹一个男人和他的情人之间出现以上事情。这是由于,男人但凡爱情逝去并猜忌情人就会离她而去,并在脑海中将其摒除出去。不过,我们却实在很难设想哪个男人(就算是非常理智的男人)愿意与其情人斩断情丝。但凡他还爱她,无论她罪责多么深重,他都不会与她分手。他如果由于恼火打了她,事后就会焦躁难耐。他的爱情让他想到了自己对情人的损伤,所以想和情人和好如初。他尽管口口声声说恨她,并且往往从心里恨不能她被吊死,然而,他如果不能完全摒弃自己的缺点,就始终不可能从情人那里得以脱身:虽然她涵盖了他能想得到的、最恐怖的罪责,虽然他曾痛定思痛,狠下心来一千次地立誓一定要离她远点,他却全然不能实现誓言。就算他彻底证实了情人的伪饰,但凡他的爱情还在,他的绝望就不会永远持续。他会在两次最绝望的时间里心存侥幸,并且每过一段时间之后就心生希冀。他为情人的过错遍寻理由,随时想着宽恕她。他为此想方设法,竭力寻觅让她看似不那么有罪的所有可能的借口。

[O]它是确切的快乐、舒适与安然……

快乐中涵盖着至善,这是伊壁鸠鲁①的论点。伊壁鸠鲁的生活是节约、理性和其他一些美德的榜样,这使后代的人们对快乐的含义争执不已。一部分人依据这位哲学家的节欲,觉得伊壁鸠鲁提及的"快乐"意味着做有德之人。伊拉斯谟②在他的《谈话录》里告诫我们:最崇高的伊壁鸠鲁主义者非那些真诚的基督教徒莫属。另外一部分人联想到伊壁鸠鲁的绝大部分追随者挥金如土的做派,就常常觉得:伊壁鸠鲁提及的各种快乐,除去感官快乐和对我们各种激情的迎合之外,别无他者可言。对这两种人的争执,我不想给予评价,而只认同一种观点:无论人们孰优孰劣,让他们心生愉悦的,都是为着他们自己的愉快,而不是在深奥的语言中寻觅什么术语。我坚信:英国人会把任何一种让他欢快的事物合理地称作快乐。依据这个界定,我们不该再去争辩人的各种快乐,就像我们不该去争

---

① 伊壁鸠鲁(约前341—前270),古希腊哲学家,幸福主义伦理学的创始人之一。首次建立了一个以感觉主义为出发点,以追求个人的身体无痛苦和灵魂的无干扰为目的的快乐主义伦理学体系。——译者注
② 伊拉斯谟(1466—1536),荷兰哲学家,16世纪初欧洲人文主义运动主要代表人物。1524年写了《论自由意志》并同马丁·路德通信,批评路德。他知识渊博,忠于教育事业,一生始终追求个人自由和人格尊严,但忽视自然科学。——译者注

辩人的各种口味一样：涉及趣味无辩驳①。

　　人尽管缺失美德，却拥有世俗的欲望，放荡奢华，野心四溢，贪图占尽先机，期盼比那些超越他的人地位更受尊崇。他的奋斗理想是硕大的宫殿和漂亮的花园。他的最大快乐是在抖擞的骏马、华贵的马车、大量的仆人及奢华的家具方面远超他人。为了迎合淫欲，他对上流社会年轻漂亮的女人虎视眈眈，她们魅力四射，各有特色，都能映衬出他的崇高，并真诚地爱着他本人。他热衷于在自己的地窖里储藏由各国花朵酿制的上等红酒。他期盼自己餐桌上山珍海味，每道都是精选的美味佳肴，很难买到，并能充分验证讲究而精湛的厨艺。进餐时，他要有舒畅的音乐和含蓄的奉迎反复迎合他的听觉。就算是做最普通的小事，他也要雇用最干练、最有创新性的工人。就算在他管辖的、最细微的小事上，他的评判力和想象也展示得一览无余，就像在更有价值的事情上展示其家产和身份时一样。他希望有几位聪慧、风趣又斯文的人与他攀谈；而他期盼其中有几位以博古通今、阅历无数胜出；为了他的严肃事务，他期盼找到才华横溢及经验丰富的人，并期盼他们勤勤恳恳，一心一意。他命令侍奉他的奴仆随时恭候，文质彬彬，谨小慎微，外表清朗，还要气质优雅；除此之外，他还要奴仆毕恭毕敬地伺候所有属于他的东西，要他们灵敏而不忙乱，高效而不聒噪，对他一呼百应。不过让他烦闷的，莫过于对仆人下达指令。他希望让这样的仆人来侍奉，即能明察秋毫、知道怎样从他最细微的举止判断出他的想法。他热衷于让周遭的所有事物都高雅而美丽。他期盼自己使用的东西能无理由地保证一干二净。他的大管家应该既家世好、重名声、有见识，又恭敬、精干、善于克勤克俭。虽然他期待来自每个人的敬仰，热衷于拥有平凡人的尊敬，但他觉得：来自有地位的人的敬重才会让他更加沉溺，更觉爽快。

　　这样的沉迷如果与无限的淫荡和虚荣交织在一起，他就会一边彻底纵容自己激烈欲求的莽撞与放肆，一边期盼世人都认为他没有一丝骄傲与淫荡之心，并用悦耳的言语为自己最醒目的恶德辩驳。不，如果他的权力允许，他会恨不得被众人当作聪慧、英勇、大方、和善，并拥有他认为能够拥有的全部美德的人。他会让我们坚信：在他看来，他拥有的显赫与奢侈乃是让他唯恐避之不及的瘟疫；他表露出来的全部严肃高尚充其量是一种不需要感恩的重担，而让他苦恼的是：这个重担与他所融合的那个上流社会紧密交织；他的伟大思想远比低贱人等高明得多，其志向更加崇高，所以不能享用那些没有意义的娱乐；他最大的理想就是提

---

① 出自维吉尔《田园诗》卷2，第65行。——译者注

升公众的利益，他最大的志趣就是亲眼看见自己的国家富裕强大，每个人都健康快乐。这些都被沉沦的凡夫俗子看作是"真正的快乐"。无论是谁，无论凭借的是技术还是运气，但凡可以采用这种讲究的手段赢得它们，就可以顷刻间享用这个世界，并赢得世人的一致称赞，都能被最前卫的人们归入非常幸福的人当中。

不过，在另一方面，大部分古代哲学家和庄重的道德家，特别是斯多噶学派①则认为：所有能轻易被他人抢去的东西都不是真正的善。他们理性地意识到好运及君王宠溺的游移，意识到荣誉与众人称颂的空洞，意识到财富及所有俗世财产的不稳定，所以把真正的幸福当成知足者静谧安宁的心灵，既没有恶意，也不存在野心。这样的人克制了所有感官欲求，无论好运对他颔首还是侧目，他都视若无睹，除了静心凝思别无所求，除了每个人能赋予自己的那些东西之外一概不要。这样的人果敢英勇，知道怎样承担最沉重的损失而笑口常开，怎样饱受痛苦而面不改色，怎样历经伤害而无怨无悔。这些品格在大部分人身上上升到了自我否定的水平，所以，我们如果对他们抱有信心，他们就是超越了凡人，他们的能力已经远远高过了其天性的界限：他们可以英勇无畏地直面恐怖君主的暴怒，直面最急切的危难；他们可以在饱经磨难时心平气和；他们可以毫不畏惧地面对死亡；他们告别这个世界时，就像他们降临在这个世界上时一样欢喜。

在古人看来，这部分人永远历经千辛万苦，而其他一部分也不是装傻充愣的人，早已然解脱了这些条条框框，把它们看作空中楼阁，把这些人的志向当成美丽的想象，并尽量佐证：这部分斯多噶主义者自称高出了人类的所有力量与能力，所以，他们自以为傲的美德不是别的，而刚好就是些狂放不羁的伪饰，其中充斥着傲慢与伪善。不过，虽然有这些非难，迄今为止，世上的正人君子及绝大多数智者，还是认可斯多噶主义者那些最现实的观点，即仰仗于可消失事物的东西肯定不是真正的幸福；内里的安详才是最大的恩赐；知识、节制、坚韧、谦恭及其他的内心修为，乃是最有意义的收获；只有善良的人才能幸福；只有有德之道德者才拥有真正的快乐。

可能会有读者问我：我在《寓言》中提到的那些"真正的快乐"，为什么与我眼中每个时代的智者所拥有并认为最有意义的快乐相反呢？我的答复如下：这

---

① 斯多噶学派，古希腊哲学家芝诺约于西元前305年左右创立的哲学流派。斯多噶学派以为世界既是物质也是理性。人的灵魂是物质的，是世界理性的一部分，所以人应该顺从理性，一切变化都是世界理性的表现，都是注定而不是偶然的。这个学派因此相信预言和占卜。而且在他们看来，善的最高形式是美德，人不该为生活中的苦乐所左右，又名苦行主义学派。——译者注

是由于，我口中的快感并不是人们所认为的最好事物，而是人们内心最热衷的事物。我如果看见一个人孜孜不倦地时刻追逐与心性涵养南辕北辙的东西，又怎么会相信他的最大快乐就是心性涵养呢？尽管约翰也会吃点布丁，然而你充其量只是与不吃稍有差别。你能够瞅见：那一点布丁在经过频频撕咬、咀嚼之后，如同一堆碎裂的干草被他强吞入肚；接着，他就如狼似虎地对牛肉大快朵颐，用食物填满肚囊，甚至直到他吃饱为止。每天听到约翰大喊"我的所有快乐来自布丁，我压根不对牛肉正眼相瞧"，这样你还会不恼怒吗？

我可以如同塞内加①本人那样自称坚韧，自称鄙夷财产；我可以写出超过他两倍还绰绰有余的文章，如同他称赞贫困那样，去称赞与他1/10财产等同的贫困。我可以为人们明示通往他提及的至善之路，我对它就像是回自己家的路那样一清二楚。我可以跟人们说：要让自己摆脱所有世俗障碍，要心思单纯，就一定要摒弃所有激情，这就仿佛像如果要彻头彻尾打扫屋子就一定要把家具全部搬开一样。我非常认同一种观点，即对一个摒弃了全部害怕、愿望及喜好的人，受到命运最狠毒、最惨痛的打击的伤害，要远大于一匹瞎马在空空如也的马厩里蒙受的伤害。对这全部理论，我都了如指掌，然而把这些理论付诸现实却比登天还难。你如果来偷我的东西，或在我饥饿难耐时把食物从我眼前拿开，或只是对我做了个最微小的动作，即朝我脸上吐口水，此时此刻，我可不能笃定自己的举止会合乎这套哲理。你会说：我在这种情形下必须要听从我野蛮天性的所有异想，这压根不能表明其他人也会跟我一样缺乏自控。所以，每每碰到美德时，我宁可对它赞叹不已，但前提是：在我没看见自我节欲的地方，不要逼迫我去认可它，在我看到了人们真实举止的地方，不要逼迫我依据他们的话语去评判他们的真情实感。

我研究过所有地位、所有身份的人。我知道：在有一部分宗教场所中，我发现了最朴实的行为，发现了对凡世快乐的最大鄙夷。人们自愿从凡俗尘世退居到那些地方，与自己斗争，除了节制自己的欲求之外，别无他事。男男女女在其人生的金色年华（这时他们的淫欲最为奔放），居然可以真真正正地互相隔离，并自愿摒弃欲望、一生节制，不但不去做不文雅的事情，而且甚至都反对最正当的拥抱，还有什么比这更能印证无瑕的贞洁、更能印证对男女之间唯美单纯的最高热爱呢？你会觉得：反对吃肉，并经常反对所有形式的食品的人，应该已经克服

---

① 塞内加（约前4—65），古罗马时代著名的斯多亚学派哲学家。曾任尼禄皇帝的导师及顾问，公元62年因躲避政治斗争而引退，但仍于公元65年被尼禄逼迫自杀。——译者注

了所有肉体欲求。我基本能够断言：有个人每天用冷酷的鞭子打坏自己裸露的脊背和双肩，半夜常常从睡梦中惊醒，走下床榻，去做祈祷，他从不顾及自己的舒适，他甚至不屑于用脚去接触金银，还有谁比他更鄙夷财富呢？还有谁比他体现的更淡泊名利呢？①有个人甘心选择贫困，满足于衣衫褴褛，反对吃任何面包，只吃他人慷慨恩赐给他的东西，这绝对可以体现得比他更简陋，更谦恭。

  如果不是那么多卓尔不群、博古通今的人们的告诫，这些自我节欲的美好事例必然会让我对美德躬身相向。他们不约而同地跟我说：你搞错了，你眼前的全部都是瞎闹与伪善；无论他们怎样佯装出六翼天使②般的爱，他们之中除了大相径庭的东西，没有别的；无论修女修士们在修道院里的反省修行展示得多么谦卑，他们当中没有一个人会葬送自己宝贵的淫欲；对于女子，并不是一切被当成处女的就都是处女，如果你被领去她们的密室，去检查其中一部分人最私密的地方，你顷刻间就会被可怕的场景所震惊，即她们当中的一部分人肯定已经是做母亲的人了；在男子那里，你会发觉中伤、妒忌和焦躁最清晰入微的体现，或者发觉贪吃、嗜酒及比淫荡本身更卑劣的可恶举止；说到他们的乞丐行径，他们与真正的乞丐之间的差异只是在于行乞的习性有别，乞丐用可怜巴巴的口吻和潦倒的外表骗人，而他们只要不在旁人视线之中，他们马上就躺在角落里，肆意淫荡，互相开始享用。

  如果信仰的苛刻规定、神职人员谦卑心的各种外部表征，还承受不了我们这么苛刻的审视，那我们就更无须期待在其他地方找到美德了。这是由于，这些教士尽管强烈批评和责备信徒，然而我们如果核查他们自己的举止，就会发觉其自我约束并没有表面所说的那么多。所有宗教敬仰的神明，甚至各国改革最透彻的教会，绝对都会首先迎合库克罗普斯·伊万格利弗鲁斯③的欲求。首先是各种珍馐，之后是同样舒爽的饮料。除此之外，他们还期待你附上安逸的房屋、精致的

---

  ① 这里指的是圣芳济派修士安于贫穷的誓言，他们甚至不容许金钱接触他们的身体。——译者注

  ② "六翼天使"，语出《旧约·以赛亚书》第6章，第1—第3节，在九位唱诗天使中，她是最高的一位，中文《圣经》（神版）中将其译作"撒拉弗"。——译者注

  ③ 库克罗普斯·伊万格利弗鲁斯（Cyclops Evangeliophoms）：在伊拉斯谟《谈话录》（The Colloquy）中包含两个人，分别是坎尼乌斯（Cannius）和波利腓姆斯（Polyphemus）。坎尼乌斯遇见波利腓姆斯时，后者手里正拿着一本福音书。坎尼乌斯了解后者的生活方式并不合乎福音书的规定，就讥笑他说："你不该用波利腓姆斯这个名字，伊万格利弗鲁斯（Evangeliophorus，传播福音书者）更为适合你。"刚好一位独眼巨人（Cyclops）也叫波利腓姆斯。伊拉斯谟《谈话录》又叫《独眼巨人，或宣传福音书者》。曼德维尔把这两个名字合二为一，称他为库克罗普斯·伊万格利弗鲁斯（即宣传福音书的独眼巨人），但他把其中一个字母漏下了，把伊拉斯谟的Evangeliophorus错写为Evangeliphorus。在此用这个名字指代所有"不守教规的神职人员"。——译者注

家具、冬日温暖的炉火、夏天美丽的花园、干爽的衣服、足以供养他们儿女的财富，在所有人当中占据上游、得到全部人的敬重，之后任由你给他附带多少宗教谦卑。我所罗列的那些事物，乃是安逸生活所必不可少的。连最虔诚的神职人员也不会以承认自己需要它们为耻。缺少它们，这些人会觉得非常乏味。可见，这些神职人员与其他人有相同的出处，其品格也如同其他人一样堕落。他们天生的缺点与其他人类似。他们被相同的激情控制，也会轻易受到相同的引诱。所以，他们如果是勤恳地做着自己的神职，可以保证不杀人、不淫荡、不咒骂、不嗜酒、不染上其他鲜明的恶德，其生活就称得上是冰清玉洁了，其名声就无可挑剔了。他们的职责为他们赋予了圣洁的色彩，所以，尽管迎合了这么多的肉欲，享用了这么多的奢华淫荡，他们仍旧认为自己拥有了其骄傲和才华，才容许他们拥有一切价值。

我尽管不对以上言论持否定态度，却很难从中洞察自我约束的行为，而缺乏自我约束，美德也就无从谈起。任何一个理智的人都可以得到应当觉得知足的凡尘幸福，但只是不期待得到比这更多的凡尘幸福，难不成就要禁欲吗？不十恶不赦，不做违逆优雅气质的低贱营生（所有慎重的人，就算从不信仰任何宗教，也不可能去做那些营生），这确实就可以说是拥有了所谓的崇高美德了吗？

我明白有人会跟我说：神职人员一旦遭遇些许冲撞就怒气冲天，一旦权力蒙受质疑就看上去缺乏耐性，这是由于他们悉心捍卫自己的职责和事业，竭力不让它们遭人白眼。这并非为了他们自己，而是为了更优质地服务他人。恰恰是源自相同的理由，他们才喜爱生活的安逸与便利，他们如果允许自己蒙受耻辱，如果家常便饭就已足矣，如果是穿戴得比旁人还要普通，总是以貌取人的大众就很可能认为：神职人员也如同其他凡人一样并没有蒙受上天的直接眷顾，所以不但会轻视他们本人，而且也会小瞧他们的所有非难并对他们指手画脚。这个辩驳真是让人佩服。有人频频提出这个辩驳，所以我想研究一下它到底是否合理。

我不认同博学的伊查德博士[①]的见解，即贫困乃是让教士蒙受鄙夷的理由之一。我也不认同他说的贫困可能是让教士短处曝光的诱因。这是由于，人永远竭力让自己从贫困境遇里脱离出来，并且不能心平气和地承担贫困生活的重压。就是在那种情境下，人们才显露出了其贫困让他们多么不爽，显露出了他们改进自己的环境后会多么高兴，显露出了他们怎样把真正的价值授予凡俗的美好事物。

[①] 伊查德博士（1636？—1697），有《蔑视神职人员与宗教之基础及原因》（1670）著作传世。——译者注

有的人身穿藏污纳垢的外套，大声倡议鄙夷财富，鄙夷凡俗欢乐的虚荣，这是由于他所能穿的就只有这一件外套而已。如果有人给他的帽子比他那顶更好，他就不会再戴自己那顶满是污渍的旧帽子了。他在家中板着脸，喝着低等啤酒，然而如果可以在外面找到一瓶红酒，他马上就会蹦起来。他能够用低贱的食物去填饱他那个肮脏的胃囊，而只要可以唤醒他的味觉，并对一顿豪华晚宴的邀请感到分外开心，他就会如狼似虎。他被人鄙夷，并不是因为他贫穷，而是因为他不知道该怎样用安于贫苦的心去看待贫穷（他向别人吹捧的正是这种姿态），所以暴露了他骨子里喜爱的与他吹捧的价值大相径庭的东西。不过，一个人如果因为其心灵的高尚（也可以源自执拗的虚荣心，因为引发的结果相同）而反对提供给他的所有可能的舒适奢华，甘心维系贫穷生活，放弃一切愉悦感官的东西，并真真切切地葬送自己的一切激情，以赢得践行朴素生活的骄傲，于是，凡夫俗子不但会敬重他，而且会甘心地对他顶礼膜拜，对他俯首帖耳。犬儒学派哲学家们不就是借助反对伪装、反对奢侈品，就让自己声名远播了吗？世界历史上那位雄心勃勃的君主，委身拜谒住在木桶中的第欧根尼①，又转头回到这个学识渊博的野老那里，这不正是对一个人的骄傲的最高称颂吗？

目睹环境证实了自己听到的话，人们就非常乐于互相信任对方的话语；然而我们如果是言而无信，却期盼获得信任，那就是恬不知耻了。一个开心而健硕的人，面颊绯红，双手温热，要么刚刚做完剧烈的运动，要么刚刚洗了个冷水澡，他如果在天寒地冻时跟我们说他对烤火兴致全无，我们就会轻易相信他所说的；他如果的确不去烤火，我们对他就会更是毋庸置疑。我们依照他的境况明白他既不用烤火，也不用添置衣物。不过，如果一个穷困潦倒的流浪汉跟我们说相同的话，而他却双手冰冷，满是冻疮，脸色发青，身上裹着一件薄薄的破衣服，我们就会觉得他谎话连篇，特别是当我们看见他颤颤巍巍、瑟瑟发抖地朝着有光照的地方奔去时，就对此更加置疑了。我们会想：听他去信口雌黄吧，他其实恨不得穿得暖暖和和去烤火呢！这个道理十分通俗易懂，所以，你如果觉得世上有的教士不迷恋尘世之事，把灵魂置于肉体之上，只需让他们平日对其肉欲之乐的热衷不要表现得比他们对其心灵之乐的热衷更明显就行。他们本应称心如意，这是由

---

① 第欧根尼（前404—前323），古希腊犬儒派哲学家。据说亚历山大大帝去看望他时，他请这位君主别挡着他面前的阳光。他居住在一只木桶内，过着乞丐一样的生活。每天白天他都会打着灯笼在街上寻找诚实的人。他从不介意别人称呼他为"狗"，他甚至高呼"像狗一样活着"。人们把他们的哲学叫作犬儒主义。——译者注

于他们从不会由于贫困（他们坚强地承受着贫困）而被人鄙夷，无论他们生活得多么穷苦。

我们可以假设：一位教区牧师十分关注那些为数不多的相信他的教民：他热情而审慎地向他们传道，拜谒他们，劝告他们，责怪他们，运用自己权责范围内的所有职权，去为他们谋求幸福。毋庸置疑，那些受他关心的人会对他感恩戴德。而今我们再假设：凭借一点点自我约束，这位好人觉得只凭一半收入就足以维持生活，所以每年只领二十镑薪水，而非四十镑（他原本能够领到四十镑）；除此之外，他还十分喜欢自己教区的教民，甚至情愿抛下所有升职的机会也绝不离他们而去，更有甚者他还把去别的教区担当主教的机会都推脱了。在我看来，一个专管节欲、蔑视凡尘欢乐的人能轻易做到这一切。然而我敢肯定：如此一尊对凡尘之乐毫不动心的神，也有人类都喜欢的那些陈腐陋习，虽然这样，他仍旧会得到所有人的爱慕和尊敬，赢得众人的交口称赞。我还能够肯定：他如果更加自我约束，把他微薄薪水的大部分分给穷人，而自己只以燕麦果腹、喝白水、睡柴草、穿最卑贱的衣服，他这种朴素的生活方式不可能被当成对他本人或对他宗教的鄙夷，事实上也不可能这样。与之不同，但凡他还在人们的记忆里，他的穷困就始终是他的荣耀。

不过（一位好心的淑媛会告诉我），你尽管心地狠毒、无情无义到赞同这位教区牧师衣不蔽体、食不果腹，可你就不可怜他的妻子和孩子吗？我的上帝，每年四十镑的薪俸让他残忍地两次施予之后，还能留有多少？你难道也想让那楚楚可怜的女人和无辜的孩子们吃燕麦、喝白水、睡柴草吗？你这该天杀的恶棍，你这胡思乱想、口口声声自我约束的家伙！你假设的这个生活水平几乎是在杀人，参照这个水平，他们每年只有区区的十镑，这难不成能养活一个家庭？——先别冲动，和蔼的阿比盖尔太太①，我非常尊重你们女性，也不可能给已婚男人定制出这么简陋的食谱；但我知道自己把妻子和孩子们抛诸脑后，其根本理由就是我本想穷苦的牧师们压根不可能会娶妻生子。那教区牧师不但要用法规去劝诫他人，还一定要身先士卒，事必躬亲，谁会想到他不能约束那些被这个卑劣世界本身看作缺乏理智的欲求呢？一个学徒如果还没学成就早早成亲，此举就会惹恼他

---

① 阿比盖尔太太，此人是那时一本书的主人公。阿比盖尔太太曾经是女仆，跟一位教区牧师结婚后，做了大量滑稽可笑的事情，想要超过之前的女主人。本书作者借助这个人物形象讥讽了"神职人员佯装出来的尊崇"。此书于1700年8月20日问世，名字是《阿比盖尔太太——或乡村牧师之妻与神学博士之妻间的女性冲突实录》。——译者注

的全部亲戚，引来众人的谴责，除非他是碰到一大笔财富而结婚。其根源为何？别无其他，只由于他婚后手里缺钱，被禁锢在他师傅的行业里，所以既没有时间，也没有多少能耐去养家糊口。一个年俸二十镑的牧师（你如果乐意，说他年俸四十镑也没问题），更受教区牧师一切职权的严厉制约，所以基本没有闲暇，往往比那些学徒更缺乏挣钱的能耐，对如此一个人，我们又一定要说什么呢？他如果结婚，难道不是非常不理性的吗？不过，为什么要阻碍一个举止端庄的年轻男人去享用那些正当的快乐呢？是的，结婚是正当的，对传道的师父也是正当的；然而那些缺钱维持家用、缺钱拜师学艺的人又该怎样呢？如果他必须要找个妻子，那他就去找个富有的妻子好了，或让他去等候更大的馈赠之类的事情砸到他头上，让他能大度地供养妻子，并能负担所有额外花销。然而，甚至每个仅有一点点钱的女人都不可能跟他结婚，而他也会难以为继：他胃口极好，健康，没有毛病；缺少女人，不是每个男人都可以活下去；与其欲火焚身，不如去结婚——这当中难不成还有什么自我约束吗？这个正直的年轻男人十分乐于拥有美德，然而你不可能把他的天性全都抹杀。他应允不会去偷鹿，前提是他一定要有鹿肉吃；不会有人会疑惑他在紧要关头绝对有可能成为烈士，虽然他说自己缺乏充分的力量与耐性去容忍手指的痒痛。

诸多这样的教士纵容自己的情欲（此乃一种低俗的欲求），在其难以躲避的穷困中仍旧纵情肉欲，他们如果不能用更顽强的意志约束情欲，而是如同人们看到他们平日展示的那样，他们就一定会让自己蒙受全部世人的鄙夷。他们如果解释说：他们尽管和凡尘如此相近，却并非是为了从它的沉沦、便捷和虚荣中赢得欢愉，而是为了让自己的神职免受鄙夷，让自己对他人更有价值。目睹了他们的表现，我们还能对他们投去信任的目光吗？我们会觉得：他们这些话语里充斥着虚情假意；他们企图迎合的不单是激烈的淫欲、傲视一切的散漫、对损害的敏锐、服装的华丽精致、对美味珍馐的喜爱，这些（在他们大部分人身上都能够看到这些体现）都是他们心底的骄傲与奢侈的下场，如同其他人那样；神职人员并不比做着其他行当的人们拥有更多先天的美德。我们的这些见解岂不是说不通的吗？

截止到现在，我已经用了这么多的文字去阐述快乐的实质，这估计已经让很多读者心生厌倦了。然而我还是不由自主地想一吐为快。我刹那间想到了一件事，它能够印证我所说的那些见解是正确的，所以我必须要说，那就是：通常来说，世上所有统辖他人的人起码都要如同被统辖的人民一样聪慧；如果把地位比我们高的人看成榜样，那么，我们只要把焦点投向天下所有法庭及政府，顷刻间就可以从那些大人物的举止中探知他们认同哪些意见，探知那些位高权重的人好像最喜欢什么娱乐。这是由于：如果能够凭借人的生活习性去评判人的天然性向，那么，除了对最有资格做到为所欲为的人的评判之外，对谁的判断都必须要打折扣。

每个国家担当神职的大人物也好，凡尘的大人物也罢，如果全都鄙夷尘世快乐，并不尽力追逐迎合私心，那么，为何嫉妒及报复行为又会在他们之间这么猖獗？为何国君宫廷中那些经过精致遮掩的激情比其他所有地方都多？为何他们的宴会、娱乐及一切生活习性始终被同一国家中最追逐感官快乐的人称颂、虎视眈眈和效仿？他们如果蔑视所有可见的装饰，而只喜欢头脑的明智，为何又要去借取这么多的器具，玩弄那些最娇俏的奢华玩具？一位财政重臣，或一位主教，又或者是一位"大王"（古时对土耳其苏丹的称谓）或罗马教皇，原本应当为人正直、心地善良，竭力克制自己的种种激情，为何他比没有从事公职的人员展示的报复心更强、更离不开奢华的家具、更渴求大量的仆人服侍他左右呢？人们目睹了一切大权在握的人的举止都要这般明目张胆与挥霍浪费，这些行为是什么美德呢？一个每顿饭只有一道菜的人，跟一个每顿饭都有三道菜（各涵盖十几种菜肴）的人，两者践行节约的可能是相同的。睡在仅仅用几层棉布铺垫、没有床帘及锦缎床被的床上的人，和睡在用十六英尺高的天鹅绒铺垫的床榻上的人，一样可以锻炼忍耐并实行自我节制。拥有美德的头脑既不是牺牲也不是重担。一个人就算身在陋室，也可以坚强地忍受困境，原谅旁人对他的持续中伤，并明哲保身，虽然他连一件衬衫都没有。所以，我不会相信慵懒散漫的人会拥有旁人可以拥有的全部学识和宗教信仰（如果他可以被这么信任的话），并把它们填塞到一条六桨驳船上，而当这条驳船只是需要从蓝贝思①宫开向西敏寺时，就更是这样。我也不会相信谦逊竟然是一种这么沉甸甸的美德，以至于要用六匹马②才能将其拉动。

人们能轻易接纳比自己地位高的人的管辖，却不肯接纳与自己地位等同者的管辖，所以一定要让大众对管辖者心存畏惧；管辖我们的人应该在外表上超过我们，于是所有位高权重的人都需要佩戴勋章和权徽，以此跟低贱的百姓区分开来。这个说法仅仅是一种浅薄无知的见解。首先，这个办法只对那些孱弱的君主

---

① 蓝贝思，这里是指蓝贝思宫，位于伦敦，曾是坎特伯雷红衣主教官寓，那里离西敏寺距离不远。这里的"六桨驳船"暗指坎特伯雷红衣主教的座驾，即马车。——译者注

② 此处实为讥讽坎特伯雷红衣主教的座驾马车。——译者注

适用，只对那些根基尚浅的懦弱政府适用——它们确实无法保障公众的安全，而逼不得已用故弄玄虚的表演去填充其真实权力中所匮乏的东西。所以，东印度群岛的巴达维亚①总督就逼不得已竭力保全其奢华外表，过着优于其自身地位的奢侈生活，以恐吓当地的爪哇人，而后者如果拥有了充分的资质与品德，其力量就会增大，能够打垮其数量超过目前十倍的主人。不过，实力强劲的君主和国家，却忙于统辖浩荡的海上舰队及数不胜数的陆军，于是根本无暇去顾及这种小把戏，这是由于那些让他（它）们在国外雄震四方的东西，不可能无法保全他们在国内的安全。其次，所有社会，一定可以捍卫人民生命财产不受卑劣者的威胁，乃是法律的严苛和公平正义的努力实践。可以提防盗窃、入室抢劫者和杀人犯的，不是参议员的华服、司法官的珠宝、马匹的美丽装饰或什么俏丽脸蛋——那些浓妆艳抹只能在其他地方发挥作用；它们是不谙世事者眼中雄辩的表现，而应用他们的初衷旨在给人信心而不是让人恐惧；而惯偷和罪犯敬畏的却是严苛的官员、坚实的牢狱、警觉的狱卒、绞刑架刽子手及断头台。如果伦敦的警察和守夜人一星期都不在夜间去护卫房屋住宅，那样就会有一半的银行家倾家荡产；如果我们的伦敦市长只随身配备佩剑、防护帽及镶金手杖，除此之外不带任何其他防身之物，他那辆耀武扬威的马车中的精美饰品，就会顷刻间在伦敦大街上被扫荡殆尽。

然而我们还是得认同：虚有其表的皮相终归会让无知小民目不暇接。如果说大人物的最大欢乐是美德，其浪费为何要涉及那些不能为群氓所明白的事情，并要彻底躲开公众的视线呢？在此我所说的是他们的私人娱乐、饭堂及卧室的瑰丽奢侈及收藏柜中的那些古董。很少会有粗人懂得世上还有一瓶红酒要一个金币，一只比云雀还小的鸟值半个金币，一幅油画居然要卖数千英镑；此外还能够料想：有些人将这么巨额的花费用在政治表演上，并期盼获得另一部分人的敬仰（而他们鄙夷那些人其余的全部），这如果不是为了迎合私欲，还能是出于何意呢？我们如果把宫廷的奢华及其一切高贵装饰全都当成索然无味的东西，只会让君王本人心生厌倦，其用处就是让王室的尊严免于被鄙夷，那我们是不是能说：花费国民的钱来供养五六个王室私生子女（其中大部分是同一位君主的淫荡产物），让他们学习，把他们变成王子和公主，这也是为了让王室尊严免于被鄙夷呢？所以很明显，豪华生活让大家引起的畏惧感，这充其量是一件外套或伪装，大人物们把自己的虚荣掩盖于其下，纵情淫荡而不招责骂。

---

① 巴达维亚，即今日的雅加达，又名椰城，是印度尼西亚最大的城市和首都，位于爪哇岛的西北海岸，东南亚第一大城市，世界著名的海港。——译者注

阿姆斯特丹的市长穿着简朴的黑色制服，身后只有一名仆人跟随，虽然这样，人们对他的尊重和顺从却远远超过伦敦市长，即使后者坐拥气宇轩昂的马车和大批随从。权力确实有其功用的地方，觉得掌权者的节约简陋会让其权力备受鄙夷，这是个很滑稽的观念，无论这掌权之人是皇帝还是教区小卒，皆是这样，无一例外。加图①统辖西班牙政府时期曾荣获众多荣誉，然而他只有区区三个仆人；我们是否听说过他的号令因此而被小瞧呢（虽然加图酷爱喝酒）？那位伟人在利比亚的炽烈沙漠上率军前行时，饥渴无比，却没有接过递给他的水，而是等到他的所有士兵都喝过水后他才喝。我们是否看到任何一本书中记叙说：他这种勇敢的节制降低了他的威信或减弱了其军队对他的尊重呢？不过，我们需要谈论至此吗？古往今来，没有哪位国王比如今的②瑞典国王③更爱慕显赫与奢靡了。他酷爱"英雄"的头衔，不但葬送了臣民，葬送了王国的安定，而且葬送了自己的闲适和一切舒爽生活（这在许多君主中倒非常少见），去迎合他那欲壑难平的报复心。他执拗地发起战争，让人民陷入苦海，并基本彻底葬送了他的王国。

到这我已印证：通过对人们的真实举止的考察，我断言每个人天生热衷的真正快乐，乃是那些凡尘和感官的快乐。在此我所说的"每个人天生热衷的"快乐，是由于谦卑的基督徒（只有他们是破例）已蒙神恩重生并受到超自然的恩典，所以不能说他们天生这样。全部的基督徒都如出一辙地对此表示否认，这着实怪异！如果既去问问每个国家的神职员工及道德家，也去问问那些有钱人及掌权者：什么是真正的快乐？他们会跟你说：在斯多噶主义者看来，凡尘及可变质的事物中不存在真正的幸福可言；然而反观他们的生活，你就会知道：他们只会追逐凡尘，除此之外无一能入他们的法眼。

我们应当怎样阐释这个两难境地呢？我们是否应该不留情面，依据人们的真实行为说：所有的世人都口是心非，那些话语并非他们的肺腑之言，任由他们去说好了。或者，我们是否应该非常愚笨，听信世人口中所言，觉得他们诚恳地袒露了自己的真实想法，却不相信我们自己的眼睛？或者，我们是否应该尽力去说服我们，既相信自己，同时也对世人毫不怀疑，如蒙田所言：他们认为让他人彻

---

① 加图（前234—前149），古罗马贵族、政治家、国务活动家、演说家，公元前195年的执政官。也就是"老加图"，以与其曾孙小加图区别。——译者注

② 此书完稿于1714年。——译者注

③ 此处所提的瑞典国王是查尔斯十二世，1697—1718年在任。为了报复波兰国王奥古斯塔斯，他发起战争，数次回绝对他非常有利的和平条件，彼得大帝1709年将其所率军队在彻底打败。之后直到本书成稿的1714年，查尔斯十二世始终藏匿在土耳其，没有回国，而瑞典军队却在坚持战斗。——译者注

底相信：他们相信自己事实上并不认同的东西？蒙田所说如下：有些人欺瞒世人，世人会觉得这些人相信他们并非确实认同的东西；但为数更多的人却欺瞒自我，压根不去思考，同时并不完全明白应该去相信什么。然而，这个见解却把人类要么都当成笨蛋，要么都当成骗子（这是本该预防的）。我们别无他选，只好去重提培尔先生在他的《关于彗星的沉思》里竭力详尽阐述的那个观点：人是一种不能予以阐释的动物，其行动往往与其原则背道而驰。事实上这个观点不仅不会那么刺耳，反而是对人类的赞誉，这是由于我们要么一定要这样说，要么就必须说出些更不入耳的话。

人性中的这一对立导致了一种状况，即尽管美德的理论被人们完全洞悉，然而美德的实践却无法与理论匹配。你如果问我：到底何处可以亲眼看见首相大臣们那些美妙夺目的品质？何处可以亲眼看见君王们最喜欢的，在献言、讲稿、碑铭、葬礼布道文和铭传中尤为称赞的那些品质？我的答复是：恰恰就在这些东西里，也只能是在这些东西里。除去这些东西，你还可以在何处亲眼看见这么杰出的美德雕塑呢？雕刻家夸赞的技艺与劳动，只是体现在雕像的精美表象上；而那些无法亲眼所见的东西，他从不在意。难不成你会打烂雕像的脑瓜、剖开雕像的胸脯，去探究它的大脑和心脏吗？你如果这样做，只能显示出你的愚昧，只能破坏雕刻家的手艺。这频频让我把大人物的美德喻为那些中国大瓷瓶：它们外表精巧，饰有各种花纹，连灯罩上都是一样；有人会凭借它们的庞大体格及它们的价格进行评判，认为它们可能十分有用；不过，你如果看一看它们里面，你就会发觉内里其实空无一物，只有灰尘和蜘蛛网，别无其他，件件皆是如此。

[P]……居然让赤贫之众
　　过得比曾经的富人还要快乐……

如果追溯到那些最富强国家的根源，我们就会发觉：在所有社会最久远的发端，其中最富庶、最有权势的人尽管身份荣耀，却不能享用连今天最穷苦卑俗的人都可以享用的那些生活安逸。所以，大量曾经在某段时间被尊崇为奢华发明的东西，而今就连贫穷卑微、成为公共慈善救济对象的人也能享用，而那些东西不可能被归入生活必备物品之列，在我们看来没有人会需要它们，纯属可有可无。

毋庸置疑，古代的人靠吃地上的果实果腹，不需要一点加工，并如同其他动物一样，把他们共同父母的腿当作枕头，赤身裸体席地而眠。所有可以让生活更加舒服一点的东西，由于必然都是经由思考、经验和某种劳动生产的，所以或多或少都能够被称之为奢侈品，或多或少都会招致些许麻烦，所以已经远离了起先的单一性。我们只是会称赞那些被我们看作新颖的东西，而对那些已经见怪不怪的东西，我们却置若罔闻，这是由于它们已经不足以激起我们的好奇心。衣着简陋的穷汉如果穿上厚实的教区袍服，里面却只有一件平平常常的衬衫，他就会被人鄙夷；但是，制作一块最平常的约克郡亚麻布，却要花费多少人、涉猎多少行业及技术，运用多少种类的工具？人类在知道怎样种植、制作亚麻这种非常实用的产品之前，需要耗费多少的苦思与冥想、多少的辛勤与劳动，需要虚掷多少无尽的岁月啊。

亚麻布被制成成品之后，还需漂白才能穿着，而漂白则需要各个因素的彼此合作，并需要极大的勤恳与耐力。一个社会如果把这种被赞美的制品当成没有资格的最贫苦者的穿着，这个社会岂不是最为推崇虚荣的社会吗？我的话还没结束：亚麻布这种奢侈发明的附属品，就是其白色（其美感就很大程度上依赖于此）只能保持很短时间，最多六七天就一定要进行清洗，而穿者如果想维持其洁白干净就一定要持续花钱。思及如此，我们岂会不觉得它是一种极好的东西？我们岂会不觉得：就算从教区接受救济的人不仅理应去穿这种产自艰苦劳动的成套产品，而且只要它们有污渍，还理应迅速去使其洁白如初。他们理应采用化学中那些自以为傲的最聪慧、最繁复的配方，凭借火的助力，把各种化学元素稀释在水中；他们理应利用人类目前能制作出来的最有清洁功能又最无害的碱汁，去保持亚麻衫的清洁和干爽。难道不应这样吗？

当然本该这样。我提及的那些事物之前曾被冠之以那些崇高的形容词，所有人也都曾用我提到的那种方式去思索它们；但是，在我们所处的这个年代，你如果目睹一个穷女人在穿了自己的粗亚麻工服足足一个星期后，此举就被称是故作清高，你就会在被戴上傻瓜的头衔后，拿着一小块四便士一磅的、臭气冲天的肥皂去清洗它了。

发酵和生产面包的工艺始终在迟缓地提高，而今已趋近完善；但是，把这些工艺一股脑儿创作出来，并且当成今后改进的条件，其所要求的发酵工艺水平及观察力，却比最杰出的哲学家们至今所拥有的还要多，还要深邃。但发酵及生产面包的成果现在却已经可以让那些最贫苦的人享用了；饥饿难耐的流浪汉尽管不知该怎样才能更虔诚、更体面地诉苦，却懂得怎样去讨要一块面包果腹或要一小口啤酒润喉。

人们因其经验而洞悉，鸟的羽绒是天底下最松软的东西了；人们还发觉：把这些羽绒放成一团，其弹性就能轻松地承担所有重量，而只要将重量拿走，它们就顷刻间恢复原貌。用这些羽绒做床榻，这肯定首先是为了迎合富人及达官贵人的虚荣和闲适。然而，羽绒床垫却早已非常大众化，基本谁都能够睡在上面，而从屋中抛却它们则被当成掠走生活必需品的恶德。奢侈要上升到怎样的水平，才会把枕在动物的软毛上入眠当成吃苦啊！

人类起先住的是洞穴、草屋、帐篷和棚户，尔后住进了温暖而精致的房子；而各个城市中见到的最落魄的居所也是平凡建筑，其设计者非常擅长比例及建筑。如果古代的不列颠人和高卢人走出坟墓，他们会以怎样诧异的眼神凝望着各地为穷人铸就的辉煌楼宇啊！目睹切尔西学院①的雄奇建筑，目睹格林尼治医院②或者目睹比这两者更雄奇的巴黎残疾人病院，目睹那些一贫如洗的人在这些殿宇中拥有的关心、富裕、奢华及瑰丽，这些曾经世界上最杰出、最富裕的人有充足的原因去眼馋现在我们人类中的最贫苦的人享有的一切。

穷人享用的另一种奢侈是把动物的肉当成食物。在昔日的黄金时代，这种做法并不会被当成奢侈，而的确只有最有钱的人才禁食肉食。关于流行和人类久远的生活方式，人们从不探究事理的真实意义和优点，往往并不因循事理去评判事物，而是恪守习俗的引导。起先也曾出现过对死者进行火葬的殡仪，就算是那些最杰出帝王的遗体，也要被焚烧成灰。所谓把尸体入土为安，那时是仅仅对奴隶才会采用这种方式，或把它当成对罪不可恕的人的一种责罚。但目前，土葬则与雅观或名声毫无关联，而只是埋葬而已，而火化反而被当成最大的恶名。我们偶尔会心怀畏惧去对待零星琐事，却一点也不把非常重要的事情铭记在心。如果遇到一个男人在教堂里还不摘掉帽子，就算并非在做圣事期间，我们也会诧异。然而，我们在星期天晚上如果在大街上遇到十几个醉汉，这境况就不会让我们印象多么深刻，抑或压根不会在我们的脑海中逗留片刻。一个女子在化装舞会上女扮男装，会被当成朋友之间的玩笑。在舞台上，女演员把小腿和大腿裸露出来，这一点也不会招致责骂，连最纯真的淑女太太们也会觉得不足为怪，虽然所有观众都把女演员的大腿小腿尽收眼底。不过，如果同一个女子穿上衬裙之后，居然对

---

① 切尔西学院全名叫"詹姆斯国王学院"，位于英国伦敦的切尔西区，始建于1610年，曾经是修道院，后来由于财政紧张被遗弃。旧址上又建成了切尔西医院，是由英国建筑家克里斯托弗·雷恩爵士（1632—1723）设计的名作之一。作者在此的意思是后者。——译者注

② 英国伟大诗人、文学批评家萨缪尔·约翰生（1709—1784）提及这座往昔的王宫时说过："格林威治医院整体太为恢宏，不适合当成慈善地点和场所……"（参见鲍斯维尔所著《约翰生传》，1887年版，第460页。）——译者注

一个男人裸露着膝盖以下的小腿,这就是一种非常不正经的行为,每个人都会把它称作恬不知耻。

我经常思考:如果少了习俗这个凶手对我们实行的专制管辖,所有略微拥有一丝善良天性的人都不可能同意杀死这般繁多的动物当成自己的平时食物。我明白,理智掌控我们同情心的能力非常单薄,所以,我对人们这么不十全十美的动物极少发慈悲也就见怪不怪了,譬如小龙虾、牡蛎、海贝,乃至所有鱼类动物。它们都不能言谈,其内部结构和外在形态跟我们人类截然不同,我们不能体悟其想法并进行自我申诉,所以它们的哀怜不能被我们体悟也就不足为奇了,也不能对我们的理解力有任何影响。这是由于,悲哀痛苦的表情只有直接被我们的感官明察时,才会真正地激发我们的同情。我曾看到有人能为龙虾被解剖时发出的声音而动容,而同是这些人却会兴高采烈地杀掉五六只家禽。不过,提及牛、羊这些非常完美的动物,他们的心脏、大脑及神经都与人类非常接近;于它们而言,灵魂与血液及感觉器官的差别(所以也是与感情自身的差别)也与人类非常相近。我不能设想一个并非无情无义、并不嗜血如命的人,怎么可以眼见牛、羊悲惨死相和死前剧痛而不动声色。

为了答复这个问题,很多人觉得只需这么说就可以了:万物都是服务于人类的,让他们尽其功用,这压根不能说是惨无人道。然而我听闻,这些人在这样回应时,却由于这种观念的虚伪而心存歉疚。在一切人之中,超过十之一二(但凡不是从小生活在屠宰场里的)的人都会觉得:只要不做屠夫,他干任何行业都没有问题。我也禁不住发问:有谁在第一次杀鸡时没有一丝犹豫?一些人固执地不吃他们平时能看到并了解的所有动物,另一些人则只是不吃自家的动物,绝对不吃他们本人饲养照看过的动物;但他们每一个人却从不会惭愧不已而是兴高采烈地去吃从市场上买回的牛肉、羊肉和鸡肉。我以为,他们这种举止好像在展示他们心底某种良心的歉疚,他们好像在尽力不让自己犯下一种肮脏的罪行(他们明白其他地方有这种罪行),其办法就是让罪行的发端尽可能离他们自己远点。我能洞悉,他们这种行径中存留着强烈的同情心和可怜的天性,习俗的一切暴烈力量和奢侈的武力还没有完全将它们斩草除根。

有人会跟我说,我上述提及的乃是聪明人压根不可能做的傻事。我对此深表赞同,然而我这个观点却出于我们先天的真正激情,它充分说明我们生来拒绝杀戮,拒绝以动物为食,所以我们天生的味蕾不可能指使我们去做(或是期待他人去干)那些自己不愿做的事情,这是由于这种做法是笨拙的。

世人熟知：治疗深度创伤、骨折，做截肢和实施其他恐怖手术的外科医生，常常必须要让患者忍受万分的疼痛煎熬；他们经手的危难病例越多，他们对患者的哀鸣及肉体疼痛就越是见怪不怪。所以，我们英国的法律顾及对犯罪嫌疑人的生命最人性的关切，不容许外科医生担任陪审员、对案犯进行生死判决，这是由于考虑到外科医生的职业本身能够克制乃至消泯医生心中的善意，而使他缺乏善意，所有人都不会对人的生命给予真实的评判。而今，如果我们理应毫不顾及对那些无辜兽类的行为，宰杀他们时理应毫不考虑残暴与否，那么，英国的法律为何要遏制屠夫担任陪审员呢（一起被剥夺做陪审员资格的，只有外科医生）？

就食肉这种残暴行径而言，我不想重申毕达哥拉斯①和其他一些智者的相关论调。我目前已经远离主旨，所以我需要拜托读者（如果他们还想看到更多）把下面这个寓言读完。如果读者已经心生厌倦，那就完全可以弃之不读，这是由于我明白：无论看不看这则寓言，我都一样感谢读者对本书的关注。

在迦太基人的一次战斗中，有个罗马商人漂泊到了非洲的海岸：他自己和他的奴隶耗尽了精力才得以平安着陆。他们原本要找个藏身之地，却碰到了一头大狮子。那狮子恰好是伊索时代的那一种，不但会说些人话，而且好像熟知人类的事宜。奴隶爬到一棵树上去，而他的主人却觉得树上还不足以保命，并因为听闻狮子很慷慨大方，就拜倒在狮子面前，装出非常害怕和顺从的模样。那狮子近来刚好饱餐过一顿，就命令商人站起身来，让他暂时不必担心，还对他承诺说：如果他给它一个他不应该被吃掉的合理的理由，就不去招惹他。商人屈服了。他这时看到了一点曙光，就可怜巴巴地陈述自己船葬身海底的经历，想以此尽力引起狮子的同情，并以激昂的言辞，口若悬河地陈述自己不该被吃掉的原因。然而，他从狮子的表情上得知自己这番溜须拍马和花言巧语不起作用，就援引众多的真切事实来验证自己的观点，用人的天性及能力的十全十美充当论据，去论证众神绝不会让他被野兽吃掉，而是让他有更大的作为。听到这些话，狮子开始更认真了，还时而插上几句。最终，狮子与商人之间就产生了如下的对白。

狮子："你们这些爱慕虚荣的动物啊，你们的骄傲和贪心足以让你们远走他乡，而你们的故乡原本足够能迎合你们的自然欲求了。你们到澎湃的大海和陡峭的高山上去碰运气，去寻求那些无关紧要的东西。你们有什么理由觉得比我们狮

---

① 毕达哥拉斯（前572—前497），古希腊著名哲学家、数学家、思想家、科学家。毕达哥拉斯出生在爱琴海中的萨摩斯岛（今希腊东部小岛），自幼聪明好学，曾在名师门下学习几何学、自然科学和哲学。——译者注

子更杰出呢？（商人答曰：我们人类的杰出不在体力而在智力；众神恩赐我们人类理性的灵魂，它尽管无迹可寻，却是我们身上更为卓越的东西。）我只对你们身上能吃的部分感兴趣，至于其他我连碰都不想碰；但你为何还要这般在意你们身上那个无迹可寻的部分呢？（商人答曰：这是由于灵魂是永恒的，况且，我们生前的行为会在死后得以回报，而在天堂的乐园里，正义将始终和那些英雄及半人半神者拥有恒久的福泽和安康。）你过的是什么生活？（商人答曰：我敬仰众神，认真研究怎样造福众生。）鉴于你觉得众神也如你一般公正，为何你还畏惧死亡呢？（商人答曰：我还有妻子和五个年幼的孩子，他们如果没有我就会流落街头。）我有两个孩子，他们还不能自力更生，目前就需要用东西果腹；我如果不能给它们一点吃的东西，它们肯定会饿死。你的孩子们至少会有食物可吃；起码，无论你被我吞吃还是被大海淹没，他们都能有食物填饱肚子。

"谈及人和狮子的杰出所在，你们考察事物意义的时候始终是以少为贵，而就算世上有一百万人，估计也不一定有一头狮子；而且，虽然人类假装对自己的族类百般崇敬，事实上，你们真正看重的，只有每个人都有的那份骄傲罢了。你们以仁慈地关爱自己的孩子为荣，事实上这是非常愚昧的。你们也可以以为培养孩子而处理各种接连存在的过分困境为荣，这也非常愚昧。人生来就是欲求最盛且最孤立无援的动物，父母为迎合还未开智的后代的需求而奔波劳累，这只是一种天生本能，所有生灵都一样。不过，一万人，偶尔可能是十万人，往往会由于两个人的异想天开在短短数小时之内全部命丧黄泉，人如果的确在意自己的族类，又怎么可能产生这种情形呢？所有上等级的人都会鄙视比其更下等的人；你如果可以深入君王们的内心，就会发觉：其中对其辖区的绝大部分百姓的评判，要远低于他们对其所属的君王的评判，此外基本无一例外。为何这么多的君王会声称自己的种族源于永恒的众神（虽然这是假的）？为何他们要让别人跪在他们脚下，且但凡被冠之以圣洁的荣誉就或多或少会心存欣慰，还示意说自己生来就更尊崇，源自比其臣民更优越的种族？

"尽管我是野兽，然而所有生灵都不能被称之为残酷，除非是由于恶意或冷酷而丧尽了天生的怜悯心。狮子天生就缺乏怜悯之心；我们因循自己生来的本能；众神已经命定我们以其他动物的死尸为食物，但凡可以寻觅到死的动物，我们不可能去掠夺活的。只有人，只有心怀叵测的人，才会把死亡看成娱乐。大自然原本让你们的胃只以蔬菜为食，然而你们却迫切地期盼改换口味，竭力寻觅新颖，致使你们无凭无据、没有意义地残害动物，泯灭了你们的天性，扭曲了你们的欲求（无论你们的骄傲或奢华怎么称呼那些欲求）。狮子体内生来就有一种消化酶，既可以消解一切动物的肉，也可以消解它们最粗糙的皮和最坚硬的骨头，从无失手。但是你们人类的胃却很娇贵，用来消化的能力微弱，基本能够说是不存在，所以你们的胃常常被当成体内最脆弱的部分，除非先前烧上火，把半数以上的调料倒进食物里，它才可以容得下那些食物。不过，你们人类迎合自己嗜血欲望的激情澎湃时，又最终饶恕了什么动物呢？我称你们是"嗜血"，是因为跟我们狮子体会的饥饿相提并论，人的饥饿能称得上是饿吗？你们的饥饿充其量只会让你们晕倒，而我们的饥饿却会让我们疯狂：我常用树根、野草果腹，以减弱激烈的饥饿感，却没有效果。只有许多的肉才可以抚平我的饥饿感。

"虽然我们的饥饿非常急切，但我们往往还是会对我们获得的恩赐给予报答；然而，人却从来没有感恩之心，常常忘恩负义，不仅要用羊皮制衣，还要以羊肉为食，就连可怜的羔羊都不饶恕，把它们圈养起来。你如果跟我说：众神让人掌控其他所有生灵的生杀大权，那么，你们为了玩乐而置它们于死地，这又是多么残酷的暴行啊！不，你这懦弱而娇气的动物啊，众神制造你们原本是想让你们成群结队的，众神制造了上百万的人，你们只有精诚团结，才会拥有无穷的力量。在这个世界上，只一头狮子就可以呼风唤雨，然而一个人又能怎样呢？他充其量是一头硕大野兽的一小部分、一个不足挂齿的小零件而已。大自然所预设的，他必须要去执行，所以，不能按照大自然的旨意进行评价，而要按照他所展现的功效进行评价：如果大自然的旨意是让人类成为最优秀的物种，那么，他就应该让人类成为其他一切动物的主宰，除此之外，老虎、鲸鱼和鹰还理应听从人的调遣。

"然而，如果你们人类的心智超越我们，难道狮子就不应顺从比我们更杰出的物种、听从人类的信条吗？人身上最圣明的东西就是最强大的理智，它始终位居主宰之位。众神指派一个人充当统治众生的人，你们众人虽然对此表示认同，却一纸密令将他置于死地；一个人也时常会摧毁并掠夺另一个人，而他却以相同的众神名义起誓要维护和养活众人。人始终不懂缺乏强权的优越所在，我又为何要洞悉呢？我的这种优势地位是无迹可寻的，所有动物一见到狮子就颤颤发抖，这并不是因为惊恐害怕。众神已经恩赐我能赶上其他动物的灵敏，已经恩赐我能战胜周边所有动物的能力。什么生灵拥有我这样的尖齿和利爪？检验一下我这些庞大的腭骨有多厚重，检视一下它们的宽度，试一下我这强健的脖子是多么有力吧。最灵巧的鹿、最凶狠的野猪、最健壮的马，以及最强劲的野牛，一旦被我发现，全部都会成为我的囊中之物（狮子这一席话说完，商人就已经昏倒在地）。"

我觉得狮子把它的想法解说得太言过其实了。我们人类可以把雄性动物阉割,来把它的肉变得柔软乏力,预防其肌腱坚硬强壮,而少了肌腱,所有的纤维就都会作废。我知道,当一个人回忆起那些为遭杀戮而被养大的动物蒙受的凌辱时,本应泛起同情之心。一头被驯服的大阉牛抵挡了一系列的痛打(而那些击打的十分之一的力度就能够让宰杀者丧命)之后,最终昏了过去,人们用绳子把它长角的脑袋紧紧按压在地,在它身上撕开一道宽大的口子,切断它的颈动脉。听到这阉牛由于血流停滞而悲痛哀叫,听到它由于剧痛而发出的深重喘息,听到它沉闷的不断低吟、来自其激烈跳动的心脏底部的大声号啕,听到这样的声音有谁不会泛起怜悯之心呢?它四肢战栗,剧烈抽搐;它体内带着臭气的血喷涌而出,它的眼睛逐渐暗淡,终归无光;它扭动、呼吸,为生命尽最后的一份力,它的最终归宿正在逼近,亲眼看见这些,有谁不会泛起同情之心呢?一个生灵展示出的害怕及剧烈悲痛这么让人服气,不容置疑,是否还有笛卡儿①的哪个信徒会这么嗜血,居然不会因为同情之心而去驳斥这位傲慢理论家的哲学呢?②

[Q]……因他们这时

已经克勤克俭,只凭薪俸生活。

收入低贱,又心思坦诚,只有在此时此刻而非之前的某个时间,大部分人才会着手节俭。在道德约束里,节俭被看作美德,其根据就是一条准则,即每个人都要摒弃奢侈,蔑视谋求安逸的歪门邪道,知足于事物天生的单纯性,而在享受它们时还要予以节制,避免其中带有贪得无厌的情形。这么苛刻地限制节俭,可能远比人们想象的要罕见得多。然而,人们平时熟知的节俭却是一种更普遍的品质,其表现为处在挥霍与吝啬的中央,并且常常更靠近吝啬。有些人把这种斤斤计较称为"节约";在个人家庭里,节约是扩展财产最可靠的方法。所以,有些人就认为一个国家无论是否富裕,但凡绝大部分国民节俭持家,就可以让全民的财富递增。譬如:他们认为英国人如果像一些周边国家的人们那样节约,那他们就会比现在更加富庶。我觉得这个想法是不对的。为印证我的看法,我恳请读者首先回想一下我在此书"评论L"中的相关话语,尔后再读下面的论述。

---

① 笛卡儿(1596—1650),法国哲学家、数学家、科学家、物理学家。人们在他的墓碑上刻下了这样一句话:"笛卡儿,欧洲文艺复兴以来,第一个为人类争取并保证理性权利的人。"——译者注
② 曼德维尔起先同意笛卡儿的假设,即以为动物是缺乏感觉的自动体,然而在此书中他却引述了法国哲学家伽桑狄(1592—1655)的见解,即认为动物是存在感觉的。秉持同样见解的还包括法国作家拉·封丹、荷兰哲学家斯宾诺莎和法国哲学家培尔。——译者注

经验告诫我们：因为人们对事物的见解及感知迥异，人们的喜好也截然相反。有人习惯吝啬，有人习惯奢侈，还有人则彻底习惯节俭。其次，人始终不可能（或起码很少会）摒弃自己所看重的激情，无论是因循理智还是规则，都不会这样。如果有什么事情让人们违逆了其天生思维，那一定是由于其环境或命运出现了改变。如果认真考察这些观点，我们就会发觉：如果一国的大部分人都奢侈，该国产品的数目就一定大于该国人口的真实需求，所以有许多的便宜产品；反之，如果一国的大部分人都节约，其生活必需品就一定会匮乏，于是物价高昂；所以，尽管最好的政治家使尽浑身解数，绝大部分国民的奢侈与节约，仍旧还是决定于该国产品的富饶与否、该国居民的多寡及国民负担税赋的程度，虽然政治家并不认同这种见解。如果有谁想驳斥我这些观点，那就请他用证据说话，阐述历史上有哪个国家的全民节约不是因为全民的物质极缺吧。

　　我们可以认真考量一下让一国地位提升、国民富足的原因到底是什么。所有人类社会最梦寐以求的恩赐，乃是富饶的土壤和宜人的气候、治理严苛有道的政府，以及大于其国民需求的土地。这些因素会让人心平气和，坦诚豪爽。在这样的情境中，人们有可能拥有尽可能多的美德，不会残害大众，于是乐在其中，舒爽自在。然而这样的民众却不会具备任何艺术与科学，其邻人也不会让他们长久如此。这些国民必然穷苦而愚昧，基本彻底无缘享用我们当下的生活之安逸，其所有的真正美德所追逐的，充其量是一件能御寒的衣服或一只陶罐罢了：这是由于在这种闲散懒惰、愚钝蒙昧的条件下，你既无须忧虑会见到那些重大的恶德，也不必期待见到什么杰出的美德。人如果缺乏欲望的驾驭，就不可能去努力拼搏；当人们处在休眠情形中时，什么东西都不能让他们振作，其杰出与才华也始终不会被发觉。人这部懒散的机器如果缺乏人的激情的左右，就能够被恰如其分地比喻成一台缺少风力吹动的庞大风磨。

　　如果想让一个人类社会强劲发达，就一定要去引起各种激情。分割土地（虽然土地一向都不够划分）将会让人们贪念顿起。用称赞把人们从散漫中唤醒（甚至是以逗乐的方式去唤醒），骄傲之心就会鞭策他们专心劳动，教他们学习贸易与手工，你就可以在他们之间引发嫉妒与竞争。扩大他们的资产，建起各种工厂，不浪费一寸土地。一定要保卫财产安全，让每个人都拥有相同的权利。全部都依法行事，让每个人都可以尽情地思考。每个人都有工可做、每个人都能养活自己，并实施上述其他信条的国家，从来都是人来人往，向来不乏人口（但凡世上还有人存在）。如果要让国民英勇善战，恪守军纪，就一定要有效利用人们的恐惧,并费尽心思地满足人们的虚荣。不过,如果还要让国民富足、聪明和优雅,那还一定要让他们懂得怎样跟外国开展商业贸易,如果可能的话,则要让他们去远航,这是由于航海能够最有效地利用劳动与勤奋,并能让人懂得怎样战胜全部困难。之后,就要大兴航海业,勉励商人经商,刺激各种商业往来。这将能引来财富,而只要有了财富,各种艺术和科学就会蓬勃发展,再凭借我提及的那种良好管辖,政治家就可以让国家富裕发达、声名远播、繁荣富强。

然而,你面对的如果是个节约而坦诚的群体,你的最好策略理应是让人们维持其天生的朴实,务必不要竭力扩大他们的资产。坚决不能让他们了解陌生者及奢侈品,而是要泯灭并让其躲开所有能引发他们欲望或能扩展其知识的东西。

巨额资产和稀世珍宝绝对不能为其拥有者添彩,除非你认可它们那些相生相随的附属物,即贪念和奢华。贸易兴盛的地方,欺诈必定存在。既要充实资产,又要维持心地坦诚,这事实上是个两难之选。所以,当一个人的见地增多时,其礼节就会相应讲究起来,而我们也一定会同时看到:他的欲望增加了,其口味变得精致起来了,其恶德也相应变多了。

荷兰人完全能够把荷兰现在的发达归因于其前辈的美德与节约,然而,荷兰那块环境险峻的土地在欧洲各大列国中这般备受瞩目,其理由却是荷兰人的政治才智(就算全部都排于商业与航海业之后),以及他们没有拘束的自由,还有他们不辍的勤奋,他们向来以各种最奏效的方式来保证能物尽其用,以勉励和刺激平时的贸易。

西班牙的菲利普二世[①]对荷兰人大举实施史无前例的暴政之前,荷兰人从来不因节约而闻名。荷兰人的法律备受摧残,他们被掠去了权利及大多数豁免权,他们的宪法被踩踏殆尽。荷兰的许多名门望族没有法律许可就被处以死刑。人们的愤恨和反抗,受到了像处置叛逆一样苛刻的惩罚。那些有幸躲过了集体杀戮的人们,则被贪得无厌的士兵劫走所有,落得一贫如洗。对于适应了一个最和善的政府并曾拥有比周边人更大特权的荷兰人而言,这全部都是不能容忍的,所以,他们情愿武装起义而亡,也不希望全都死在残暴的刽子手的刀下。试想西班牙那时的军备是多么强盛,再想想那些患难之国处在怎样悲惨的境遇中,我们就会明悉:世界上从没出现过实力相差这么明显的抗争。荷兰当时虽然只有七个省自发

[①] 菲利普二世(1527—1598),西班牙国王,1556年即位,对荷兰采取残忍的政治及宗教统治,终于引发荷兰人的强烈反击,由此助就了荷兰共和国的成立。——译者注

组织起来反抗西班牙的压迫①，荷兰人的英勇坚强却还是使之对抗了当时欧洲最强盛、纪律最严明的国家，与西班牙展开了历史上最悲壮、最残忍的战争。

荷兰人不想变成西班牙暴政的牺牲品，情愿只用三分之一的收入支撑生活就已知足，他们把大多数收入用来自保，用来抗击其凶狠的敌人。荷兰人在战争中蒙受的这些苦难及他们国内的劫难，起先让他们特别重视节约，之后让他们在相同的恶劣环境中苦撑了八十多年，这只能让他们形成节俭的生活习性。然而，荷兰人如果不是尽力开办渔业和航海业，以弥补其所在环境的天然匮乏及扭转不利境地，他们的所有节约方法及克勤克俭的生活方式，也不可能让他们在抗击这么强劲的敌人时处于优势。

荷兰的国土面积狭小，而人口却又非常之多，其土地还不足以供养其居民的十分之一（虽然基本上每一寸土地都已被拓荒）。荷兰境内有很多大河，都处在海平面之下，每每涨潮时分，海水就会将陆地淹没，如果不是用硕大的堤坝和庞大的围墙进行阻拦，仅仅一个冬季，海水就会把土地全都冲垮。捍卫这些堤坝围墙及其水闸、枢纽、磨坊以及为避免弥天大祸而必须要建立的其他应急设施，要占据荷兰人每年的大多数开销，寻常的土地税绝对捉襟见肘，而如果依照土地所有者每年的收益估算，土地税估计是每一镑要拿出四个先令②。

在这样的环境中，担负着比其他所有国家都要巨额的赋税，这些人就必须要克勤克俭，这有什么稀奇吗？不过，别的国家的人却为何一定要把荷兰人当成楷模呢？别的国家的人，其生存环境比荷兰人要好得多，而且比荷兰人富裕得多，相同规模的人口所拥有的土地是荷兰人的十倍以上。他们为何要去学习荷兰人呢？荷兰人和我们英国人常常在同一个市场上进行交易，所以能够说我们两国人秉持同样的看法：要不然，两国对个人节约的优势及其政治原因的见解就会有天壤之别。生活节俭、开销极小，这合乎荷兰人的出发点，这是由于除了黄油、奶酪和鱼类之外，他们必须要从海外进口所有物品。所以，荷兰人消费英国人三倍的黄油、奶酪和鱼类，特别是鱼类。吃掉许多的牛羊肉来供养农夫，更深层地改善我们的土地（我们的土地养活我们自己绰绰有余，如果细心耕种，还能够供养与英国规模相当的人口），这合乎我们的出发点。荷兰人可能拥有比我国更多的船只和现金，然而它们却只能被视为其劳动工具。所以，一个车夫拥有的马匹数

---

① 荷兰人一直到1579年才组成反西班牙的乌列契特政治联盟，之前荷兰的17个省内都存在抗击西班牙统治的行动。——译者注

② 旧制一英镑相当于二十先令。——译者注

量，可能比一个比他多十倍钱财的人拥有的马匹还多；一个银行家手中尽管最多只有一千五六百镑，其现金藏量却常常比一个年入两千镑的绅士要多。相比之下，荷兰人就像为了生计而拥有三四辆马车的车夫，英国人则如同一位拥有一辆马车以自得其乐的绅士。荷兰人除了鱼类之外两手空空，所以他们在世人看来只不过是搬运工和船长而已，而我们英国贸易的根基则重点仰仗我国自己的产品。

让大部分人厉行节约的另一原因，乃是巨额的赋税、稀有的土地，以及那些会导致储备欠缺的事物，而我们从荷兰人那里就可以意识到这个因素。霍兰省[①]有各种贸易，还有无法预料的巨额资产。那里的土地非常富饶，并且（如我已经提及的那样）那里的每一寸土地都已经被开垦殆尽。然而格尔德蓝省和上埃塞尔省[②]却基本上不存在任何贸易，金钱也很稀缺：那里的土地特别贫瘠，许多土地被搁置。这两个省份的荷兰人尽管比霍兰省的人贫困，却不像后者那么吝啬，反而比后者更慷慨大度，其理由为何呢？别无其他，只因他们上交的各项赋税不像后者的那么苛刻，以人数计算，而且他们手中的土地也多得多。霍兰省人所节约的乃是他们的囊中之物；税赋最沉重的，就是那些能吃的及能喝的东西还有肉制品；然而，他们的衣服却比别的省份的荷兰人更好，他们的家具也更考究一些。

本着节俭为原则的人，理应对所有东西都节俭，然而在荷兰，人们却只是节约日常必需品及会被快速消耗的东西，而对于经久耐用的东西，其观念就截然相反：他们在买进油画和大理石雕像方面十分慷慨；他们在建筑及园林上的奢侈则几近愚钝。在其他国家，你可能会看到恢宏的宫廷及殿宇，占地广阔，它们隶属王族，共和政体国家的所有人都不能期盼能在其他地方看到能与这些皇宫相提并论的建筑；不过，在全欧洲，你却无法找到一座私人宅邸，其奢华瑰丽的程度能与阿姆斯特丹及荷兰其他许多大城市的一些商人及其他绅士的房屋相媲美。在那些地方修建住宅的商人及绅士，其花费在房屋建筑的钱财往往比住在世界上其他所有地方的人都要多得多。

我所提及的这个国家，因为是个共和国，其蒙受的灾难还不及在1761年及1762年初那般深重，同理，其商业也不曾像那段时期那么萎靡。我们对这个国家的经济及国体掌握的全部准确资料，大多要拜威廉·坦普尔爵士[③]所赐，他对荷

---

① 霍兰省，荷兰的省，包括南霍兰省和北霍兰省。——译者注
② 格尔德蓝省和上埃塞尔省位于荷兰的东部。——译者注
③ 威廉·坦普尔（1628—1699），英国散文作家、外交家。在《尼德兰观察》一书中，他拿荷兰举例，阐释"财富来自节俭"的见解（参见1814年版《坦普尔全集》卷1，第175—178页）。——译者注

兰习俗及荷兰政府的观点就是确立于这一时期，在他的《回忆录》中就能够看到一些。那时的荷兰人真的十分节约，在那段时间之后，荷兰人的灾难就不再如此深重了（虽然普通人的境遇一如既往，依然负担着税赋的一切重压），那些状况不错的人的马车、欢愉乃至全部生活方式都出现了重大改观。

一部分人觉得：与其说荷兰的节约是源自必需，倒不如说是由于其民众广为痛恨的恶德与挥霍所致。这些人会提示我们想想荷兰人的公共治理和廉价收入，想想他们在斤斤计较、购买商品及其他生活必需品时展示的谨小慎微，想想他们小心防备、尽力不被仆人骗得团团转，再想想他们对背弃合同者的苛刻惩罚。不过，被这些人当成官员们的美德及坦诚的举止，却全部要拜荷兰人的各种严苛规章所赐，它们包含公共财富的治理，而其让人赞叹的政府形式也不可能违反这些规章。事实上，如果双方步调统一，一个人能够信任另一个人的言语，即使这样，整个民族却不能够相信任何坦诚，而应信奉那些植根于必需之上的东西；这是由于国民如果不快乐，其宪法就永远会改来改去，其福祉也必然要由官员及政治家的美德与良心来决定。

荷兰人往往非常支持臣民厉行节约，这并不是由于节约是一种美德，而是如我之前叙说的那样，他们大多收入偏低，因为当其收入发生变化之后，其行为准则也会发生相应改变。下面的实例就能够鲜明地印证这一点。

东印度公司的船队返回英国之后，该公司立刻就付清了其船员的薪水，不少船员赚到的薪水基本上相当于他们七八年能挣的收入，还有部分船员的薪水基本上相当于他们大概十五六年的收入。这些穷汉就会在煽动之下，用能够想象的最奢侈的方式把钱花掉。其中大部分人上船时都是地痞流氓，受到严厉的管制，伙食糟糕，长期干苦力活，没有一分报酬，而且常常身处危难之中，所以，他们但凡手头有了大量钱财就立刻去挥霍，这说不上有多难。

他们把许多的钱浪费在美酒、女人及音乐上面，其奢侈足以企及这些人的旨趣及教育所能企及的顶端，他们的嗜酒放肆（只有这样他们才不会去胡作非为）也远大于习性对其他人所许可的地步。在有的城市里，你可能会看到这些人跟三四个淫荡女人在一起，其中很少有不酩酊大醉的，在大庭广众之下，在大街上边跑边喊，还有个拉小提琴的在前边伴奏。他们如果觉得这么做钱还挥霍得不够迅速的话，就会想出许多其他的花钱方式，有时居然会把许多许多的钱撒向人群之中。但凡他们手头还有钱，这种狂热就会持续下去，并越来越盛。然而这种情形向来不会延续，所以，有人就给他们安了个外号，把他们称作"六个星期的大爷",而六个星期恰好是东印度公司的船队打算再次离港启航的日期。

这个煽动水手浪费的计策当中有两个对策。第一个对策是:这些水手已经适应了炎热的气候、糟糕的空气和食物,如果他们举止节约,并且待在每个人的国家里,该公司就必须去持续地雇用新水手,而(除去不习惯水手生活之外)其中在东印度群岛待过的人,基本不超过半数,这常常不仅会让公司大失所望,而且还需付出更多的薪酬。第二个对策是:那些水手经常可以得到诸多的钱财,而奢华则可以让这些钱在全国迅速流通起来,如此一来,经由缴纳巨额的消费税及其他税种,大部分的钱就会迅速地被再次收归公共财富。

为说服一部分倡导国民节约的人,让他们意识到其见解好高骛远,我们可以假定我在"评论L"中提及的话都不正确。我在那条论述中为奢侈辩解,说奢侈是保证贸易的必需所在。接下来,让我们认真分析:如果仰仗良策和管制,逼迫大家厉行全民节约,无论这么做是否合乎时机,那会给像我们这种类型的国家带来怎样的后果呢?我们假设:大不列颠的所有国民,其消费只是其目前消费的五分之四,而把他们收入的五分之一积攒下来。我且不评论这将给各行各业及对农民、牧场主和地主带来怎样的后果,而只进行有利的假定(即假定那些现在还无法达成的事情):相同的工作依旧要做完,所以相同的手艺人也像目前这样有事可干。其结局就是:除非钱猛然大幅缩水,而其他一切的东西都背离常态地变得十分名贵;否则,五年过后,所有劳动者和最贫苦的劳工(由于我不愿去干涉其他所有人的闲事)都会富裕发达,其手中的现金将相当于目前他们整整一年的花费,然而,那些钱将比国家之前所有时候瞬间之内拥有的钱财都多。

而今,让我们为这样的财富倍增而欢呼雀跃,再看看劳动者的生活会是怎样的境况,并且按照经验及我们对他们的日常考察进行推测,看看在这种状况下他们的举止反应吧。人尽皆知,有许多散工在进行织布、裁缝、布料加工及二十种其他的手工劳动,如果一周劳动四天就足以养家糊口,那就几乎无法说动这些人在第五天去干活;此外,有几千名劳工在做着各种劳动,尽管他们基本无法维持生计,却不怕自寻烦恼,让主人无比失望,节衣缩食,到处借钱,也非去度假不可。人们就是这么尽力追逐安逸与欢愉,在这类情形中,他们都出于生存的直接需求无奈之下才去做事,撇开这个,我们还能有什么作为激励他们去工作的由头呢?如果不到星期二,你就不能鞭策一个手工劳动者去工作,这是由于星期一早上,他上星期的工钱还留有两个先令呢。看到这种情形,如果他口袋里还有十五镑或二十镑的话,我们又该怎样认定他会去做事呢?

这样工作的话，我们的产品会是怎样的情形呢？商人如果想要把布匹送往国外，他就必须要本人去做这件事情，这是由于布料商在十二个人当中无法找到一个能够为他干事的。就算我提到的情况如果只是出现在制鞋散工身上，并不牵扯其他任何人，那么，不出一年，我们当中的一半人也只好光着脚丫走路了。一国之中，金钱最重要、最迫切的用处，就是给穷人支付劳动工资。当金钱的确欠缺时，雇用许多工人、需要给他们支付薪水的人们会最早有所察觉。不过，就算这需要很多硬币，当不动产得到安全的护卫时，过缺钱的日子也总比过缺少穷人的日子要轻松得多，这是由于：少了穷人，谁去工作呢？由于这个原因，一国流通的硬币的数量就理应始终符合该国就业者的数量，而劳动者的工资也理应符合提供商品的价格。由此能够验证一点：无论终将收获什么，劳动者数量太多都会让劳动力廉价，而在这种情形之下，就可以对穷人实施良好的管辖。理应让穷人不会因饿致死，然而穷人却不应享有需要去积蓄的东西。如果在什么地方，最低层阶级中的一个人依靠卓越的勤恳，辅之以节衣缩食，让自己的生活超越了之前供养他的那种层次，谁都不应去阻拦他。非但这样，还有一点毋庸置疑：社会的所有成员，包括所有私人家庭最理智的对策就是生活节约；不过，所有富国所关切的却是：让大部分穷人基本上从不好逸恶劳，并要持续地花掉自己赚得的钱。

　　就像威廉·坦普尔爵士明确提及的那样，但凡不是因为骄傲或贪欲的刺激而劳动，那么，每个人都喜欢闲适与享乐，而不想做事。依赖每日劳动维持生计的人，则很少会被骄傲或贪欲所左右；所以，可以刺激他们去为他人做事的，除了他们本人的各种需要之外，别无他事，而削弱那些需求实属聪慧之举，然而消泯那些需求则实属愚钝行径。因而说，可以让劳作者变得勤快的，只有数目合适的金钱：这是由于如果金钱太少，根据劳作者的脾性，要么会让他自甘堕落，要么会让他只身涉险；而如果金钱太多，则会让他变得骄傲而懒散。

　　一个人如果觉得"金钱过多会毁掉一个民族"，他就会招致大部分人的讥讽。不过，这刚好是西班牙的归宿。堂·迪亚戈·萨维德拉[①]就把其国家的灭亡归因于此。在之前的时代，土地的物产曾让西班牙非常富庶，以至于法国国王路易十一到托莱多[②]宫廷时，震撼于其恢宏奢华，说自己不曾见过可以与其相提并论的王宫，无论在欧洲还是在亚洲，都不曾见过。所以，他在去往那块圣地的途中，足迹曾遍布它的所有省份。（如果我们对有些作者的叙述信以为真的话）只

[①] 堂·迪亚戈·萨维德拉（1584—1648），西班牙学者，有《原则理想》一书传世。——译者注
[②] 托莱多，位于西班牙中部地区，塔霍河流经的一座城市。——译者注

在卡斯蒂尔王国①，就有为加入圣战而来自四面八方的十万步兵和一万马匹，还有六万辆载货马车，都是阿隆索三世本人号令指挥、调遣，天天都根据各自的等级和职位支付士兵、军官及王公们的花销。非但这样，直到斐迪南和依莎贝拉（他们给航海家哥伦布准备了各种物资）上台及其后的一段时间，西班牙也始终是个富裕的国家，贸易和制造业非常兴盛，而西班牙人也从来都以勤奋闻名。不过，那些巨额的财产（它们是凭借当时世上最凶险、最残忍的手段赢取的；按照西班牙人自己的说法，为劫掠那些财富，他们屠杀了两千万印第安人），那些雪片般的财富一旦被西班牙人拿到，就马上让他们理智全无，他们的勤恳也随之而去了。农夫丢掉了耕犁，工匠丢掉工具，商人丢掉了账房，每个人都讥讽劳动，人人都纵情欢乐，摇身一变成为绅士。他们觉得自己有情理自忖比一切邻人更高贵，而目前只有战胜世界才可以让他们称心如意。

这种后果就是：其他民族用来迎合自己的懒散与傲慢的东西，却不足以让西班牙人知足；当每个人都亲眼所见尽管政府发行的一切禁令都不容许金银出口，西班牙人却在虚掷金钱，甘愿顶着被送上绞刑架的风险，也要亲自把金银带上船，于是他们争先恐后地尽力为西班牙工作。如此一来，一切跟西班牙有生意往来的国家，每年都瓜分到了西班牙的金银，并把所有物品的价格都抬得奇贵无比；大部分欧洲国家都兢兢业业，只有它们的掌权人是个例，后者自从截获了巨额财富之后，就守株待兔，每年都急切地等待着从国外带来的源源不断的收益，并为自己挥霍掉的东西让其他国家付账。所以，因为金钱太多、拓展殖民地及其他恶性管理（其中纰漏的机会非常之多），西班牙就由一个政绩卓越、人口众多的国家，一个享誉海内外、坐拥巨额财富的国家，变成了一条四通八达的沟壑，金银经由它从美洲投入世界其他各个地方的怀抱；而西班牙人则由一个富足、灵敏、勤恳、任劳任怨的民族，变成了一个堕落、散漫、骄傲且一贫如洗的民族。有关西班牙的论述，暂且到此为止。金钱能被看成物产的下一个国家是葡萄牙，然而这个王国倾其所有黄金在欧洲打造的形象，在我看来却并不受称赞。

因此，让一个民族得到幸福和我们当下那种"繁荣"的高尚艺术，就取决于给所有人以工作的可能。依据这样的政策，一个政府最需在意的事情，莫过于激励人的智力所能企及的各种制造业、艺术及手工艺的兴办；其次是支持农业、渔业各个领域的成长，并强迫全部的土地也如同人一样做到物尽其用。这是由于：

---

① 卡斯蒂尔王国，昔日位于西班牙中部的王国，1469年，在依莎贝拉女王（1451—1504）与阿拉贡国王斐迪南五世（1452—1516）结婚后，组合成为西班牙王国。——译者注

前者是把许多的人招揽到一国去的、屡试屡中的尚方宝剑,而后者则是维持这些人生计的独一无二的法则。

恰恰是在这个政策中,而不是在浪费与节约的烦琐规则中(人们的环境尽管迥然有别,这些规则却始终会自动产生相应功能),才可以期待目睹每个民族的繁荣与幸福。这是由于:虽然黄金和白银的价值随时涨跌不停,所有社会的享乐却永远都要仰仗土地的产出和人们的劳动。这二者加起来就是更可靠、更源源不断,并且更确切的财富,它比巴西的黄金、波托西①的白银还要可靠。

[R]所有的荣誉都无法让人知足……

用一个比喻来形容的话,荣誉就是个捕风捉影、凭空捏造的怪物②,是道德家、政治家们的虚构,它意味着某种与宗教毫无瓜葛的美德准则。在许多尽职尽责的人们身上,能够看到它的踪影,无论那些职责所指为何。譬如,一个崇尚荣誉的人陷进了别人的一个暗杀国王的诡计中,他必须要万分痛苦地加入这个活动。如果他被悔恨或善意的天性所唤醒,就会诧异地意识到那个算计是罪大恶极的,于是就揭发了那个阴谋,转而变成揭露同党的目击者。因此,他就守护了自己的荣誉,起码在他所处的那群人之中是这样。荣誉准则的最大好处,乃是低贱人等压根就不配拥有它,只有在品格更杰出的人身上才得以存在。这就好像柑橘表面尽管没有分别,然而有的带核,有的却没有一样。在尊贵的家族当中,荣誉就像痛风症一样,往往总被当成传世之作,贵族的孩子们个个天生就具备它。有些从没意识到自己具备它的人,其荣誉则源于言谈与阅读(特别是浪漫奇幻小说),而还有部分人的荣誉则源于他的权势。然而,如果要激励荣誉感的提升,最奏效的却一定是一把长剑。有的人第一次佩上长剑,二十四小时之后依然可以看到它在闪闪发光、熠熠生辉。

崇尚荣誉的人首先理应关注的第一件事是遵循荣誉原则,而非背离这个原则;为了捍卫荣誉原则,他不吝放弃自己的工作和财富,甚至不惜放弃自己的生命。所以,无论他的优雅涵养让他展示得多么谦卑,人们也容许他非常在意自己的意义,容许他自认为具备荣誉这种无影无踪的身外之物。捍卫荣誉原则的不二法宝,就是遵循荣誉准则,它们是他待人接物的信条。他自己一定要时时忠于自己的信念,把公众利益放在自己的利益之上,不说谎,不欺诈或残害任何人,不

---

① 波托西,一个城市名,位于南美洲玻利维亚共和国。——译者注
② 原文是"Chimera",源自希腊神话,在里面指代一种狮头、羊身、蛇尾的怪兽。——译者注

承认任何人的当面羞辱，因为那是他的一个标杆，用来衡量每一种行为是不是要故意鄙夷他。

古代那些崇尚荣誉的人（我把堂吉诃德当成其中有文字记述的最后一位），全都完全恪守这所有的律条；此外，他们遵循的那些我尚未提及的律条，其条目还为数众多。但是，目前的崇尚荣誉的人相比之下却好像不谙此道。他们尽管非常敬仰古代最后那位崇尚荣誉的人，却不会如他一般那么遵循荣誉准则。无论是谁，但凡想要奉行我所提及的那些准则，其举止必然都会远远超出所有其他人所能包容的极限，因此而冲撞了那些人。

崇尚荣誉的人当然永远会被视为公允的聪慧的人，这是由于谁都没有听闻哪个崇尚荣誉的人是笨蛋。所以，他不可能违逆法律，人们永远都许可他自己去考量自己的事。他、他的朋友、他的亲戚、他的奴仆、他的狗或他喜欢放在自己荣誉庇佑之下的所有东西，就算是受到了最不足挂齿的伤害，他也一定会马上索要赔偿。如果那伤害被证实是有意为之，他也会如同一个崇尚荣誉的人一样予以回应，之后一定会掀起一场战斗。所有这些迹象表明，一个崇尚荣誉的人一定要拥有勇气；缺乏勇气，他的其他原则充其量是一把少了尖儿的剑罢了。所以，我们可以一睹勇气到底是何物。无论勇气在其他什么地方，就像大部分所言，它都的确源自勇士们的本能，并且与其他所有真真假假的品格区分开来。

所有生灵都爱自己，所有动物都可以这样；天下没有比这种爱更广泛、更坦诚的情感了。保卫自己珍视的事物，除了需要这种关切的爱以外，世上再没有别样的爱。所以，无论什么动物，其维系自己的意念、希望和刻苦都最真诚不过了。这是大自然的法则。依据这个法则，世上并没有凭借任何欲望或激情而存活下来的生灵；那些能够存活的动物，都直接或间接地拥有维系自身或其物种的本能。

大自然采取各种方法，逼迫每一种动物持续努力地让自己得以存活。这些方法涵盖让该动物觉得知足；而人类的各种称之为"欲望"的东西则一定要完全迎合。欲望让动物期待得到那些被其视为能保卫其生命或让其欢乐的事物；欲望还驱使动物远离那些被其视为可以让其不悦、让其受伤、让其灭亡的事物。这些欲望或激情有各不相同的症状。它们自然而然地呈现在被它们干扰的人身上。根据它们在我们身上引起的各种不安，它们被赋予了不同的称呼，譬如我们之前提及的"骄傲"和"羞耻"，等等。

当感觉到灾祸逼近时，我们心中出现的那种情感称为"恐惧"。它在我们心中造成的不安，其水平并非总跟危险的水平正相关，但却跟我们对灾祸的恐惧水平正相关，无论那灾祸是真的还是源自想象。所以，我们恐惧的多寡始终跟我们对危险的认知正相关。因而，如果那种理解一直都有，人就不能远离恐惧了，这就像他不能舍弃自己的一条腿或一条胳膊一样。当确实遭遇恐吓时，对危险的认知非常突兀，这会让我们遭受的打击十分猛烈（有时会让我们丧失理性和感觉），以至于打击之后，我们常常没有印象我们曾感知到了危险。然而我们却觉得恐惧源于那个事件本身，但我们明明是那个事件的亲历者。如果我们没有感知到某种灾祸正离我们越来越近，又怎么会觉得提心吊胆呢？

　　大部分人都觉得能够用理智征服这种认知，虽然这样，我却要供认不讳：我自己并非这样。遭遇恐吓的人会跟你说：待到他们可以顾及自己（即可以运用理性）的时刻，他们的认知就被理智制服了。但是，这压根算不上什么制服，这是由于在遭遇恐吓的时候，危险要么只是想象，要么待到他们可以运用理性时，危险早已无影无踪了。所以，如果压根没有意识到危险，他们感知不到什么危险也就习以为常。不过，如果危险一直存在，那就让他们去运用其理性吧。他们必然发觉：这样做能够让他们彻底地意识到危险有多大及危险有多真。他们必然发觉：他们如果意识到危险并不如想象的那么大，对危险之损害的认知也就会随之下降。然而，如果事实验证危险的确存在，各种情形都跟他们原先的想象一样，那么，他们的理智非但不会减弱他们对危险的认知，反而会让它相应变强。这种恐惧如果一直存在，那就不会有一种动物肯去主动迎战。我们依旧目睹野兽们天大都在拼命战斗，个个害怕自己会死，所以，理应还有一种激情可以征服这种恐惧，而与恐惧相对立的激情就是"愤怒"。为了对这种激情寻根溯源，我必须要拜托读者宽恕我在此再次跑题。

　　少了食物，没有一种动物能够活命。年轻一代持续降临，其频率一定要和老一代死去的频率相当，如果不能这样，也没有一种物种（在此我是指相对完善的动物）能够活命。可以说，大自然恩赐给动物的最强烈的欲望就是饥饿，其次就是性欲。性欲刺激动物生育，而饥饿则逼迫动物进食。我们亲眼看见，我们的欲望如果遭遇遏制或搅扰，我们心中就会出现"恼怒"这种激情；如果恼怒集中了动物身上的所有力量，它就会让动物不遗余力，更加勇猛地扫除、战胜或毁灭其追逐自身求生道路上的全部障碍。我们会发觉：除非野兽自身（要么是他的珍爱之物，要么是两者）的自在遭遇胁迫或侵犯，要不然，除非是饥饿及性欲，否则不可能有一点能吸引它们注意力的东西，足以让它们暴怒。让它们更狂野的，恰恰是这两种欲望，因为我们可能已经目睹：如果动物的需要（虽然可能并非很强烈）无法得到迎合，如果它们视线之内的快乐遭遇了阻挡，动物的欲望就会遭遇现实的阻隔。我们如果想到一个所有人都不能忽略的事实，我上面说到的就更显而易见了。那事实便是：世上所有生灵要么凭借果实或果实的成品为生，要么凭借其他动物（也就是它们的同族）的肉为生。后一类动物我们称之为"野兽"或"捕食动物"。大自然相应地把它们武装起来，恩赐它们武器和力量，以此让它们可以去战胜大自然为它们预设的食物，把那些食物碎尸万段；同理，大自然恩赐它们的欲望，也比恩赐给食草动物的欲望更激烈。这是由于：首先，如果一头母牛如同只以青草为食（它天性如此）一样地只以羊肉为食，却缺少利爪，仅有一排牙齿，并且其力量也跟从前一样，那么，就算它在羊群里也会饥饿而死。其次，反观凶猛动物是什么情形，就算经验还没有告诉我们，理智也会跟我们说：第一，饥饿非常可能让一种动物精疲力竭、烦躁难耐，让它为了得到每一小块果腹的东西把自己置于危险境地；大自然预设另一种动物去吃它眼前站立的东西，它只需低下头就可以吃到。相比之下，前者的饥饿就比后者来得更加强烈。第二，还需要考虑到：捕食的野兽都拥有一种本能，它们用这种本能去找寻、跟踪和发现那些可以成为美食的动物；所以，其他动物也都拥有一种本能，它告诉它们找个藏身之所，把自己隐藏起来，在被猎食时逃跑。因而，我们必然能得出一个结论：捕食动物尽管基本上每次都不会空手而归，但它们腹中空空的时候还是比其他动物要多，这是由于后者的食物既不可能飞，也不可能反抗。这种情形始终都是如此，必然会加剧它们的饥饿，所以，饥饿就为它们的恼怒供应了无穷无尽的燃料。

你如果问我：公牛和公鸡奋力相搏，然而它们既非肉食动物，也非凶悍动物，它们的愤怒源自何处呢？我的答复是：它们的愤怒源于性欲。那些暴怒源于饥饿的动物（不分雄雌），常常会去侵犯它们可以掌控的一切东西，并且坚强地与它们搏斗。而那些暴怒源于性欲的动物则大部分是雄性，其最大的攻击目标是同类中的其他雌性。尽管它们有时也会攻击其他动物，然而它们痛恨的主要目标却是其情敌，而只有在跟情敌搏斗时，它们的勇猛坚强才会倾泻而出。我们也见证过：在一只雄性就可以跟许多雌性交配的动物之间，大自然都恩赐了雄性非常明显的优越性，其体现就是雄性不仅更凶悍，对其他类的雄性动物而言，它们的体格与外形要优越得多，后者之中的雄性只跟一两只雌性交配就称心如意了。狗尽管已经成了被降服的动物，却仍旧贪婪无度，其中那些好强的仍旧是以肉为食，我们如果不用肉喂它们，它们常常转瞬间就会成为捕食动物的野兽。我们可能会从它们身上发现许多表现，能够证明我上述的见解。真正好斗的动物都是以肉为食，无论是雄是雌，都会快捷进攻每个目标，并且会拼死相搏，之后才作罢。雌性动物事实上比雄性好色得多，所以，除了性别差异，雌雄的身体压根不存在什么区别，事实上，雌性比雄性要凶狠得多。一头被困的公牛的确十分恐怖，不过，如果把它放在二十几头母牛之间，它转瞬间就会变得如同其中任何一头母牛那样驯服。十几只母鸡就可以摧毁英国最杰出的赌博——斗鸡。兔子和鹿被归入猎物和怯懦的动物。千真万确，它们基本上年复一年都是这样，只有在其发情期才有所不同。处于发情期时，它们会骤然变得英勇无惧，让人赞叹，频频攻击喂养它们的人。

饥饿与性欲，这两种最大欲望对动物性情的左右，并不是如同人们认为的那样让人感觉变化莫测。从我们自身也能够发现它们的些许端倪。这是由于：我们的饥饿尽管不像狼和其他食肉动物那么强烈，但我们还是注意到：相比其他时间而言，如果过了平时的进食时间还没有饭吃，健康者及胃口还不错的人就会更轻易地焦躁，更轻易地为小事大发雷霆。同理，男人的性欲尽管不像公牛和其他食肉动物那样狂暴，但当男女坠入爱河时，阻挡两者的私通却可以最快速、最激烈地引发他们的愤怒；为了消灭情敌，无论男女，无论是受过最严格的教育，还是受过最温良的教育，全都会置那些最大的凶险于不顾，完全没有一丝忧虑。

到这，我已经竭力印证：如果心中有惧，没有一种动物会去主动出击；恐惧不会被其他激情所战胜；而与恐惧截然相对的激情，可以最明显地克服恐惧的激情，只有愤怒；有两种最大欲望如果不能被迎合，就会产生愤怒的激情，它们是饥饿与性欲；对一切野兽来说，能否让它们暴怒或拼命搏斗，往往在于其饥饿与性欲之一的强烈程度，或是二者合二为一的强烈程度。因此，我们终究会推断出一个论断：动物身上被我们称之为"英勇"或"天生勇气"的东西，不为其他，而全都是出于愤怒①；所有凶猛动物都必然十分喜好食肉和性欲强烈，或两者必有一条。

而今我们来研究一下：根据这条准则，我们理应怎样评价我们自己这个物种。人类的皮肤非常柔嫩，需要历经多年的细致照看才能长大，人的下颌骨的结构，牙齿的端正，手指甲的大小，以及人齿及指甲的柔弱，从所有这些来看，大自然原本并没有把人预定为掠夺者；所以，人的饥饿并不会如同食肉动物那样强

---

① 动物的凶猛源于愤怒，亚里士多德如是认为，参见《伦理学》（其子尼可玛可斯编纂）卷3，第8节。——译者注

烈无度，人的性欲也不会如同其他（称之为）好色动物那么强烈。人可以十分勤劳，以迎合自己的各种需要，除此之外，不存在任何掌控性的欲望可以让人的愤怒经久不息。因此说，人必然是一种怯懦的动物。

我上面说的最后一句话，只对还处在野蛮情境的人适用，因为如果把人当成一个社会的成员，当成一种文明化的动物，我们就会意识到人绝对是另外一种生灵：人只要有机会就会让自己的骄傲一览无余，妒忌、贪婪和雄心立刻就会掌控他，他就会被从其天生的单纯和愚钝中激发。随着人的知识的拓展，人的欲望也随之增大了。所以，人的各种需要和欲望也会迅速翻番，其最终结果便是：在迎合这些需求和欲望的过程中，人会频频遭遇困难，与之前的情形相比，他遭遇的让他愤怒的失望日益增多，所以不出多长时间，他就会成为世界上最无益、最凶险的动物；更不要说每次他可以制服对手的时候了，这是由于他除了那个惹恼他的人引发的灾难之外，不会恐惧其他所有灾难。

所以，所有政府首先顾及的事情是：当愤怒确实引发了伤害时，一定要凭借苛刻的责罚去遏制人的愤怒，经由提升人的恐惧，预防愤怒可能引发的祸端。严格执行各种法律，以限制人暴力行事，此时此刻，人的自我保命的天性一定会告诫他要尽量克制。最大限度防止受到干扰，这是所有人的共同期盼，所以，随着人的见识、知识和预见性的扩展，他的恐惧会持续地被强化和扩展。其结果一定会是：在文明国家里，让人恼火的缘由会是层出不穷的，所以，人克服这些原有的恐惧的做法也是层出不穷的，因而，他很快就可以凭借这种恐惧，懂得熄灭自己的愤怒，懂得采用另外一种与愤怒不同的方式，那也是一种自我保护机制，大自然之前已经把那种方式跟愤怒及其他激情一起，一股脑儿全都恩赐给他了。

因此，人身上对社会安详和谐有所裨益的激情，只有他的恐惧。你越是能激发这种激情，他就越是会恪守法规，越容易管制。这是由于：无论人作为单个动物孑然一身时愤怒对他多么有用，社会也不可能让他有宣泄私愤的机会。但是，在创造动物时，大自然却一以贯之，她创造的所有生灵都与为供养生灵预设的环境相匹配，而形形色色的外界影响，就可能使各种生灵有所缺憾。所以，每个人都会轻易受到愤怒的掌控（无论他们来自宫廷还是森林）。愤怒的激情如果战胜了人心中的所有恐惧（无论什么等级的人，偶尔都会这样），他就会拥有真正的勇气[①]，立刻就会像狮虎般地英勇投入战斗。我将尽力阐释：无论把人的勇气赋

[①] 英国哲学家霍布斯曾给"愤怒"下过定义，称其为"瞬间的勇气"，所以作者引用此说法，称无所畏惧是真正的勇气。——译者注

予什么名字，人在不恼火时，勇气也始终是虚设的、人定的。

良好的政府尽管可能让一个社会永远维系自身的安定，然而谁都不能确保社会外部的永久和平。社会一有机可乘就会野心勃勃地拓展其边界，扩张其地域，否则，他人就会侵犯他们的社会，就会出现一些让人不得不去迎战的事情；这是由于无论人的文明程度有多高，他们也不曾忘却一点，即暴力甚于理性。所以，政治家一定要变换举措，消除人们心中的一些恐惧。他一定要尽力说服广大群众：如果这些人成为公敌，之前对他们提到的所有关于人的嗜血成性的东西就会顷刻瓦解；他们的敌人并不会如同他们自己那般温和、强健。如果可以妥当解决这种事情，那么，在吸引那些最无情者、最好胜者、最顽劣者去作战方面，政治家就几乎不会失败。然而，这些人的品格一定要更优越，要不然，我就不能确保他们在战场上的表现：你只要让他们鄙夷敌人，就会迅速地引发他们的愤怒之意；但凡有愤怒，他们打仗就比所有军纪严整的部队都厉害。然而，如果出现了某种不期然的事情，譬如突然出现一声巨响、一场大暴雨，或者任何有可能威胁他们的奇异的、非同小可的事件，恐惧立刻就会掌控他们，战胜他们的愤怒，让他们如平凡人一样逃避。

所以，但凡人们的理智有点提高，这种天生的勇气肯定就会暴露无遗。首先，一部分人会意识到敌人进攻的凶猛，所以并非始终对那些诋毁敌人的说法确信无疑，因而常常不可能轻易引发这些人的愤怒。其次，愤怒乃是激情的瞬间凝聚，不可能延续多长时间（愤怒是突然的疯癫），而敌人如果经得住这些愤怒者的第一次侵犯，往往会更轻易地应对后面的入侵。其三，但凡人们心中有怒，就不可能顾及任何告诫和规定，并且不可能在战斗中施行计策或遵从指令。因而，尽管缺少愤怒任何生灵都不可能拥有天生的勇气，愤怒在战争中还是一无是处，既不能用于计谋，也不能成为正统的技巧。所以，政府一定要找到一种能跟勇气相提并论的东西，才能激励人们去作战。

把人以文明教化，把大家组合为一个政治实体，无论谁有这种想法，都一定要对人的各种激情与各种欲望了如指掌，掌握人的优点与缺点所在，都一定要知道怎样把个人那些最大的缺点转变为能为公众服务的优势。在研究道德美德发端的过程中，我已经阐明：无论任何事情，一旦用赞誉的话语表述，想让人信服都是十分简单的事了。所以，立法者或政治家（他们都非常受人爱戴）就理应跟人们说：绝大部分人都拥有一个英勇的理想，它既和愤怒迥然有别，也与其他所有让人用勇敢鄙夷危险、正视死亡的激情迥然有别；而最能坚守那个理想的人，就是最有意义的人。按照上述提及的那个道理，尽管他们当中的大部分人压根意识不到那个理想，却很可能把这番话看成真理而信以为真。那些最骄傲的人认为自己被这番奉承所说服，而并不善于甄别不同激情。因为把骄傲误当作勇气，他们可能会认为那个理想正在自己胸中澎湃。不过，就算能说服十人中的一人公开承认自己拥有那个理想，并能用它去征服所有敌人，那么，另外五六个人就会迅速承认自己也是这样。无论是谁，但凡拥有了这个信念，其各种表现就会全部按章行事了。政治家已经不可能去做别的事情，只能小心翼翼地加倍满足自忖并怀有心甘情愿坚守这个信念者的骄傲。要实现这个目的，自有许多种形形色色的办法：他起先贪图骄傲，之后，相同的骄傲会逼迫他去捍卫自己这个见解，最终他会畏惧自己的真正想法会被看穿。他的骄傲会迅速膨胀，乃至会大于他对死亡本身的害怕。但凡去扩张人的骄傲之心，人对羞耻的恐惧就会持续地随之扩增，这是由于一个人自认的价值越大，他越是会费尽心机地远离羞耻，并在远离羞耻时遭遇更多的困境。

所以，让人英勇的妙计就是：首先让他心中产生这种英勇的理想，之后用许多的恐怖，刺激他去逃避羞耻，就像大自然让他生性害怕死亡那样。人对许多事情拥有（或者大概拥有）比对死亡更激烈的厌烦，其中人对自杀的看法就是实例。选择一死了之的人，一定觉得死亡不会像让他凭借死亡去逃避的事情那么恐怖。这是由于：无论魔鬼是真会降临还是将要来临，无论魔鬼是真是假，谁都不可能无怨无悔地自杀，除非是想要逃避什么事情。卢克雷蒂娅[①]英勇地竭力抵御强奸者的各种侵犯，甚至当后者威胁会杀死她时，也是这样。这说明她把贞操置于死亡之上。然而当强奸者以让她带着永久耻辱的名声威胁她的名誉时，她束手无策，只能选择事后自杀。这明确地说明：在名誉和自身美德之间，她更看重名誉，而把自己的生命置于这二者之下。对死亡的害怕没有让她迟疑，这是由于她已笃定宁死不受辱，因而我们必然只能把她的降服当成一种对塔昆的迎合，旨在预防他诋毁她的名声。因此说，卢克雷蒂娅所在意的东西，排在第一位和第二位的都不是生命。所以，勇气只是对从政者才奏效，平常所谓"真正的英勇"不过是人为的做作，它把趋炎附势灌注到极端骄傲的人们心中，让他们对羞耻怀揣一种被放大的恐惧感。

[①] 卢克雷蒂娅，古罗马神话中的人物，罗马末代皇帝塔昆之子塞克斯特斯·塔昆把她强暴后，她用匕首自尽，引发了塔昆王朝的灭亡。莎士比亚的长诗《卢克雷蒂娅受辱记》就是用这个故事做原型。——译者注

如果一个社会认可了荣辱的意义，那就很容易刺激人们去迎战了。首先，要耐心劝诫人们相信自己的事业师出有名、正当无比，这是由于如果觉得自己不在理，那就不会有人竭力去抗敌。其次，要对人们阐明：他们的祭祀、家资、老婆、孩子及他们目前所看重的全部，都跟眼前这场战争脱不了干系，或者起码以后可能被其左右。再次，要唤醒人们的勇气，说他们与其他人有别，说他们拥有为公众舍生取义的气魄，说他们深深地爱着祖国，说他们能无所畏惧地正视敌人，说他们不会贪生怕死，再提一下荣誉的根基等诸如此类的美妙言辞，说假如是在白天，所有骄傲的人都会心甘情愿拿起武器捍卫自己，抵死不临阵脱逃。在一支一百人的部队里，每个人都会相互监督。如果他们都是孤身一人作战，那么，他们将全部都是胆小鬼，如果他们可以聚在一起勇猛杀敌，则仅仅是源自畏惧引起相互之间的鄙视。要维持和强化这种人为的勇气，就理应用耻辱去责罚全部的逃兵。对勇敢抗争的人，无论他们胜败与否，都一定要予以赞许，并进行客观的评判。要奖赏那些因为战争而残疾的人。对战死沙场的人，首先理应给予表彰，举行盛大的哀悼，不要对他们吝啬褒扬之语，这是由于把荣誉赋予死者始终是一剂诓骗生者的良药。

　　我提到战争时期的勇气是人为的做作时，并不曾料想用相同的妙计把所有人都变得一样英勇。每个人心中的骄傲多少有别，体格及体质也各不相同，所以不可能全都适合用作相同的用途。有的人终其一生也不懂音乐，但会成为优秀的数学家；另一些人尽管能优雅地演奏小提琴，然而如果让他们去和他们奉承的人交流，他们就成了不善言辞的傻瓜。然而，为了说明我并非有意逃避问题，我要印证：如果不顾及我上面提到的关于人为勇气的话，最高尚的英雄与真实至名归的胆小鬼，这两者的不同全部存在于肉体上，并且是取决于人的内部结构。在此，我说的是体格。研究体格，能够让我们明白人体体液的正常配比与非正常配比。提升勇气的体格是生来的力气、柔韧度，以及各种更微小气质的合适配比，而我们所说的沉着、果断和坚毅则全部以此为根基。天生的勇敢与后天的勇敢，它们唯一的共同因素就是体格，这一点体现得非常鲜明。体格让人构成整体，让人成其为人。同理，对奇异的事情和瞬间出现的事情，有些人胆小如鼠，有些人却并不在乎，这种情形也全都取决于精神状态的好坏。处于惊恐情形时，骄傲一无是处，这是由于受惊吓时，我们不能思考。因为我们把恐惧当成一种耻辱，所以，如果诧异退却，人们才永远要对那些让他们畏惧的事物怒气相向。当一个战场形势出现逆转时，如果胜利者没有一丝宽容，十分残忍，这就说明：他们的敌人之前很勇猛地作战，起先曾让他们产生过莫大的恐慌。

果敢也是基于这种精神状态的，它好像也是源于强健体液的影响，即相关的激烈微粒汇集到了大脑里，巩固了精神，其原理与愤怒的原理类似，我之前说过，愤怒的原理乃是精神的瞬间凝聚。正由于这个原因，大部分人喝酒之后才会比平时更敏感、更轻易发火，有的人甚至会无缘无故地大嚷大叫。我们还目睹：在都是醉酒的情形下，白兰地比葡萄酒更容易让人打闹，这是由于白兰地当中融合了许多的激烈微粒，而葡萄酒则不是。有些人的精神组织非常虚弱，所以，他们尽管拥有十足的骄傲，却毫无办法刺激他们去战斗，去克服自己的害怕。然而，这仅仅是液体原则①的一个遗憾罢了，就像其他的怪胎都是固体的谬误一样。但凡有危险，这些胆小鬼就不可能被完全惹恼。尽管饮酒能够让他们胆子更大些，却很少让他们勇猛到发动侵犯，只有对方是女人、孩子或他们明知没有还手之力的人时才有可能。这种体格的人频频被健康和疾病侵扰，并且常常会因失血过多而身体虚弱。偶尔能够仰仗饮食来强健这种体格。德·拉·罗歇福科德公爵②曾说：虚心，羞辱，而首先是体格，常常会组成男人的英勇和女人的贞操。他在此提到的，恰好就是这一点。

我探讨了那种有益的作战之勇，并且阐明了它是一种后天人为的英勇。要提升这种勇气，最奏效的方法非实际演练莫属。这是由于：男人当兵以后，就会慢慢了解全部的杀人工具和摧毁敌人的器械，会慢慢习惯大叫、高呼、烈火、硝烟、伤员的呻痛、临终者的可怕情形，以及各种遍布尸首和鲜血四溢的残肢断臂的情景。他们的害怕的程度会急剧降低，这不是因为他们这时已经不像之前那样怕死，而是由于已经适应了经常目睹的相同的危险，并且了解到它们其实并不像之前以为的那样。他们参与了每一次包围战和所有战役，并当仁不让地赢得了青睐之后，那就只有让他们去经历几场战斗，才能快速地不断扩展他们的骄傲之心，进而也让他们对耻辱的害怕之心持续提升。我之前提到，对羞耻的害怕始终跟他们的骄傲正相关，它会因为对危险的了解的下降而提升。难怪他们当中的大部分人已经知道了怎样尽量少显示自己的恐惧，甚至压根不显示。有些杰出的将领可以做到把自己预料的场景留存在心底，在战争的一片喧嚣、惊慌和无序中，

---

① 这在当时是生理学的一种观点，它把神经的、生命的力量称为"液体"，认为它们在大脑和身体各处之间到处流通，并因而认为生命活力的大小应当取决于"精神"活力的多少。1730年，曼德维尔在一篇论文中坦白：他所指的"固体"仅仅是从这个理论引申出来的一种方便的假定而已。——译者注

② 德·拉·罗歇福科德公爵（1613—1680），法国道德家、作家，曾经写了700条格言传世。此处话语援引自他的《格言集》第220条。——译者注

表面假装镇定自如。

　　事实上，人是非常笨拙的，这是由于他会沉迷在虚荣的幻象中，会自在地享受对赞誉的回首，那些赞誉日后将被他留存在脑海深处。但凡他想象到年老与死亡会为他之前已经获得的荣誉锦上添花，年老就会让他觉得欣喜若狂，他就毫不在意自己眼下的生命，甚至暗地里期盼死亡。一个骄傲并身体健康的人，可以进行最大的自我批判，可以葬送最剧烈的激情，去置换比那激情更神圣的东西。备受迫害的圣徒们为了信仰而饱受磨难，面带一副无上欣喜而狂放的表情。一些善良人看到那种欣喜和狂放时，就认为这样的刚正不阿一定不是所有人力可以企及的，除非它源于上天某种奇迹般的施以援手。我只能在这里夸奖这些善良人的天真了。大部分人都不想去完全洞悉人类的缺点，所以，他们也不了解人类先天的力量，不懂得有些身体健壮的人不需什么外力，只需靠其激情，就可以达到躁狂状态。然而，有一点却是毋庸置疑的：世上的确有一些人只是凭借骄傲和体格，就度过了最艰难的困境，并能像那些最杰出的人一样，欣喜地面对死亡和煎熬；那些伟人曾在谦卑与献身精神的支撑下，为了正统的宗教信仰而饱受折磨，慷慨就义。

　　要印证我这个见解，我可以罗列举出诸多实例，然而，在此只提一两个就已足矣。一个是来自诺拉的乔尔丹诺·布鲁诺，他曾写过一本傻帽的渎神论文，题目是《驱逐趾高气扬的野兽》①。此外还有那个臭名远播的瓦尼尼。这两个人都由于跟大众坦诚和倡议无神论而被处以死刑。瓦尼尼如果摒弃自己的论述，原本能够在行刑前获得宽恕，然而他情愿自己灰飞烟灭，也不摒弃自己的论述。他朝火刑柱走去的时候，不曾显现出一点点的担忧，还把一只手伸向他的一位医生朋友，想让朋友摸一下他的脉搏，以借助他跳动平稳的脉搏来展现他心中是多么安然。以此为契机，瓦尼尼给出了一个不敬神的比较，那句话太肮脏，这里不再重提。②

　　我这些跑题的话，是旨在阐明人类先天的力量有多么强大，阐明人只是凭借骄傲和体格到底能有着怎样的表现。当然，人也会被自己的虚荣心所诱导，而变得非常暴躁，就像雄狮受到其恼火的诱导时一样。不但这样，当贪念、报复、野心及基本上所有的激情（同情也在其中）分外膨胀时，都会由于其能战胜恐惧而

---

　　① 《驱逐趾高气扬的野兽》，*Spaccio della Bestia Trionfante*，作者是意大利科学家布鲁诺，内含三篇反基督教的对话体论文，发表于1584年。——译者注

　　② 按照刑场的见证者记述，瓦尼尼的这句话是"Illi in extremis prce timore imbellis sudor, ego imperterritus morior"（拉丁语），意思大概是"他（指基督）最终比我怯懦，全身是汗，而我却从容就义"。参见《著名的亨利四世之后的高卢史》，1643年版，第209页。——译者注

甚至被本人误当成是英勇。平素生活的经验必然已经让所有人明白：理应去探究某些人行为的出发点。但是，我们还能够更明晰地探知这种伪装的理念到底是基于怎样的基础。如果细心研究军队事务的璀璨究竟为何物，我们就会发觉：不可能有一个地方会像在军队事务上那样公然提倡骄傲。就拿服装来说，就算是级别卑微的现役军官，其军服也超过收入多出其四五倍的其他人的服装，或者起码是比后者的服装更夺目、更养眼。其中大部分人都基本上不能养家糊口，特别是有家眷的人，而且全欧洲的军人也都不愿意穿如此奢华的军服。然而他们没有料到：军服乃是一种能提升军人骄傲的力量。

但是，要提升人的傲气，要让骄傲去掌控人，其各种最费尽心机的方式和手段，却非普通士兵得到的待遇莫属。要引发士兵的虚荣心（这是由于他们必然有极强的虚荣心），自有各种无法想到的、最低廉的办法。我们常常不注重那些已经习以为常的事情，要不然，有哪个活人目睹了一个士兵装备了那么多烦琐、流里流气、矫揉造作的衣物，能不讥讽他呢？羊毛可以制作的最低俗产品，被涂上砖末的色彩，把士兵从上到下全都裹起来，这是由于那军服是要效仿大红的或深红的军服，为的是让他觉得自己只要用少许钱，或者压根不用花钱，表面看上去也会跟他们的长官差不多。士兵军帽上并没有镶嵌银色或金色的流苏，而是用最丑陋的白线或黄线缝接，而如果别人头上戴顶这样的帽子，就应该被送去疯人院。然而，这些真实存在的诱饵，以及在水牛皮上搞出来的动静，事实上却已把大量男人引诱到一条不归之路，其功效远大于以往被女人取悦时的宜人秋波和甜美嗓音。现在，那个养猪的从了军，把红外套穿在身上，坚信所有人都会对他以"先生"相称。过了两天，基特军士①却拿藤条狠狠地抽了他一通，只是由于他拿步枪时比预定的高了一英寸。我们再审视一下军人这一行的尊严到底为何物吧。以前两次战争中急需新兵时，容许军官们去征集被判有入室偷盗及其他重罪加身的人当兵。这表明：要么去从军，要不然这些人就注定会被判死刑。骑兵比步兵更可怜，这是由于当他无所事事的时候，却忍受着兼任马倌的耻辱，而马的花销都比他的多得多。一想到这些，想到自己老是被长官命令去干许多杂事，想到自己的回报，想到他们没有用处时长官对他们的表情，这士兵一定会想：当兵的倒霉蛋实在太蠢了，竟然会因为有人称呼他们"士兵先生"而骄傲。难道这不是事实吗？不过，如果士兵并非这般骄傲，那么，所有办法、军纪或钱财都不能

---

① 基特军士，出自英国戏剧家法库哈尔（1677—1707）的戏剧《新军官》，他在其中是一个刚入伍不久的军士。——译者注

把数以千计的士兵变得这么英勇。

研究一下如果不存在其他什么条件让人变得可爱一些，人的勇气会在军队之外出现怎样的影响，我们会发觉：这种影响对一个文明社会是有百害而无一利的。这是由于：人如果战胜了自己的所有恐惧，你耳朵里就没有别的，只能听到奸淫、刺杀及形形色色的恶行。因而，政治家就在芸芸众生中觉察到一种杂糅的勇气准则，它把正义、荣耀和全部道德、美德与勇气杂糅在了一起，而合乎这个准则的人，理应就是那些游侠。游侠在世界范围之内做了许多好事，他们捉怪除妖，还穷人自由，把压迫者置之死地。然而，等到全部恶龙的翅膀都被捆绑起来、巨怪都被驱除、各地处女都重获自由（只有西班牙和意大利的少数处女不在此列，她们依然被其妖怪看管着）之后，骑士精神的教义（它们全都合乎古代的荣誉标准）偶尔被搁置旁边了。那教义就如同骑士们的盾牌那样结实沉稳。大量关于那教义的美德时常让那教义出现困扰；随着时代变得越来越敏感，在上个世纪初期，荣誉的信念就再次被放宽，并出现了一个新标准。人们视勇气如荣誉一样重要，认为勇气占荣誉的一半份额，而正义所占不多，除此之外，其中不涵盖其他一切可以让荣誉这么怡然自在的美德。但是，就算是这样的荣誉，一个大国少了它也无法维持下去。它是社会的桥梁，我们尽管知道其中涵盖的大多是人类的缺点，但在充当将人类文明化的工具方面，世界上却不存在哪怕一种美德可以起到其一半的作用（起码我不了解世界上有这样一种美德）。在一些高尚的社会当中，如果剔除了人的荣誉观念，人们就会迅速地沦落为残酷粗野的恶棍和忘恩负义的奴隶。

说到属于荣誉的决斗，尽管我可怜那些曾参与决斗者的悲惨境遇，然而，如果说他们恪守了虚假的规则参与决斗，就是有罪；或说他们曲解了荣誉的含义，就是荒唐的。因为有的决斗压根与荣誉无关，而有的决斗却能够教人们怎样对伤害表露愤怒并迎接挑战。你们完全能否认你们亲眼所见的每个人平日所穿的东西就是流行，也能说需要和供给相抵背离了真实的荣誉准则。埋怨决斗的人们并不会顾及社会从决斗的时尚那里赢得的好处。如果容许所有的粗人都为所欲为地应用他们的语言，无须说明这么做的缘由，那么，一切谈话就都会被毁灭了。许多正经人跟我们说：古希腊人和古罗马人就是这一类勇士，尽管压根不懂什么决斗，却乐于为国家的事情而吵吵闹闹。这毋庸置疑，然而恰恰是由于这个缘由，荷马史诗里的皇亲国戚们相互使用的语言，才有可能比我们的脚夫和马夫所能包含的语言还要低俗。

你如果想要遏制决斗之风，那就不要原谅所有参与决斗的人，要定下最为苛刻的法律，抵制决斗，然而无须制止决斗这种风俗。这样做不仅能预防决斗经常出现，还会让最果断、最勇猛的人的举止变得谨小慎微，因而让整个社会变得更优雅、更光明。要让一个人文明化，最奏效的方法莫过于他的恐惧了。当迎接挑战时，如果不是全部的人（就像敬爱的罗切斯特大人所言①），起码绝大部分人都是胆小鬼。对失败的极端畏惧让为数众多的人惶惶不安。欧洲有上千位拥有男子气魄且涵养极好的绅士，然而，他们心中如果不是因为藏有那种恐惧，他们就会成为纨绔子弟，飞扬跋扈、让人不能忍受。况且，明令对法律不该连累的伤害付出代价的手段如果已经落伍，那么，现在胡作非为的数量就会提高二十倍之多，要么警察和其他官员的数量一定是目前的二十倍，才可以天下太平。我坦承：虽然决斗很少出现，然而如果确实出现了决斗，那仍旧是人们的祸端，并且往往会让整个家族蒙受不幸。然而，这个世界上不存在十全十美的幸福，所有幸福都与缺憾相伴而生。尽管决斗行为本身没有仁慈可言，然而，一个国家一年之内仅有三十多人由于决斗而自取灭亡，其中死亡的连一半都没有，所以，我不能说该国国民对自己的爱超越了对邻人的爱。令人诧异的是，一个国家居然不希望见到一年之内可能仅有五六个人丧生，而这些人的出发点，其实是为了赢得一些非常有意义的福祉，譬如举止的优雅、交谈的欢愉，以及时刻有人相伴的幸福。人们常常宁愿为这些福祉而丧命，有时一个小时就有几千人死去，却无法评说这样的牺牲究竟算不算好事。

我不希望会有人去考察荣誉的低劣出身，不希望有人埋怨自己上了荣誉的当，不希望有人埋怨说狡猾的政客凭借荣誉赚得盆满钵满。我十分期盼每一个人都欣喜地目睹：所有社会的掌权人和位高权重的人比其他所有人都更崇尚骄傲。如果不是许多大人物骄傲无度，如果不是普通人都知道享受生活，谁会去当英国的掌玺大臣，谁会去当法国的宰相，或者去担任其他什么职务呢？譬如荷兰省的省长②，它尽管比前两个都要辛苦，然而收入却还没有他们的六分之一。人们彼此提供的服务构成社会的基石。大人物们为自己出身名门而备感欣慰，这绝不是缺少根据：这源于出身会激发他们的傲气，鼓舞他们去干光荣的事情。我们称赞

---

① 参见罗切斯特的讽刺诗《讽刺人类》（A Satyr against Mankind），内有"他们的期盼名望，皆为求得平安；由于所有人都是胆小鬼，如果迎接挑战"的诗句。——译者注

② 荷兰共和国时代，荷兰省的省长还要兼任其他公职，他要集荷兰地产主席（即荷兰地产总监会首脑）、首相及共和国外交部部长于一身。——译者注

他们的血统，无论它有没有资格承受这份称赞。有些人由于自己家族的杰出而赢得敬仰，为自己祖先的美德而备感骄傲。放眼望去整个这一代人，你看不见一个宠溺妻子的笨蛋、痴傻的自大狂、声名狼藉的胆小鬼或淫荡的妓院老板。已经拥有贵族称谓的人们，一定有一份自己已经铸就的骄傲。那种傲气常常会激发他们去奋力拼搏，好让自己名不虚传；这就如同其他还没有拥有头衔的人对工作的期望一样。贵族头衔让他们任劳任怨、勤勤恳恳以让自己有资格赢得它。如果一位绅士成为男爵或伯爵，那就好像有了一位严格的督察在监督他各个方面的行为，就如同刚入教的年轻学生碰到了主教或神甫一样。

对当前荣誉唯一有影响的反驳是：荣誉和宗教相互矛盾。有些人命令你用忍让去对抗伤害；有些人则会跟你说，你如果不去仇视那些伤害你的人，你就不具备生存法则。宗教号召你把所有报复丢给上帝去做，而荣誉却要求你不要借其他人之手完成复仇大计，你唯一能依靠的是你自己；就算法律会帮你完成复仇心愿，你依然要仰仗自己。宗教明文规定不准杀人；而荣誉则公开坦言杀人是合法的。宗教命令你无论由于何种原因都不要让复仇沾染血渍；而荣誉却命令你就算是为了最不足挂齿的小事也要血债血偿。宗教基于谦虚；而荣誉则基于骄傲。到底怎样让这两者和谐统一，这个困惑一定要留给比我更明智的人们去处理。

世上确实拥有美德的人为数甚少，而拥有真正荣誉的人却非常之多，其理由是：对人符合美德举止的所有回报是做出这些举止时的欢愉，大部分人都期待这种欢愉，然而得到的回报却少之又少。不过，注重荣誉的人的自我约束却听命于一种期待，就是凭借他人的称赞而赢得直接回报；而他压抑自己的贪念或其他各种激情，其付出也要成倍地返还给他的骄傲。除此之外，荣誉可以赋予人许多的特许权，而美德却并非这样。一个注重荣誉的人绝不会欺诈或谎话连篇。他如果跟别人借了什么东西，就算对方不曾想要他立刻归还，他也一定会按时偿还；然而他能够喝酒，能够骂人，能够欠着镇上全部生意人的钱，而不去在意他们的追讨欠款的信笺。当一个注重荣誉的人服务于自己的君主和国家时，一定要对君主和国家忠贞不贰；然而他如果觉得自己不被器重，就会随时辞职，并且对君主和国家干些他能想象到的一切坏事。一个注重荣誉的人不可能为了蝇头小利而转换自己的宗教信仰，然而他却能够为所欲为地沉沦淫荡，却从不付诸实践。他绝对不能动朋友的妻子、姐妹或女儿的念头，不能够动拜托给他照看的其他人的念头；但他能够面对世间所有人谎话连篇。

[S]不存在一个测绘师声名远播，

石匠和雕刻匠也都隐姓埋名。

毋庸置疑，一个国家如果每个人都坦诚和节约，那就不会有人搭建新房，但凡旧的还能用，也没有人会动用新材料。如此一来，在四种建筑行业中有三种就会人手奇缺，它们就是石匠、木匠和泥瓦匠。如果建筑业不存在了，测绘师、雕刻匠将会面临怎样的境遇呢？以奢侈为服务对象的其他行业也会被严格遏制，这是由于立法者们旨在构建一个优雅、坦诚、杰出而富足的社会，并且尽力让自己的臣民拥有美德，而不是让他们脱贫致富。凭借颁发一部吕库古①法，就能让这些举措付诸实现。斯巴达式房屋的天花板仅能靠斧子来做，大门和房门也仅靠锯子修平；而普鲁塔克②说，这种政策不是每个人都能明白，因为埃帕米农达斯③如果可以说一口纯正的希腊语，并且在自己家中宴请一些宾朋，就可能会告诉他们：来吧，先生们，放下心来，叛国者不可能来吃这顿非常简朴的晚餐。这位杰出的立法者为何没有考虑到这些难看的房屋不可能款待奢侈与浮华呢？

这位作者还跟我们说：根据报告记载，列奥提契达斯一世国王非常不喜欢见到东西上带有雕刻的装饰。有一天，他来到科林斯④一个豪华的房间里拜访，见到做工非常精致的木梁和天花板，十分诧异，就问主人国内在哪里能找到这种树林。

相似的人工匮乏也会在其他很多行业里存在，（就像该书的"诗歌"里提到的）其中涵盖：制作漂亮丝绸与金箔的织工，及依附于这一行业的各种职业……⑤这些就是那些最早提出埋怨的人之一，这是由于许多蜜蜂从蜂国消失了之后，地价和房价就会迅速下降；另一方面，每个人都讨厌其他所有赚钱手段，这是由于只有这样才能实现对他人百分百坦诚。基于这种情形，大量没有傲气的人或厉行节约的人，也没办法穿到用金银线缝制的或绣有美丽图案的布。最终，不只是织布工，还有银线织工、熨布工、纺线工、线轴工和漂布工，也都会迅速被这股节约之风影响。

---

① 吕库古（约前825—？），古代斯巴达政治家、斯巴达的立法者。——译者注

② 普鲁塔克（46—120），古罗马历史学家、作家。以《比较列传》一书闻名后世。他的作品在文艺复兴时期大受欢迎，蒙田对他推崇备至，莎士比亚不少剧作都取材于他的记载。——译者注

③ 埃帕米农达斯（约前428—前362），底比亚（忒拜）将军、政治家，在公元前371年战胜斯巴达人，击垮了后者在伯罗奔尼撒半岛建立的政权。——译者注

④ 科林斯，古希腊港口城市，地处伯罗奔尼撒半岛东北部，不仅是贸易和交通要地，同时又是战略重地。约在现在科林斯市的内陆8公里处。——译者注

⑤ 参见本书"诗歌"章节第16页。——译者注

[T]傲慢的克洛伊为了生活舒适，

一度逼迫她丈夫去抢劫国家。

我们社会里那些平凡的恶霸，当他们快要被施以绞刑时，当他们的行当终于接近尾声时，常会悔恨自己之前无视安息日的存在，悔恨曾跟淫荡女人（妓女）纠缠在一起。我对此深信不疑。然而，那些罪过并非那么深重的地痞，也都曾纵情地享受其低俗的情欲，也差点把脖颈套在绞索上。不过，他们所说的话语却能够向我们揭示出一点：大量男人频频被妻子陷入这种凶险的计划，没办法只能去采用这般激进冒险的手段，连最奸诈的情妇都绝不可能劝诫他们去采用那种手段。我已经说明：心眼最坏的女人最奢华浪费，既购买生活必需品，也购买奢侈品，其最终会给大量朴实的做工者带来好处，后者辛勤工作，供养家庭，只期盼过一种童叟无欺的生活。一位好人之前说过：就算这样，还是不要取消做工者吧。应当取消全部的妓女，让全国不存在一桩淫荡的恶行。万能的上帝时刻都能把这样的福祉赐予该国，那福祉会远远超出目前妓女们带来的好处。就算这话可能是正确的，我却可以阐明：（享受婚姻之幸福的）女性如果每个人都按照一个理性而聪慧的男人所期盼的那样去做，那么，无论妓女存在与否，都不会有什么东西可以填补商业遭遇的惨重损伤。

迎合女人的突发奇想和奢侈的各种分支及其中需要的人力，其数额十分庞大。仅就已婚女人来说，如果可以接纳理智和合理的劝告，思及自己在首次被回绝后就得到的应有的回复，所以永不提及已经被回绝的要求；换句话说，已婚女人如果想要这般从事，然后仅仅用自己丈夫了解，并容许她们随意花费的那些钱，那么，她们目前用的成千种东西的购买量起码会降低四分之一。我们可以去到各家，仅去考察一下那些收入中等、诚信无欺的店主们在过着怎样的生活——他们每年的用度有两百或三百镑——我们会目睹：那些衣柜里都有十几件衣服的女人（其中两三个的打扮并不是最糟糕的）会觉得：这已经是个非常合理的由头，所以她们能够去添置新衣服了。她们会说自己一直都缺少长袍或者衬裙，有的只是人们平时看见她们穿的那几件而已，每个人都了解，特别是缺少去教堂穿的衣服。在此，我不愿牵连那些太过挥霍的女人，而只评价这些女人，她们被认为是节俭持家，欲念适中。

依循这样的逻辑，我们理应对上流社会的人们给予应有的评判。对于那些人来说，较之于其他花费，在最漂亮的服装上的花费可以说是微乎其微。需要提醒我们的是，他们还有花样繁多的家具、马车、珠宝及供上流社会享受的华屋豪宅。我们会意识到我上面提及的那第四个部分的商业，于我们这一类的国家而言，这部分商业损失如此惨重，可以说是比对其他所有国家都要沉重的劫难，并且极有机会诱发非常惨重的混乱。这是由于：五十万人的死亡在英国引起的动乱，这种危险也无法与五十万失业者必然要引发的动乱相提并论。如果这些人成为失业者中的一分子，那么，无论从哪个方面来说都是社会的极大累赘。

极少数的男人会宠溺自己的妻子，使尽浑身解数以博得妻子开怀一笑。其他的男人压根不关心女人，也没什么可能与女人交往；不过，他们却显得好像非常宠溺女人，而且这份爱是源自虚荣心的驱使。他们由于妻子长相颇佳而开心，就如同纨绔子弟因自己的马外表可人而开心一般，这份爱并非由于马的功用，而只是由于那是属于他的马。他的这份高兴，是因为发现了一种不可压制的占有欲，所以，他还能联想到其他人对他幸福的赞誉。上述两类男人都会在妻子身上一掷千金，妻子常常还没来得及跟他们说关于新衣服和其他新服饰的愿望，就去迎合她们。然而，绝大部分男人却更精明，并不沉湎于迎合妻子的全部奢侈欲望，妻子张口就要的东西，也并非全部都马上奉上。

女人消费和穿戴的首饰和衣服，其数额实在让人难以相信。她们缺少别的能获得这些东西的途径，只能跟家族索要、到市场上消费，还有其他许多从丈夫那里欺诈和窃取的手段。其他一些女人则另有妙计：她们持续地跟丈夫索要，直到丈夫心生厌倦，最后只能屈从。她们索要东西时锲而不舍、持之以恒，就算是执迷不悟的吝啬鬼也只得对她们投降。第三种女人遭遇回绝就会大发雷霆，用直言不讳的吵闹指责、谩骂被她驯服的笨蛋丈夫，进而拿到梦寐以求的一切东西。还有千千万万的女人，知道怎样用花言巧语的力量去征服理性，去反驳他们的屡次回绝。特别是如花似玉的女人，一概不把劝告和回绝当回事，而其中那些会为自己仰仗婚姻生活中那些最柔情似水的时刻赢得无耻私利而心存愧疚的，却寥寥无几，为数甚少。如果有时间，我原本还想大声斥责那些庸俗的女人、无耻的女人，她们镇定自若地施展把戏，扮相妖娆地勾引，跟我们的力量和审慎对垒，用妓女的手法去跟她们的丈夫周旋！这种女人比妓女还要无耻，这是由于她卑鄙地侮辱和浪费了爱情的圣洁使命，把它用来干些无耻肮脏的勾当；她先用外表的热情引发男人的情欲，勾引他们找乐，进而竭力散播温情，其唯一出发点就是谋求礼物。她一边佯装激情四溢，一边却十分奸诈地抓住男人最不能抗拒的那个时刻。

我为了我这些跑题的文字而祈求宽恕，并期盼有阅历的读者合理地审视我那番话与我最大初衷的关系，之后将此牢记：人们每每听到的那些瞬间消逝的祝福,不仅让他们无比享受,而且也是他们所期盼获得的,而众人却喜欢只把那些祝福停留在口头上。不过,在教堂里,在别的宗教聚会上,形形色色的神职人员也会神情肃穆地求得那些祝福。但凡读者把这些事情联系起来,并按照从平时日常事务中目睹的清醒、不偏不倚地进行考察,有一点就会让我对自己的上述见解心存宽慰,就是读者将一定要认同:伦敦的发达,普通贸易的发达,进而国家的名誉、能力、安定及其所有当前福祉,其中很大一部分都要仰仗女人那些无耻的诓骗计策;而对理智的丈夫们的敬重、迎合、温柔及顺从,以及节约和其他所有美德(如果他们拥有这些美德并有十分卓越的表现),其对王国的繁荣、富强和我们所说的富庶的付出,却赶不上那些最讨厌的品质的千分之一。

大量读者考虑到从我这个观点中可能得到的推论时,必然会觉得不寒而栗。他们会问我:一个人口众多、富足、宽广、幅员辽阔的王国,其人民是否就不会拥有与一个穷困且人烟极少的小国或全国人民一样的美德?如果大国人民不可能拥有小国人民的那些美德,那么,削减国民的人数,让其与国家的财产及商品相匹配,这是否就是所有君主的使命呢?我如果赞同他们这个见解,就要坦承自己的观点是不对的;我如果坚持相对立的看法,我的见解就会被视为怠慢,起码会被看作对所有大型社会是岌岌可危的。不但在本书的这个地方,而且在其他大量地方,连最温和的读者也会提出这类的问题。所以,我希望在这对我这个观点进一步加以阐释,并竭力处理本书有关章节可能让读者产生的那些困惑,以印证我的见解是正确的,也符合最严苛的道德规范。

我首先制定一条准则,即在所有社会(无论大小)内部,与人为善乃是所有成员的义务;美德应得到支持,恶德应备受唾弃,法律应该被遵守,违法需要受到责罚。接下来我要说:研究古代和现代的历史,并回顾一下世上出现了什么的事情,我们就会发觉,人的天性从亚当沉沦那天起就一如既往,其好处和坏处在世界各地想来都是有目共睹,且不会因为时代、气候或信仰差别而发生变化。我不曾说过,也不曾期盼过一个富裕王国的人民没有机会拥有弱小的国度人民的美德。然而我也坦言:我觉得,缺少人的恶德,没有一个社会可能变成这种强大的王国,就算终有一天成为强大的国家,也不会长治久安。

我认为,本书全篇已经印证了这一点。因为人性仍旧未变,因为人性上千年来始终如一,我们就不会有什么有说服力的证据去预测人性在将来会发生的变化,只要世界不会归于消亡。所以,跟一个人阐明那些激情的源头及动力,我不知道这怎么会算不道德,那些激情往往(甚至是在他自己不知不觉的情形下)鞭策他赶快远离理性。同理,让人加强警戒,提防自己,提防自爱的阴谋算计,让他懂得怎样把源自征服激情的各种行为,与彻底源自一种激情征服另一种激情的各种行为区别开来,也就是让他知道真实美德与虚伪美德的不同,我也不知道这怎么能说是一种愚弄。一位令人尊敬的人说过一句让人称赞的格言:遍布自爱的世界上尽管有过诸多发现,然而还留有宽阔的未知领地。[①]我使人对他自己比以前更有自知之明,这有什么害处?不过,我们所有人都热衷阿谀逢迎,甚至向来不去了解让人惭愧的真理。灵魂之不朽是远在基督教出现之前就已经被提出的真理,而如果它不是让人欢喜、备受称赞,不是对整个人类(涵盖那些最低俗、最晦气的人)的奉承,我就不认为它曾被人从心底认同过。

每个人都喜欢听人说及备受称赞的、自己也在其中的事情,连管家和牧羊人也不能免俗。实施绞刑的刽子手本人也希望让你对他的行业心存好感。不,就连盗贼和入室劫掠者对其同门兄弟的敬仰,也远大于对诚实者的敬仰。我发自心底地坚信:让这篇短小的论文(也就是在本书此版之前的那本小书)找来了那么多敌人的,大多是人的自爱。每个人都把本书看作对自己的招惹,这是由于它中伤了尊严,贬损了那些美好想法,他之前认为人类拥有那些想法,而人类是他所从属的、最堪敬仰的同伴。我说:缺少恶德,所有社会都不可能变得强大,都不可能赢得当前最大的荣耀,这并非意味着我希望人们去胡作非为。同理,我说这样的财富与荣耀如果缺少相应的过度自私者和争讼者,就不能维系法律这个行当,这也并非意味着我希望人们去争执不休、贪婪无度。

不过,说大部分人都存在这些缺点,这最能明显地印证我这些观点并不正确,所以,我并不期盼大部分人的接纳。我写作既非出于讨好大部分人,也不为寻觅任何同道中人以求得一份好运。我为那些能够拥有抽象思维能力的少数人写作,旨在把他们的思想升华到超越凡俗人的层次。如果我眼前有通往当下卓越之路,我绝对会毫不迟疑地选择抵达美德之路。

你如果要遏止欺骗和奢华,如果要预防猥亵信仰和批判宗教,如果要让绝大部分人心地善良、作风正派和拥有美德,就应该把印刷机摧毁,销毁掉全部铅字,把英国所有的书籍都付之一炬,只保留大学里的那些书(这是由于它们在大学里平安无恙),还不容许所有个人藏匿书籍,除了《圣经》。你还应当停止所有对外贸易;不准与一切外国人有商业往来;除渔船外不给一艘船只出海许可,虽说它们早晚会回来。你应当重新赋予神职人员、国王和贵族古老的特权、优先

[①] 此语出自法国作家拉·罗歇福科德,参见其《格言集》第3条。——译者注

权及财产。你应当修建新教堂,并把你可以搞得到的所有硬币全部制成教堂的圣器。你应当修建许多的修道院和济贫所,让所有的教区都拥有自己的慈善小学。你应当推行严惩个人奢侈的法律,让你的青年人去习惯困境:用所有关于荣辱、友谊、英雄主义的最动人、最美妙的见解去鼓舞他们,给他们各种虚假的奖赏。接下来,你应当让神甫们祈盼他人清心寡欲和自我约束,并且容许神甫们自己随心所欲。你应当赋予神甫们在国事管理上最沉重的责任,除去主教,谁都没有资格成为财政大臣。

凭借这种诚挚的奋斗与优秀的统治,情况会很快发生变化。绝大多数贪婪无度的人、心存不满的人,以及躁动不安的、雄心勃发的流氓将逐渐远离这个国家;大群谎话连篇的地痞恶霸将会远离城市,散布到所有乡间;手艺人将懂得怎样扶犁耕地;商人将转身成为农夫;而大肆扩张的耶路撒冷①,因为不存在饥饿、战争、瘟疫和压制,将以最轻松的方式变得一无所有,之后永远不会在此成为让其君主抓耳挠腮的地方。经历了这次愉快变革的王国,将不会有一个地方人山人海,所有的生存必需品都物美价廉且库存十足。反之,上千种罪恶源头——金钱将会十分罕见,且不会有什么人需要。所有人都将有机会享用自己劳动的成果,爵爷和农夫偶尔也都有可能穿着我们的工厂批量制作的舒适服装。环境的这种变化不可能对一国的风俗不存在影响,还会把国人变得克制、憨厚和真诚。从下一代起,我们非常有可能见到比现在更健康、更活力四射的子孙。那会是个没有危害、没有邪恶、温和善良的民族,不可能怀疑强制遵从的准则,不可能怀疑其他所有主流准则,而只是对君主唯命是从,并且拥有一致的宗教信仰。

我以为,在这可能会有一位伊壁鸠鲁主义者想插一句话,就算出于必需,他也不会采取对健康有好处的节食,并且身边的奥特朗酒②向来不离左右。他有可能跟我说:无须毁灭一个民族,无须摒弃生活的所有安逸,也可以拥有善良和真诚;少了邪恶与欺诈,也可以捍卫自由与财产;人不当奴隶,也可以成为良民;人不当神甫,也可能会虔心信仰某种宗教;勤俭与节约充其量是一种无法推脱的义务,这是由于在那种环境里节俭是必须的;然而,一个有许多不动产的人如果精打细算地生活,却是服务于整个国家的行为。谈及这位伊壁鸠鲁主义者本人,他始终可以掌控自己的欲念,始终可以按照实际情况割舍某些东西;如果缺少正

---

① 在这里指一切大城市。——译者注
② 奥特朗酒,产于法国的一种酒。——译者注

宗的埃米塔日红酒①，他本人能够因为口味淡雅的波尔多酒而心满意足；在很多个清晨醒来，他并不会选择圣·劳伦斯酒②，而是想要换种感觉，选择了福隆泰尼酒③；吃过晚饭后，如果有很多同伴，他可以不去喝塞浦路斯红酒，甚至连玛德拉酒④也不喝，还会觉得喝托凯葡萄酒实在是非常浪费的。不过，无怨无悔的自我约束却全都是表面文章，只有无知的狂热者和躁狂者才会去事必躬亲。他会援引尊敬的沙夫茨伯里⑤爵爷的话来质疑我，会跟我说：人们不自我约束，也可以拥有美德，也可以温和善良；让美德变得难以望其项背，就是对美德的冲撞；我把美德比作妖怪，让人们因为觉得它不能付诸实施而畏首畏尾；然而，就他而言，他可以一边赞扬上帝，一边又心怀慈悲地享用上帝创造的生灵。最终，他会问我：一国的立法者与智者尽力制止亵渎神灵与伤风败俗的举止、为上帝添姿添彩的同时，是否坦白认可自己心中对臣民所在意的安逸与快乐不以为然，对财富、权力、荣耀及其他一切被称之为国家真正关切的东西不以为然；不但这样，我们的神职人员中最诚挚、最博学的人所最在意的，是否就是让我们信仰宗教？他们恳请神不仅让我们的心，而且让他们自己的心逃离现世欲念及所有肉欲，而且就在这次大声祈祷中，他们是否也恳请神将所有现世祝愿与凡尘幸福赐予他们所在的那个王国？

采用上述理由、托词及大多辩驳的，不但是声名狼藉的恶霸，而且是人类的大部分。你如果牵扯了人们那些生而具备的天性，并进一步探究他们对宗教真正意义的态度，就可以把他关注的东西看得清清楚楚。每一个人都因为其意识到的诸多缺点而感到惭愧，就尽力相互掩饰他们自己，掩饰其难看的裸体，用善良及注重公众福祉的漂亮外套，把自己的真实目的严严实实地裹起来。他们想掩饰自己肮脏的欲望，掩饰自己无理的欲念。此时此刻，他们心中却非常明白：他们十分喜欢那些为他们珍视无比的奢欲，他们缺乏能力堂而皇之地走上通向美德的曲折奋斗之路。

关于上面最后两个问题，我坦承它们确实非常让人迷茫：就伊壁鸠鲁主义者

---

① 埃米塔日红酒，法国南部地区生产的一种红葡萄酒。——译者注
② 圣·劳伦斯酒，加拿大圣·劳伦斯湖畔一处葡萄园生产的一种葡萄酒。——译者注
③ 福隆泰尼酒，一种麝香白葡萄酒，原产地为法国。——译者注
④ 玛德拉酒，一种红葡萄酒，由葡属玛德拉岛生产。——译者注
⑤ 沙夫茨伯里（1671—1713），英国哲学家。他认为美德在于遵从自然，在于明白了公共福祉与个人福祉是统一的和紧密相连的。在此，"自然"意即宇宙格局预定每个人的方位。他尽管觉得有时无须克制个人欲望也可以拥有美德，但并不支持纵欲，而是觉得最合乎美德的举止源于最大的自我约束（参见其著作《性格论》）。——译者注

的这些问题，我必须要给出肯定的答复；除非我想要谴责国王、主教及全部立法者的真诚（上帝不允许这样！），要不然，伊壁鸠鲁主义者的观点就可以彻底驳斥我的观点。我仅仅可以为自己辩解说：把所有现实组织起来考察，人类智力当中还留存着某些神秘莫测的因素；为说服读者我并非逃避回答，我将用以下这则寓言来论证这种神秘因素是不能领会的。

　　传说，在古老的异教时代有个奇异的国度，那里的人对宗教高谈阔论，绝大部分人外表看上去都非常谦卑。他们最大的道德罪行就是嗜酒，它被看成一种该谴责的罪责来禁止。但是，人们却统统认同一点，即所有人生来就嗜酒，只是多寡而已。每一个人都有资格适量地喝一点淡啤酒。谁如果佯装少了淡啤酒也能照样生活，就会被当成伪君子、厌世者和癫狂痴傻的人。不过，公开坦承嗜好喝啤酒并酩酊大醉的人，却被当成邪恶之徒。虽然这样，啤酒本身却向来被视为上天的恩赐，而饮用啤酒也被认为无损健康。错在饮用无度，错在诱使人们饮用啤酒的目的。有些人出于消热解渴而喝下一点啤酒，就会被看作犯有滔天大罪；而另一些人喝下千杯却压根没有违法，因为他们用毫不在意的姿态对待啤酒，饮用它，只是为了重现自己昔日的面容。

　　他们不仅为自己生产淡啤酒，而且为其他国家生产。他们把少许淡啤酒出口到国外，可以换取许多的货物，涵盖威斯特伐里亚火腿、牛舌、腊肉，还有波洛尼亚香肠、熏青鱼、腌鲟鱼、鲟鱼子酱、腌鲥鱼，以及其他所有可以让他们高兴地充当下酒菜的食品。有的人很少喝酒，却储备了许多啤酒，往往会被人嫉妒，同时也在公众中臭名远扬。自己没有充足的啤酒，任凭谁都不可能觉得舒服。在人们看来：最大的灾难就是把啤酒存下来而不喝，而每年喝掉越多的啤酒的国家，就会越繁荣。

　　对要用出口的啤酒换取的货物，政府制定了大量十分明智的政策，高度支持进口盐和胡椒，对所有工艺不精的食品加重税赋，并且千方百计不准把本国的酒花和大麦出口到国外。当权者们在大庭广众之下表现出一副绝不贪恋啤酒的姿态，对它们毫不在意，制定了许多法律以预防酒欲加大，并且惩治胆敢公开饮酒的混球。但是，如果你细致地观察他们所有人，注重探究他们的言谈与举止，他们却好像更嗜好啤酒，起码他们喝的啤酒比其他人要多得多。而他们却始终推诿说：他们重现面色所用的啤酒超过其辖区内其他人所使用的；他们心中关注的主要问题压根并非他们本人，而是让所有臣民大肆酿造淡啤酒，激发臣民对啤酒花和大麦的需求。

因为对所有人饮用淡啤酒都不加限制,神职人员就如同常人一样地饮用它,其中一部分人酒量颇佳。然而一切神职人员却都期盼在别人眼中因为职责所在,他们的酒量并没有别人那么大。他们一向说自己喝酒只是为了重现往昔而已,并非出于别的原因。在开宗教会议时,人们的表现愈加真诚,这是由于一来到会场,无论是普罗大众还是神职人员,无论是位高权重的人还是身份最卑微的人,都会向大家坦承自己嗜好饮酒,而重现往昔乃是自己最不关心的事情;他们把所有心思都放在淡啤酒上,都放在浇熄自己的酒欲上,无论他们的扮相与此是多么地迥然有别。最需要说一下的是:把那些事实告诉某个心有成见的人,事后走出神庙之后利用他们的坦诚,还会被看作非常失策的行为;所有人都觉得,说一位神职人员"嗜酒"是对他的严重顶撞,虽然你之前目睹他成桶地痛饮淡啤酒。他们传道时的许多重大话题是嗜酒的恶端,以及浇熄酒欲的痴傻。他们劝诫听众抗拒酒欲的诱惑,大声斥责淡啤酒,并频频告诫人们:如果是为一时欢乐而喝酒,或者不是出于恢复面色的目的,而是出于其他什么原因而喝酒,那么,淡啤酒就是穿肠毒药。

这些神职人员跟众神交流时,为从众神那里获得了许多让人畅爽的淡啤酒而对众神心存感激,虽然这样,他们依然会说自己并不嗜酒,并总是节制自己的酒欲。然而与此同时,他们却悉数陶醉在那酒中,而众神恩赐他们啤酒,原本是让他们用来做些更伟大的事情。他们为自己的顶撞举止求得原谅之后,就期盼众神削弱他们的酒欲,恩赐他们抗拒酒欲的能力。但是,在他们出现最理性的惭愧时,当他们吃着最朴素的家常便饭时,却不曾将淡啤酒遗忘过,于是祈祷自己一直都可以喝到许多淡啤酒。他们对天发誓说:无论现在他们在节制酒欲方面的表现有多差劲,之后他们喝酒只会是为了重现昔日,除此之外保证绝不喝半滴酒。

上面就是所有具有代表意义的借口。百余年来,他们总是一成不变地使用这些借口。其中一部分人觉得:众神可以预知未来,预知一月份听到的承诺与前一年六月听到的没有差别,所以会非常怀疑誓言的真实性。这就如同我们不会信赖那些滑稽的付货保证书一样,它们允诺为我们供应货物,今天是为了谋利,明天却没有企图。他们经常神神秘秘地开始祷告,其中非常高雅地说到很多事情。然而他们内心对那个高雅世界的贪求,却不曾让他们在祈祷完成后忘记祈求众神庇佑并繁荣酿酒业及其一切领域,并且为了普罗大众的福祉,庇佑啤酒花和大麦的消费量突飞猛进。

[V]而那种摧垮了辛勤的自得……

很多人都跟我说：勤勉的死敌是懒惰而不是满足。所以，为了印证我这个论述（在有的人看来，它好像难以自圆其说），我要分别对懒惰和满足进行阐述，之后再讨论勤勉，以此让读者进行评判：与勤勉最针锋相对的到底是懒惰还是满足。

懒惰乃是一种对忙碌的厌烦，往往有一种没有理由的欲望与之相伴，即一直维持游手好闲的情形。如果缺少某个有保障的雇佣的规定，每一个人都是懒惰的，都会反对为自己或他人而忙碌。除了对被我们视为地位没我们高的人、对期待拥有其服务的人，我们不常说其他人懒惰。儿童不会觉得他们的父母懒惰；仆人也不会觉得他们的主人懒惰。就算一位绅士非常贪恋安闲怠惰，连自己的鞋子都不想穿（虽然他年轻力壮），也不会有哪个人因此说他懒惰，但凡他还能支付一个脚夫的薪资，或者能支付为他做这件事的任何人。

德莱顿先生曾给我们仔细描述过一位挥霍无度的埃及国王看起来到底是如何懒惰。①那位国王陛下把礼物恩赐给自己的一些宠臣，在场者涵盖许多军机重臣。国王想要签署一份羊皮纸证书，以证明他的馈赠。开始，他表情严肃而焦虑地走来走去；接下来，他如同一个疲倦的人一样坐了下来；最终，他非常勉强地干着要干的事情，提起笔来，极为庄重地埋怨托勒密这个名字太过冗长，还说对此人十分关切，由于后者无法找到一个单音节的字取代他之前的名字。国王觉得那个新名字将会消解国王的许多不便。

我们经常由于自己的懒惰而嗔怪别人懒惰。就在几天前，在一起做毛线活的两名年轻女子还互相说：那个门里吹进一丝可恶的冷风，妹妹，你离那扇门近一点，请你把它关上吧。那位更年轻的女子的确费心地向那扇门看了一下，却纹丝未动，静默无语。姐姐又重复了两三次，见另一位既无回应，又一动不动，最终愤怒地站起来，自己把那扇门关上了。她回到原位，愤恨地看了一眼那年纪小点的妹妹，说道："我的上帝，贝蒂妹妹，我今生也不可能像你这么懒。"这话说出口时她表情非常严肃，脸上甚至浮现了愠怒。我坦承，妹妹原本理应起身去关门；然而，姐姐如果不是太过在意自己的劳动，当冷风让她烦扰时，她原本应当只字不提，自己立刻去把门关上。她跟那扇门的距离仅比妹妹远半步；关于年龄，她只比妹妹大了不到十一个月而已，而且两人都没有二十岁。我觉得，实在难以评判出她俩之间谁更懒惰。

世上有数以千计的可怜虫，为了少得可怜的报酬而尽心尽力地工作，由于他

① 参见德莱顿著《克莱奥门涅斯》第2部，第2章。——译者注

们压根无法想象或忽略了自己吃的苦究竟价值几何；而另一些精明者则知道自己工作的真实价码，回绝那些比标准工钱低的工作，这不是因为他们生来悲观，而是因为他们不希望贬损自己劳动的价值。一位乡绅在交易所后面见到一个杂役无所事事地游荡，就对他说：拜托你，朋友，拜托你帮我把这封信送去弓街教堂，我给你一个便士，可以吗？那脚夫说：我的确非常想去，然而，我需要两个便士才能去，老爷。乡绅不愿付两个便士，杂役就转身对乡绅说：如果不能赚多少钱，与其工作，不如闲逛。宁愿闲逛而不赚一文，也不想去轻轻松松地赚上一个便士，乡绅把这视为那杂役的懒惰至极。过了几个小时，乡绅恰好在斯莱德尼德大街①的一个小酒馆里遇到了几位朋友，其中一位突然想起来自己忘了当晚要去邮局取一张汇票，所以正着急如焚，急需有个人马上雇一辆可以飞跑的出租马车，代他去邮局走一趟。那时已是晚上十点多，又是深冬时节，那天夜里还大雨倾盆，周边的杂役们全都上床睡觉了。那位先生十分焦躁难耐，说无论出多少钱也一定要派个人去拿支票。最后，有个跑堂的看他这般着急，就跟他说自己知道有个杂役，如果认为这差使的工钱有吸引力，这人就会起床去跑一趟。那位先生十分着急地说：绝对有吸引力，一定不要担心钱，好小伙子，你如果知道什么人，就让他全力以赴去跑一趟吧。他如果可以在午夜十二点之前赶回来，我就支付他一个金币。听完此话，那跑堂的就担负起了使命，跑出屋子，一刻钟之内就返回了。他带回了一个好消息说，那杂役会用最快的速度回来。此刻，小酒馆里的人们又如之前一样分散开来各自寻开心。然而，十二点将近的时候，人们却大都掏出了怀表，谈论起那杂役什么时候会回来。有些人说他可以在午夜钟声敲响之前赶回来；另一些人却觉得那是不现实的。就在差三分钟就到十二点时，那飞毛腿进了屋子，浑身散发着热气，衣服都被雨水浇透了，满脸是汗。他浑身上下除了钱夹里以外，其他所有东西都是湿的。他从钱夹里取出刚才拿回的支票，走到那跑堂的跟前，把支票交给了那位先生。那位先生对他的效率感到十分欣慰，就给了他之前允诺的一个金币。另一位先生为他倒了整整一大杯酒。每一个人都夸赞他勤快踏实。那杂役走向靠近灯光的地方，去取那杯红酒，我之前提及的那位乡绅十分惊讶，因为他发现此人就是那个曾回绝他的一便士的杂役，而那时他觉得此人是世界上最懒的人。

这个故事向我们阐明：世上没有工作的人包括两类，一类是因为没有能让其**拼命赚取最大利润的机会**；另一种则因为缺乏干劲而消极懒惰，情愿食不果腹也

---

① 斯莱德尼德大街，是伦敦的一条大街，英格兰银行就在这儿。——译者注

不肯努力工作。我们不该把这两种人相提并论。如果没有意识到这一点，我们一定会按照人们对出卖自己劳动预测获得收益的估算，扬言世人或多或少都带点懒惰，于是最勤快的人也会被当作懒汉。

  我把内心的平和与安详当作"满足"。人们觉得自己非常幸福时，就会出现这样的满足感，并且会安于现状，不求进取。这表明我们现在的处境对我们非常好，表明一种安详平和，而但凡人们还喜欢改良自己的环境，就不会轻易出现这种安详平和的心境。满足作为一种美德，但是对这种美德的称颂既缺乏任何根据，又非常不可靠，这是由于人的处境各不相同，而如果拥有了这种美德，就会被众说纷纭。

  一个单身男人原本在一个艰苦的行业里辛勤工作，他继承了一位亲戚每年给的一百英镑的遗产。这个好运的来临迅速让他对工作产生了厌烦心理。他缺少足够的勤奋精神让自己不断进取而在世界求得立足之地，就打算任何事情都不做，仅仅仰仗那笔遗产过活。但凡他理性地生活，不赊欠所获的东西，不开罪每一个人，人们就会把他当成一个老实、本分的人。他居住的那个客栈的店主、女房东、裁缝，包括其他人都会与其共享他名下的东西，而社会也由于他的纳税而一年好过一年。虽然这样，他如果去干些自己的事或其他的某个行当，肯定会成为别人的障碍，有的人会因为他的盈利而得到的更少。因而说，尽管他本该是世上最自在的人，一天二十四小时之内，他可以赖床十五个小时之久，其他时间则游手好闲、闲闲散散地消磨时间。然而不会有一个人对他嗤之以鼻，而他这种懒散精神则会被贴上"满足"的标签。

  不过，如果这个人成了家，是三四个孩子的父亲，却仍旧维持相同的闲散心态，称心如意地享用自己的财富，压根儿不努力去赚一分钱，沉迷于其之前的懒散中，又会怎样呢？首先，他的亲戚们（或者起码是他熟识的人们）会对他这种缺少责任心的行径心存恐慌，这是由于他们可以预测他的收入并不足以让这么多孩子健康成长，所以担忧其中某个孩子未来就算不会作为重担压身，他们也会以此为耻。这些担忧瞬间让人们交头接耳，迅速传播开来。与此同时，这人的叔叔格莱坡①让他去找个事做，并费心地用类似的套话来劝诫他：那个，侄儿，还没有工作吗！真让我失望至极！我不知道你如何消磨你的时间，你要是不想干你的老本行，还有五十种挣钱的方式呢。你每年有一百镑入账，这是事实，然而你的花销也在逐年递增呀，待到你的孩子长大成人，你还能干什么呢？你比我有能

---

① 意即满肚子抱怨。——译者注

力,我对你的器重远超过我自己,然而你没发现我把生意弃之一旁吧?非但不丢,我还把话撂在这儿:我就算拥有整个世界,也不会如同你一样生活。我坦承,这事儿跟我不存在一丝瓜葛,然而所有人都非常痛心。就你这样一个男人年纪轻轻,身体健全,没病没灾,竟然不动手去找个工作,这实在让人颜面尽失。如果这些劝诫短时间内不能让他悔改,之后半年多的时间里他依然游手好闲,街坊邻里都会对他议论纷纷。那些曾一度让他赢得"老实、本分者"声誉的品格,而今却一样让他成为大家眼中"最糟糕的丈夫"和"世上最懒的家伙"。据此得知:我们谈及行为的善与恶时,在意的仅仅是这些行为对社会是好是坏,而并不在意这些行为究竟是出自谁手。①

人们常常把勤劳与勤勉混淆,用来指代相同的事物,然而这两者之间却大不相同。一个穷困的倒霉蛋既不勤奋,也不聪明,尽管可以节俭与吃苦,却压根不去努力改良自己的境况,不思进取。而"勤勉"则包含许多种品格,其中之一是对收获的急切渴求,还有一种是要改变我们境遇的持久欲望。人们要么思及自己所做的行业的传统盈利,要么思及自己投资份额甚少的生意的收益,常常经由两种方式去获取勤勉的声誉:他们要么势必凭借绝对的勤奋,去发觉那些非同小可,且还没获得认可的办法,去拓宽生意,提升盈利;要么势必加倍地劳作,以此让勤勉之名加身。一个买卖人如果仔细打理自己的店铺,恰如其分地招待顾客,他就是他所在行业里的勤劳者。但是,如果除去此事,他还确实孜孜不倦地谋求自己卖出的、价位相同的商品比其邻人的要好,或者凭借友善待客或其他优良品质,认识了很多朋友,以此尽力吸纳客源,我们就能够把他称作勤勉者。一个处在半失业状态的船夫,却向来不轻视自己的工作,只要有活就去好好干,他就可以算作勤劳的人。但是,他无事可干时如果也干些别的事情,甚至还去擦皮鞋,或是去当守夜人,那他就无愧于所担当的勤勉称谓。

我们将会目睹:如果可以恰当领会本篇评论中的话的含义,那么,无论是懒惰,还是满足,这二者其实是非常相似的。如果势必要说出它们之间究竟有着怎样显著的不同,那就是:满足与勤勉的矛盾,要比懒惰与勤勉的矛盾更明显。

[X]……去让一个优秀而直率的蜂国……

在人民身处困顿穷苦的地方也能知足常乐时,估计可以让这一点变为现实。但是,他们如果既想享受世上的安闲和舒爽,又同时要像那些好斗的国家一样富

① 参见第二部分中"美德的源起"中探讨善恶观念差异的章节。——译者注

足、强大和繁盛,那是绝对不现实的。我曾听人们提到斯巴达人的充足军备远多于全部希腊城邦的总和,更无须提及他们的超常节俭和其他模范美德了。不过,世上一定不曾有一个民族的杰出比斯巴达人的更像是空中楼阁。他们生活之中的奢华还赶不上一个剧场的华丽。他们仅仅能自以为傲的事情,乃是他们不会去享受任何事情。其实,他们既恐惧外邦,又在意外邦。斯巴达人向来是凭借军事上的英勇无敌与杰出的作战技能而闻名于世的,乃至其邻国人不光在战争时与他们并肩作战,向他们施以援手,而且如果可以让一位斯巴达将领去指挥他们的军队,也会觉得十分荣幸,在他们看来那样赢得战争就万无一失了。然而,当时斯巴达人的军纪非常严明,其生活方式也非常朴素,禁止所有安逸,乃至我们当中很多节制力最强的人,都不可能遵从那些让人如此不适的苛刻规章。斯巴达人流通一种十全十美的货币:金币和银币都备受贬低。他们流通的货币用铁制成,外表好看却仅仅价值几文。想要置换二三十镑的话,必须得用一只非常大的箱子才能把那种钱币装得下。想要移动一下那只箱子,就真是和去牵动一头约克郡公牛差不多。斯巴达人抗拒奢侈的另一剂良药,乃是他们所有人都要聚在一起吃相同的饭菜,而任何人都很少有资格可以在自己家中独享盛宴,乃至一位斯巴达国王阿吉斯击溃雅典人胜利归来后曾想把属下支到别处(因为他想跟王后独享晚宴),却因此被军事首领们议论纷纷。①

普鲁塔克说,在培养青年方面,斯巴达人最在意的是让青年成为优良的臣民,可以容忍长途枯燥行军的疲惫,并拥有只有胜利才会走下战场的决心。他们十二岁一过,就被分成一小拨在一起居住,以蒲草为席,蒲草长于欧罗塔斯河畔。蒲草叶尖非常尖锐,然而他们不用刀具,而只靠手把它们扯下来。在寒冬季节,他们往蒲草中混杂些蓟草,用来御寒(参见普鲁塔克作品《列古戈斯传》)。非常明显,生长于这样的环境中,世上不会有一个民族不拥有阳刚之气。然而,因为斯巴达人舍弃了全部安逸的生活,他们要安抚痛苦,除去唯一一份荣耀,就两手空空了,而那就是他们英勇无畏,可以习惯艰苦困顿。这种荣耀虽然堪称一种幸福,世上却没有几个民族希望把它当成幸福。尽管斯巴达人曾一度主宰了整个世界,然而但凡他们不再继续,英国人还是基本上难以羡慕斯巴达人的那份荣光。现在人们所需要的,我已经在"评论O"中一一道明,那段评论

---

① 这件逸事出现在公元前5世纪的斯巴达国王阿吉斯一世及二世身上。英国作家德莱顿所著《普鲁塔克传》(1683年版,卷1,第155页)中对此事有记录。古斯巴达的军事首领不仅是军事首长,而且是位居国王之下的行政要员。——译者注

探讨的是真实存在的快乐。

[Y]……安享世间最丰裕便利……

"恰如其分"①与"便利"这两个词，其意思模棱两可，如果不清楚应用这两个词的人的地位及其处境，我们就难以弄懂它们。在"评论L"中，我已经大致谈论了这两个词的含义。金匠、绸布商，或者随便一位诚信无欺的店铺老板，如果攒下了三四千英镑的财产，每日必然都要有两道肉菜，在星期天，还要吃些更非同一般的菜肴。他的妻子必然会在自己的卧房里用锦缎被铺床，并在两三个房间里摆设上等的家具。第二年夏天，她必然会在乡间筑就一座房子，起码会建造一处十分可心的寓所。在城外拥有住房的人，一定要有一匹马。他的仆人也一定要有马。如果生意还算不错，他就会希望八年或十年后拥有一辆马车。虽然这样，他依旧期盼自己"为奴"（这出自他自己之口）二十二三年之后，每年起码可以让长子继承一千英镑的财产，其他孩子每个人都有两三千英镑充当安家立业的本金。在这种环境中成长的人为每天的面包而祷告（并且只是为每天的面包而祷告）时，人们就会觉得他们非常谦恭。无论你把这视作骄傲、奢侈、浮华，或者别的什么，都没关系；然而，在一个经济发达国家的首都，就理应这样生活。境况还赶不上这些人的必然会因为花销不大的便利而知足，而境况比这些人要好的则必然会让其便利更为高昂。有些人把用盘子上菜视作"恰如其分"，而把马车归为安逸生活的必备条件。如果一位贵族每年的花销还没超过三四千英镑的话，那这爵爷就会被看作贫穷。②

本书的第一版问世后，有几个人曾批驳我，其方法是印证过度的挥霍一定会引发所有民族的灭亡。我立刻给出了答复，跟他们阐述了我探讨这个问题时所预设的条件。所以，为了将来不让哪怕一个读者在这个问题上曲解我的意图，我还要说明本版及前一版中的那些提示与限制条件。如果它们没有被忽略，就一定可以通过所有合乎情理的检查，并剔除一些把矛头指向我的斥责。我已提出过一条始终不能违逆的座右铭，即应一直让穷人去干活；减缓他们的需求是非常聪慧的，但迎合其需求却实在是愚钝至极；应该大力支持农业和渔业的发展，以确保食品供应充足，进而让劳动力价格低廉。我把愚昧看作社会结构的必要部分。由

---

① 原文是"Decency"，此字由拉丁语的"Decorum"演化而来，意指合乎时宜，妥当大方。朱光潜先生在《西方美学史》（上卷，第105页）中把该词翻译成"合式"。——译者注

② 第一版正文至此为止，下面的章节是第二版时添加的。——译者注

上述所有这一切可知，我明显不可能认为一国需要大肆宣扬奢侈。同理，我也倡议：财产应当予以保护；公允的法律应当予以落到实处；所有事务都要把国家利益考虑在内。然而，我最坚守并一再强调的一点却是：要关注贸易的收支平衡，立法者应尤为注意不要让每年的进口大于出口。就算这些方面都达成了，并且不曾忽略我上述提及的其他事情，我还是要重申一点：所有外来的奢侈品都不能让一个国家归于灭亡。只有在人口众多的国家才会目睹过度的奢侈，并且只有在其上流社会才能一睹真相。一国人口越多，其最底层者的人数也就越多，他们是供养所有人的根本，是泛泛的贫苦大众。

　　有的人太过喜欢模仿命运比他们好的人，这种人的毁灭可谓是自取灭亡。这压根无法驳斥奢侈，这是由于无论是谁，但凡其生活捉襟见肘，就是个笨蛋。有的有钱人家里有三四辆马车，同时还能给子女留有遗产；而一个年轻店主却会仅仅由于养了一辆破马车而倾家荡产。一个富国里不可能缺少挥霍者，然而我却不曾得知世上有任何城市里只充斥着挥霍者，我只了解世上存在厌嫌挥霍者的人，其数目绝对能迎合挥霍者们的需要。一位奸诈的商人会由于太过挥霍或一不小心就倾家荡产，一位干着相同工作的年轻新人，也可以在四十岁以前凭借节俭或更为勤快而发家致富。而且，人类的缺点常常会引起相反的影响：有些人小心翼翼，却不曾致富，这是由于他们实在太抠门；而有的人虽然花钱十分铺张浪费，好像并不在意钱财，却聚集了巨额财富。然而，命运一定会千变万化。那些最不幸的人无论是死是活，都对社会没有好处。洗礼与葬礼可谓是合理平衡。由于他人的倒霉而遭受损伤惨重的人会觉得十分背运，不停埋怨，吵吵闹闹；然而，由于他人的倒霉而有所收益的人（向来都存在类似的人）却会沉默无语，这是由于他们不希望让别人觉得他们的时来运转是源于我们邻人的灾祸及损伤。命运的跌宕起伏组成了一个不停转动的轮子，成为整个机器运行的发动机。哲学家胆敢把其思想拓展到他们视线之外的地方，把文明社会的盛衰只当成呼吸的此起彼伏；而社会气息的下降也如同十全十美的动物气息的下降一样，都是构成呼吸作用的因素之一。

　　所以，不停运转的命运的无常气息对于政治实体而言，就跟反复无常的空气对于有生命的动物而言一样。

　　因而，对于社会而言，贪婪与挥霍两者都是必不可少的。一些国家的人向来都会比另一些国家的人更挥霍，这是由于产生两者恶德的境遇并不相同，他们的社会制度及自然环境也不一样。在此我要拜托细心的读者宽恕，我害怕你们会遗忘一些我一再重复过的事情——其详细内容可参见读者已经读到的"评论Q"——金钱超过土地、高额的税赋、生活必需品的匮乏、勤恳、劳苦、积极进取的向上精神、暴躁脾气与糟糕性格；年老、聪慧、买卖，以及我们经由自己的劳动所赢得的财富，还有备受保障的自由和资本，所有这些都会让人离贪婪更进一步。与此不同，懒惰、自满、脾气温和、乐天知命、年轻、愚笨、专制的权力、轻易拿到的金钱、充盈的生活必需品，以及财产的不断变化，这样的环境则轻易导致人们离挥霍更近。在最风靡的恶德就是贪婪的场所，挥霍就会随之递减。然而，世上既不曾存在一国的全民节约，并且，全民如果没有需要，也不可能出现全民的节约。

杜绝奢侈浪费的法律对贫弱国家可能会产生效用，那个国家可能刚刚结束了一场战争、瘟疫或饥荒的大灾难，百废待兴，穷人无事可做。不过，为了让穷人可以在一个富足的王国生存而去袒护穷人的利益，却是一个下下策。我理应用下述话语作为对《抱怨的蜂巢》的评论的结束语：我能够向倡导全民节约的人们打保票，我们如果让英国的女子不穿那么多亚洲丝绸，就不会让波斯人和其他东方国家有机会买去那么多的英国优质棉布去享用。

第三部分

关于社会本质的探究

大部分道德家和哲学家到目前为止都始终认为：缺乏自我克制，美德就无从谈起。但是，一位过世的作家①（而今许多博学之人都看过他的许多著作）却秉持不同的观点，认为：对自己大度、会听命于自己天性的人，毫无疑问就是拥有了美德的人。他好像在恳请并希冀人类的天性是纯良的。这就如同我们体会到葡萄或中国橘子的甜味时的看法一样，如果其中有哪一个是酸的，我们就会大肆宣称：它们不曾实现大自然恩赐它们的完美，而那完美原本是能够实现的。这位伟大的作家（因为我在此说的是沙夫茨伯里阁下的品行）认为：人是因为社会而生的，所以，人理应天生拥有对全体（他是其中的组成之一）的美好热情，拥有为全体谋福祉的天生取向。为了印证这个观点，他把所有合乎公共利益的行为看作合乎美德的行为，而把所有损公肥私的行为，即所有不顾念公共福祉的行为看作恶德的行为。谈及我们人类，他把美德与恶德当成始终存在的现实，所有国家、所有时代，必然都是这样，并且在他们看来：一个洞察力非同一般的人，恪守良好理性的规则，不但能从道德剧、艺术作品和大自然中寻觅美丽②或道德美，而且会更淡定、更坦率地接受自己理性的掌控，就像优秀的骑手用缰绳操纵训练有素的马一样。

阅读了本书前面的章节之后，心思缜密的读者迅速就会发现一点：沙夫茨伯里阁下的见解与我的见解真的是针锋相对。我坦承，沙夫茨伯里阁下给出的界定确实非常慷慨、非常精巧：它们是对人类的极大颂扬，只需凭借一点点热情，就可以达成，那热情就是要用一种伟大的情操来激发我们，它包括我们被称赞的天性的尊严。可惜的是，它们并非都是真实的。在这本书的几乎所有页面里，我都已经印证：那些概念的实在性与我们的日常经验可谓水火不容。如果不曾这样做，我现在也不可能说那些概念都并非真实了。然而，为了不给一种反驳观点留下丝毫根据，不让它收不到答复，我想要大篇幅地论证一些事情（截至目前，我只是对它们捎带提及），以让读者确信：人那些美好的、和善的品格，并不能让人比其他动物的社会性更强；非但这样，少了我们言下的（天性中的与道德上

---

① 这里指代沙夫茨伯里伯爵。——译者注
② 本处指外在的、肉眼可见的美。——译者注

的）"恶德"的援助，要把某个群体升华为一个人口密集、富强繁盛的民族，也是没有任何可能性的；就算实现了，也无法让其坚持到底。

为了更好地实现我给自己定下的这个目标，我首先要悉心探究"美丽"或"道德美"的内在本性。这里提及的"美丽"或"道德美"，就是古人常常探讨的kaov①，其内涵是：考察事物是否含有一种如假包换的价值和美德，是否含有绝对超越另一事物的特性。关于这个问题，所有人都赞同最熟悉那些事物的人的看法。偶尔，人们也热衷于一些数量较少的事物，而所有国家及所有时代都会对它们予以相同的评判。我们首先考察这种显而易见的价值，意识到一种事物要优于另一种，而第三种事物又优于前一种，长此以往，我们逐渐拥有赢得成功的伟大信念。然而，我们却目睹了另外几种事物，它们或者都非常好，或者都非常坏，我们因而会心存迷茫，并不始终合乎我们原有的观念，而契合他人观念的更是少之又少。美是多姿多彩的，错误也是形式多变的。风俗与流行在时刻改变，兴趣与品性互有差异的人会各自备受评议。

对一幅画进行评论的时候，人们的意见始终不能达成统一。偶尔，一幅上等作品会被与新手的作品混为一谈，然而，后者与伟大大师的作品之间有着怎样的天壤之别！古董鉴赏家之间派系繁多，在评估古董的时间和国别时，其中达成一致意见的时候少之又少。最优秀的绘画并非都能换取最好的价钱，一幅著名的原作向来都比一个无名小卒对它的所有杰出描摹要有价值得多，虽然描摹有时甚至超越原作。人们评判一幅画的价值，不只考虑绘画大师的名气及其作画的时间，在很大意义上，还要考察其作品的稀缺性，按照那些作品享有者的地位，以及其家族名扬天下时间的长短（为何这样，到目前都不能说出个所以然）。如果汉普顿宫②里的那幅壁画不是出自拉斐尔之手，而是一位二流或三流的画家所作，或者它是私人物品，而此人逼不得已才要把它卖掉，那么，人们都不可能出现价1/10的钱（人们而今是大错特错，居然觉得它价值如此之高）去将它买回。

虽然这样，我还是乐于认同：对绘画给出的评价有可能成为一种被广泛认可的确定价值，起码不会像对其他事物的评判那样变来变去，会因时间、地点、人物而发生变化。内里原因非常浅显：评判绘画，会按照特定的标准，而这个标准

---

① 说法不一。亚里士多德将其阐释为"堪被颂扬的"，柏拉图将其阐释为"快乐的"或"有利可图的、有用的"。——译者注

② 英国伦敦的皇宫，由英国建筑家沃斯莱设计，始建于1515年，1525年呈献给英王亨利八世，宫中有许多的绘画和装饰，还有花园和当时知名弄臣们的私人卧室，素有英国的"凡尔赛宫"之称。——译者注

向来一致。绘画乃是描摹自然的产物,是对人们俯首可见的事物的重现。如果说,探究绘画这种辉煌发明看上去已有点不合时宜,我期盼通情达理的读者可以理解,因为这思考对我的初衷非常有启发性。这探究即是:我所谈论的事物尽管作为艺术非常有价值,然而,在从这种愉悦的欺诈中博得的所有快乐及让人沉迷的欢乐当中,我们还被我们各种主要感觉中的一种不完美所限制。我将对此予以解释。空气和空间压根不成为其视觉的对象,然而,但凡留心观察,我们就会发现:我们眼前的事物,越是远离我们,其体积看上去就越小。只有通过这些观察得来的经验,才能让我们清楚怎样对事物的距离进行相对可靠的估算。一个先天的盲人如果到二十岁时突然时来运转,视觉恢复,他就会对距离的差别觉得非常迷茫,基本上不能立刻只凭眼睛去评判什么东西离他最近:到底是他的手杖几乎能够触及那个邮筒,还是那座可能远在半英里之外的尖塔。我们可以尽可能限制视野,去研究墙上的一个洞,墙后面除空气之外,并无其他。在其他情形下,我们可能不会发现:那个洞的缝隙处充斥着天空,离我们就如同那些空洞的石头周围的背面一样近。这个环绕而成的空洞(按照我们对"看见"的界定,我们不能把它称之为虚空)就会轻易让我们上当。美术可以把所有事物(除去运动)在一个平面上重现出来,展示在我们眼前,其方式与我们在生活及大自然中看它们的方式并无差别。如果一个人不曾了解怎样运用这种艺术,那么,只要一面镜子即可,立马就可以让他相信这种运作是现实的。所以我不由遐想:形成我们视觉的是源于十分平滑光润的物体上的反射,而这反射,则必然是素描及油画产生的最初缘由。

出自大自然之手的作品,价值与优点却是飘忽不定的。就算在人类之中,被一国认定为美丽的东西,在另一国则恰恰相反。种花人的选择是多么千变万化啊!他所喜欢的,这会儿是郁金香,那会儿是报春花,偶尔还会是康乃馨。每年,他都会觉得一种新花超越其他所有旧花,虽然那新花的颜色及花形事实上比旧花要差很多。早在三百年前,男人刮脸与目前非常相似:因为他们把胡须留下,还把胡须修剪成不同花样,当时,那些胡须花样在大家看来都非常漂亮;而现在,它们则被看作荒诞滑稽。在所有人都戴宽边帽的时代戴窄檐帽(早先它也曾经被看作非常漂亮),那模样该有多么落魄、多么滑稽!同理,在小帽子非常时兴的那段时期里,大帽子看上去多么荒诞怪异!我们由经验可知:这些时尚难以延续十至十二年以上;一个六十岁的男人一生中必然亲眼所见起码五六次时尚大变迁,而这些变化的发起阶段(虽然我们也是亲眼所见)向来都是看上去非常离谱,并且每每它们以新的面貌重现时,都会让人作呕。到底是何等高人可以对时尚之风进行梳理,评定究竟哪种时尚最美?衣服上是大扣子好,还是小扣子好?设计园林的合理办法可以说数不胜数,而其中被看作美的方式,则随着每个民族的喜好及其时代而不同。草坪、树丛和花坛都有形形色色的花样,往往都让人陶醉;然而,圆形也会像方形一样漂亮。对一个地方而言,椭圆形是最佳选择;而在别的地方,三角形则是不二之选。在一个地方,八角形看上去比六边形更漂亮;而在有的情形下,阿拉伯数字"8"的图案偶尔会比数字"6"的图案看上去更漂亮。

从基督徒可以修建教堂以来,教堂的形状就始终和十字架的形状相似,其尖端面向东方。一位建筑师如果无视教堂中非常方便建造房间的地方,就会被认定犯下了无法饶恕的大错;然而想要在土耳其风格的清真寺或异教神庙里修建房间,却是可笑的见解。在几百年来制定的大量有益法律之中,无法辨别哪一条会比那条对死者服装的约束更有用、更能省掉许多麻烦的了。制定那项法令时在世而如今依然康健的老人必然还没有忘记:当时的公众曾一致对那项法令①投反对票。千千万万的人了解自己死后会羊毛尸衣加身,起先觉得十分惊诧。唯一让那条法令获得赞同的事情是:其中还给一些追逐时尚的人留下一丝自由,因为与葬礼上的其他花费比起来,那种方式可以让人们不事张扬地纵容其弱点;在这类葬礼上,哀悼的观众人数甚少,而铺排场面的观众则是大部分人。那项法令为国家赢得的利益十分明显,所以无可非议。不出几年,人们因为对它的忌惮而生发的斥责就为数不多了。当时我发现:年轻人由于很少思及自己未来的葬礼,所以他们是最早支持那项新鲜的法令的人;然而在这项法令制定之时,有些人已经亲手为大量亲友下葬,他们对这项法令的排斥持续时间最长。我还有印象,很多人至死都不能无怨无悔地支持那项法令。而在那时,让死者穿亚麻尸衣入葬的习俗基本已经都被忘光了,人们普遍认同:不存在比羊毛衣更风光的东西了,而当时对死者的入殓方式也最为合情合理。这说明,我们对事物的喜好大都源自时尚及风俗,源自社会地位比我们高的人、被我们认为比我们杰出的人的说法及榜样。

就道德而言,评判标准的恒定性也是飘忽不定。基督教徒非常讨厌多妻制,为多妻制辩驳的天才智者和学者②,都曾遭遇鄙夷的驳斥。不过,在伊斯兰教徒

---

① 这是源自英王查尔斯二世(1630—1685)颁布的《普通法》第18条规定,葬礼上"只能穿着羊毛尸衣"。——译者注
② 这些智者和学者包括柏拉图、托马斯·摩尔和伊拉斯谟等。——译者注

看来，多妻制却并不会让人惊讶。掌控人们的，是人们自孩提时代起学习的东西。习俗的力量既曲解了天性，同时又用另一种方式接近天性，那种方式常常让我们难以搞清楚左右我们的到底是习俗还是天性。在亚洲，曾经的姐妹能够与兄弟结为夫妻，而一个男人把自己的母亲变成老婆，还会备受赞扬。这样的婚配实在让人厌烦。然而有一点毋庸置疑：无论我们想到这种情况时是多么惶恐，天性中都不存在什么与之相左的情感，而只有以时尚与风俗为根基的情感才会厌烦那种婚配。谦卑的伊斯兰教徒向来不喝烧酒，又经常遇到醉汉，可能非常厌烦酒类；而我们当中最没有道德和教养的人也非常讨厌和自己的姐妹睡觉。这两种人都觉得自己的厌烦源于天性。什么宗教是最优越的？这个问题衍生的灾难远大于其他所有问题衍生的祸端。你如果在北京、君士坦丁堡和罗马问这个问题，会得到三种迥然有别的答案，然而每个答案都是确切的和坚信不疑的，毫无例外。基督徒确信异教迷信是虚空的，就这一点而言，基督教徒的想法全无二致。然而，你如果问他们的各个分支教派：什么教派才是纯正的基督教？他们都会不约而同告诉你：他们自己所在的那个教派才是如假包换的基督教，并且想方设法地让你信以为真。

所以，考察"美丽"或"道德美"明显会无功而返，这是由于其理由非常有限。然而，这并非我在其中意识到的最大谬误。人不自我约束也可以拥有美德，这个虚幻的想法乃是让虚伪有机可乘的大契机。虚伪如果成为习惯，我们就必须要既欺诈别人，又彻底没有自知之明了。我立刻就要列举一个事例，它将阐明：因为无法客观地审视自己，一个出身名门、博学多才的人怎样在每个方面都搞得与本书作者的性情相近。

一个从小娇生惯养的人，如果天生安逸而懒惰，形成了远离所有麻烦事的习性，并且心甘情愿地约束自己的各种激情，这是由于担心因为热衷于谋求快乐、屈服于我们天性憎恶的所有要求导致的各种不便，而不是由于他憎恶感官享受。一个曾师从于一位大哲学家的人[①]，也如同其导师那样脾气温和，心地纯厚。身处这样的幸福环境之中，他对自己内心状态的评判就远高于其实际应得的评价，并且觉得自己拥有了美德，这是由于他的各种激情都还在休眠状态。他会打造一套关于尊崇社会美德及鄙夷死亡的完美见解，会在自己的书房里夸赞这些见解，会对公众口若悬河地阐述这些见解。但是，你却不曾看见他为自己的国家而奋战，不曾看见他勤勤恳恳地来减少国家的损伤。一个以抽象哲学作为研究对象的

---

① 这个例子中讽刺的是沙夫茨伯里伯爵，哲学家约翰·洛克担任其导师。——译者注

人轻易能让自己壮志满怀,并且确实相信当死亡还无法预知的时候,他并不恐惧死亡。然而,你如果问他:既然是这般英勇无惧,无论是天生如此还是源于哲学研究,当他的国家陷入战乱时,为什么他不选择为国奋战?要么问他:看见国家每日都被其掌权者剥削,交易所的事务困难重重,他为什么不去宫廷求得一官半职,仰仗周边的朋友和势力,去担任财政大臣?因为只有这样,他才有可能凭借自己的清正廉明和聪慧的管理,让公众重拾对国家的信心。他很可能回答说他喜欢遁世的生活,他仅存的希望就是做个好人,不想在政府里充当什么角色。他可能会回答说,他憎恨委曲求全、奉承拍马般的官场,憎恨宫廷的虚情假意,憎恨尘世间的熙熙攘攘。我非常乐于把他的话当真,然而,一个生性懒惰、精神消极的人,一方面嘴里说着这些话,且十分恳切,然而同时却无法节制自己的各种欲求(虽然其职责呼吁他这样做)而纵容它们,难道不会这样吗?美德取决于行动,无论是谁,但凡热爱社会,但凡对其人类同胞怀揣友善的挚爱,但凡可以凭借其出身或地位赢得管理公众的某个职位,在他可以为公众谋福祉时,都不该岿然不动、一事无成,而需要不遗余力为其百姓的福祉而奋斗。这位高尚者如果是个精通作战的天才,或者天性豪放不羁,他就会在生活的戏剧中扮演另外一种角色,并且倡导迥然不同的信条了。这是由于,我们向来都是因循激情所指的方向去运用理性,每一个人虽然想法不同,自爱却始终可以为他们的见解各自进行辩驳,并为所有的人提供支持,以印证他们的欲望是合情合理的。

那种自吹自擂的中庸方式,那些备受推崇的平静美德,除了培养好逸恶劳的人以外,并无用处。它们可能会让人习惯苦行生活的愚昧享乐,最多也就能让人习惯农夫式安闲的愚昧享乐;不过,它们却不可能使人习惯勤劳与艰苦,不可能诱导人去竞争卓越的成就,去达成凶险的任务。人类天生喜欢安闲和舒爽,天生嗜好沉醉于感官快乐,而这些天性乃是法令所不能限制的。人的强大习性和喜好,仅仅能被各种更强烈的激情所征服。对一个胆小鬼大肆宣扬和验证他的害怕没有意义,你不可能把他变得英勇无惧,这就好像你不能给他下个命令让他长到十英尺从而让他变得比现在更高一样。截然相反,激发勇气的奥秘却基本上是出师不利的,我已经在本书的"评论R"里揭示了这个奥秘。

我们在精力旺盛、欲望繁多的年龄段,对死亡的畏惧最为浓烈。在这个时间段,我们目光如炬、听觉敏锐,身体的所有部分都各得其所。其原因非常明显:这一阶段的生命是最为完美的,而我们在这一阶段也最有资本享受生命。既然这样,一个在意名誉的人(虽然他才三十岁并且体质非常健康)又怎么会这么轻易地迎接挑战呢？战胜了恐惧的，不是别的，正是他的骄傲。他的骄傲如果并不在意这种恐惧，就会表现得最为熠熠生姿。如果他不适应大海，那就让他去遭遇一场暴风雨的洗礼吧；如果他向来都身体健壮，没病没灾，那就让他咽喉出点毛病，或者发一次低烧吧，如此一来，他就会表现出十分的焦虑，其中含有他赋予自己生命的不可估计的价值。如果人类天性谦和，不受逢迎拍马所左右，政治家们就一直不能实现其目的，一直无从得知人到底是什么了。少了各种恶德，人类的优秀之处就一直被隐藏而无从得知，而所有声名远播的优秀人物，则都是驳斥这种厚道制度的有力佐证。

那位杰出的马其顿人曾孤身一人迎战敌人的一整支部队，如果说他的勇气与他的焦虑不分上下，那么，当他把自己幻化为神，起码当他疑惑自己究竟是不是神的时候，其疯狂也不曾减弱。我们一旦思及这件事，就马上会发觉：在危险越来越近的时候，激情及对激情的夸大其词，都让他精神大振，让他克服了所有困难和疲倦。

要说明怎样才算是有能力而名副其实的执政官，世上不会有比西塞罗①更恰当的例子了。我想到他的关心与警惕，想到他所鄙夷的真正危险，想到他为了罗马的安全吃尽苦头，想到他在发现和制服那些最胆大妄为、最阴险狡诈的阴谋家们的算计时的聪慧与理智；同理，我也想到他对文学、艺术及科学的钟爱，想到他在哲学造诣方面的天赋异禀，想到他逻辑的严丝合缝、口若悬河的力量，文风的曼妙雅致，以及浸透在他所有著作中的超然精神。想到所有这些，我禁不住百般诧异。就西塞罗而言，我起码要说：他是一位让人震撼的人物。不过，当我细致研究他这般繁多的杰出品质时，就非常清楚地洞察到了另外一面，即：如果他的虚荣心没有超过他最高尚的优良品质，他对世界的卓越见解就不可能让他百般吹捧，让人作呕，而他的优点也不可能让他深受其害而非备受称颂，以至于留下那句让世人甚至是小学生都会鄙夷的诗。O！Fortunatam……②

正直的加图的道德观是多么周详，多么险峻！这位古罗马自由的杰出拥趸者，其美德是多么坚实，多么执着！不过，虽然这位苦行主义者也如平凡人一样有一些缺点，虽然他清心寡欲，长期无人知晓，他异于常人的谦卑世人也无从知

---

① 西塞罗（前106—前43），古罗马著名政治家、雄辩家，出身于古罗马的奴隶主骑士家庭，以善于雄辩而成为罗马政治舞台的显要人物。曾经是共和国执政官，揭露并摧毁了喀提林的武装政变阴谋，恺撒死后成为元老院首领，后遭流放，被他人杀害。——译者注

② 完整的句子是：“O！fortunatam natam me consul Romam."（啊，我担任罗马执政官是多么开心）。——译者注

晓,可能连他自己都不得而知,虽然他心灵的缺点逼迫他奉行英雄主义,在他生命落幕之时,世人还是从他的自杀中知晓:他明显被一种暴君式的力量掌控着,那力量远大于他对国家的爱;对恺撒的荣誉、真正的高尚及个人优点,他心中不可压抑的仇恨和最为强劲的嫉妒,曾长期用最堂而皇之的理由去左右恺撒的一切行动。如同这种强烈动机不能克服他的异常审慎,如果他可以委曲求全去当罗马的第二人,那么,他不但能够保全性命,而且他的大部分友人(他们由于失去他而遭受灭顶之灾)的性命也能得以保全,这绝对是讲得通的。然而,加图却非常了解那位获胜者的宽阔胸怀与慷慨大度:他恐惧的正是恺撒的宅心仁厚,所以只能以自杀了事。对傲慢的加图而言,最恐惧的不是自杀,而是想到他如果不死,就会给他的死对头一个绝好机会去显示其胸怀大量,因为恺撒会意识到:原谅像加图这样的宿怨,对他以友待之,会显示自己是多么宅心仁厚。在有识之士们看来:如果加图胆敢活下来,那位明察秋毫、壮志凌云的征服者日后就不会由于粗心大意而错误加身了。

还有一个论据,能够印证我们对人类的那种天生的善良和发自肺腑的热衷。那证据是:我们比其他动物都更喜欢结伴,都更讨厌那些我们眼中的离群索居者。在《性格论》[①]里,这种观念得到了完美的验证,被用各种优雅的语言进行阐释,并得以详尽叙述。就在我看到那篇文章之后的第二天,就听到好多人在卖刚逮到的鲱鱼。耳朵里那叫卖声此起彼伏,又思及那些猎捕鲱鱼的大片浅滩,思及同样入网的其他鱼儿,虽然当时我孤身一人,我心中还是觉得非常高兴。然而,当我正陶醉在这种思绪中时,突然一个目中无人的闲人出现在我面前,我不幸恰好与此人相识。尽管我敢说自己跟平时一样健康、一样运转良好,他还是问我身体是否安康。我不记得自己当时说了什么,只知道我费了好大心思才让他不再纠缠我,并且觉得特别不舒服。我的朋友贺拉斯曾埋怨一个与那人性情相投的人打扰他,也会觉得不太舒服。[②]我的感觉应该和贺拉斯并无差别。

我并不希望渊博的批评家按照上述的故事,声称我讨厌人类。无论这出自谁手,那都会是天大的误会。我十分喜欢结伴,如果读者还没彻底厌烦与我结伴,我就要印证一点:对我们人类的这番奉迎事实是无根无据的,是荒诞滑稽的。接下来我要对读者解释一下我喜欢和怎样的人交流,并且向读者发誓:还没等读完

[①]《性格论》(*Characteristicks*)作者为沙夫茨伯里,其主旨就是人是群居动物,并就此花了很大篇幅进行论述。——译者注

[②]参见古罗马诗人贺拉斯(前65—前8)的《讽刺诗集》第1卷,第9首。——译者注

那些表面上与我的主旨毫无瓜葛的段落，读者就会意识到那些话是非常有用的。

他理应凭借早期的优越教育，完全通晓一整套的荣辱观念。他应当形成一种习惯，就是对所有与傲慢、粗俗及残忍稍有瓜葛的举止都非常厌烦。他不仅应拉丁语说得十分流畅，而且应掌握希腊语；不但这样，除去他的母语，他还需要掌握一两种现代语言。他理应了解古代的流行元素与风俗习惯，而且要对他自己国家的历史了如指掌，同时对他所处的那个时代的流行元素也是如此。除去文学，他还需要学习一些有实用价值的科学或其他的知识，需要考察过外国的宫廷和大学，并且可以让旅行起到其本来的功用。他需要让跳舞、击剑和骑马等娱乐成为日常生活，并且了解一些打猎及其他乡间运动的事情，却不要沉迷于其中的任何一种而无法自拔。他需要把这些活动当成为了强身健体而从事的运动，或者当成娱乐活动，它们不应成为任何商业活动的绊脚石、不应受到更多的关注。他需要对几何学、天文学、解剖学及人体构造学有一知半解。掌握上千首乐曲并可以把它们弹奏自如，这是一种修养。然而，仍然有许多的话去驳斥这个观点。我乐于让他掌握绘画，其才艺让他足以画风景画，或者可以把我们想要形容的所有形体与模型说得一清二楚，然而想要碰铅笔却是绝对没有必要的。他需要很早就对和端庄的淑女为伴习以为常，并且最少两个星期就与女人们有一次深入交流。

我不想谈论一些让人憎恶的恶德，例如对宗教持怀疑态度、吃喝嫖赌及频频吵架。就连不曾上过几天学的人，都会提醒我们注意这些恶德。我向来对他践行美德都持赞同态度，然而不可能对 位君子在宫廷或城市里的所作所为视若无睹。金无足赤，人无完人，所以，如果他身上还存在一些缺点，我又不能置身事外，就宁可充耳不闻。如果他是十九岁到二十三岁之间的小男孩，年轻人的热情偶尔会征服他的操守，让他欠下不足挂齿的风流债；如果他在某种非同小可的情势下被游戏人生的朋友们的蛊惑所降服，喝了过度的酒（这种情形很少出现，并且无损于他的健康和脾气）；如果源于伟大的情操，如果由于被一项正义事业刺激了，使他身陷一场争执之中，而如果拥有真正的智慧，或者无视于荣誉原则，那争执原本可以大事化小或消于无形，所以他身陷争执乃是只此一次；我的意思是：他如果有时发生上述错误，又对它们避而不谈，更不因此而大肆吹嘘，那么，如果他从此以后谨小慎微，那么，在我提到的这个年龄段，他这些过错大可宽恕，起码是能够置之不理的。青年时代的那些灾祸偶尔已经让君子们心存恐慌，所以，他们小心提防，做事更加慎之又慎，因而常常会安然无恙。要想他远离堕落、不去做那些轻易会引来风言风语的事情，最好的办法绝对是努力让他可以自由地进出一两个高贵的家庭；要让频频拜访这些家庭成为他的一种责任。采用这些办法，你就捍卫了他的傲气，让他始终畏惧耻辱。

　　身家雄厚，性情与举止接近完美无瑕（如同之前我要求的那样），并依然在持续地进行自我完善，直到三十岁才去应对世界，跟这样的人打交道，我不会觉得不舒服，起码在他还年富力强、不会有什么事情搅扰其好脾气时是这样的。无论是借助机会还是别人介绍，如此一个人如果认识了三四个和他一样的人，并且全都赞成一起打发几个钟点的时光，那么，这些人就是我所说的"良伴"。他们交谈的话题，不是关于理性之士的教会，就是让理性之人愉悦的话题。他们可能并不会始终秉持相同的观点，然而但凡其中一人率先向持不同见解的人妥协，他们就不会无休无止。他们依次发言，并不吵闹，话音可以让距离最远的人听清就行。他们所有人的最大快乐就是让他人开心；他们洞悉，只要专注倾听、面露赞许之色，如同我们自己描述非常曼妙的事情时那样，就可以让他人开心。

　　无论趣味怎样，大部分人都喜欢展开这样的交谈，并且，当不晓得怎样打发时间时，他们不由得会进行这样的交谈，而不是孤身一人。不过，如果可以去做别的事情，并可以从中获得更现实、更持续的满足，他们就会心甘情愿抛下交谈的愉悦，去做在他们看来更有意义的事情。然而，一个人尽管两星期都不曾与其他人谋面，他还会一直独处下去，而不是选择与喧闹者为伍吗？后者从异于独处的事情中赢得乐趣，并且以引发争斗为乐。一个满屋书籍的人，岂非是钟情读书或喜欢静心研究某个话题，而不想天天晚上去和党派人士结伴吗？后者觉得英国一事无成，而其对手们却无奈地生活在这个岛上。一个人岂非宁可独处一个月，每天晚上七点之前就早早上床休息，也不去和一帮狩猎者厮混吗？后者天天一事无成，宁愿冒着可能摔断脖子的风险，晚上又在此相聚，打算用喝酒的方式再用性命冒险，并且为了说明其非常高兴，在房子里乱喊乱叫，那声音比他们那些吠叫的伙伴还响彻云霄，后者既不像他们那么喜欢惹是生非，也不会像他们叫得那么响。对一个连费心去散步都不情愿的人，我的印象分可不高。他如果情愿闭门在家，丢个别针在地上，只是为了把它们重新捡起来，也不喜欢和十来个刚刚发了工资的普通水手消磨六个小时，我对他也不会有多好的评价。

　　虽然这样，我依然要重申：人类的绝大多数都情愿去委身参与我上面提及的那些事情，也不喜欢终日孤身一人。然而我却不清楚：这种对结伴的嗜好，这种追求社会交往的急切欲求，为什么会被当作我们的偏好，并且被当作一种天性的符号，而那种天性为人类拥有，独一无二，其他动物都不存在？要以此来印证：

鉴于人是一种社会性的存在，因而我们天性淳厚，无私地热爱人类，不仅可以热爱自己，而且可以将爱由此及彼，扩至整个人类，那么，这种寻求与人为伍、讨厌独处的迫切心理如果处在巅峰状态，就理应最鲜明且最急切。最杰出的天才，最杰出的人物及成就最卓越的人，就理应少有恶德，但是事实却截然不同。那些意志最不坚定的人，不能掌控自己的激情；那些良心未泯的人，不忍回首自己昔日的罪行；那些一无是处的人，不能去做哪怕一件对自己有益的事情；这些人都最讨厌孤独，情愿随便与一个人结为同伴，也不喜欢孤身一人。反之，头脑聪慧的人、知识渊博的人，都可以思考和评判事物，所以不会轻易为自己的激情所困惑，可以独处很久，而且心甘情愿。为了远离吵闹、愚钝及目中无人，他们情愿避开数不清的同伴，也不喜欢去做与自己志趣不符的事情。他们情愿偏隅陋室或花园，甚至独自一人身处荒野或沙漠，也不喜欢与某些人组成的社会圈子有接触。

然而，我们如果暂且假设：喜欢结伴与人类紧密相连，所以每个人都无法容忍须臾的孤独，那么，由此会得出什么结论呢？人类喜欢结伴，难道不是如同做其他所有事情那样，只是出于为自己着想吗？所有友谊和礼节如果要持久，都一定是相互的。在你每周及每日的娱乐小聚中，在你年复一年的欢宴中，在最隆重的狂欢宴饮中，所有参与者都有自己的打算。有些人如果不是一个俱乐部令人瞩目的人物，就不可能经常参与俱乐部的活动。我知道有个人，他就是一群人当中的翘楚，所以时常和那些同伴在一起，如果有些事情阻碍了他按时与同伴相聚，他就非常不自在。如果另一个人成为他们的社交团体的一分子，并且比他还要杰出，他就马上选择退出。世上有些人缺乏与别人争执的能耐，然而心中的恶意却依然可以让他从身为别人吵架的旁观者中汲取乐趣，然而，这些人却向来不会让自己身陷争执。如果一个团体无法给他提供此类消遣，在他看来就会是了然无趣的。高大的房子、奢华的家具、漂亮的花园、马匹、爱犬、祖先、亲戚、美丽、力量，以及一切脱颖而出的东西，无论是美德，还是恶德，总而言之，所有这一切都可能是让人追求社交的附属品之一，因为人都期盼其自我评价在某时某刻会成为大家交谈的主题，而这会让他们觉得称心如意。就算天下高雅的人（例如上面说到过的我乐于与之交流的人），如果无法让其自爱得到回报，如果无法最终让自己成为社交圈的焦点，让别人围着自己转，也不可能把快乐施予别人。不过，有一个现象却可以十分清楚地印证每个人都最在意自己，那就是：在由能够与之交谈者组成的每个俱乐部及社交聚会中，冷眼旁观的人（他们情愿多出钱，也不想与人发生争执）、天生脾性温和的人（他们向来不恼火，对冒犯也不敏感）和大度的慢性子（他们讨厌争执，向来不会因为争胜而出头），这些人都是社交界的佼佼者。反之，头脑聪慧、知识渊博的人（他们为人处事、言谈举止向来不会缺乏理智），才能超群、志向远大的人（他们言语犀利，口吐莲花，却向来不言过其实，而是恰到好处），以及声名显赫的人（他们既不惹是生非，也不直面挑衅），这些人虽然可能会备受尊崇，而旁人却不会轻易对在他们眼中不那么十全十美、不那么杰出的人心生好感。

在上述的事例中，嗜好交友的习性，无不源自每个人一直谋求自我满足的初衷。在其他处所，这些习性则源于人类先天的胆怯，源于每个人对自己的无上关切。两个伦敦人，如果其生意逼迫他们相互之间不能有买卖往来，他们可能每天都会在交易所里相遇，还可能擦肩而过，然而相互之间并不比券商更有礼貌。但是，他们如果在布利斯托尔①遇见，却可能彼此致以脱帽之礼，而且起码会相互交谈，并愿意结为伙伴。法国人、英国人及荷兰人如果在中国或其他异教国家里碰面，由于同为欧洲人，他们就会把对方看作同乡。如果他们之间不存在什么冲突，他们就会有一种彼此亲近的自然趋势油然而生。不但这样，两个冤家对头如果被迫一起旅行，也常常会暂时搁置敌意，和善相处，友好地交谈。当路途凶险或二人在其目的地同是异乡客时，更是这样。表面看来，这些情况源于人的社会性，源于人热衷交友、嗜好结伴的天然性向；然而，只要更细致地探究人与事，无论是谁都会意识到：在上述所有场合中，人们只不过在尽力捍卫自身的利益，其行为的初衷都是我们之前提及的那些原因。

到目前为止我竭力印证的是：事物的"美丽"或"道德美"、优点所在及其真实意义，在绝大部分情形下都是无法言说的，并且会随着时尚与风俗而发生变化；因而，基于认定它们是一成不变的而得出的结论，势必是没有价值的；说人类天性淳朴，这种大度的想法乃是毫无裨益的，因为它们会引发误解，而事实上，它们充其量是无聊的痴心妄想罢了。我说它们是无聊的痴心妄想，这可以引述历史上一些最鲜明的例子为证。我已经提及了人类对结伴的衷情及对孤独的憎恶，并且全面研究了它们的各种出发点，证明它们都是围绕着自爱而生发的。而今我想要研究一下社会的本性，探寻社会的源头，以阐明两点：其一，人如果没有了乐园，就立刻会变得比其他动物的社会性更强，其最大原因并不是人的天性淳朴且老实，而是各种邪恶及讨厌的品性。其二，如果人一直处于那种早先的天

---

① 布利斯托尔是英国西南部的最大城市，自中世纪起已是一个重要的商业港口，地位一度仅次于伦敦，也是英国西南部的商业、教育、文化中心。——译者注

真状态，并且可以一直享有顾及其天真的各种赐福，那么，人就绝对不会变成目前这种社会性十足的生灵。

　　本书全文已经用充足的证据说明：要让我们所有的贸易及手工业繁荣昌盛，人的各种欲望与激情绝对是必不可少的；而所有人都无法否认：那些欲望和激情不是其他，恰恰是我们的卑俗品质，或者起码能够说是这些恶德的衍生品。所以，我就需要开始细致叙述各种障碍和困惑，它们是人持续迎合欲望的辛劳的绊脚石，即追求自己需求的辛劳。换句话说，这种辛劳可被视为捍卫自我的买卖。与此同时，我还需要说明人的社会性只源于两件事情，其一是人的欲望持续增加；其二是在尽力迎合欲望的道路上，人遭遇的障碍可谓接二连三、持续不断。

　　我言下的障碍要么跟人类自身的构造有关系，要么跟人类所处的地球（即人的环境因素）有关系，因为环境也一度遭到人们的咒骂。我经常希望把我提到的这两方面情况分别加以思考，却不曾成功地把两者完全区分开来。它们向来密不可分，纠缠不清，而最终一起构成了无比纷繁复杂的恶德。自然界的四大元素都与人类相对立而存在：水和火都可以把愚笨的初谙此道的靠近者置于死地；在许多的地方，土都可以生长有损人类健康的植物和菜蔬，同时又可能培养各种危及人类的动物，并且藏匿着数不胜数的毒素。然而，那种对人类最不道德的元素，我们却片刻不能缺少它：在此无法一一细说风与气候对人类的所有伤害。尽管大多数人都曾努力打拼，以让人类避免危险空气之害，然而，到目前却不存在一种技术或劳动可以安全抗击某些凶险狂暴的气象。

　　当然，飓风发生的概率很小，由于地震而命丧黄泉的人为数甚少，葬身狮口者也不过寥寥数人，不过，即使说人们可以避开这些大灾大难，却无法避开那些轻微灾祸的迫害。恬不知耻地辱没和把玩我们的昆虫，其数量是多么庞大！最讨厌的小虫子虽不像牲畜吃草那样糟践和撕扯我们，然而但凡稍微进攻我们，也常会让我们觉得恼火。然而，我们的宽宏大量在这里又成了一种恶德，那些小虫子仰仗我们的怜悯，残忍而鄙夷地侵犯我们，在我们头上驻足；而我们如果不是天天警戒、追踪和消灭它们，它们可能会吞噬幼儿的生命。

　　就算是最有城府的人，在利用万物时如果因为错误或大意出现一丝一毫的过错，那么，整个宇宙间就不存在一件好事了。世上不会有哪个纯洁和正直可以让人有能力地抵抗周边数不清的灾祸。与此相反，所有事物都是丑陋的，而技巧与经验不曾教会我们怎样把它们变为好事。因此说，在收获之时，农夫需要精心收割庄稼，还一定要把粮食盖好，避免雨淋，他们是多么任劳任怨！因为否则的话就无法享用它们。季节因为气候而发生变化,所以,经验告诉我们要见机行事。在地球的这端,我们会发现农夫在播种,而在地球的另一端,我们却会发现农夫在收割。基于所有这些,我们会弄清楚一点:从人类的第一对父母①沉沦以来,地球已经出现了翻天覆地的变迁。这是由于,如果探究人类美丽而圣洁的缘起,我们就会了解:人在那个时代,并不因为从狂傲的戒律或烦人的经验中收获智慧而感到荣耀,而是只会拥有他呱呱坠地之时已然形成的完美知识。换言之,当时的人处在一种纯洁无瑕的状态,地上不会有哪一种动物或植物、地下也不存在哪一种矿藏可以对他产生危害。人自己不会因为空气及其他有害元素遭受任何的侵害,而他们绝对会对于地球(不需要别的帮扶)为他提供的那些生活必需品感到十分满意。当时的人还无从得知什么是罪恶,因而意识到自己在各方面都是万物望尘莫及的主宰,没有其他干扰,万物对他都唯命是从,由于他集中精力进行伟大的思考,考量自己的创造者的无限可能,而人的高尚之处也由此得以升华。人的创造者天天都在潜意识里与他交流,对他呵护备至,压根不可能让他遭遇灭顶之灾。

在如此一个黄金时代,不存在一个理由或可能性可以充当借口,用来阐释人类为何需要把自己组成为世界上现有的超级社会,只要我们还想要给个能说服大家的理由。身处那个黄金时代,一个人具备他希望拥有的所有的东西,不会有什么东西会让他焦躁难耐,他的快乐已经不胜枚举。在上天这般眷顾的情形下,你不会不认为有哪一种生意、艺术、科学、高位或职业不是多余的存在。如果依循这条思路进行思考,我们就能够轻易地发现:没有一个社会会产生在各种淳厚的美德及人的美丽品质;截然相反,每一个社会都势必发端于人的各种需要、人的毛病和欲求。同理,我们还会意识到:人的骄傲及虚荣心越是展露无遗,人的一切欲望越是膨胀,人们就越有可能必须组成数目庞大的大型社会。

如果空气并非一直是对我们的裸体的冲撞,而是如同(我们所幻想的)好天气中的小鸟感到的那样让人愉悦;如果人类不曾骄傲,不曾奢侈,不曾虚伪,也不曾淫欲;那么,我就不知道到底是什么原因让人类去发明衣服与房屋。就珠宝、金银餐具、绘画、雕刻、精致家具及被古板的道德家们称之为"非必需品"和"非必要物品"的一切东西而言,我无话可说。但是,如果我们不是迅速就憎恶之步行,而是如同某些动物那样脚步轻快,如果人类生来就勤快,并且在寻求和享受舒适方面不那么缺乏理智;如果人类压根不存在其他的恶德,地上又到处坦荡、结实、干净,那么,还有谁会想要去乘坐马车,或甘愿顶着骑在马背上的

---

① 这里指的是《圣经》中的亚当和夏娃。——译者注

风险呢？鲸鱼会知道发明船只的原因吗？如果要雄鹰去旅游，它需要乘什么类型的马车呢？

但愿读者明白：根据我的领悟，社会意味着一个政治实体，其中，人要么被位居其上的人的力量所驯服，要么被从其原始状态生发的劝诫力所驯服，所以，人就成了一种受管制的动物。他可以经由为他人劳动来实现自己的目标，无论是在专制政府还是在其他形式政府的管辖下，所有社会成员都听命于全体。凭借睿智的管理，一切社会成员行动都要整齐划一。这是由于：如果我们提到的社会的意义只是指数量有限的人，不存在规则或政府，只是源于对自己族类的天生好感，或源于天生嗜好结伴而竟然可以生活在一起，就像一群牛羊那样，那么，世界上就不会有一种动物比人类更不适合组成社会了。一百个人，相互之间地位均等，压根不服从管制，压根不忌惮地球上的所有位高权重之人，他们如果不大吵大闹，就绝不会醒着在一起待上两个小时。他们之中有知识的人、有力量的人、聪慧的人、有胆识的人者、有决心的人越多，情形就会更加糟糕。

在自然原始状态下，父母可能维护自己比其子女更高的地位，起码在父母精力尚可时是这样。甚至当父母精力欠佳之后，子女仍会顾及其他人的经历，这会让他们对父母产生某种介乎爱与怕之间的感情，我们称这种感情为"尊重"。同理，第二代人常常可能把第一代的行为当作标杆。一个人但凡还算睿智，但凡他还存活于世、还知道些常识，他就总有能力捍卫对其一切子孙后代的高超的掌控作用，无论其子女会变得多么不计其数。但是，老一代只要去世，儿子们就会掀起争端，从此再无消停之日，直至最后引起战争。在兄弟们看来，长子身份压根算不上什么了不起的力量，而让长子居首，充其量也只是为和谐安宁而想出的缓兵之计罢了。人尽管是一种天生怯懦的动物，却又天生贪婪。人喜欢平和安定，如果不曾受到冲撞，绝不希望去打仗；然而，有时就算不被冒犯，人也可能去打仗。人生来怯懦，人被冒犯会出现反感，这全是因为各种结构和形态的政府引发的。毋庸置疑，君主政治就是罪魁祸首。贵族政治和民主政治乃是弥补君主政治的缺陷的两种不同方式。把三者糅合在一起，就可以改良其余所有政治体制。

然而，无论我们是野蛮人还是政治家，人（从乐园中坠入地球上的人）在使用自己的器官时，其行为除自娱外都不会出于其他目的。无论是对爱情还是对绝望的夸大其词，除自娱外也都不会有别的焦点。从某种意义上看来，意愿与快乐之间并无二致，所有违逆意愿和让人不悦的行为，都势必是有违本性的和不得已而为之的。这样对"行为"进行定义之后，我们就会一直禁不住要去做那些出自真心的事情，恰在此时，我们的思想却是逍遥自在而没有约束的。所以，如果缺少虚伪，人类就不可能成为拥有社会性的动物。其证据显而易见：因为我们不能规避自己心中持续生发的欲念，所以，如果我们凭借机智狡猾的虚伪，依旧不能学会怎样掩饰和消解这些欲念，那么，所有文明交往就会消于无形。如果我们把自己心中所有的想法，按照我们自己的方式去对别人坦白，那么，就算上天恩赐我们说话的能力，然而相互之间也依旧不能容忍。我坚信，所有的读者都会觉得我这些观点是确凿无疑的。我想对我的对手说：他的良心只是在脸上可见，其实他的舌头却正打算对我进行反击。在所有文明社会里，人们从婴儿时就潜移默化地学会了虚伪，不会有哪怕一个人胆敢承认自己因为公众的受苦受难而大发横财，甚至不敢承认自己从其他某人的损失中赢得了利益。教堂司事如果公然示意祈祷教区会众死去，人们就会对他投以石块，虽然每个人都知道他的职业就是教会会众举办葬礼，除此之外再无其他谋生技能。

见证了人们在日常生活中的各种表现，见证了期盼赢得和人性的贪婪，根据人们所从事的行业、地位差异，把人们勾勒成了千奇百怪，并往往是迥然不同的形态，我真的是非常开心。在食品供应充足的舞会上，人们的表情是多么欢呼雀跃！而在葬礼的化装舞会上，人们的表情又是多么庄重悲痛！然而，丧事主持人也如同舞会主持人一样，对自己的收益颇感欣慰。两者都已对自己的职业心生厌倦，而后者的高兴也如前者的庄重一样，不过是装模作样而已。有些人不曾见过一位衣冠楚楚的绸缎商与一位来到绸缎店的年轻女顾客之间的交谈，这就与一个十分有趣的生活场景擦肩而过。所以，我拜托一本正经的读者暂时把自己的庄重搁置一旁，费心与我一起细心地对这两个人分别加以研究，审视他们的内心及每个人行动的不同出发点。

那绸缎商的交易是：按照这一行的一贯做法，用他觉得恰当的价格，卖出的丝绸越多越好。就那位女士而言，她在意的是告慰自己的希求，以每码比日常低四到六个便士的价钱买到丝绸。按照我们男性的周到带给她的印象，如果她的外表并不算太难看，她就会觉得自己风姿无限，举止优雅，嗓音甘甜。她会觉得自己很好看，就算不能说是美丽，起码也比她认识的大部分年轻女人更让人开心。她想要花费比其他人少得多的钱去买同样的东西，却除了自己的性情颇佳之外无法发现其他缘由。所以，她就开始费尽心机，想方设法寻求理由。这时，爱情之类的思想压根没有什么用，因而，一方面她找不到时机扮演暴君，假装嗔怪；而另一方面，她却有更多可能心平气和地说话，装出一副比平时在所有场合都更和蔼可亲的模样。她知道有为数众多的身家显赫的顾客是这个绸缎店的老主顾,所以,她就竭力表现得平易近人,端庄贤惠,举手投足间完全符合高雅礼节。她下定决心这样做,因此,一切事情都不会让她失态。

她坐的马车还没有停好,一位绅士模样的男士就径直走到她面前。他衣冠齐整而时髦,十分谦恭地向那女子施礼,刚得知她有进店的想法,就马上离开她身边,走过一个过道,身影一晃,文质彬彬地来到了柜台后面。他站在那女子面前,毕恭毕敬,用流行的话问可否知晓她有什么需要。任凭她怎么说,任凭她不喜欢什么,她都不可能受到当面的斥责:与她进行交流的人,其异于常人的耐心乃是他那行的秘密武器之一。无论她惹出什么事端,除了最诚恳的歉意之外,她一定不会听到别的。她面对的一直是一张开心的脸,那脸上,开心、尊重与好脾气融合为一体,形成了一种主观的诚挚姿态,它比天然淳朴的本性所能表现的诚挚更让人觉得舒服。

二者以这样的姿态相见,交谈起来一定让人十分开心,并且会极富涵养,虽然说的都是些零碎小事。尽管那女子好像始终都不确定到底该买什么,男士却频频给她一些建议,并且非常注重指导那女子买东西时的态度。不过,如果她下定决心要买,那男士就立刻非常积极。他说她看好的料子是同类中最好的,还称赞她眼光很好,说越是看那料子,就越发搞不懂自己之前怎么就没有发现店里竟然有那么好的东西。依据行规、先例和许多经验,他早已学会了怎样悄然无声地打动人心的最深处,怎样探知顾客的判断力,怎样发现连他们自己都不清楚的盲点。把他学会的五十种妙计运用自如,他让那女子不但过分夸大了自己的判断力,而且过分夸大了她要买的那件商品的价值。两人进行交易时,绸缎商的最大优势乃是他熟知实际销售的门路。他讨价还价时,心中会精打细算哪怕是四分之一便士的得失;与此不同,那女子却全然不知。所以,他随时都在欺骗那女子的判断力。他此刻可以为所欲为地谎话连篇,例如所谓的成本价和他给的折扣,等等,虽然这样,他还并不只是仰仗这些谎言,而是向那女子的虚荣心大肆进攻,对自己的缺点和她的卓越眼光大谈特谈,让她对世上最匪夷所思的事情毋庸置疑。他说自己曾下定决心,绝不低价把那件货物卖出去,然而她却有能力把他说动,让他以史无前例的低价把那件货物出售了。他懊悔自己损失了丝绸料子,然而见她非常钟爱,就决心只此一次,也不想违逆一位他评价这般优雅的女士的意愿。他会让那女士称心如意,但愿下次她别再对他这样狠心。此时此刻,买主知道自己并非笨蛋,知道自己巧舌如簧,所以轻易会觉得自己的这番谈话已经占尽先机。而商人想到这足以让那些有教养的人忽略她的优点，就始终巧妙地应答，驳斥对方的奉迎，让那女子心满意足地认为他所说的全部都是真的。最后，那女子对每码节省了九个便士感到十分满意，其实，她买丝绸花的钱与其他所有顾客花的钱都没有区别；就算她每码再少给六便士，那绸缎商也愿意卖。

　　这位女子也可能不进那家店铺，而是走进那绸缎商的其他同行开的店铺，这可能是由于她没有得到充分的恭维，可能因为在此人的举止上看到了某种不妥之处，或可能不满意此人打领带的方式，或意识到他的其他缺陷。不过，如果那些店铺在一起扎堆，那就一直都很难决定去哪家店铺；而一些女子最终的选择，其原因往往很难判定，所以一直是个无解谜题。她们的偏好如果不能被描述出来，我们就绝不可能去自由自在地理解它们，旁人对这些偏好的质疑也没有根据。一位贞洁的女人习惯只去一家店铺去买东西，而不会选择其他店铺，只因她发现那家店铺里有个长相俊朗的年轻店员。当这位女子压根没想要买东西，并打算去保罗教堂时，她就顺道去了别家店铺，在那里她得到的招待在各方面与她去的任何一家相比都毫不逊色。这是由于：在这些时尚的绸缎商当中，希望承蒙惠顾的商人势必要站在店铺门外，广泛撒网招揽顾客进门，除了逢迎拍马的态度之外，并不凭借其他特权或生拉硬拽。他会摆出非常谦卑的姿态，甚至会朝每一位衣着光鲜，并肯费心朝他店铺看上一眼的女性行以鞠躬之礼。

　　上述提到的最后一句话，让我想到了吸引顾客的另一种方式。它与我提到的那种方式相差甚远，那就是送水人采取的招数，特别是那些从穿着打扮上一看就知道是农夫的送水人。见到下面的场景并不会不高兴：五六个人把一个素不相识的人围得团团转，其中在他跟前的两个人，都用胳膊把他的脖子搂过来，态度和善而亲切，好像他是自己许久未见的一个兄弟，刚从东印度群岛旅行归来；第三个人抓着他的手，第四个揪住他的衣袖、他的外衣、那上面的纽扣，或者任凭那上面能抓住的随便什么东西；而第五或第六个人已经在那人周围跑了两圈，却没有机会靠近他，这时也站立在那送水人的对面，离后者的鼻子还没有三英寸远，大声喊叫，与对手们一起竞争，露出一排让人生厌的大牙齿，上面还留有面包和奶酪的碎屑，由于那乡下人的到来，让它们来不及被吃到肚里。

　　所有这些都不是冒犯，所以，那农夫就知道他们都想要取悦他。因而，他绝不会把他们一口回绝，而是耐着性子容忍，由他们拉拉扯扯。他可不会那么细心地去嫌弃一个人周身气味的难闻——此人刚刚抽完一袋烟；他也不会去嫌弃一个头发上油光可见的脑袋，此刻它正在他的肋骨两边蹭来蹭去。这农夫天生就适应了肮脏和汗水。听五六个男人（其中几个在他的耳朵跟前）冲他吵吵嚷嚷，好像他远在一百码之外，这对他可压根不算是打扰。他明白，自己欢天喜地时发出的噪音与这个差不多，并且对人们的这番吵闹暗生愉悦。他不禁期盼好运会青睐他们，因为他们好像非常尊重他。他很喜欢被人尊重的感觉，就称赞伦敦人，因为他们都迫不及待地要他提供服务，因为他可以赚到三个便士（或还不及此）；而换作乡下，他去到同样的店铺，他如果不先跟那些人说自己有什么需要，就不会得到任何东西。虽然他每次都要花掉三四个先令，却基本没什么人正眼瞧他，除非他先发问。所以，这些人这时对他做出的迅速反应就激起了他的感激之情，他从内心里就不想违逆其中任何一个人的想法，所以不晓得该选择谁是好。我看到有个送水人已经明白地洞悉了这一切（或者某些跟它差不多的事情），就像我知道他脸上长着鼻子一样明晰。他对做送水人觉得十分庆幸，嘴角浮笑地挑起比自己体重还重一百磅左右的水，把它送上码头。

如果说，我叙述这个愉悦的小场面、我描画这两幅低层次劳动人民的图景并不符合我，我会觉得抱歉，然而我发誓从此不再犯类似的错误，而这时要争取时间，以不矫揉造作、枯燥乏力的语言去印证一些人的大错。在他们看来：社会的各种美德及人类那些可被称颂的纯厚品质，既对公众有所裨益，也对拥有了它们的个人有所裨益；可以振兴或指引个体家族的利益与真正快乐的东西，势必会对全社会产生相同的功用。我坦承，我自己始终在这方面孜孜不倦地努力着，并且由于成绩斐然而感到愉悦。不过，我却不希望每个人因发现能用不止一种方式去验证真理，就去规避困难。

当然，一个人的欲望与需要越少，就越可能保持自我。身处一个家庭中，一个人迎合自己的需求越积极，越不去坐等旁人迎合自己的需求，他就越容易受到尊重，麻烦也就越少。他越是喜欢安宁与和睦，对邻人越是和善，他的真正美德就展露得越是淋漓尽致。毋庸置疑，他不仅会被上帝信服，也会被凡人信服。但是，我们却需要言辞公允：在提升各个国家的财富与荣誉、让其伟大广布众生方面，这些品德到底会带来怎样的利益、怎样切实的好处呢？追求感官刺激的朝臣没有节制地纵情挥霍；宠幸的妓女每星期都创造些新时装；傲慢的公爵夫人侍从无数，花天酒地，其所有行为可以与一位公主相媲美；富裕的浪荡子弟和奢侈的继承人，头脑简单、不假思索地到处花钱，看见什么就买什么，第二天就把它弄坏或弃之一旁；贪得无厌的、言辞恳切的恶棍从孤儿寡妇的眼泪里欺骗了巨额财富，把钱留给浪子们挥霍。这些就是一个发育良好的强悍国家的猎物和美食。换句话说，这些就是人类事务所在的恶劣环境，而要征服这种环境，我们只有让各种疫病和我提到的那种国家去完成（人类技能可以创造的）各种辛苦劳动，才可以让广大穷苦的劳动人民过上踏实的生活，因为那是成就一个大型社会所必需的。那种觉得强大、富足的国家缺少强力和礼数也可以延续下去的想法，无疑是愚蠢之至的。

我也如同路德和加尔文（或伊丽莎白女王[①]本人）一样排斥教皇权力，然而我打内心里坚信：在认可教皇权力的王国与国家比其他国家更加富强方面，宗教改革的功效好像并不比一种愚笨而变化多端的发明更强。那发明就是附有撑环、内带软衬的女裙。不过，我的敌人如果用我这番话做证据，说我鄙夷教廷权力，我起码有一点是确信无疑的：除了竭力反对这种为众生所热衷的东西的先驱者，教廷自出现那天到目前为止所需求的人手，即忠实、勤快的劳动者，还赶不上我说的这种女性奢侈品让人讨厌的发展程度在短短几年里的需求多。宗教与商业是两码事，不能混为一谈。有人给上千邻居带来了更多的困扰，发明了只有经由最辛苦的劳动才能生产出来的产品，暂且不对其是非加以评论，他无疑都是社会最杰出的朋友。

在世界的某些地方，需要怎样的忙碌、多少行业的高级技工才能制造出一块高档的大红或深红的布料！这要花费羊毛梳理工、纺纱工、织布工、织机工、洗布工、染布工、安装工、制图工和包装工的许多劳动。不光是这些清晰可见的劳动，而且还有另外一些与此相距甚远、可能被视为毫无关联的劳动，例如工厂设计师、金属工匠和化学家，这些人及许多的手工工匠也全都是必不可少的，因为他们需要为毛纺业生产工具、器用和其他用品。不过，这些工作全都可以在家中做完，并且不会让人过度疲惫或面临危险。最恐惧的场面还没来得及说，因为我们考虑到人们在海外经历的那些辛苦与危难，考虑到我们即将挑战的广袤海域，考虑到我们将要忍受的各种气候，考虑到我们需要一些国家施以援手。当然，只西班牙一个国家就可以为我们供应做工最高超布料的羊毛；然而，要让这些料子附有那些美丽的颜色，却需要多么精湛的技术、多么辛苦的劳动、多么丰富的经验及娴熟的技术！需要把多少种遍及整个宇宙的药物及其他成分集合在一个染缸中！确实，明矾乃是出自我国的产物；我们还能够从莱茵[②]买进粗酒石，从匈牙利购得硫酸盐；所有这些都源于欧洲。然而，想要获得众多的硝石，我们就必

[①] 伊丽莎白女王（1535—1603），英国女王，英王亨利八世的女儿。——译者注
[②] 这里是指当时普鲁士的莱茵省。——译者注

须要远赴东印度群岛。古人没听说过胭脂虫红①这种染料，其产地也是距英国甚远、距东印度群岛也相当遥远的地方。我们确实是从西班牙人那里购得那种染料，然而，那并不是西班牙生产的，而是西班牙人从新世界最僻陋的角落，也就是西印度群岛，为我们搞到的。无论是在东方还是西方，为数甚多的水手终日在烈日之下暴晒，热得满头是汗；而另外一群水手则在我们的北方被冻得瑟瑟发抖，因为他们在俄罗斯为我们谋求草碱。

要制造出一块高档衣料，需要经历重重艰难险阻，那些航行要顶着巨大风险，不需要代价的少之又少，不仅会牺牲许多人的平安健康，而且甚至会搭上许多人的性命。如果考虑到并非常合理地顾及所有这些，我们实在难以想象世上有哪个暴君会这么丧尽人性，这么没有廉耻之心，居然会用跟我们相同的视角去看待事物，居然会让其无辜的奴隶提供这么可怕的服务，同时又敢于认可：他之所以这样做不是因为别的，只是想要让一个得到了一块大红或深红衣料的人觉得称心如意。不过，一个国家的奢侈之风要到达何种程度，才会让国王的官吏、护卫，甚至私人护卫出现这么恬不知耻的欲望啊！

然而如果换个视角去看，把所有这些劳作全都当成心甘情愿的行为，并认定它们只是人类谋生的各种不同行业之一而已，所有人在其中劳作都是为了自己着想——无论他表面上看是怎样在为他人奔波；我们如果想到：就算是那些经历过重重困难的水手，一旦航行结束之后，甚至一旦从遇难航船上离开，也立刻会去寻觅和拜托另一个船主给他一份船上的工作；如果换一个角度去审视这些事情，那么，我们就会意识到：穷人的劳作绝对不是一种重担，绝对不是对他们的剥削；有份工作是他们的庆幸，乃是他们向上天祈祷得到恩赐的事情；并且，为大部分穷人提供工作，乃是所有的立法者最在意的事情。

儿童乃至婴儿都非常会模仿别人，所以，每一个年轻人都怀着做成年男女的急迫愿望，并且迫不及待地竭力拼搏，而其表现却常常让众人觉得他们还不够成熟，所以常常看上去荒诞滑稽。所有大型社会当下各种商业的持续昌盛，或起码是它们的长期存在，所有这些都极大地受惠于年轻人的这种蠢行。为了获得那些没有价值，并时常是备受谴责的资格，青年们要吃尽怎样的苦头，要对自己多么残忍啊！因为判断力和经验欠缺，他们十分敬佩他人（他们岁数比自己大）所拥有的那些资格。这种喜欢模仿的倾向，让年轻人渐渐对利用那些让人讨厌的事物习以为常。如果年轻人开始时还可以容忍那些事物，之后就会不知怎样从中脱

---

① 由雌性胭脂虫干体磨细后用水提取而得的红色色素。主要成分是胭脂虫酸。——译者注

身，所以常常会觉得悲哀，因为他们已经不加考虑、没有意义地提升了对生活的需求。茶叶和咖啡生意带来了多么丰厚的回报！如果延续数千个家庭的两种习惯（它们就算不是让人厌烦的，也是蠢笨的），要在世界上开展多少交易、完成多少种不同的劳动！而那两种习惯正是嗅鼻烟和抽烟叶。对于沉迷于此的人们，这两种习惯必然是弊多过利。我还要更深层地阐述：个人的损失与不幸遭遇对公众而言是有益的；我们佯装最理性、最严谨时的愚蠢希求，对公众也是有益的。伦敦大火①可谓是一场大劫难，然而，如果让木匠、瓦匠、铁匠及其他所有人（不光是建筑业的，而且涵盖生产被大火毁坏的器物和商品的工匠，以及因此而有事可做的其他行业者）与在大火中有所损失的人一起进行投票表决，那么，由于起火而欢呼雀跃的人就算不比埋怨大火的人要多，起码也会数目相当。正是由于要重新生产在火灾、风暴、海战、围困及战斗中损失和毁坏的东西，为数众多的一大批行业才得以延续。我接下来提到的事情，就十分清楚地印证了这一点是正确的，印证了我对社会本质的看法也是正确的。

把海运和航海带给一个国家的全部好处和种种收益一一罗列开来，这实在是不容易，然而如果想一下那些航船，想一下用于海运的各种大小船只，从再普通不过的平底货船到高级的战舰，想一下制造它们需要的木材和劳工，想一下造船需要的树脂、柏油、松香和油脂，想一下船桅、帆桁、帆篷和索具，想一下船上的各种铁器、锚链、船桨和其他各种设施，我们就会了解：光是为我们这样一个国家供应这一切必需品，就足以支撑欧洲的大多数贸易。这还没有涵盖各国的商店和被耗费的各种军火，更无须提那些以此为生的水手、海员、其他人及其家庭了。

另一方面，我们如果回顾一下航海业的发达及与外国通商给一国带来的各种灾难与罪行（无论是后天的还是先天的），其前景就会让我们毛骨悚然。想一想，在一个人口密集的岛国，人们对船只与海事一无所知，然而依旧聪明而守法；而其中有位天使或天才在大家面前打开一幅造船设计图或草图。人们一方面了解到：航海在一千年之后才会带来大量真正的好处；另一方面，人们也了解了航海会无法避免地导致的财富和生命损失，或导致其他所有灾难。我可以说：这些岛民势必会用害怕和憎恶的观点去看待船只，而他们的严苛法律也势必会审慎

---

① 这场大火发生在1666年9月2日凌晨时分，圣保罗大教堂和其他89座教堂及13200所房屋全都因此付之一炬，并因为狂风在短短5天内殃及了伦敦市内外387英亩（约合157万平方米）的范围之内。是英国伦敦历史上最严重的一次火灾。——译者注

地禁止制造和研究各种航海必备的建筑或机器，无论它们形状如何、名字是什么，并且禁止发明所有与此相关的、让人讨厌的装置，会规定这即使不是死罪，起码也重刑难逃。但是，就算先把对外通商导致的必然结果，把民风的衰退，航运给我们招致的疫病、天花及其他疾患搁置一旁，难道我们不需要想一下风和天气、大海的叛逆、北方的严寒、南方的害虫、黑漆漆的夜晚和糟糕的气候所导致的后果吗？不需要想一下由于货物供应奇缺、水手的失策、一些船员的技术疏漏、另一些船员的粗心大意和嗜酒成性所导致的后果吗？难道我们不需要顾及航海造成的人员损失、被深海吞噬的财富、大海导致的孤儿寡妇的眼泪及其需要、商人的倾家荡产及其后果、父母对其子女、妻子对丈夫的平安的牵肠挂肚吗？在一个倡导商贸的国家里，海上每一次狂风大作之时，整个国家的老板和保险业主们都会心神不定、辗转反侧，难道我们不需要把这一点永远铭记在心吗？换句话说，我们难道不需要把这些事情考虑在内，并且给其适当的关注和恰当合理的重视吗？在一个由充满思想的人构成的国家里，人们说起船只和航海业时，竟然会把它们看作是上天对自己的特殊恩赐，并由于掌控遍及在世界各地的数不清的船只、总有去往世界各地的船只、总有来自世界各地的船只来到本国而其乐融融，这岂不让人诧异吗？

然而，我们还只是权衡一下船只（即那些航船本身及其索具和装备）引发的灾难，而暂且不想那些航船负荷的重量、船上需要的人手吧。我们会意识到：只是因为船只本身导致的伤害就十分惨重，每年的损失总量都会创下新高：被大海吞噬（有些彻底被猛烈的暴风雨摧毁，有些则因为遇到风暴时船上没有经验丰富和熟悉沿岸情况的水手而沉没）、触礁、被流沙葬送的航船，被狂风吹折或必须要被砍断弃之大海的船桅，被风暴损坏的各种型号的帆桁和绳索，还有丢掉的锚链；除此之外，还需要修复船上由于狂风大浪导致的裂缝及其他损伤；许多船只因船员的玩忽职守和嗜酒成性（酗酒的恶习水手是最明显的）而被火烧坏；有时是糟糕的天气，有时是装备太差，导致了严重的瘟热，使绝大多数水手命丧黄泉，所以，由于水手不足而毁掉的船只也为数不少。

上述提到的就是与航海业紧密相连的所有灾难，并好像是阻碍对外通商的极大绊脚石。一个商人的船如果一直都会遇到好天气，海风一直朝他期盼的方向吹，他手下的每一个水手，从最高级别的到最卑微的，每个人都经验十足、小心翼翼，不嗜酒，品行良好，他该会何等开心！这难道不是人们所祈求的恩赐吗？在欧洲，不，甚至就全世界范围而言，每一个船主、每一个商人不是天天都在祈祷上天能赐予自己如此的福泽，而不顾及这会给别人带来怎样的损失吗？诚然，这样的祈求可能不过是潜意识为之，虽然这样，世上会有谁觉得自己没有资格做这样的祈祷呢？因而说，既然每个人都扬言同样有权获得那些上天的眷顾，我们就暂且无论这些权利是不是真实的，而假设人们的祈祷完全被满足了，人们的希望都有了回应，然后再研究一下这样的幸福会招致怎样的结果吧。

但凡船上的木材不坏，船只就会运行良好，因为它们建造得非常坚固；木材轻易会被狂风暴雨折损，而按照我们的假定，船只始终都会运转良好。所以，如果没有制造新船的机会，现在的一流造船师们及其手下所有的人，如果不是饥饿而死或英年早逝，也都已经寿终正寝了。内里原因，其一是每一个船只都能遇上希望的强风，向来无须等待顺风，所以无论是出海还是回港都会十分迅速；其二是所有商品都不会因大海而损失丝毫，不会由于船只遭遇糟糕天气而损失毫厘，船只始终可以平安到港；所以自然会有其三：现在四行商人当中的三行就无关紧要了，而当下的船只将可以使用很多很多年。船桅和船帆也如同船只本身那样经久耐用，我们也不必为大宗买进它们去拜托挪威人了。极少部分船只上使用的帆篷和索具确实会逐渐耗尽，然而其损耗速度赶不上今天的四分之一，因为遭遇一个小时的暴风雨，其损耗比在十天好天气里受到的损耗要大得多。

锚和锚链不会轻易损坏，一套锚链就能让一条船长久使用。仅仅是锚链，就可以给制造锚链的铁匠铺和缆绳作坊带来为数众多的讨厌的休息日。锚链的耗费往往极少，这种情况会连累到船的建材商，以及做铁器、帆布、大麻、柏油、焦油等货物进口贸易的商人，所以我上述谈到的与航海有关的五种行业（它们在欧洲的商贸中所占比重都比较大）里的四种将会彻底踪影全无。

到现在为止，我提及的还只不过是这种赐福给航海运输业招致的后果，然而，它也会对其他贸易的各个分支造成损害，并会让各出口物产或产品的国家里的穷人遭遇灭顶之灾。在年复一年的海运货物和商品中，被海水、高温、虫害毁坏的，被火灾焚没的，以及其他灾难给商人们带来的损失，都要么是海上的暴风雨或凶险的航线引起的，要么是水手的粗心大意或贪得无厌引起的。换句话说，这些货物和商品，算得上是每年运往世界各地的货物中一个非常大的部分，而许多的穷人一定要先把它们生产出来，它们才会被装载上船。在地中海上，一百包棉布如果被烧掉或沉入大海，这对英国的穷人将是件非常好的事情，与那些布匹安全抵达士麦拿①或阿勒颇②一样，在这些英国的领地里，其中所有的布都被销售殆尽，不留一码。

运输商会倾家荡产，而这又可能连累布商、染布商、打包商，其他有关商人及中间商。然而，被雇来生产那些布匹的穷人却不可能受损。打零工者的工资往往每星期结一次，而在货物装载之前，这个行业雇用的每一个工人都会领到薪水，无论是布匹制造业领域的各种分支的工人，还是让这一行业日趋完善雇用的陆地及水上运输业的工人，无论是染布的工人，还是装载布匹的工人，都会领到薪水，起码其中的大多数人是这样。如果有位读者按照我这番话得出没有限制的结论：货物被葬身大海或被火化为灰烬，与货物被销售殆尽、物尽其用，这两者同样都对穷人有好处，在我看来他就是在存心找事儿而无须搭理他。如果天上始终下雨，太阳永不现身，地上的水果顷刻就会腐烂，虽然这样，我们依旧要说：要想青草或谷物获得丰收，雨水如同阳光一样必不可少。这个观点也不会前后矛盾。

这种风和日丽及好天气的赐福会对水手本身产生怎样的影响，怎样左右船员的品质，从上面一番话语中可以轻易推断出来。四条船里基本上很难有一条需要用到，所以，那些航船永远不会遭遇风暴，船上的人手就会更少。最终，现在这六个海员里就可能有五个失业。在英国，穷人的数量远远超过为其提供的工作岗位，所以，那些失业的海员就成了不和谐的因素。但如果那些多余的海员全都死掉，我们就不能组建起像现在这样的庞大舰队了。不过，我却并不把这当成一种损伤，起码我不觉得它有何不妥，因为整个世界海员的数量都在锐减，其一致后果是：如果爆发战争，海军就必须用少量的军舰投入战斗，而这并不是罪恶，而是幸福。你如果把这种幸福上升到极致，让其止于至善，那就只能再给它赋予一种众望所归的赐福，而没有一个国家参战了。我这里所说的赐福，也是每个善良的基督徒势必会期盼的那种赐福，即：每一个君王及政治家都履行自己的誓言和承诺，不仅恪守相互之间的誓言和承诺，而且恪守对属下臣民的誓言和承诺；每一个君王及政治家都更加在意良心与宗教的指令，而不再服从于国家政治与通俗常理；他们更关注他人心灵的幸福，而不再那么关注自己的肉欲；更关注各自管辖的国家的诚实、安定、和平与祥和，而不再执着于迎合自己对荣誉的追逐，不再执着于复仇，不再执着于迎合各自的贪婪和野心。

---

① 士麦拿，现今的伊兹密尔，坐落在土耳其西部的港口城市，是土耳其第三大城市。——译者注
② 阿勒颇，叙利亚北部重要城市，阿勒颇省省会，全国第二大城市。——译者注

很多读者可能会觉得上面最后一段话离题太远，与我的论点没有什么联系。然而，我这段话的初衷却是要印证：各国君主及执政者的纯善、刚正及热爱和平的喜好，这些品质并不会让他们杰出而崇高，并不会扩展其资产。这就如同一个人就算有幸可以赢得一系列持续性的成功，也不会让自己杰出崇高、资产倍增一样。我已阐明：大型社会如果把名垂青史、为邻国钦佩视为幸福，如果按照自己的名声及军力来衡量自己，那将是危害巨大和极具毁灭性的。

所有人都不会提醒自己警惕各种赐福，但是，灾难却希望人们去小心规避。人的温良性格不会让什么人振奋：人的老实，人对结伴的钟情，人的友善、知足和节约，乃是一个懒散社会中非常宜人的东西；它们越是真情实意，越是出于内心，它们就越会让所有这些都故步自封而安宁祥和，越是可以随时随地远离麻烦，远离变革。上天的礼物与无偿恩赐，大自然的所有富饶物产及有益赠予，基本上也全都这样。有一点是毋庸置疑的：我们得到的这些馈赠，其范围越广，数量越多，我们就越可以节约自己的劳动。不过，人的各种需要，人的恶德及缺陷，还有空气及其他基本元素的残忍，它们当中却成就了所有的艺术和技能、工业及劳动的胚胎。正是严寒与酷暑的天气、多端与糟糕的季节、狂暴与变化莫测的风、可能伤及性命的力量强劲的水、不羁和没法掌控的火，以及贫瘠干旱的土地，正是所有这些，才刺激我们去发明创造。我们凭借自己的发明创造，或规避了这些基本元素可能引发的灾害，或修正了它们的有害因子，经由上千种不同方式，把其中几种力量转化为我们自己的力量。我们所做的各种行业，都是出于迎合我们多种多样的需要，而这些需要会因为我们知识的扩展和欲望的递增而增多。饥、渴和赤裸乃是逼迫我们振奋的最大源头。尔后是我们的骄傲、懒惰、好色及喜怒无常。它们是激励所有艺术、科学、贸易、手工业和各行各业兴盛的根源。而需要、贪婪、嫉妒、野心，以及人的其他诸如此类的特质，则个个都是成就伟业的伯乐，它们可以让社会成员去做各自的工作，可以让每个社会成员都臣服于所处行业的劳苦，甚至让其中大部分人陶醉其中。只有国王与君主们例外。

贸易和制造业的种类越多，从业者越是勤勉，各个行业分得越细，社会中的人口数量越多，人们的生存之道越是五花八门，这个社会就越有可能成为一个富足、强大和繁盛的国家。拥有美德的人为数甚少，又不会轻易雇用人手，所以，他们即使可能会让一个小国有利可图，也不可能让一个大国从中有所收益。在困难中坚定、勤奋和柔韧，在所有生意中孜孜不倦，拥有这些品德者都值得被称赞。然而，因为这些人只忙着自己手头上的工作，那些褒扬本身就是对他们的回报，既没有什么艺术，也没有什么行业称赞过他们。相反，人类思想和发明天分的杰出成就，却在工人及工匠们的诸多工具和器用上，在形形色色的机器上，体现得最为淋漓尽致。创造这些工具和器用，全都是为了弥补人的缺陷，修正人的各种遗憾，迎合人的懒散的需要，或者是为了缓解人的焦躁不安。

在人类社会中也像在大自然里一样，不会有哪一种造物会十全十美，以致对某个社会不存在任何伤害；同理，也不存在哪一种事物是完完全全的邪恶，而事实会印证：恶德也可能对造物的某一部分是有好处的。据此可知：只有参考其他事物，只有考虑到评判时的角度和立场，我们才可以评判出事物的真假好坏。用这种办法评判出来的好事，就会让我们觉得开心。按照这个原则，每个人都竭力对自己抱有最好的愿望，而不会轻易考虑邻人。在非常干旱的季节里，虽然人们都在祈求降雨，那祈祷却不曾实现过，而另有些想要出国的人则期盼只要自己出发那天是天高气爽的就好。春天万物郁郁葱葱时，绝大部分国人都会为此而高兴。然而，去年谷物还没有卖出、打算今年卖个更好的价钱的富裕农夫，却会觉得痛心失落，心中因为遇上了这样的好年景而暗自伤心。不但这样，我们时常还会听到一些懒惰者公然表示梦想着把他人的财产据为己有，然而有一个不可或缺的前提条件，那就是：他们的这种做法，既要保证自己没有损害，又不会对那些财产的所有者造成损害。然而，我觉得他们产生这样的想法时，心中可能并不存在这些条条框框。

大部分人的祈祷和希望都无关紧要，白费力气，这反而是好事一桩。要不然，能让人类一直适合构成社会，让世界免于杂乱无章、混混沌沌的东西，就只有一件了，那就是：人们向上天的全部祈求最终都无法实现。一位责任心很强的、英俊潇洒的年轻绅士，前几天刚刚结束旅行，而今躺在布里埃尔①，他正在潜心等待着自己可以乘着东风去往英国；此时此刻，他身边却有一位生命垂危的老爹正在痛苦地低吟，因为他想在闭眼以前获得拥抱与祝福，然后在人们的悲痛和哀伤中离开人世。就在此时，一位将要去往德国捍卫清教徒利益的英国教士，正停留在去哈维奇的驿站上，心急火燎地想要在国会休会之前赶到拉蒂斯本②。就在此时，一支载满货物的船队正打算开往地中海，还有一支装备先进的分遣舰队正打算开往波罗的海。所有这些事情都可能同时出现，起码它们同时出现的概

---

① 布里埃尔，一个海港，位于荷兰鹿特丹市附近。——译者注
② 拉蒂斯本，现在是德国巴伐利亚州城市雷根斯堡，1663年至1806年间帝国国会一直在此召开。——译者注

率会很大。如果这些人不会没有任何信仰，也不是罪大恶极，那么，他们上床睡觉前就都会想着一些美好的事情，所以必然要在入睡前各自为顺风顺水、为航行平安而祷告。这既不意味着祷告是他们的义务，也不意味着他们的祷告都会传到上天耳中，然而我可以断言：他们的愿望不可能全都同时实现。

到目前为止，我已经能够无愧地对自己说，我已经对这几点加以说明：无论是人类生来追求友谊的品格和仁爱的热情，还是人凭借理性与自我约束所能博得的真正美德，这些都不是社会的基石；恰恰相反，被我们视为现世罪恶的东西，无论这种恶德是源于人类还是大自然，只有它们才是让人类成为社会性动物的根本原因，才是所有贸易及各行各业的坚定基石、生命与支撑，无一例外；所以，我们一定要把它们看作所有艺术与科学的真正源头；只要恶德消弭无形，社会就算不立刻消解，也势必会变得杂乱无章。

我还可以怀着非常高兴的心情，用上千个例子来加以佐证，以重申和衍生这条真理，只是害怕这样做会让读者生厌，所以就到此为止，虽然我坦承：对赢得旁人的称赞，我还没有这么渴望，因为我已经学会了用它聊以自慰。尽管这样，如果知道我这篇娱乐文字会让哪位有思想的读者从中获益，那对我从这番表演中已经得到的满足而言将无疑是锦上添花。为了不让读者对我这篇文章的夸夸其谈有所遗憾，我将重申那个表面上说不通的命题以充当结束语，其主旨已经在标题页中提及了：私人的恶德如果通过熟稔政治家的合理处置，可能会摇身一变成为公众的利益。

第四部分

对 话

1 荷瑞修、里欧·门尼斯与维耶尔薇娅①的对话

里欧·门尼斯：荷瑞修，你一直都是这么急急忙忙的吗？

荷瑞修：我必须要请你谅解，我一定得走了。

里欧·门尼斯：到底是你比以前更忙了，还是你的脾气不一样了，我弄不清这一点，然而我所确信的是一定有什么事情让你发生了改变，我也不知道是源于什么因素。世上我最在意的，是你我之间的友情，世上我最乐于结交的朋友也非你莫属。虽然这样，我还是不能如愿以偿。我知道，有时候我觉得你是故意躲着我。

荷瑞修：不好意思，里欧·门尼斯，我可能对你礼数不周。每个星期，我都会从不间断地到你这里来，就算有事来不了，我也会派人来关心一下你的身体状况。

里欧·门尼斯：不会有人比荷瑞修礼数更周全了，然而我偶尔会想：你我相识已久，情深义重，所以除了问候和礼数之外，我们彼此之间原本还需要有些别的东西才对。谈及礼节，我向来都不曾对你苛求过，然而你要么是出国要么就是公务在身。而我恰好在这里碰到你时，你也仅仅是逗留一会儿而已。这次请宽恕我的唐突，请告诉我：到底是什么事情让你无法留给我一两个小时的时间呢？我表妹说她想出去散步，因此家里可能只有我一个人。

荷瑞修：我非常了解这一点，不过最好不打扰你单独思考的好机会。

里欧·门尼斯：思考！我的上帝，有什么要思考的呢？

荷瑞修：用你最近这么活跃的那种神思妙想，思考我们人类的低贱呀。我把它称之为"畸形理论"。拥有这种观点的人，首先就是想让我们天性中的所有部分都尽可能看上去肮脏可耻。他们还费尽心机、不辞辛苦地去劝诫人们，让人们了解人其实是魔鬼。

里欧·门尼斯：等你把话说完，我立刻就让你相信这一点。

---

① 此三人均为作者杜撰的人物，里欧·门尼斯是指作者自己，荷瑞修与维耶尔薇娅是秉持世俗观点的人。作者希望能通过与他们的对话来说服读者看清人性的本质。——译者注

荷瑞修：拜托你，不要来劝诫我了。我已经下定决心，已经完全信服了。我坚信世界上如果有恶，也一定会有善；守信、诚实、仁慈及人性，甚至还有慈善，都不是空穴来风，而是真真切切的存在——虽然《蜜蜂的寓言》里说不是这样。我依然对这一点坚信不疑：虽然人类沉沦，世道艰险，当今依旧存在真正拥有那些美德的人存活于世。

里欧·门尼斯：可你并不了解我接下来说的话，我的意思是……

荷瑞修：我大概是无从得知，然而，你说的我连一个字也不会信。你所说的全部都对我没有影响。你如果不给我说话的余地，我马上就走。那本可恶的书让你像得了魔怔，让你无视那些为你博得了朋友们爱戴的美德。你是知道的，我平时说话不是这个样子的，我不喜欢中伤别人。然而，把所有的人都视为傲慢又无耻，讥讽美德和荣誉，把亚历山大大帝称作疯子，对国王和君主也如同对最卑微的人一样不留余地，对这样一个作者，你又该怎样表示尊敬呢？他那套理论的主旨与纹章局①的南辕北辙。那套理论向来是为下流社会尽力谋得卓尔不群的出身的，同理，你这位作者也始终都在研究伟大而杰出的行为，随意捏造它们低贱可耻的起源。我乐于听你娓娓道来。

里欧·门尼斯：稍等。我认同你的观点。我原本想要说服你，我已经彻底从你言下的那种愚蠢中脱离出来，你对它的批评非常在理。我已经与那个错误划清界限。

荷瑞修：你此话当真吗？

里欧·门尼斯：不会有人比我还认真了。谁都不会像我这样对社会的各种美德坚信无疑。我想了解一下会不会有沙夫茨伯里爵爷的哪个崇拜者会比我还要坚定呢！

荷瑞修：你能耐着性子听我把话说完，我理应觉得高兴才是。里欧·门尼斯，我亲眼看到你那种招摇的辩论方式让你树敌无数，你实在不知道这让我多么伤心。只要你是认真的，就理应跟我说一下你这番变化是因何而起。

里欧·门尼斯：首先，我越来越不喜欢让每个人都反对我；其次，在另外那种社会理论当中，有更大的创造的空间。认可那种社会理论的诗人和演说家，发挥其才能的空间也非常之大。

荷瑞修：对你所说的改过，我十分质疑。你是否的确认为另一种理论是错的？你可能轻易就会了解它是错的，因为你看到每个人都在与你作对。

---

① 纹章局，英国负责追溯并认证家族徽章和历史的机构。——译者注

里欧·门尼斯：绝对是错的。然而，你所说的那些却压根不能印证什么，因为如果大部分人类都不排斥那种"畸形理论"（你的称呼很正确），不真诚就不会这么广泛了，而那个理论就认为大部分人都没有真诚可言。不过，因为我的眼睛已经能更好地明辨是非，我就意识到一点，真实与可能性可以说是世界上最傻的东西。它们一点用都没有，在文明的人群当中，更是这样。

荷瑞修：我本来认为你的观念已经彻底转变，可是如今才发现，一种不知所云的新疯狂在左右着你啊！

里欧·门尼斯：压根不是疯狂。我目前对世人说，并且将来还要一直说：最纯粹的真实乃是十分不恰当的；在适合趣味雅致者研究的艺术和科学当中，大师犯下的最无法原谅的错误，绝对是囿于真实或被真实所牵制的。而人们言下的真实，充其量也就是让人高兴的东西而已。

荷瑞修：这的确是金玉良言……

里欧·门尼斯：看一下荷兰人画的那幅《耶稣降生图》吧。画面上的颜色是多么养眼！线条是多么美丽！画上那些精雕细琢的轮廓线是多么精准！然而，干草垛、稻草、牛及马槽和架子也成了画的一部分，那作画的家伙又是多么笨啊！他竟然漏掉了婴儿基督，这委实让人惊讶。

维耶尔薇娅：婴儿基督？依我看来就是圣婴吧。他理应在马槽里，难道不是吗？历史上不是记载着圣婴被放在了马槽里面？①我对绘画一无所知，然而我能分辨画上的画是否栩栩如生。那里面如果再有一只牛头，那就再恰当不过了。因此，一幅画上的艺术如果能让我的眼睛产生错觉，让我不假思索地认为画家极力再现的真实事物就在我面前，它就能让我觉得开心。我一直都觉得它是一幅堪受嘉许的作品。确实，世界上不会有别的东西比它与自然更为接近了。

里欧·门尼斯：几近自然！那就更差劲了。亲爱的表妹，我确实轻易就可以发现你对绘画一无所知。画上理应展示的并非自然，而是让人开怀的自然，是 La Belle Nature（美的自然）。所有低贱、粗俗、让人扼腕和卑劣的事物，都需要仔细地予以规避，不让它们闯入人们的视线；因为对真正拥有审美情趣的人而言，这些事物十分让人厌烦，就如同那些让人作呕、肮脏粗俗的事物一样。

维耶尔薇娅：根据这个标准，圣母玛利亚有孕在身和我们救世主降临人世的场景，就肯定不该见诸画布了。

里欧·门尼斯：你这种想法是不对的。这个主题原本是伟大的，我们去下一

---

① 《圣经新约》有记载称耶稣基督是在犹太伯利恒的马厩里降临人世的。——译者注

个房间吧,我会跟你们说明两者的差异所在。来欣赏那幅画,它取自相同的题材。那上面有华美的建筑,还有一个柱廊。有什么事物能比他们更壮观呢?画家聪明地把那头驴子画到遥远的边角!把那头牛画得多么不引人注目!请注意,它们都处于画面的暗色调中。可惜那幅画被置于强光之下,否则的话,你对它的评价大概还会高出十倍之多,并且不会意识到驴子和牛。来欣赏这些参考柯林斯风格建造的廊柱,它们高耸入云,效果多么明显,空间多么广阔,场景多么壮丽!每一种东西看上去都非常伟岸,都符合表现这个高尚题材的壮观的主旨,让心灵震颤,让人们的敬畏与赞美之情油然而生!

维耶尔薇娅:请给我明示,表哥,你言下的拥有高尚趣味的人赏鉴绘画的时候,是不是也能展示其丰富的常识?

荷瑞修:夫人!

维耶尔薇娅:先生,要是我的话太冒昧了,还请你多多谅解。然而,在我看来,说这位画家把农家客栈的马厩画成了恢宏壮观的宫殿,如此赞美一位画家,听上去好像很奇怪。这比斯威夫特[①]对菲力门和巴乌希斯的变形还要差劲。[②]

荷瑞修:夫人,乡下的马厩里除了不赏心悦目的肮脏、让人厌恶、粗鄙浅陋的东西以外,再没有其他。那些东西起码不能让上流社会的人觉得高兴。

维耶尔薇娅:下一个房间里的那幅荷兰绘画没有一点让人不悦的地方;然而,就算是赫拉克勒斯还没做过清洁的奥吉亚司牛圈[③],也没有那些带凹槽的廊柱更让我厌烦,因为如果跟我的判断力相左,所有人的作品都不能让我赏心悦目。我本想让一个人用绘画重现一段重要的历史故事,而众人皆知,那段故事就是在一个乡村客栈里上演的,而那个画家却由于对建筑略知一二,居然给我画出了一个可充当一位罗马皇帝的大厅或宴会厅的房间,这不是对我的公然挑衅吗?况且,我们的救主降临这个世界时,选择了这个贫穷凄苦的地方,而这就是最真实的历史环境。这里蕴藏着批判浮华的最好寓意,可谓是谦虚的最好教材,而在意大利,谦逊的品德已经基本无影无踪了。

---

① 斯威夫特(1667—1745),18世纪英国著名文学家、讽刺作家、政治家,被高尔基誉为"世界伟大文学创造者"。其代表作品是寓言小说《格列佛游记》,其他作品有《桶的故事》《书的战争》。——译者注

② 菲力门和巴乌希斯是希腊神话中弗里&亚的农民夫妇,由于款待过微服出巡的主神宙斯而受到神的眷顾。他们的小屋摇身一变成为宫殿。斯威夫特在一首记录此事的诗中说,这二人的小屋成为教堂,他们的木床架成为教堂用椅。——译者注

③ 希腊神话英雄赫拉克勒斯曾接受任斯国王命令他完成的十项艰巨任务,其中一项是在一天内把厄利斯国王奥吉亚司的牛圈打扫干净,那里有三千头牛,三十年不曾清理过,污秽不堪。——译者注

荷瑞修：夫人，经验真是不同于你的看法。有一点毋庸置疑：就算在粗俗者当中，描绘肮脏不堪的事物也不起作用，虽然这些人都非常了解那些事物，因为它们要么会招致鄙夷，要么毫无价值。与此相反，壮丽的廊柱、华美的建筑、卓绝的高屋顶、让人惊叹不已的装饰，以及所有雅致的建筑物，却最适合用敬仰和宗教的华威，激发人对具有这等壮丽建筑之地的虔诚。在这一点上，世上有哪个会议厅或马厩能跟与一座富丽堂皇的大教堂相提并论呢？

维耶尔薇娅：我知道，在愚昧而迷信的人们之间，流传着一种人为激发虔诚的方法；然而，你但凡审慎探究上帝的工作，我就敢断言……

里欧·门尼斯：表妹，拜托你不要再为你的低下趣味而辩解了吧。那位画家与历史的真实毫无瓜葛，他的任务是表达这个题材的崇高，让他的观众赏心悦目，并且本不应把我们人类的非凡抛诸脑后。他的艺术和良好感觉都一定要用来把人类升华到最高境界。杰出的画家作画不是为了普通人，而是为那些拥有完美理解力，能领悟其中精髓的人们。你所埋怨的，其实是这画家的优雅涵养和取悦观众对画面的影响。他在着手画圣婴和圣母的时候，想的是但凡略微提及一下那头牛和那头驴子，就已经能够让人回忆起那段历史了。关于那些还需要更多教诲和说明的人，那画家压根没想要让他们去欣赏这幅画。至于其他人等，他只用那些伟大的、堪被世人瞩目的东西去迎合。你看，那画家谙熟建筑，谙熟绘画透视学，你可以推测他在描绘廊柱的明暗上是多么熟稔，你可以看到他怎样在平面画布上呈现出空间的深度和高度，给人立体的感觉。除此之外，他表达光影效果的技艺实在非比寻常，他依靠这些技艺为你把光影的奇迹展现得一览无余。

维耶尔薇娅：如果这样，为什么又大言不惭地说绘画是在描摹自然呢？

里欧·门尼斯：初入此道的人开始时要模仿所见事物的样子。然而，大师在单独作画时，我们却尽可期盼他尽管对自然的完美之处了若指掌，却并不根据自然原来的样子去画它，而是根据我们心中自然呈现出的样子去画。宙克西斯[①]画女神，挑选了五位美女充当模特，遴选她们各自的精华所在，糅合在一起。

维耶尔薇娅：他笔下的全部美的所在，仍旧都源于自然。

里欧·门尼斯：是的，然而他割舍了自然里的糟粕，只用其中最好的东西入画，而这么做让他创造出来的那位女神比自然中所有的都要优越。德米特利乌斯

[①] 宙克西斯（前420—前380），古希腊画家，他以日常绘画和对光影的利用而闻名。传说他画的葡萄非常自然、逼真，竟吸引鸟儿前来啄食。而宙克西斯并不满意，因为画上的男孩举起葡萄没有逼真到足以吓跑鸟儿。——译者注

由于对自然太过忠诚而被诟病；而狄奥尼索斯也由于把人画成跟我们一样而备受谴责。更现代一些的米开朗琪罗被看作太过描摹自然，而当年列西普斯①由于把人雕塑成了自然中呈现的样子，也遭到过那种老掉牙的指责，即被当作是普普通通的雕刻家。

维耶尔薇娅：这些都是真的吗？

里欧·门尼斯：你大可自己去读一下戈莱汉姆《绘画艺术》那本书的前言。那本书就放在楼上的书房里。

荷瑞修：夫人，可能你对这些事情非常不了解，然而它们对公众却非常有益。我们越是看重人类的杰出，那些美丽的形象就越会让高尚者意识到自己的荣光，这些理念弥足珍贵，生生不息。所以，那些美丽的形象基本上始终可以鼓舞高尚者去完善美德，做出英雄的举动。事物中蕴藏的壮丽理应被展示出来，那种壮丽大大超出了纯粹的自然中的各种美。夫人，你会因为观赏歌剧而心情愉悦，对此我非常笃定。你一定意识到了歌剧高于自然的伟大风格与瑰丽雄奇。就算表现最熙熙攘攘的场面，其风格也十分温和，其动作也十分轻巧而稳健。歌剧的题材常常是崇高的，所以，演员所做的动作都既沉稳肃穆，又心旷神怡，让人陶醉。如果歌剧里的动作与普通生活中没有差别，它们就会贬损歌剧的崇高感，同时又抢走了你的愉悦。

维耶尔薇娅：我向来不曾期盼能在歌剧院里遇见自然里的丁点事物。然而，位高权重的人也去歌剧院，并且每个人都会盛装出席，因此，欣赏歌剧就成了一种责任。我不会轻易错过一场歌剧，因为去歌剧院看歌剧是非常时髦的选择。而且，皇族及君王本人也经常会去歌剧院，为歌剧增光添彩，所以欣赏歌剧基本上已经成了他们的一种义务，就如同去皇宫一样。②让我高兴的是歌剧的观众、灯光、音乐、场景及其他各种装饰。然而，我只知道其中几个意大利语单词，因此不能听懂宣叙调③里那些最堪被称赞的歌词，这让歌剧有些动作在我来看非常可笑……

荷瑞修：可笑？夫人！看在上帝的名义上……

维耶尔薇娅：请宽恕我这一观点，先生。我向来不会讥讽歌剧，然而我要坦

---

① 列西普斯（约前336—约前270），古希腊雕刻家，作品无一传世，而今仅存的是其大理石复制品，包括《系鞋带的运动员》《亚历山大胸像》等。——译者注

② 当时，英王乔治二世十分欣赏德国音乐家亨德尔的音乐，并如同其父乔治一世那样让亨德尔每年享有俸禄。——译者注

③ 当时歌剧里存在两种宣叙调，一种为干燥的宣叙调，由羽管键琴为其伴奏，另一种为大宣叙调，由管弦乐队为其伴奏。宣叙调如同朗诵，所以又名朗诵调。——译者注

承：就娱乐本身而言，一出好戏让我从中获得的开心要远远超过这些。我喜欢所有需要理解力的娱乐，超过喜欢我的眼睛和耳朵所能享受的一切休闲。

荷瑞修：我有点遗憾，没想到您这样一位拥有常识的太太会做如此的选择。夫人，您对音乐就没有丝毫赏鉴力吗？

维耶尔薇娅：我把音乐当成我休闲的一部分。

里欧·门尼斯：我表妹会弹一手漂亮的羽管键琴。

维耶尔薇娅：我喜欢听优雅的音乐，然而它不会让我深深地陶醉其中。我听别人提到过那种境界。

荷瑞修：是的，不会有什么东西比一个美好的和声更能提升人的心灵境界了。它就像是让灵魂与肉体分离开来，把灵魂送到天堂之中。正是基于这种情形，我们才能留下非同一般的印象。乐器不再演奏时，我们的情绪就平静下来，优雅的动作与华美的音色融为一体，在我们面前汇集成一片非同寻常的光明，体现了我们所称颂的英雄业绩，体现了"歌剧"这个字所蕴藏的意义。①充满魅力的声音与充满表现力的姿势水乳交融，合二为一，充斥着我们的心灵，强劲地激发我们的伟大情操，而就算是最有表达力的语言，也基本上不能让我们信任那些情操。只有为数不多的喜剧可以让人忍受，其中最好的，就算表情的轻浮不曾让人沉沦，主题的下流也一定会使世风日下，起码会糟践那些高尚者的品格。

相比之下，悲剧的风格更高尚，其主题往往非常伟大；不过，所有强烈的感情，甚至对这些激情的展示，都会搅扰人心，让人烦躁；除此之外，演员全力、强烈地表现事物时，其表演常常与真实生活非常相似，所以，祸根就常常是那些形象；而演员动作的失利，也常常是因为它们表现得太过接近自然。我们由经验可知：那些凄惨的表演，常能在没有防备的头脑里激起同感，让人对美德另眼相看。

剧场自身并无多少魅力，观众本身就更不存在什么魅力，起码大多数常去剧场看戏的观众是这样，其中有些基本就是最卑微的人。就算是最没有风度的人士，也会察觉到这些人身上诸多让人嫌弃的东西：除了难闻的气味和不够优雅的外表，你还会看到让人不屑一顾的浪子和恬不知耻的荡妇，他们花钱买票看戏，就自忖眼光高于其他人等。你常常必须要去听咒骂、脏字连篇和恶意讥讽，却不能因此而怒语相向。上等人和下等人奇异地搅在一起，都进行相同的娱乐，而并不考虑衣着和地位。所有这些都让人无比厌烦。与林林总总的人等混杂在一起，其中有的人的地位甚至还不及中等，彼此之间没有尊重可言，这让上流人士非常不爽。

---

① 歌剧（opera）这个字的拉丁字源中意味着"表演"（opera）和"作品"（opus）。——译者注

置身歌剧院,所有的事物都变得非常有魅力,共同创造十全十美的欢愉。首先是优美的声音,其次是动作的稳重老成,都对减缓和消退各种激情有好处。恰恰是温柔的声音与动作,恰恰是头脑的安静祥和,才让我们感觉温柔可亲,才能让我们置身最臻于天堂般的完美境地。反之,强烈的感情中却涵盖着诸多有损心灵的因素,它们会摒弃我们的理性,让我们更像是野蛮人。我们非常钟爱模仿,这实在难以置信!我们在不经意间,根据我们面前的模型和范例被勾画出来,被重塑修正,这着实怪异!在歌剧中,你不会看见让表情变形的愤怒,也不会见到妒忌;你不会见到有害的激情火焰,而它们象征的爱情,则个个都是纯洁且只居于撒拉弗①之后的;在它们之间,你不会发现有哪一件是会有损想象的东西。

除此之外,还有一类观众。剧场本身成了安静祥和与所有观众荣誉的栖息地。你无法给这样的剧场加上别的什么称谓。在这里,朝气勃勃的天真与无力抵御的美丽基本不用维系。在这里,我确信你不可能见到言行乖张和举止粗鲁,不可能听到肆无忌惮的下流话、放荡不羁的俏皮话及惹人嫌恶的讽刺。相反,你如果留心的话,就会发现剧场灯火辉煌,装饰得恢宏壮观,观众的服装奢华雅致,身穿这些服装者气宇轩昂,偌大的剧场里五光十色,色彩斑斓。另一方面,剧场里的观众举止优雅,每个人脸上都透着一种相互尊重的神情。你必须要认同这一点,世界上不会有哪一种娱乐比歌剧更让人高兴了。夫人,请相信我,世上不会有哪一个地方能如同歌剧院那样,会赋予男女这么多机会以全力悦纳高尚的情操,让他们远离粗鄙。世上也不会有哪一种休闲或聚会能如同欣赏歌剧那样,让有涵养的年轻人得以完善自己的气质,受到深远持续的美德习俗的陶冶。

维耶尔薇娅: 荷瑞修,你对歌剧的赞誉,远远超过我之前听到和想到的。我想,每个喜欢这种休闲方式的人都会对你感激涕零。我相信,这种高雅志趣对你这番颂词将特别有裨益,其中,下流的话已经被层层筛掉了,而且你还让人惊异地深入研究了事实。

里欧·门尼斯: 维耶尔薇娅,你如今对自然和常识有什么想法?它们不是还不曾被弃之一隅吗?

维耶尔薇娅: 我还不曾听到任何可以凭常识让我转变之前看法的事情。你话里话外都说自然好像并非绘画描摹的对象。这是一种见解。然而我不得不承认,截至目前,与其说我认同这一见解,不如说我对它佩服得五体投地。

荷瑞修: 夫人,我一直不喜欢称赞不合乎常规的任何事情,然而,里欧·门

---

① 撒拉弗,即Seraph,是在《圣经旧约》中提到的六翼天使。——译者注

尼斯饰演他佯装已经挑定的角色时太过积极，这一定有他自己的想法。他那些有关绘画的见解是明明白白的，无论他是出于玩笑还是当真如此认为的。然而，他的话和他近来捍卫的那个观点迥然不同，而所有人都了解他所捍卫的那个观点。所以，我就实在不知道该如何去拜访他了。

维耶尔薇娅：你们已经让我了解到我的头脑非常肤浅了。我眼下要去探望几个人，我和那些人的想法更为一致。

荷瑞修：夫人，请给我个机会让我送您上马车吧……里欧·门尼斯，干脆直说吧，你究竟在想什么？

里欧·门尼斯：什么也没想。我刚刚跟你说过，我已经完全摒弃了原来的愚蠢想法，能像我做得这么干脆的人少之又少。我不知道你到底对我有多嫉妒，然而我意识到自己更合乎当下的社会体制了。之前我觉得，国家重臣们及所有位高权重者的行为标杆都是贪婪和野心，他们处心积虑地为自己谋利，就算在担当为公众谋福的苦差时，也不忘记个人的私利；他们心底的快乐弥补了他们的倦怠，而他们没人想要承认那种快乐。就是在一个月不到的时间里我依然想，每个大人物心底都对自己拥有关切和真正的热忱；要致富，要赢得荣誉头衔，要让自己的家族声名远播，还要有机会满足自己对所有舒服、雅致生活的美好设想，并且完全无须自我压抑，就能让自己声名鹊起，被众人视作聪慧、仁爱和慈悲的典型，这些就是除了位高权重的满足和管辖众人之乐以外，手握重权者们所看重的东西。当时我的头脑是那样肤浅，不能想象一个人为何竟会不为自己考虑，而甘心为奴做仆。然而，如今我已经割舍了那种狭隘的评判方式。在政治家的一切施政纲领中，我明确地看到了公众的利益；在他们的所有行动之中，我看到了社会的美德熠熠生辉。我还意识到，国民的利益乃是所有政治家行动的导航。

荷瑞修：我尽管不能百分百地赞成你的这一见解，然而世界上确实存在这样的人，出现过爱国者，他们完全不顾念自己的私利，为了给自己的国家谋福祉，历尽了千难万险。不但这样，就算而今也仍然还有甘愿这样做的人，如果他们被委以重任的话。我们已经看到一些君王割舍了自己的安闲和愉悦，牺牲了自己的平静，去刺激王国的兴盛发展，扩展王国的财力和荣誉。除了自己臣民的福祉，他们对其他所有事情都不屑一顾。

里欧·门尼斯：拜托你不要喋喋不休了。可能你比我还要了解过去和现在的差异，当权者与不当权者的差异。然而你清楚，就在许多年前，你我曾彼此约定：永不参与派系争斗。我希望你所关注的重点，是我的重整旗鼓和我心中发生的嬗变，你似乎在对我这种改变心存疑惧。曾经，我对大部分国王和其他位高权重者的宗教信仰的评价一般，然而如今，我却按照他们对自己臣民谈宗教时的一言一行，来评价他们的虔诚。

荷瑞修：这当然最好了。

里欧·门尼斯：之前，我一直考虑事情的坏处，就对外战争而言，我曾有过绝顶愚昧的想法。我那时觉得：许多战争的导火索都是些不足挂齿的小事，而政治家为实现自己的企图，存心对那些起因言过其实；国家之间最具颠覆性的曲解，可能是源于一个人内心的仇恨和愚笨，或者源于一个人的异想天开；许多战争都是源于参战各国重臣之间的个人恩怨、愤怒、嫌恶和傲慢；所谓各国君王之间的"个人仇恨"，起初大都会成为两国君王之间或堂而皇之或私下隐秘的仇恨。然而，如今我已学会寻找对外战争的更重要的导火索了。同理，我也与奢侈和淫荡达成统一了，曾经它们让我非常恼怒，而如今我坚信，大部分有钱人的金钱被他们虚掷一空，这非常合乎社会激励艺术和科学的初衷；而富人们最奢华的花费，其主要目的其实是为了让穷人有事可做，而不至于饿死街头。

荷瑞修：你的想法的确已经渐行渐远了。

里欧·门尼斯：我十分厌恶嘲讽，并且跟你一样对它厌恶之至。在我看来，在领悟世界、考量人心方面，启发力最强的作品莫过于讲话、碑文和献词，而在所有这些之前的是专利证书的前言，我收藏了非常多的这类东西。

荷瑞修：一项非常有用的事业！

里欧·门尼斯：请你一定要放下对我这番转变的所有怀疑，我要跟你说几条操作简便的规则，那是我为年轻的初入此道的人们量身打造的。

荷瑞修：好吧，该如何去做？

里欧·门尼斯：用沙夫茨伯里大人的精华理论去衡量人们的行为，就是用和《蜜蜂的寓言》迥然不同的理论去衡量。

荷瑞修：说真的，我不知道你是什么意思。

里欧·门尼斯：你立刻就会知道了。尽管我把它们称为"规则"，但从严格意义上说，它们充其量是些可以从中引出规则的事例罢了。举例说明，假如我们发现一个勤快的贫苦女人，她向来节衣缩食，衣衫残破，为的是节约四十个先令，用这些钱去让她儿子在六岁时就能做烟囱清扫工。根据社会美德理论，以宽容的态度去衡量这女人的所作所为，我们就一定能想象到，虽然她一生中不曾为清扫烟囱而付过一文钱，经验却告诫她，如果没有这种不可或缺的清洁，肉汤就会时常被煮坏,许多烟囱也会因此而起火。所以,为了尽力而为,为同代人造福,她摒弃了自己的所有,既摒弃了后代,又摒弃了钱财,来帮助别人远离一些灾祸,许多被人忽略的煤烟常常会引发那些灾祸。除此之外,她还没有一点私心,舍弃了自己的独生儿子,让他去干那个最惨不忍睹的职业,来为公众谋福。

荷瑞修: 在我看来,你并不十分认同沙夫茨伯里大人关于臣民高尚美德的理论。

里欧·门尼斯: 在一个星光点点的夜晚,我们心怀赞美之意,抬首仰望天空的光华万丈。不会有什么事物比夜空更能确切地表明这一点——偌大的宇宙,浩瀚的大千世界,都势必是一位力量非常强大、才华横溢的杰出建筑师的传世名作。显而易见,宇宙万物都属于一个完整结构的组成因素之一。

荷瑞修: 你也想要用这个开玩笑吗?

里欧·门尼斯: 肯定不是玩笑。它们向来毋庸置疑,我对它们毫无疑虑,就如同我确信自己的存在一样。然而,我却要引述沙夫茨伯里大人从中得出的诸多结论,来向你证明,我顺从了这位大人的教诲,并且对它们唯命是从;而在我对那个贫苦女人的所作所为给予的判断里,完全不曾有一点违逆那种宽容的思维方式的东西,那种思维方式是由性格论生发并强烈引荐的。

荷瑞修: 一个人阅读过这样一本书,却不能把它用于更好的场合,这说得通吗!请你阐述一下你提到的那些结论吧。

里欧·门尼斯: 数不清的闪亮的星体,无论其亮度、速度及各自的轨迹差异有多大,全部都是宇宙的构成元素之一。因而,我们所在的这个地球,也都是空气、水、火、无机物、植物和动物的有机结合。虽然这些事物在自然本性上相互之间有很大差别,它们还是一起组成了这个有水有陆地的星球。

荷瑞修: 完全正确。我们人类全部都是由各种宗教信仰有别、政府体制有别、利益和风俗有别的民族组合而成的。这些民族分散定居在地球的不同角落。同样,一切民族的文明社会也都是由数不清的男女组合而成的,尽管在年龄、体质、体力、性格、智力和天赋方面,他们相互之间存在巨大差别,然而他们依旧成为一个政治实体的组成元素。

里欧·门尼斯: 这正是我原本打算说的话。先生,现在请给我明示,人们自己结成这样的社会,其崇高目的不就是希望大家都幸福吗?换言之,这样组合在一起的个人,不都是想要让自己过得比另一种生活更悠闲吗?那种生活如同其他动物一样,缺少维系和依赖,是一种没有约束的放荡不羁的原始生活。

荷瑞修：这的确不仅仅是人们结成社会的初衷，而且是所有政府和社会在各种阶段上期望实现的目标。

里欧·门尼斯：由此得出的结论一定会是，人们用明显有损于文明社会的方式去谋求私利和快乐就一直是个错误；这般做事的，势必会是小肚鸡肠的人，鼠目寸光的人，利欲熏心的人。反之，聪明人如果不顾及所有人，就向来不把自己当成个体。就数量而言，他们仅仅是所有人中一些不足挂齿的因子而已。他们不能从有损于公众利益的事情中获得丝毫满足。如果这个道理是确切无疑的，那么，所有个人私利岂非无须遵从这种整体利益吗？所有人的努力岂不都该是出于提升所有公众的共同福祉吗？除此之外，想要实现这个目标，个人难道不需要不遗余力，把自己变成自己所在的那个群体的、可以对公众服务有用的一分子吗？

荷瑞修：这到底意味着什么？

里欧·门尼斯：我所说的贫穷女子在我提及的那种情境下，其所作所为难道完全合乎这种社会理论吗？

荷瑞修：一个穷苦的、不会思考的晦气家伙，缺少理智，没上过一天学，竟然能依循这般大度豪爽的原则为人处事，哪里是一个有理智的人可以想象得到呢？

里欧·门尼斯：我已经跟你说过了，那女人非常贫困，我也不知道她上没上过学；然而，要说她不会思考或缺乏理智，那就请包涵我对你所说的话，这仅仅是你的恶意中伤，你压根不能验证你的观点。按照我对她的描述，你充其量可以说她是一位通情达理、美德和智慧兼备的穷苦女子，除此之外无法推导出别的结论。

荷瑞修：在我看来，你一定要让我确信你并不是说着玩的。

里欧·门尼斯：这也是我所希望的。我再重复一遍，在我所举的这个例子中，我也紧紧跟随沙夫茨伯里大人的脚步，完全恪守他的社会理论。我如果在什么地方有所出入，请尽管指正。

荷瑞修：那位作者说到了这么下流可耻的事情吗？

里欧·门尼斯：高尚之举里绝不会存在一点下流的事情，无论这高尚之举是出自何人。不过，如果每个粗俗者都不接纳社会美德，那么，性格论讥笑上帝启示的一切宗教信仰，特别是基督教，人口中众多的穷苦大众又该去依循怎样的规则或教诲呢？而且你如果鄙夷那些贫苦和目不识丁的人，我也可以用相同的方法去评判那些位高权重的人。请批判那种社会理论的人留心考量一下那位受人爱戴的律师吧：他近来已经由于其财富而声名远播。他尽管上了岁数，却依然是不停地奔波于出庭、查办各种疑难案件中。为了尽量捍卫他人财产不受侵犯，他丝毫不考虑改变一下那种会减少他寿命的饮食方式；那位敬业的医师的善心是多么备受瞩目！他一天到晚都忙于出诊，他有好几套马车随时候命，以便让自己可以服务更多的人，甚至在他进行维持自己生命所需的必要活动①时，也在埋怨白白耗费了时间；而那位孜孜不倦的教士已经是一个很庞大的教区的事务主管，却依然热情洋溢，恪尽职守，尽力争取去再多掌管一个教区，虽然其他五十位失业同行也在进行同样的努力。

荷瑞修：我明白你的意思了。你浪费口水，说出了这段意味不同的颂词，其实是想由此得出一些反证。你的讥讽确实十分精妙，如果说得恰到好处，就可能让人捧腹。然而，如此一来，你就势必认同这一点，即那些考虑不周的赞美承受不了认真的审查。我们如果觉得穷人的终极目标和永恒担忧就是获取其生存所需，以免让自己饿死街头；我们如果觉得穷人的子女是他们的巨大包袱，他们都在如此的压力下忍耐，并且千方百计地想卸下这个包袱，而这又与自然恩赐给他们对子女的那种下流的、出自本心的关爱并行不悖；当我们把所有这些都考虑在内的时候，你对那位任劳任怨的女人的美德就能轻易进行阐释了。同理，为公众付出的精神，那些大方慈悲的原则，看上去也就望尘莫及了。你的聪明已经在你刚刚列举的三种行业里把它们挑拣出来了，人们凭借它们来活命。人尽皆知，声誉、财富和杰出是一切律师和医生毕生追逐的目标，这的确都是十分紧要的事情。其中很多人以无法想象的耐心及精益求精的精神，不遗余力地做着自己的工作，所有时代都存在这种人。然而，无论他们的劳动量有多大，背后又有着怎样的辛苦，其初衷仍旧如同其职业一样清晰可辨。

里欧·门尼斯：他们不是有益于人类，也能让公众从中获益吗？

荷瑞修：我对此毫不否认。我们经常可以从他们那里得到无法估量的好处，这两种行业里的杰出人才不但对社会非常有用，而且是社会必不可少的。然而，尽管有些人为了自己的职业牺牲了所有个人生活和全部安闲自在，可是如果无法赢得与目前一样的金钱、声誉和其他好处，那么，就不可能有一个人去忍受即便是目前四分之一的苦。那些金钱、声誉和其他好处是其服务对象因为尊重和感激而给他们的酬劳。我绝对不信，如果把这个问题抛给他们，他们当中会有哪个杰出人才会对此矢口否认。因此说，如果野心和爱财是已被公众默许的人类行事原则，那么，那种觉得人类拥有美德的想法就是非常傻的，而人们都装作害怕说自己没有美德。然而，你对那位教区牧师的称赞倒是最让人捧腹的。我知道许多为

---

① 这里意味着吃饭和新陈代谢。——译者注

那些贪得无厌的神甫释罪的理由，其中有一些十分荒诞可笑。然而，你能从他们的赞美词里剔除出来的，却是我所知道的最非同一般的东西。在你看来，就算对教士圣职具有高度推崇的人，从那些谋求增加会众的教士身上也不可能发现丝毫美德；因为那些教士的生活已经非常闲散自在，而另外一些教士却面临着饿死街头的危险。

里欧·门尼斯： 然而，要说哪种社会理论里还有些许合乎现实的东西，即如果每个行业的人都根据那些大方慈悲的原则行为处事，那就会对公众更有裨益。如果这三种行业的大部分人都比目前对别人关注的更多，对自己关注的更少，你就会赞同说：如此一来，社会将成为获益方。

荷瑞修： 我对此一窍不通。一想到许多律师和医生们所担负的苦差事，我倒是非常想弄清楚，如果巨额钱财的不断贿赂和鼓舞能让敬业的可贵激情持续保持下去，而对迎合人的天性也丝毫没有帮助，那么，就算他们甘心，是不是还会用相同的方式去孜孜不倦做下去。

里欧·门尼斯： 千真万确，荷瑞修。用这个论证去批判那种社会理论，比你猛烈批驳的那个作者所说的全部话语都更有分量，更容易把它彻底驳倒。

荷瑞修： 我并不这么认为。有些人利欲熏心，然而我不能因此就轻易下结论说其他人身上就没有美德可言。

里欧·门尼斯： 那位作者也不这么认为。你如果是觉得他持这种观点的话，你对他的误解就实在是太深了。

荷瑞修： 对那些没有资格被赞美的人，我坚决不做评论。然而，人类可能很坏，但他们身上依旧是恶德与美德同在，只不过美德更稀缺而已。

里欧·门尼斯： 没有人会批评你刚刚的最后一句话，然而我不懂你究竟想说明什么：沙夫茨伯里大人不是全力行善、弘扬社会美德的吗？我的所作所为和他所做的不是如出一辙吗？就算我所说的那些有关思考的有益指导并不正确，起码我还是希望人们多关注公共福祉，少在意个人私利，并且对邻人要比目前更加友善。

荷瑞修： 这仅仅是希望罢了，然而事实上会是这样吗？

里欧·门尼斯： 如果这是不可能的，那么，探讨这个问题，验证美德的高尚所在，就是世上最无聊的事情了。人们如果无法去钟爱美德，颂扬美德之美又有何价值所在呢？

荷瑞修： 美德如果没有受到过称赞，人们可能会比目前还要差劲。

里欧·门尼斯： 按照同样的逻辑，如果对美德多加颂扬，人们说不定比目前还要好。然而，我现在理解你为什么把这些充当托词和借口来批判你自己的想法了，你意识到自己必须要认可我那番颂词的正确性（你称它们为"颂词"）；要么，你可能在沙夫茨伯里大人的大多数言论里也意识到相同的问题。但凡你还有别的主意，你就既不想认同我的颂词，也不想去说沙夫茨伯里大人有何谬误。这位大人用人们钟爱结伴、不好独处作为证据，去证明人喜欢同类，天生就对同类怀揣友善之心。你评估我对那三种行业提到的所有话语时非常严苛，然而，你如果用一样严苛的眼光去评估沙夫茨伯里大人的结论，我知道你最终得出的结论也不会有半点差池。

然而我仍旧要捍卫我之前的观点，并且要挺身而出为社会美德理论说几句良心话，倡导那种社会理论崇高的作者对人类有着最淳朴的看法，用杰出的方式颂扬了人的高贵；但是，我效仿他的所作所为，却被当成是开玩笑，我认为这没有根据。他因为善意而写作，并且尽量用出彩的观念和从宗教里引发的为公精神去鼓舞读者。世人尽管享用了他的劳动果实，然而，在他颂扬的为公精神不曾被最下流的商人采纳之前，大家对他的著作本该带来的好处却毫无感觉。确实，你会费尽口舌说那些最下流的商人既没有仁慈大度的情操，也不尊重那些已经在许多人身上发现踪迹的崇高原则。

现在我发现有两类人，他们之间存在依赖关系，却几乎不曾谋面。这种不幸一定会在社会肌体上撕开一个极大的口子，如果对公共利益的最为关注和崇高的友善之心不能左右并强迫后一类人（在前一类人看来，后一类人绝对是陌生人）及那些不曾上过几天学的平凡人等，去帮助前一类人达成其善良的职责，遏制那伤口的持续扩大，那么，一切深奥的思想，一切发明带来的幸福，都不能弥合那道伤痕。大量手艺精湛的工匠都只有一方斗室容身，虽然任劳任怨，但也会由于填不饱肚子而饿死，而这全都是因为如果其他人不去消费，他们就无从得知该让谁来买自己的劳动成果。同理，那些富裕而奢侈的人天天都用多余的小物件和雅致的小玩意儿来打扮自己，形形色色，数不胜数。创造那些小玩意，要么为了迎合没有必要的好奇心，要么为了逗一时之快。如果那些人压根不曾见到过那些小东西，或不知道从什么地方可以买到它们，就绝对不会想到它们，更不可能对它们有丝毫欲求了。因此说，玩具商穷尽一生去发明小玩具，迎合了社会上这两个不同等级的人的需求，这给公众的利益带来了多少好处啊！这些商人让那些急切需要帮助的穷人有事可做、有衣可穿，还辛勤地去寻找手艺高超的工匠，谁都无法制造出比那些顶级工匠还要好的工艺品。他还用自己殷勤的呵护备至和老成持重的面容,去取悦那些素不相识的陌生人,往往是开始先跟这些人寒暄几句,尔后和善地问几个问题,以评估他们的需求。这些商人不仅仅在上班时间内工作,而且在那些人休息时也照常上班,天天都在耐着性子等待着顾客惠顾。无论是酷热难耐的夏日,还是寒冷刺骨的冬天,这些商人都会高高兴兴地去迎接挑战。这是一幅多么优美的画面!它体现了人类生来就友爱和善!这是因为:如果玩具商们根据另外一种原则行为处事,仅仅为我们供应生活必需品,他们的确体现了对人类更杰出的爱与宽容,然而人们却不会花费哪怕几分钟去想一想那些最让人想入非非的爱与宽容,而要人们停止幻想,甚至不去幻想那些最没有意义的东西,估计连一个小时都没门。

荷瑞修:你确实把你的幻想演绎到了极致,然而,你就不对自己这些痴心妄想心生厌倦吗?

里欧·门尼斯:你到底在我这些善意的指点里找到了什么纰漏?难道它们与我们人类的尊严背道而驰了吗?

荷瑞修:我欣赏你的别具一格。我还承认,你还巧妙地运用了你那种夸大其词的谈话方式,你已经把那种社会理论置于一种糟糕的视角之下,我之前一直不曾从那个视角去思考过它。然而你知道,就算最好的事情也会备受讥讽。

里欧·门尼斯:无论我对这一点了解与否,沙夫茨伯里大人已经对此持完全批判的态度,并认为玩笑和讥讽是验证事物价值的最好、最有用的试金石。以他之见,所有玩笑都不能压制真正崇高和美好的东西。这位爵爷大人利用这块试金石去审视福音书和基督教信仰,并且因为它们好像承受不住玩笑而披露它们。

荷瑞修:他披露了教给凡俗人等的关于上帝的迷信和虚假见解,然而,任何人对最高存在和宇宙的信念都不会比他的还要至真至纯。

里欧·门尼斯:你已经认为我对他的指责没有问题了。

荷瑞修:我并不自诩要维护那位高贵爵爷笔下的每一句话。他的文风非常活泼,他的语言非常优雅,他的推理也非常缜密。他的许多思想都阐述得尽善尽美,而他采用的绝大多数形象也十分独到而精致。我会非常青睐一位作者,而不会强迫自己去应答对他的一切挑剔质疑。谈及你提到的对他的效仿,这种揶揄式的效仿压根激不起我的兴趣。然而,你可能招致的笑声估计会让你减少给自己惹事上身的频率。请对我坦诚相告:你提及的那些辛劳而卑贱的劳动,迎合了暴饮烈啤酒之外的娱乐;当你考虑到这一点时,难道不曾意识到板车车夫也拥有社会美德吗?

里欧·门尼斯：没错，我发现确实如此。我在一匹拉板车的马身上也找到了一些社会美德的印记，就如同我在许多大人物身上找到的一样。他们那些最利己的行为，但凡社会可以由此赢得一丁点利益，那多数源于他们恪守美德的各种规定，源于他们对公众的友善仁慈，我们如果对这一点有丝毫怀疑，大人物们就会火冒三丈。甄选教皇的时候，红衣主教们最相信和最仰仗的就是圣灵的指点，但是你会信以为真吗？

荷瑞修：这跟我相信基督变体基本相同。

里欧·门尼斯：然而，你如果是从孩提时代就信仰罗马天主教，你就会对二者都深信不疑了。

荷瑞修：关于这一点，我不确定会不会如你所说。

里欧·门尼斯：你如果像千千万万的信徒那样虔诚地信仰那个宗教，你就会确信，而那个信仰并不是没有理性和常识可言的，就如同你我二人。

荷瑞修：我对此无话可说。世上有大量事物虽然神秘得有点无法解释，然而它们仍旧是真实存在的，而它们刚好就是信仰的对象。因此，当某件事情超出我的能力之外，并且真的是我所无法理解的，我就保持缄默，非常恭敬地拜伏在它脚下。然而，我如果非常确信地发现某个事物与我的理性背道而驰，并和我的判断力相抵触，我就不可能轻易认可一件事情。

里欧·门尼斯：你如果相信上帝，你又有什么真凭实据去印证，在一件对一切基督教世界比对其他世界关系都更为重大的事务上①，上帝不曾给人指点迷津呢？

荷瑞修：你这个问题是个陷阱，而且全无公平可言。一切都在上帝督导和掌控之中，没有例外。要证明我对教皇选举的反驳是对的，要证明我对它怀疑的原因，我仅需证明一点就足矣。教皇选举里采用的器物和方式显然是人定的，一切都是世俗世界的，其中大量都是不合法的和卑劣的。

里欧·门尼斯：不是所有方法全都这样，因为他们天天都会祷告，都在庄严地请求上帝的指点。

荷瑞修：然而，从他们的其他行为当中，你却可以轻易评判出他们祈祷的主旨何在。罗马教廷的确是个最大的高级政治学府，是研究怎样策划阴谋的最好学校。在那里，那些平常的奸诈和人尽皆知的计策相较之下都变得普普通通，并且人类费尽心机、绞尽脑汁地精心谋划着各种阴谋。在那里，才干必须臣服于谋略之道，就如同力量必须臣服于摔跤术一样。一些人采取某种方法来藏匿自己的能

---

① 在此指的是推选教皇。——译者注

力，不让旁人对他们有一丁点了解。那种方法对这些人的帮助，比真知和深刻的理解力的帮助不知要强多少倍。在这所神圣的殿堂里，全部都是能够用黄金买来的，而真理和正义的价值居于一切事物之后。红衣主教帕拉维奇尼和其他誓死捍卫教皇权威的耶稣会派教士，已经假惺惺地认可了教会手中的政治权力，并且没有在我们面前把那些只有在红衣主教眼里才有意义的美德和成就藏匿起来。在他看来，无论用什么手段，让教皇权力能够延伸到世俗权力之中，可谓是最大的光荣，而被敌手算计，特别是被最下流的诡计算计，则称得上是最大耻辱。尤其在选举教皇的会议上，不搞点阴谋诡计就会终无所获，人心是个无底之洞，深不见底，漆黑一片，以至最狡猾的掩饰偶尔也会被看穿，人人都笑容满面、钩心斗角。这个团体所有的成员，心中想的除了迎合私欲，就是捍卫自己一党的利益（无论它对错与否）及打垮所有可以与其抗衡的派别。在这样一个团体的各种诡计、策划、派别争斗和阴谋算计之中，你还会相信有半点神圣、虔诚，或者对宗教精神的一丝敬畏可言吗？

里欧·门尼斯：你这些感叹，验证了我经常听到的那个观点，即叛教者是最铁面无私的劲敌。

荷瑞修：难道我之前是信仰罗马天主教的吗？

里欧·门尼斯：我的意思是，你违背了那种社会美德论。你以前是它最坚决的拥护者。而今，没有人会像你这样认真地由其所作所为来洞悉其为人，并且对待那位不幸的红衣主教也确实都没有你这么不留情面。我之前从未想过：如果我把那个"畸形理论"弃置一旁，居然会找到你这样一位魔鬼。然而，以我之见，你我当初的观点好像都有些变化。

荷瑞修：在我看来，是我俩想法更接近了。

里欧·门尼斯：不止这样。谁会料想：在听我对事物给予世间最友善的解说的同时，又会听到你对它们最强烈的谴责呢？

荷瑞修：人们真的是被蒙蔽得太深了，对你我都一无所知。我想不到他们会采取什么行动。然而，在你我的辩论里有一点却是显而易见的：你尽量把与你意见相左的观点的可笑之处完全披露出来，以此捍卫了你的观点；而我捍卫自己观点的方式是：让你发现我们并没有你认为的那么愚笨。我以前下定决心坚决不跟你探讨这个话题。然而你看，我已经打破了这个誓言。我不喜欢被人认为不懂礼貌，我只是因为礼貌才跟你探讨的。然而，我并不后悔与你进行这番长谈，因为我认为你的观点并不像我之前所想的那样可怕。你已经认同：世上是有美德的，世上也有把美德当作行为标杆的人。我原本认为你会对这两点矢口否认。然而，我可不希望让你私底下因觉得用五彩斑斓的幌子诓骗了我而扬扬得意。

里欧·门尼斯：我的伪装并没有强大到你都无法参透，我也不会和别的某个会轻易上当的人探讨这个话题。我知道你有着聪明的头脑和极好的判断力。也正是由于这个原因，我才非常诚挚地希望你听我为自己做一番阐述，听我把你我之间的不过毫厘的差异说明白，因为你原本可能认为你我有千里之差。放眼世间，只有你最不希望把我当成坏人，然而我十分担心把你给得罪了，所以没有你的许可我是不可能跟你探讨这些问题的。就算为了你我的友谊，请你为了我暂时委屈去看一下《蜜蜂的寓言》吧。那本书做得很精美，而你热爱书籍。我有一本《蜜蜂的寓言》，装订得非常精致，请你一定要允许我把它当作礼物送给你。

荷瑞修：里欧·门尼斯，我尽管不是个刚愎自用的人，然而我非常在意荣誉——你明白什么是标准意义上的荣誉。那本书饱受讥讽，就算是听到别人提起它的名字我都非常憎恶；如果有谁想让我认同其中哪怕是一丁点的看法，我立刻就会暴跳如雷。截至今日，荣誉仍是一个社会最稳定、最崇高的维系。所以请相信我，永远不要无缘无故地拿荣誉开玩笑。荣誉是真真切切的，是让人崇尚的，同时也是非常认真的，无论何时何地都不能当成娱乐讥讽的对象。所有独具一格的幽默，所有狡黠顽皮的嬉笑，但凡是与荣誉有关，都让我不能容忍。可能世界上这种人只有我一个；你愿意的话，大可说我这种态度不正确。随你怎样都行，我所能说的就是：我不希望别人拿荣誉开低级玩笑。因而，你如果还把我当成朋友，就务必不要把《蜜蜂的寓言》送给我。关于那本书的事，我的耳朵里已经被填塞得满满当当。

里欧·门尼斯：请给我明示，荷瑞修，世上存在与正义无关的荣誉吗？

荷瑞修：谁说存在与正义无关的荣誉？

里欧·门尼斯：难道你不曾默许：虽然你眼下意识到我欺骗了你，然而你当初把我想得比这还坏吗？如果没有仔细研究，所有人或所有人的著作都不能被说成是异端邪说或单纯的臆想，更不能被视为敌人或充斥着敌意的谴责。

荷瑞修：你的话句句在理。我诚挚地恳请你能宽恕我对你的曲解。请把你的想法和盘托出，我会非常有耐心地听着，只要你的话不像刚刚那么危言耸听即可。然而，希望你务必要端正一下态度。

里欧·门尼斯：对你，我不会说什么不入耳的话，更不会危言耸听。我只是希望你能相信，我对人类的见解并不如同你以为的那样，其实它们并非那么满是恶意，也没有那么挑剔苛责。你只要细心审视就会意识到：我对事物价值的见解，其实也跟你没太大差别。请思考一下你我刚刚做的事情吧，我始终尽量从我所知道的、最仁慈的角度去考量所有事物，以揭露那种社会理论的荒诞所在。老实说我确实是这样做的。而今，再请你审视一下你自己都做过些什么：你始终在驳斥我潦草编造出来的那番"颂词"的滑稽，把事物恢复到正常的状态下，你做得非常正确，因为你明白人们肯定会从正常的维度去审视这些事物。你做得非常好，只不过你的所作所为和你宣扬要捍卫的那种理论刚好截然相反。你如果用相同的方式去考量一切行为，那种社会理论就完全没戏了，起码有一点是显而易见的：那种理论不能付诸实践。你说大部分人都拥有那些美德，然而，我们说到某个具体的人时，你却举不出哪怕一个具体的实例。我一度到处去证明你的这种见解，然而我不仅在最卑微的人们那里一无所获，而且在最上流的人士那里也收获寥寥，而你又觉得把中层人士想得更好是很滑稽的一件事。你支持一种美好的想法，难道同时还会认为它并不美好或无法付诸实践吗？根据那些美德原则行为处事的人到底是何许人？我们到底要去什么地方才能觅得他们的踪影呢？

荷瑞修： 各国都有许多家境显赫、出身名门的人。他们并不曾悦纳提供给他们的那些养尊处优的位置。他们只在意那些崇高和杰出的事情，无一例外。岂非如此吗？

里欧·门尼斯： 当然。然而细心考察他们的举止，仔细探究他们的生活，并且用你审视那些红衣主教、律师和医生时那种不那么大度的眼光，去考量他们的行动，看其美德让其行为比那个贫穷女人的究竟优越几何。实际上，颂词里涵盖的真实要比讽刺里涵盖的真实少得多。当我们的感官都沉静下来、身心不曾遭遇丝毫搅扰、不曾有什么让我们心生不悦的事情时，我们就会对自己的处境感到满意。而恰恰是在这种情形下，我们最有可能把外在的表现误当成真实，我们对事物的判断也尤为大度。荷瑞修，请牢记在心，就在半小时之前你颂扬歌剧时是那么热情洋溢。一旦想到自己看到了歌剧中大量引人入胜的情景时，你的心灵好像得到了提升。我不想说些什么话来批判你对歌剧、对歌剧观众优雅气质的颂扬，然而，你脑子中转着这些天真的想法、并且说歌剧院是培养高度持续的美德习惯的最好方法时，估计已经让自己迷惑了。你是不是认为在相同数目的人当中，那些去歌剧院者的真正美德，要比去动物园者的美德多得多？

荷瑞修： 这个比较可谓恰如其分！

里欧·门尼斯： 我是十分认真的。

荷瑞修：狗吠、牛鸣和熊吼，那声音该是怎样的悦耳动听呀！

里欧·门尼斯：千万不要误会我的意思。你非常了解，我所对比的，并不是这两种地方给人们带来的快乐的差别所在。你所说的那些事是最无须抱怨的。那些连绵不绝的诅咒声和咒语声、反复提及的虚假歌词和其他更肮脏的话语、大喊大叫、声音扭曲的人声的大量低沉噪音，实在是最残忍的煎熬。那个地方的腐烂味及各种糟糕气味会一直让人憎恶。然而，在卑贱人士聚会的所有地方里……

荷瑞修：嗅觉完全被满足了。

里欧·门尼斯：总而言之，这种消遣方式实在让人厌烦，它让你全部的感官备受煎熬。我对所有这些都非常认同。油光满面的脑袋，其中有的还是血红色的，不合适的衣裳，野蛮、恐怖的外表，你在那些永不停息的聚会上的所见所闻，必然会让你十分惊诧。所以，你在一群衣衫残破、肮脏粗鄙的下流人当中亲眼看见的其他所有事情，也都会让你非常惊讶。那帮人的各种娱乐里，不存在哪怕一种行为不让人厌烦。但是，野蛮和举手投足间缺乏礼貌，却不应与恶德及罪恶的东西搅在一起，这就如同注重礼节、举止优雅无法与美德及虔诚搅在一起一样。为了恶作剧而揭发预谋的谎话，是比教人去说假话还要大的罪过。敌人私下里窃窃私语的中伤对一个人的伤害，会比其最吵闹的敌手所有恐怖的漫天咒骂对他的冲击还要大。在每个基督教国家，上流人士也像卑劣之辈一样有淫荡与通奸的行为。然而，如果说卑劣者比文质彬彬的人会更容易沾染某些恶德，那么，后者则比前者染上另外一些恶德的可能性就大得多。在宫廷里，嫉妒、中伤及仇恨心比在草舍中引发灾祸的可能性更大。穷人当中并没有虚荣过头和野心害人的人；穷人染上贪婪的恶德的可能性很小，更不可能去批判宗教信仰；穷人剥削公众的机会远远少于富有者。你了解那些聚会上的大多数杰出人士，然而我期盼你先认真地回顾一下其他人的生活，能想到的人越多越好，而后再去考察歌剧院观众的各种美德。

荷瑞修：你让我忍俊不禁。你提到的那些人，着实拥有太多美德。你已经让我完全信服：闪光的东西未必就是金子。你还想要说些什么吗？

里欧·门尼斯：因为你让我发言了，而且还表现得愿意洗耳恭听，我就想好好趁这个机会，对你讲些至关重要的事情，可能你不曾从这个角度思考过它们。但你也知道：理应从这个角度去考查那些事情。

荷瑞修：不好意思，我的确要走了。我今晚的确有件事情必须要办。它对我的一场官司有很大影响。我在你这里的时间已经远远超出了我之前的预料。然而，如果你明天可以到我家来吃点儿羊肉，那时就我一个人在家，你想说多长时间都可以。

里欧·门尼斯： 这当然最好了。到时我很乐意前去。

2 荷瑞修与里欧·门尼斯的对话

荷瑞修：你我昨天的讨论让我印象十分深刻。你所说的一些事情让人非常开心，其中有的事情我是不可能随便就抛诸脑后的。我想不起来自己之前是否像昨晚离开你之后那样对自己进行过反思。

里欧·门尼斯：坦率诚恳地反思自己，这个任务比平时预料的还要难办。昨天我问过你：我们在什么地方、在什么人那里才能发现你提到的那种人，即那些依循美德原则行为处事的人。你的答复是，有一个等级的人就是这样。我已经在那些人身上发现了许多让人十分欣赏的地方，然而那些人也并非完美无瑕。如果可以把那些缺点弃置一边，而从可以在部分人身上发现的不同美德中遴选出一些最好的，那么，这种集聚了所有美德的场景将会打造出一幅美妙绝伦的图画。

荷瑞修：把这幅画画得完美无瑕，那绝对会是一幅精品。

里欧·门尼斯：我可没这个胆子去尝试。然而我认为，给它画一幅小小的速写不能算是什多难的事。它仍旧理应比自然要好，并且是个能够模仿的实例，比所有活人的榜样都要好得多。我想试一下，只是想一想这事，就让我干劲十足。一位才貌兼备、品行俱佳的君子的肖像该是多么美妙！一个家境显赫而富裕的人，自然创造他时会非常慷慨，他了解这个世界，他一直娇生惯养，他的形象该是多么让人陶醉！

荷瑞修：我敢对你发誓，我也如此认为，无论你这话是一个玩笑还是正儿八经的。

里欧·门尼斯：他那些最大的缺点被隐藏得多么巧妙！尽管金钱是他的偶像，尽管他心中垂涎着钱财，他内心深处的贪婪还是一定要服从他外在的不屑一顾，他的行为处处被大度慈悲的光环笼罩着。

荷瑞修：你的过错就在这儿。这也是你让我无法忍受的原因。

里欧·门尼斯：哪里不对吗？

荷瑞修：我了解你的意思，你将会给我画一幅这位君子的漫画像，而你嘴上却说你要给他画一幅肖像画。

里欧·门尼斯： 你误会我的意思了。我压根不是这个想法。

荷瑞修： 然而，人的天性怎么就不会是善良的呢？你非但没有掩饰人的缺点，反而让他平添了许多缺点，它们都无凭无据、没有意义。对外在表现无隙可乘的事物，你从哪里得出内在败坏的结论呢？你为何说那个人的缺点都被隐藏起来了呢？你既然认同那君子不曾体现出爱财之心，并说他的行为到处都笼罩着大度慈悲的光环，为何你还会认为他贪得无厌、拜倒在金钱脚下呢？这真的是无稽之谈。

里欧·门尼斯： 我对所有人都不曾进行过这样的预设。我要与你辩驳几句：我以下的话语除了充作评论之用，并无其他想法；无论一个人对自己内心的短板和天生的缺陷有多么清晰的认知，他都拥有获得常识及举止优雅的素质，并且就算没有得到哪怕一点点帮助，他也有能力让自己的短板和缺陷不为外人知晓。然而，你这些问题问得恰到好处。既然你说到了这些问题，我就要对你知无不言，言无不尽。首先我想跟你说一下我接下来要做的那番描述的出发点所在，说一下那番描述有什么用。简而言之，我要向你证明，最华美的上层建筑其基石也有可能是破败不堪的。你一会儿就能更深层领会我的用意了。

荷瑞修： 然而，你如果没有见过它，又怎么会洞悉维系大楼的基础将会败落呢？

里欧·门尼斯： 放心。我对你发誓：如果没有你本人的同意，我不可能把随便哪种事物说成是必然的。

荷瑞修： 我不期望别的，只希望你会恪守这一诺言。好吧，请跟我说一下你想一吐为快的话吧。

里欧·门尼斯： 骄傲与虚荣心真正在意的，往往是他人的看法。一个人最大的梦想，能充斥整个心扉的梦想，就是自己被世间所有的人称赞，就是获得所有世人的掌声和赞颂，不光是现在，将来也会如此。这种激情往往会被浇熄，然而让人无法相信的是，虽然人们的环境和志趣各异，这种激情的力量却培育了，并且有可能持续培育许多优秀而差别巨大的奇迹！首先，仰仗骄傲之情，一个人就能不把那些极大的危险放在心上，也就不恐惧所有形式的死亡。同理，一旦具备自傲之心，一个人会到处寻觅危险和死亡，而如果他的体格强壮有力，他甚至还会坦然面对危险与死亡而无所畏惧。还有就是，世上不存在西塞罗所说的那些良好职能或义务，无论是对他人还是对我们自己，也不存在沙夫茨伯里爵爷所说的那些仁爱、人道或其他社会美德的先河；然而，拥有常识和知识的人，其虚荣心如果强大到可以制服其他所有激情（那些激情阻隔和扰乱着他的计划），那么，就算只是因为虚荣心作祟，他们也会把常识和知识付诸行动。

荷瑞修：在你看来，我真的会对你所说的话全盘接受吗？

里欧·门尼斯：必然会。

荷瑞修：那要到何时？

里欧·门尼斯：就在你我说再见之前。

荷瑞修：非常棒。

里欧·门尼斯：拥有一定才华的人，如果生活环境无忧无虑，接受过优秀的教育，性格又不异于常人，其举手投足就几乎全都是温文儒雅的。这种人越是自傲，越是在意他人的尊重，就越会去研究他人的尊重，以此让自己被一切与其交谈者心悦诚服。他们会不惜千辛万苦，费尽心机地掩饰所有常识告诉他们不能被别人发现或知道的事情。

荷瑞修：我必须要让你暂停一下，因为我无法让你继续这个话题了。你所说的，无非还是之前的陈腔滥调。说所有人都有骄傲之心，我们眼前所见的全部都是伪善。这些观点根本无凭无据，世界上再也不存在比你说的这些更滑稽可笑的话了。因为如果依你所言，最崇高、最勇猛、处境优渥的人的骄傲之心也就最盛。这与我们人人皆知的常识可谓南辕北辙，因为日常生活中的情况迥然不同。暴发户、一手打拼没有背景的人，以及没上过几天学、由于发财而扬眉吐气的最普通的人，如果略高于中等水平，从下等的位置摇身一变荣登光鲜的位置上，其骄纵和狂傲就展露得一览无遗了。而另一些人就不是这样，一般说来，地球上不会有人比那些家境显赫的人更礼貌、更人性、更儒雅了，他们都坐拥巨额财富和祖先的庞大房产。凭借世袭血统而声名昭著，从孩提时代他们就对壮观的场面和光鲜的头衔见怪不怪了，接受的是与其身份匹配的教育。我不知道世上有什么民族，只要不是未开化的野蛮人，其年轻男女没有接受特别的教育，要他们戒骄戒躁。你能不能举出个例子，某个学校、老师或父母不是循循善诱，教育学生要以礼相待和顺从听话的？不光这样，"有礼貌"这个词本身不是也刚好有这一层意思吗？

里欧·门尼斯：我拜托你，咱们还是心平气和，说话时尽量用词恰当点吧。优雅礼貌的准则给我们制定了千百条规矩，让我们远离骄傲的各种外在特征，然而，任何一条规矩都不是针对骄傲这种激情本身的。

荷瑞修：你怎么会得出如此的结论呢？

里欧·门尼斯：事实的确是这样，任何一条规矩都不是针对这种激情本身的。绅士教育向来无须要求压抑骄傲，而是一直刺激他们的荣誉感，要求他们一直维持强烈的荣誉感，要求他们在关键时刻内心一定要关注自己的意义。

荷瑞修：这一点非常需要深思熟虑，并且可以费点工夫去仔细考量一番。然而，你要刻画的那位十全十美的君子究竟在什么地方呢？

里欧·门尼斯：我已经准备妥当。我想先说一下他的住所：尽管他在好几个国家名下都有豪华的住宅，在此我却仅仅谈一下他那座最重要的家族府邸，那上面刻印着他家族的名号，是家族的荣耀所在。这座豪宅恢宏壮丽，让人无比艳羡。他的花园占地广阔，里面有数不清的让人赏心悦目的事物：园地被划分成诸多小块，各有不同的用途；尽管对自然的仔细修缮处处皆是，然而每个部分都错落有致，别具一格；尽管每一块的局部都被设计得精巧雅致，然而整体布局却可以呈现出最大的特色。室内的所有器物无一不彰显着主人的典雅与华贵。所有花费都用于搭建景观美丽和居所舒适上，所以你不会发现有丝毫花销是被浪费掉了。他全部的餐具和家具都非常精致，在此你只会看到那些最高级的器用。室内所有的绘画都是由最杰出的画家所画，确实都是精品佳作。他不收藏毫无价值的细碎物品，也不会让你瞥见他家中有一件惹人讨厌的物件。他的几套收藏品都是既赏心悦目，又美妙绝伦，价值远比大小重要得多。然而，他的古董和财宝并不仅限于他的收藏柜里，室内里里外外装饰的大理石和雕刻本身就是无价之宝。在室内的许多地方，你都会发现许多让人拍案叫绝的镏金装饰和精巧雅致的雕工。大厅和走廊里的摆设估计更是价值连城，其客厅和过道也丝毫不差。这些厅堂非常宽敞而奢华，都是品位极致的建筑师的名品佳作，其装修布局也都让人赞叹。整个豪宅都体现了主人雅致的品位，惟妙惟肖的装饰姿态万千，到处都气度不凡，又一干二净，连最漠不关心、最没有眼力的人也会对它们竖起大拇指。与此同时，其中最普通的器物的所有部分也做工精致，给人一种更踏实的满足感，连好奇心最强的人也会为之叹服。但是，这个十全十美的样板最大的好处却在于，就算在最平凡的房间里也不会存在一件毫无意义的东西，就连最短的过道也都装修得非常漂亮。而在最壮丽的厅室里，同样没有一点奢华的陈设，没有一个地方带着哪怕一点点冗杂装饰。

荷瑞修：这幅图画似乎让您煞费苦心，可惜的是它一点也不招我喜欢。请继续您的话题。

里欧·门尼斯：我坦承，我之前也不喜欢它。他的马车和侍从为数太多，全都是——精心挑选过的。他的所有用品都是理性选择的结果，而且从性价比角度来说都是最高的。他本人看上去一直都兴高采烈，其心胸也如同他的脸上表现出来的一样豁达乐观。在家时，他最喜欢关照别人，向来不会成为别人的负担。他的所有快乐好像就是为了让朋友们觉得高兴。就算是在最欣喜若狂的时刻，他也不曾对谁有不合礼数的举止，向来不随意叫别人的简称。就算是对地位最低下的客人，他也不曾用没有礼貌的随意态度去招呼他们。对所有与他有过交流的人，他都仔细地聆听，除了对他待客美食的称赞之外，他不放过一字一句。除了对他的称赞之外，他绝不干涉任何交谈。对他名下东西的全部赞扬，他不会轻易去人云亦云，就算那些东西是名副其实、堪受此赞，也是这样。在国外，他从不关心那些谬误和过失；一旦有不如意的事情，他要么三缄其口，要么尽量让事情朝着最好的方向发展，以抵消旁人的埋怨和失望。但是，在他告别一个住处之前，却一定会把那里的优点诚挚地夸赞一番，他的话语尽管向来幽默风趣，然而又绝对是既谨慎又好玩。就算是只涵盖一丝一毫肮脏龌龊含义的话，他也绝对不碰。他更不会拿伤人当作玩笑话。

荷瑞修：太棒了！

里欧·门尼斯：他不跟风、不愚昧，远离所有与宗教有关的辩论。然而他经常光顾教堂，并且家族的祈祷仪式很少会见不到他的踪影。

荷瑞修：这位君子已经近乎圣人了！

里欧·门尼斯：我本以为你我会在这一点上有争执。

荷瑞修：我不是故意在找毛病。请继续您的话题。

里欧·门尼斯：因为他本人学识渊博，他就努力鼓励艺术和科学的发展。他奖罚分明，对有功者和蔼可亲，对勤勉者给予重奖，又向来坚决批判道德沦丧的人和剥削欺压的人。他的饮食尽管比所有人的都要精致考究，酒窖也比所有人的都要地道，他却可以克制食欲，绝对不会饮酒过度。尽管他在饮食方面十分挑剔，然而他向来会选择对健康有好处的食品，而不光热衷于美味可口的食物；对所有可能有害健康的东西，他绝不大吃特吃。

荷瑞修：这着实值得称赞！

里欧·门尼斯：如同在其他一切事情上一样，他也十分在意穿着，经常添置新衣。在自己的穿着打扮上，他认为整洁比华贵要重要得多，然而他的仆从却都有华美的服装。除了在非常庄重的场合，并为了展现对他人的敬重，他本人并不经常穿金戴银。为了展现这些奢侈的习惯一无是处，他每次都会穿不一样的衣服。一套服装只要穿过一天，第二天他就不可能再穿了。他所有的衣物是最时髦的，其装束也异于常人，然而他却让别人去打理它们。世上不存在比他穿得还要好而却如他那样不注重衣着的人。

荷瑞修：完全正确，对有地位的人而言，衣着端庄大方乃是必然的，然而太过在意，却不合体统。

里欧·门尼斯：所以，他雇用了一位品位一流、眼光独到的管家，此人让他无须为了穿着而烦恼。同理，他的配饰和亚麻内衣则由一位心灵手巧的女人负责。他的谈吐文质彬彬，和蔼可亲，既不点到为止，又不高谈阔论，既不炫耀才华，又不俗不可耐。他的举止绝对是温文尔雅，绝不矫揉造作；他的气质端庄儒雅，而不举止轻浮；他的举手投足尽显高贵之风，因为尽管他向来和蔼可亲、谦卑持重，他的自高自大不会比任何人少一丝半毫，其举止中却仍旧体现了某种雍容华贵的东西。他谦虚但不卑贱，高贵却不怠慢。

荷瑞修：这真让人佩服得五体投地！

里欧·门尼斯：他对穷人仁爱友善，他的房门向所有人敞开着，他把邻人都当成朋友。他视佃户如慈父一般，觉得他们的幸福与自己的利益休戚相关。对偶尔的冲撞，不会有人比他还要泰然自若；对无意的伤害，不会有人比他还要宽容大度。他可以把在其他地主看来是伤害的事情变成有益的事情。无论损失是大是小，他都算作自己的过错，无论是因为他自己的粗心大意还是别的缘由，他都成倍赔付。他希望越早了解这些损失越好，常常没等到它们招致怨言，就已经做好补救。

荷瑞修：哦，稀缺的人类啊，得小心提防才是！

里欧·门尼斯：他尽管向来不会责备自己的仆从，却可以享受他们最好的服务。尽管他的家用开支应有尽有，家庭成员也数量庞大，然而家中却井井有条，这就如同其家族的富足一样家喻户晓。

他的指示一定要照章行事，然而其要求却向来都非常合理。即便是对最卑微贫苦的脚夫，他也从不趾高气扬、随意呵斥。仆人的分外殷勤及所有堪被嘉许的行为，他都尽收眼底，并经常给其当面称赞；对不能讨他欢心的仆人，则交由管家去责罚或是解雇。

荷瑞修：他非常聪明。

里欧·门尼斯：无论是哪个仆人伺候他，他都仔细关照，无论是患病还是健康。他给下人的工钱比其他主人给的两倍还要多。对那些特别勤恳细致、尽心尽力伺候他的仆人，他还经常会有礼物相送。然而，他却苛求下人不能收来访客人的哪怕是一文赏钱，无论是为何。

仆人的大量过错，但凡是初犯，他都会忽略过去或宽恕了之；然而如果仆人再次犯下同样的过错，一旦查实，就马上会被解雇。除此之外，他还会鼓励别人检举他人的错误，并给予奖励。

荷瑞修：在我看来，这是我听到的唯一会惹人议论的行为。

里欧·门尼斯：我倒并不认同。请告诉我，你为何会有此想法？

荷瑞修：首先，这样一条命令要强迫人去遵循是非常困难的；其次，就算它能被众人遵循，也并无什么意义，除非大家都会如此这般行事，而那种可能性微乎其微。所以我想，实施这个家规的想法是没有意义的。它只会让小气之徒心生愉悦，他们家中不可能依循此例。然而它却会让慷慨者与那些展露其仁慈宽厚品德的机会失之交臂。而且，它明显还会让你的家向形形色色的人敞开大门。

里欧·门尼斯：可能会找出避免这些弊病的方法。然而对那些有才干、上过学的人而言，实施这个家规却是好事一桩，因为这可以让他们受益良多。这些人钱财无几，而对其中的很多人来说，赏给下人的这点儿钱可以算是个压力巨大的重负。

荷瑞修：我知道，只有你说的这一点才算是重要的。然而我依然要请你谅解我让你的话告一段落。

里欧·门尼斯：他的所有商业来往都精准而公允。他拥有大量不动产，所以他手下有几位精明强干的经理去打理它们。然而，虽然他的账目全都记得非常清晰，他还是把亲自督管账目当成自己的职责所在。

他向来不会随便支付哪个商人送来的没有核查的账单，尽管不喜欢亲自涉足现金的支出，付起账来却既守时而爽快，又精准而诚信。只有一个例外，那就是他向来不喜欢在新年那天欠别人账。

荷瑞修：我非常佩服这一点。

里欧·门尼斯：他友善可亲，对人关怀备至，和颜悦色，从不大嚷大叫。总而言之，世上不会有谁能如他那样看上去不因地位而洋洋自得。他尽管卓有声誉、资产雄厚，然而他的虚怀若谷也如同他的其他过人之处一样多。他尽管地位尊贵、出类拔萃，然而向来不会因为自己的伟大而沾沾自喜，而是对自己优于他人的地方视若无睹。

荷瑞修： 这个人物着实堪受嘉许，他让我特别开心。然而我还是想唐突地跟你说：如果之前不了解你的目的，不了解你的初衷，我原本会因为你这番话语更为欣慰高兴。在我看来，你的初衷其实非常狡猾，即筑就这么一座十全十美而高贵典雅的大厦，却仅仅是想要把它推翻。这是在费尽心机地展现你恶作剧的能耐。我已经发现，你这番话里还有一些用词模糊的地方，其用途是让你能够含沙射影，能够摧垮你为这座大厦搭建的基石，它们就是："其心胸也如同他的表情一样豁达乐观"，"向来不会看上去因为自己的伟大而沾沾自喜"。我了解你运用"好像""看上去"之类的字词时，绝对是事出有因的。你把它们视为许多后门，好从中开溜。如果你之前不曾让我了解你的初衷，我原本不可能关注这些东西。

里欧·门尼斯： 我确实是故意留下了你所说的这些伏笔，然而我出此下策只是想要远离正义的审视，不想要让你觉得我的话不对，不让你抱有太多偏见去进行判断——如果事后印证这位君子是在因循一种可耻的准则行为处事的话。我坦承，我想要让你相信他其实也就这样。然而，想到这可能让你非常不高兴，我打算只是在描述中为你提供些微细小的消遣，我就称心如愿了。就其他而言，我并不在意，你想怎么看都行，无所谓误解不误解。

荷瑞修： 为何要这样呢？我以为，你刻画这个人物的初衷就是想要教化我。

里欧·门尼斯： 我可不曾说是要教化你。我原本打算仅给你罗列一些事实，让你自己去慎加判断，然而我错了，如今我已经把自己这个错误看得清清楚楚。昨晚和今天你我打算讨论的时候，我都觉得你是循着另外一种逻辑去考量问题，和我所见的略有差别。你谈及了人们对你的一种看法，谈及了自我反省，此外还有其他诸多蛛丝马迹，而我却太马虎，居然把它们误当作于我有用的东西。然而，我也由此而得知，对我拥有的那种想法，你依旧如同以前一样强烈排斥。所以，我会扔掉自己的这个想法。我并没想要从所谓的胜利中赢得欢乐，也不了解有什么会比想到开罪于你让我更加难过。拜托你，你我还是用看待另一个重大问题的那种态度去看待这个问题吧，那就是绝对不要重提这个话题。有见识的朋友之间，本该远离他们已经知道的所有存在着根本矛盾的话题。

请信任我，荷瑞修，我有能力让你觉得高兴，有能力给你所有欢喜，为此我不可能会有一丝抱怨。然而让你觉得不舒服，绝不可能是我有意为之。就昨天和今天我唠叨了这么多事，我再三地恳求你宽恕。你知道关于直布罗陀市的消息了吗？①

荷瑞修： 发现我的缺点和你的谦卑，我惭愧至极。我并非曲解你所说的那些伏笔，你提到的话的确让我印象非常深刻，我也曾努力地进行过自我反思。不过，恰恰如你所言，坦率诚恳地反省自己，这是项困难的工作。我诚挚地期盼你说话时没有一丝企图，如此一来，你我就能够讨论这些话题了。开罪于你的是我，我需要为自己的失礼恳求你谅解。然而你了解我始终执着的准则有哪些，我无法顷刻之间就把它们弃之一旁。尽管我心知肚明这十分艰巨，然而我却可以随时目睹真理，这让我的看法有所改变。有时候，我也认为自己心中在纠结，然而我已经习惯于把所有真正美好的行为都当成是一切堪被嘉许的出发点，所以，如果我依据之前的思维方式去对待问题，它就会让我得出原先的那些结论。请宽恕我的左右摇摆吧。我非常欣赏你所说的这位十全十美的道德君子，我坦承，我不知道这样完美无瑕、没有一丝贪念的完人，如果不是因循美德与虔诚的准则行为处事，怎么会在各个方面都表现得这般超凡脱俗。世界上真有如此一位地主吗？如果我错了，我非常乐于倾听你给我解答疑惑，让我醍醐灌顶。请与我明示吧，请你和盘托出。我发誓会仔细聆听，请你坦诚相待，尽抒己见吧。

里欧·门尼斯： 原先你也曾要我和盘托出，可如果我这么做了，你看上去却不开心。但是，如果你还想我再做一遍，我就暂且一试吧……世界上到底有没有或者曾经有我所说的这种人，这倒可以说是无关紧要的。大部分人都会觉得，一条清澈见底的河流，其源头却可能肮脏污浊、遍布污泥；而假设有这样一条水流，这要比把它设想成对赞美的过分期盼、对最狡猾评判者的大肆吹捧的过度希望要简单得多。虽然我非常容易认同这一见解，有一点还是毋庸置疑的，即：才华横溢、富甲一方的人可能集聚了这些美德的全部精髓，其身体与普通人并无二致，并有着优越的教育背景；世上还有很多人，其天性并不高出众人一等，然而凭借我所说的那些帮助，却有可能拥有那些优秀品德并成就非凡，前提是他们一定要决心十足，让自己的所有欲望和才华都听从那种最强烈的激情的差遣。那种激情如果可以一直得到源源不断的迎合，就始终能够掌控人的其他所有的激情，必要时甚至会战胜它们，无一例外，就算在最不容易的条件下，也会这样。

荷瑞修： 讨论你提到的这种情况出现的可能性有多大，这可能会招致长时间

---

① 从1727年2月到1728年3月，西班牙人始终把位于西班牙南端的英国直辖殖民地直布罗陀市团团围住，却没有成效。所以，曼德维尔的这番对话可能正是在这一时期或之后不久的时间里完成的。——译者注

的争执不休。然而依我看：这种可能性很明显是小之又小。就算这个世界上的确存在这样一个完人，那么，说他的行为源自他的杰出本性，因为其中涵盖着许多的美德和珍稀的天赋，这个见解要比说他所有的美好品德都源于各种不道德的初衷更能让人信服。如果说骄傲可能是所有这些美好行为的源泉，那么，其他人身上偶尔也会展露出骄傲的痕迹。根据你的观点，世人骄傲的表现并不稀罕。才华横溢、富甲一方的人遍布欧洲各地，其中却很难找到几个你为我们形容的这种标杆让人模仿，原因何在呢？为什么我们想要见一见汇集诸多美德和杰出品质于一身的人是如此困难呢？

里欧·门尼斯：世上尽管有数不胜数的富甲一方的有钱人，然而其中行为这般十全十美的人的确少见，这种情况有着几个显而易见的原因。首先，人的气质迥然有别，有人天生活泼，忙里忙外；有人天生闲散，内向安静；有人英勇无惧，有人则害羞胆怯。其次，还需要想道：气质的培养或多或少是存心养成的，因为一类气质会被教育所约束，另一类则备受鼓舞。其三，这两类气质各自基于人们有所差异的幸福观上，按照这些观念，人们对荣耀的钟爱就注定了人们的行为方式存在差别。有些人觉得掌控和驾驭他人是最大的幸福；有些人则把无所畏惧当作最稀罕的品德；还有些人觉得博古通今、有朝一日成为名家是最大的幸福。所以，虽然人们都钟爱荣耀，然而赢得荣耀的方式却各有差别。不过，一个人如果厌烦烦冗嘈杂，生性好静，热衷安闲自在，而教育也鼓舞了他的这种气质，他就非常有可能觉得：拥有优雅的绅士风度乃是最堪被追求的。我大可断言，他如果内心出现了类似的想法，其行为就必然会与我所形容的那个人非常相似。我说"非常相似"，是因为我在看待某些事情时可能存在偏颇，并不是万事尽在我掌握之中。有些人会说我把几种必不可少的品质漏掉了，然而我坚信：一般说来，在我们所在的这个国家和这个时代，我所罗列的那些品质必然可以让人赢得期盼已久的声誉。

荷瑞修：毋庸置疑。对你最后提到的那句话，我压根没有反对意见。我曾经也跟你说过：你形容的那个完人值得称赞，这让我非常开心。我之所以关注到你尽量把这位君子形容得这般形同圣人，是由于这种人实在是太少见了。然而，我并不曾把它当成现实的映照。我之前在一个问题上与你见解有异，然而那仅仅是因为你我遵循的逻辑有别罢了。我把你的回答仔细考量了一番，所以搞不懂自己是不是思路有误，如果这样的人的确并不少见，我就必然会认为是自己错了。我会尤为尊重如此一位天才，并且时刻准备认同他才能超群。然而，骄傲遍地都是，可是其影响却并非更为广泛。在我看来，你用来解释这种现象的原因还不算充足。说人们由于天性有别而被激励去为着不同的目标奋斗，我对这一点举双手赞同。然而，世上也存在许多的富人，其天性同样是钟爱安闲和自在，并且特别期盼被当作儒雅绅士。基督教国家里有为数众多的人家境显赫，资产雄厚，有着最好的教育背景。他们学习、旅行，尝遍千辛万苦，以让自己臻于至善，然而如果不奉上恭维，你却只好说：其中不会有哪怕一个人拥有全部的优秀品德和你罗列的所有美德。为什么会这样呢？

里欧·门尼斯：千千万万的人都在为了这个目标而奋斗，其中最终实现了那一目标的人远远不止一个，这十分现实。在有的人身上，掌控的激情可能没那么强烈，没有能力完全约束其他的激情：爱欲和贪婪可能让其他激情有所变化，例如酗酒和赌博就可以让许多人变节，征服他们的决心。这些人要么可能不曾拥有持之以恒地达成自己目标的能耐，不能有始有终地执着于同一个目标；要么可能对有识之士向往的东西没有真正的兴致与体悟；要么可能其天赋并没能让他们在一切关键时刻都可以把自己藏匿起来。这是因为：天马行空是非常简单的，但要化作现实却难比登天。随便一个类似的阻隔都能够全盘摧毁它，让这幅假象不能成形。

荷瑞修：我不想就此与你争执辩驳。然而，到目前为止，你既不曾印证哪怕一个问题，也不曾给出一个原因，说明你为什么认为一个品行优异的人，其外在表现这么光彩夺目，而其行为却是源于下流的目的。如果你不说出质疑他的原因，你就没有资格去批评他。

里欧·门尼斯：那是自然。同理，我不会提到一个心有成见或有失公允的字眼。因为我并不曾说过：我如果找到了一位拥有我所说的全部优良品质的君子，就会如你那样觉得他条件优越，并认为他的十全十美全都源于对荣誉的分外热衷，并无他由。我想印证并一贯坚守的是：一个人展露出的这些举动，有可能全都源于我所罗列的那些原因，除此之外并无其他缘由，并无其他的援手。不光这样，我还坚信：一位这么十全十美的君子，虽然学识渊博、才华横溢，然而依旧可能无法意识到自己行为的初衷，起码是对此并无十全的把握。

荷瑞修：这是你提到的最让我参不透的话。为什么你接二连三地抛出了诸多难题，却没有一个答案？请你先解读一下你最后那个难以自圆其说的观点，之后再继续这个话题吧。

里欧·门尼斯：要达成你这个愿望，我就必须要让你先回顾一下我们的早期教育，即孩提时代所接受的原始教育、按照别人要求行事的选择及对他们好坏的判别。简而言之，就是要顺从，并无其他。要实现这个目的，就不能缺少赏罚，还一定要采取其他多种多样的方式。然而，有一点是毋庸置疑的：事实说明，要达成这个目的，更常使用并效果显著、可以对儿童影响更为巨大的东西，绝对是用羞耻心造就的把柄。羞耻心尽管是一种天生的激情，然而我们如果不在儿童牙牙学语或独立行走之前就存心地激发他们的羞耻心，他们就不可能这般快捷地意识到它的存在。儿童的判断力非常弱，激发了他们的羞耻心，我们就有可能教会他们对我们觉得开心的事情觉得羞耻，只要我们意识到他们或多或少产生了一丝羞耻心就行。不过，但凡有即便是一丝一毫的骄傲，对羞耻的畏惧也就抛诸脑后了，所以，羞耻心日增，骄傲之心一定也会随之倍增。

荷瑞修：我原本该意识到，骄傲之心的扩张会让儿童变得更放肆，更无法无天。

里欧·门尼斯：你的判断非常正确，确实会这样，这势必会成为培养优雅举止的巨大绊脚石，直到经验向人们揭示：骄傲之心是不能用强力压制的，人们能够运用计策来驾驭它；驾驭骄傲的最佳办法就是让这种激情自己约束自己。所以，精明的教育就容许我们在狡猾地隐藏骄傲的同时，又尽情保留最多的骄傲。我们对这种自我隐藏引以为傲，虽然这样，我还是觉得：进行这种自我隐藏时，我们不可能意识不到显而易见的困难，而且，它起先会让我们觉得非常不舒服；然而当我们一天天长大成人时，这种不舒服会慢慢减弱。

当一个人的行为已经变得和我所形容的一样谨小慎微，长期依循最严苛的优雅教养准则行为处事，故此赢得了一切相识者的崇敬，当高尚与文明已经内化为他的行为准则（这是非常现实的）时，他就会把自己那些行为准则抛诸脑后，而不会想到那个掩饰的诱因，它把生命和动力赐给他一切的行为当中。起码他意识不到那个诱因。

荷瑞修：让你这么一说，我乐于接受骄傲之心是十分有用的观点，如果你想要这么说的话。然而我依然无法心满意足，我想弄明白：一个人如果拥有了这样的理智、知识和洞察力，对自己的认识又这样深刻，为何无法看透自己的心灵、无法意识到自己行为的初衷呢？除了他有可能得了健忘症之外，到底有什么原因让你对这一点深信不疑呢？

里欧·门尼斯：有两个原因让我想要审慎地对此进行思考。第一个原因是，在与我们有联系的问题上，特别是在关于我们自己的意义和优点的问题上，骄傲之心既可以让其他人蒙在鼓里，也可以让那些有理性、有才干的人蒙在鼓里；我们越是对自己给予更好的合理评价，我们就越有可能不分青红皂白地把对我们最大的趋炎附势尽收囊中，虽然我们在其他事情上都非常有见地、非常有才干。亚历山大大帝就是这样。虽然他可以说是天赋异禀，但依然发自内心地怀疑自己到底是不是神。我的第二个原因会让我们确信：这里提到的这个人如果可以自我反省（而他这样做的可能性微乎其微），因为我们一定要保证一点：要进行自我反省，我们就一定要心甘情愿而且有资本这样去做。而世上的所有理由都让我们相信：一个这般完美又特别骄傲的人最刻意回避的事情，绝对是进行形同此类的自我反省。其理由是：他的其他自我约束的行为，都可以从他所看重的那种激情里得到弥补，只有自我反省才会真正让他烦扰，只有这种行为才会打破他的平静，他不能补偿这种损失。如果最杰出、最真诚的人都是堕落和奸诈的，他们的境遇势必惨不忍睹，只因他们要在永恒持久的伪善中消磨一生的时光！因此说，自我反省、勇敢地审视自己的内心，这是一个人所能料想的最让他提心吊胆的任务，因为他最大的欢愉就是在心中暗地欣赏自己。进行自我反省，这着实有损修养，然而这项任务的复杂性……

荷瑞修：请闭嘴吧，我认同你的观点，虽然我坦诚：我不晓得你从中会有什么收获，因为这不仅不能破解你正要印证的巨大难题，反而会让它的难度加大。那难题就是：你所形容的这位完人，其行为为什么会源于下流的出发点？如果这并非你的本意，我就不知道到底是什么意思了。

里欧·门尼斯：我已经跟你说过：那就是我的本意所在。

荷瑞修：你研究深邃事物的卓越才智，绝对远高过其他人等。

里欧·门尼斯：我明白，你想搞清楚我是凭借什么谎称自己拥有这种最深邃的洞察力、自诩我比一个诡计多端的聪明人对他自己的了解还要多得多；你还想了解我为什么胆敢自称能看透并研究人心，而我又已经承认那颗心完全被掩饰了起来，外人一无所知。严格说来，我不可能拥有这般手段，因此只有浪荡子弟才会自诩有这种能耐。

荷瑞修：你怎么看待自己，随你怎么说，我可不曾说过这些话。然而我承认：我期盼目睹你可以验证这一点，印证你拥有这种能力。对你形容的那个完人，我仍旧记得清清楚楚，虽然这样，你还是预先在他身上留有许多铺垫。我之前告诉过你：但凡事物的外在表现无机可乘，你就不会有一个正当的理由去质疑它们。我还是坚持这个观点。你形容的完人是完整的个体存在，你没有资格改变他身上的一点东西，无论是你赋予他的优秀品质有所减损，还是给他附加一些其他的品质，它们要么与你已经赋予他的品质互相矛盾，要么无法与之协调统一。"

里欧·门尼斯：这两件事情我都不打算做，我也不曾进行做那种具有决定性的磨炼。经由那种磨炼，一个人的行为到底是源自内心仁慈和宗教原则，还是只是源自一种贪恋虚荣的初衷，自然就明明白白。如果是后者，那就有一种百试百灵的方法，可以把这个藏匿的恶魔从他最隐秘的洞穴里揪到大庭广众之下，在那个地方，世人全都会知道他。

荷瑞修：在我看来，我在辩论方面无法与你匹敌，然而我非常乐于担当你那位君子的辩护人，与你那百战百胜的辩术进行较量。我一生中还不曾像这样热衷于一项事业。来吧，我就担当他的辩护人，来批判你能指出的一切假设，但凡这些假定是合情合理的，并能与你曾经说过的话统一起来。

里欧·门尼斯：非常棒。我们先预料一下这个最优雅、最审慎、最有涵养的人可能遭遇的情况。不料这位完美君子在大庭广众之下与另一个人发生争执，此人的家境和品格与他一样，只是不会像他那么足以驾驭自己的外在表现，也不那么看重束缚自己的行为。在争论中，这对手由于心思歹毒，就逐渐变得不平静，好像不再考虑对那君子应有的尊重，起先一箭双雕地中伤那君子的声誉。你说，那君子此时此刻该做些什么呢？

荷瑞修：立刻要求对方对自己的话给予解释。

里欧·门尼斯：对这个要求，那个情绪亢奋的对手讥笑着显出一副不以为然的表情，要么直接不予解释。那君子一定会要求与对方一决高下，两人的争吵就不能幸免了。

荷瑞修：你太鲁莽了，因为这场争论刚好是被大家亲眼看见的，基于这种情形，在场的朋友或随便哪位绅士都会出面调停。他们会随时关心争论的最新动态，一旦有威胁性词汇说出口，就立刻会被非常儒雅地叫停。语言上的冲突尚未出现，两人就会被善意地劝解开来；如果有可能，他们还会被大家叫离。随后，人们可能会用最优美的词汇去赞扬荣誉，以帮助双方达成和解。

里欧·门尼斯：怎样远离争吵的教诲对我而言是没用的。你提到的这些，人们可能会去做，也可能不会去做。朋友的好意劝慰有可能奏效，也可能不会。我的初衷是在一切有可能的范围内进行各种假设，所以，那些假设都是有理可循的，并且与我形容的那位君子的性格相匹配。这两人身处的状况，让你本人向那位君子提议与对手进行一场决斗，难道我们不允许进行这样的假定吗？

荷瑞修：无须赘言，这种情况是可能发生的。

里欧·门尼斯：这就足矣。所以，一定会出现一场决斗。在决斗中，就算考虑到其他一定会出现的情况，我们也能够说：那位完美的君子必然会将其最勇猛无惧的一面展示出来。

荷瑞修：如果我们预料或假设他不会这样，那就实在无法合乎常理了。

里欧·门尼斯：所以，你就知道我是非常公平的。然而，请你对我坦言：一个文质彬彬、友善和蔼的君子，仅是为了这么一丁点冲撞，怎么会这般突然地打算动用一种最粗暴的行为举动来求得宽慰呢？而最重要的是：让他振奋、激励他去克制对死亡的畏惧，究竟又是什么呢？如你所知，克制对死的畏惧，这是世间最艰难的事情。

荷瑞修：那就是他与生俱来的英勇和无畏，它们是基于他天真无邪的生命和正直无私的举止。

里欧·门尼斯：然而，一个这般充满正义而且谨小慎微的人，怀着造福社会的各种愿望，怎么又会知法犯法、触犯自己国家的法律呢？

荷瑞修：他依循的绝对是荣誉所定下的律条，那些律条远比其他所有法律要重要得多。

里欧·门尼斯：在意荣誉的人如果希望言出必行，就理应都信奉罗马天主教。

荷瑞修：请与我明示这又是为何呢？

里欧·门尼斯：因为在他们看来：口头传说远比用文字记载的所有法律重要得多。因为没有人能告诉我们：与荣誉相关的律条是在何时、在哪位国王或皇帝统治时期、在什么国家、由哪个权威机构最先提出的。那些律条竟然威力如此巨大，这的确是让人百思不得其解。

荷瑞修：它们在每一个在意荣誉者的心上留下了深深的烙印，这是毋庸置疑的。你自己就可以发现它们的踪影，在所有人心中都能意识到它们的存在。

里欧·门尼斯：让它们在什么地方留下烙印，任凭你说就是。然而它们都与上帝制定的法律迥然不同，互相排斥。我形容的那位君子的信仰如果像他表面展现得那么虔诚，他就一定会驳斥你的看法；因为所有教派的基督徒都会不约而同地认同一点：上帝的法律远比其他所有法律要高出许多；其他所有想法都理应顺应上帝的法律。一个理智的基督徒，到底会用怎样的理由，才能顺从或支持那些容许有仇必报、支持恣意杀人的律条呢？他信仰的宗教法规早已明令指出：严禁一切报复和杀人。

荷瑞修：我并非是一个诡辩家。然而你心知肚明，我所说的句句属实。在注重荣誉者之中，一个人如果存在这样的担忧就会备受讥讽。虽然这样，我还是觉得：在能够不置一个人于死地时却依然要这样做，这实在是重罪一桩；所有谨言慎行的人都需要竭力避免出现这种情形。最需要批判的是最先冲撞别人和在大庭广众之下辱骂别人的人。因为轻浮而率先冒犯别人者，或因为放肆而存心挑衅者，全都理应被处以绞刑。除了愚钝之人，所有人都不可能做这种事。虽然这样，如果骂名被迫加于你的身上，那么，世上的所有道理也都不能教你怎样视若无睹。如你所知，我就碰到过这种情形。我这一辈子都会铭记在心，当时我向对方提议进行决斗时心中有几千几百个不情愿。然而，注定要出现的事情是不会把所有法律放在眼中的。

里欧·门尼斯：就是那天上午，我恰巧碰到过你。你看上去非常平静，一点也没有流露出丝毫恼怒的样子。你原本可以不考虑那些。

荷瑞修：那个时候表现出恼怒，这实在是愚蠢至极。然而，我非常了解自己当时的感受。我心里的激烈斗争实在无以言表。那实在是可怕至极，当时，我情愿割舍自己的一大半财产，也不希望让强加在我头上的那件事情出现。然而，如果第二天我又遇到并不那么有威胁的挑衅，我依旧会采取同样的举动。

里欧·门尼斯：你可还知道当时你脑子里想得最多的是什么？

荷瑞修：这还需要问吗？我所想的，是我一生中经历的最重要的事情。我当时已经不是个孩子。那时，我们从意大利回来没多久，我那时已经有二十九岁了，认识了许多好友，他们对我也不能说差。一个处在那个年纪的人，身体强健，精力旺盛，每年有七千英镑收入，未来还会置身英国贵族之列，不会有什么原因去和世上什么人发生争执，也不会有什么原因期盼自己告别这个世界。对男人而言，提议决斗要冒很大的风险，而且，如果不幸将对手置于死地，你还会后悔终生。你无法在考虑这些事情的同时（虽然还有其他更重要的担心），又无所顾忌地打算进行决斗。

里欧·门尼斯：你对那桩罪恶没有说过只言片语。

荷瑞修：毋庸置疑，关于那桩罪恶，我的确想了很多；然而，其他的事情自然也至关重要，所以，一个身处那种情境的人如果不仔细考量，就会进退维艰。

里欧·门尼斯：你如今有个绝佳的机会，荷瑞修，能够让你反省自己的内心，并且借助我的一点儿帮助，去考量你自己。如果你愿意屈身一试，我发誓你必然会有重大的发现，并且会相信那些你目前不想坦承你所相信的真理。你热衷正义、心地善良，你这样的人不能够始终坚守那种思路，因为它一直在强迫你吞吞吐吐，让你无法直视光明或理性。你希望我问你几个问题，并且心平气和、直截了当地进行回答吗？

荷瑞修：可以，我对此没有丝毫顾忌，保证知无不言，言无不尽。

里欧·门尼斯：关于热那亚①沿海一带的那场风暴你还有印象吗？

荷瑞修：就是那场吹向那不勒斯②的风暴吗？我记得一清二楚。每次想到它我就浑身战栗。

里欧·门尼斯：你当时恐惧吗？

荷瑞修：一生中从没有过的恐惧。我厌恶变幻莫测的天气，我也无法忍受大海。

里欧·门尼斯：你当时恐惧什么呢？

荷瑞修：这还需要问吗？难道你不知道：那时我只有二十六岁，在那场风暴到来的时候，我最担心的就是被淹死。当时，船长自己都说我们处境十分危险。

里欧·门尼斯：然而，无论是那船长还是其他的水手，在你那个年龄上都不会有当时你哪怕一半的害怕和担忧。

荷瑞修：事实真是如你所说。当时，船上所有的水手们都不曾如我那样手足无措，况且他们早已对大海习以为常，风暴对他们而言只不过是家常便饭。而在那之前我从未涉足海域，可刚好那个晦气的下午我们从多佛尔③坐船去加莱④。

里欧·门尼斯：没有知识和经验，这会让人在没有危险的地方设想出危险。但是，那些确切的危险，当人们已经了解了它们的危害时，却是对每个人的天然勇气的考量，无论人们是否对它们习以为常。水手也如同其他人一样不希望因此而命丧黄泉。

荷瑞修：我坦承自己在海上是个胆小鬼，关于这点我没有丝毫羞耻之心。如果是在陆地上，我肯定会……

里欧·门尼斯：就在你进行那场决斗的六七个月之后，我记得你染上了天花。当时你非常担心自己会因此送命。

荷瑞修：那并不是没有缘由的。

---

① 热那亚，意大利最大商港和重要工业中心，利古里亚大区和同名省热那亚省的首府。位于意大利西北部，利古里亚海热那亚湾北岸。——译者注

② 那不勒斯，是意大利南部的第一大城市，坎帕尼亚大区及那不勒斯省的首府。——译者注

③ 多佛尔，位于英国东南部的港口城市。罗马时期为去欧洲大陆的交通要地。4世纪建要塞。11世纪诺曼人建城堡，成为当时五大港之一。1278年正式命名。——译者注

④ 加莱，法国北部港市。与英国多佛尔港相距30余千米。法国最大的客运港。——译者注

里欧·门尼斯：我听你的医生说，当时，你对死的担忧让你寝食难安，夜夜失眠，高烧不退。它对你的影响一点也不比那热病本身小。

荷瑞修：那段时间真的是非常恐怖。我非常开心它终于成为过去时了。我的一个姐妹就因为天花而命丧黄泉。之前我没患天花的时候，就一直对它心存恐惧。有许多次，我只要一听到它的名字就浑身难受，坐立不安。

里欧·门尼斯：与生俱来的勇气就是一副与死之担忧抗衡的盔甲，无论那勇气以什么形式存在，不管在这个坚不可摧的世界上它是多么脆弱，无一例外。它会在风暴四起的海洋上辅助你，也会在灼人的高温中辅助你。它会让你时刻冷静，无论是在攻城略地的时候，还是在与对手进行决斗之时。

荷瑞修：你意欲何为！难不成你想让我相信自己缺乏勇气吗？

里欧·门尼斯：绝对不是这样。质疑一个男人的勇敢是无凭无据的，而你已经一次又一次、十分卓越地展现过你的勇敢了。我想了解的是，你的勇敢是不是源于天性使然。如你所知，与生俱来的勇敢与后天造就的勇敢，两者差异非常明显。

荷瑞修：我可不想陷入你设下的这个陷阱。然而我并不认同你的看法，你曾经说过：人们并不渴求一位君子体现出自己的勇敢，除非与他的荣誉息息相关。如果他胆敢为了他的国王、朋友、情人及与他名声有关的所有事情去战斗，那么，他的其他行为就任凭你想象。除此之外，在患病和遭遇其他危险时，在身处困顿之时，你都可以非常清楚地意识到上帝的援助之手，所以勇敢与无畏都是不真挚、不合适的。责罚他人时的大胆放肆乃是一种叛逆之举：这是在与上天抗衡，而只有无神论者和自由思想家才会犯下如此罪责。只有那些人，才会由于不思悔改而臭名昭著，才会在提及死亡时而不忏悔。其他所有人，但凡稍微有点宗教的意识，在告别这个世界之前，都会期盼进行最后的忏悔，我们当中最好的人也不能像我们期盼的那样永世长存。

里欧·门尼斯：听到你的信仰是这么虔诚，我特别开心。然而，你难道还不曾发现你的话前后矛盾吗？

一个真心要忏悔的人，却宁可让自己身陷一桩重罪中，其行为对他性命的恐吓基本上比其他所有行为都要大、要直接得多，而谁都不曾逼迫他做出那种行为，他也并不是一定要那么做。这怎么可能呢？

荷瑞修：我已经不止一次地向你坦承我认为决斗是一桩罪了。我还知道，若不是一个人是因为迫于无奈而参与决斗，决斗就更是一桩重罪，然而我的情形并不是这样。因此，我期待上帝会原谅我。让人们把决斗看作消遣好了。不过，如果一个人做出某个行为是非常勉强的，那么，他的所作所为就不可避免。我觉得，我们大可公允地说：他是迫于无奈而出此下策，是必须如此。你可以批评有关荣誉的苛刻的律条，批判强大的习俗力量，然而你如果要在这个世界上求得一席之地，就一定要顺应它们。难不成你自己不打算这么做吗？

里欧·门尼斯：不要问我打算做什么，问题在于该怎么做。一个人信仰圣经，同时却又信仰一个暴君，它比魔鬼还要狡猾，还要狠毒，还要残暴，还要丧尽天良；要么相信一个比地狱还要坏的凶犯；要么相信那些痛苦，它们要么比那些无以言表却生生不息的酷刑还要惨痛而永恒。这现实吗？你没有回答这个问题。请试想一下其何罪之有，然后跟我说你信仰的究竟是什么隐晦的东西。你如果不看重那些律条，鄙夷那个暴君，又有什么大灾难会加诸你的身上？请让我了解那些最有可能会让我恐惧的东西吧。

荷瑞修：你想被别人当成是胆小鬼吗？

里欧·门尼斯：凭什么？就因为我不敢抗拒那些注重人道的、非常神圣的法律吗？

荷瑞修：准确地说，你的观点是正确的，那个问题的确不好作答，然而，有谁会这般看待问题呢？

里欧·门尼斯：一切优秀的基督徒都会这样。

荷瑞修：那么，他们究竟在什么地方呢？如你所知，全人类都会鄙夷和讥讽提出那些担忧的人。我有所耳闻也亲眼见让了那些神职人员自己在大庭广众之下把对胆小鬼的鄙视挂在嘴边，无论他们传道时提及哪些，称颂什么。完全摒弃这个世界，同时切断与世上所有有价值者之间的交流，下这样的决心是一件非常恐怖的事情。你打算成为人们街头巷尾谈论的对象吗？你甘心委身成为小酒馆、公共马车和菜市场的众人奚落挖苦的对象吗？难道一个人就应当必须直面挑衅而放弃战斗，或无怨无悔地默默承担这一切吗？

里欧·门尼斯，请你务必要公正：难道就该不要回应挑衅吗？难道一个人势必要成为众人的话柄、被人在街上指手画脚，甚至成为孩子们讥讽的对象、成为杂役和出租马车夫们奚落的对象吗？一想到这儿，你还能心平气和吗？

里欧·门尼斯：你如今仔细思考的这些东西，估计都是凡俗人等的观点，而在其他情况下你是非常鄙视他们的。你究竟是怎么回事？

荷瑞修：这些话只是推理论证的结果。你也知道你的观点经不起推敲。你出口怎么会这么伤人呢？

里欧·门尼斯： 在披露和认可那种激情的时候，你为什么这么胆小呢？那种激情显而易见是所有这些事情的源头，是我们一想到自己被鄙夷就觉得不舒服的原因，它真真切切，无法复制。

荷瑞修： 我可压根不存在这样的感觉。我能够坦率地跟你说：我说这番话时，心中涌现的除了理性和荣誉准则之外，并无其他。

里欧·门尼斯： 你是不是觉得：最卑微的群氓及人类的糟粕也会因循荣誉准则行为处事？

荷瑞修： 不，肯定不是。

里欧·门尼斯： 你是不是觉得：家境最显赫的婴儿在两岁以前就会被荣誉准则左右？

荷瑞修： 那太可笑了。

里欧·门尼斯： 如果这两种人都没有受到荣誉准则的影响，那么，荣誉观念就不是遗传的，而是从文化中获取的；要么，就算那些家境显赫者的血液中蕴含了荣誉观念，那也要等到他们拥有辨别力的时候才可以被意识到。这两种荣誉观念都不能被当成我提到的那种荣誉准则，即那种显而易见的原因。

这是因为，我们看得真真切切：一方面，连最贫苦交加的晦气蛋也无法容忍奚落和挖苦，世上不会有任何一个乞丐会卑微到从不因被鄙夷而生气；另一方面，人类很早就被羞耻观念所左右，儿童如果遭到讥讽或挖苦，就算他们还无法说话，他们也会大吵大闹。因而说，无论这条重大的准则是什么，它都是先天存在的，是我们天性的一部分。难道你不知道那个准则准确的、地道的、家喻户晓的名字吗？

荷瑞修： 据我所知你把它称之为"骄傲"。我不想和你就万物起源和各种原理发生争执，然而，在意荣誉者对自身的特别关注（它正是源于我们天性的尊严），当经过良好的锻造以后，铸就了他们个性的基石，能成为他们历经千辛万苦的坚强后盾，所以对社会着实有用。同理，所有人都期盼赢得他人的交口称赞，期盼赢得诸多赞誉，甚至期盼能够荣耀加身，这种期盼对公众也有好处。这个看法的正确性，也可以从其反面得到验证。缺少羞耻心的人全都是恬不知耻，压根不关心别人对他们有什么认识和意见。我们发现，没有人会相信这些人。他们缺乏原则，但凡可以远离死亡、痛苦和刑罚，就时刻都可以胡作非为、惹是生非。他们的自私之心或随便一种如禽兽般的贪念，都会引发他们去这般行事，对他人的评价毫不在意。这种人是表里如一的"缺少行为准则者"，因为他们心中不会有什么力量可以鼓舞他们做出英勇的、合乎美德规范的行为，不会有什么力量可以克制他们，让他们不去做些下流无耻的勾当。

里欧·门尼斯：但凡那种特别关注、期盼没有超出理性的边界，你这番话的前半部分就绝对正确。然而，你这番话的后半部分却是大错特错。那部分人，我们所说的"缺乏羞耻心的人"，他们的骄傲并不比那些比他们优秀的人少一丁点。请思考一下我谈论教育及其力量的那番话吧。你还能够把天然性向、知识和环境考虑在内；因为就这些方面而言，每个人都迥然有别，因而他们会受到各种各样激情的左右和驾驭。人可以学会对世上所有的事物产生羞耻之心。同为骄傲，既能让温文儒雅和谨言慎行的官员为自己表现出来的荣誉和福分暗地里自我表扬，也能让浪子和恶棍去夸赞自己的恶行，卖弄自己的卑劣举止。

荷瑞修：我实在不明白，在意荣誉的人与毫不关心荣誉的人，这两种人为什么会因循相同的准则去行为处事。

里欧·门尼斯：这没什么奇怪之处，就像自爱也会让人自取灭亡一样，都是最真实可信的事实。同理，一些人做出卑劣行径，刚好是在纵容自己的骄傲，这也是毋庸置疑的。要弄清楚人的本性，就一定要考察和实地检测人心，一定要拥有洞察力和聪明才智。一般说来，所有动物被赐予的激情和本能，无一不是服务于某种理性的意图，常常是向着其自身或其物种的繁衍生息和幸福安康而努力。我们的使命，就是避免那些激情和本能对社会产生威胁，避免它们损伤社会的某个部分。然而，我们为何要对拥有这些激情和本能觉得羞愧呢？所有人都对自己有很高的评价，这种本能乃是一种特别有用的激情。然而，虽然它是一种激情，虽然我能够印证缺少它，我们人类会是一种倒霉而卑劣的生灵，然而如果它没有分寸，还是会成为诸多灾祸的源泉。

荷瑞修：然而，在有涵养的人那里，这种激情从来都是节制、有度的。

里欧·门尼斯：你是想说，对于那些人来说，无度的骄傲从不展露在大庭广众之下。但是，我们肯定不会按照我们所目睹的那种激情本身去评判其程度和力量，而要按照它所造成的影响去评判。它被隐匿得最多的地方，常常就是它最强烈的所在，而如果要让骄傲扩展，对它造成影响，天下不会有什么事情可以好过所谓的"精良的教育"，以及与上流社会之间的持续往来了。唯一可以约束或抑制骄傲的办法，乃是遵循基督徒的信仰。

荷瑞修：你这般笃定地坚守这条原则：人对自己的这种评价属于一种激情，这又是为何呢？你为什么把它称之为"骄傲"，而不是称作"荣誉"呢？

里欧·门尼斯：我有十足的把握这样做。首先，说人类本性中就有这个原则，这就将一切歧义剔除在外了。谁是在意荣誉的人？谁又是个例外？这个问题常常会引发争执。在能够被冠之以"在意荣誉者"的人当中，所有人对荣誉规则的恪守程度又各不相同，这就让荣誉原则自身出现了巨大的差别。然而一种天生的激情却是无法更改的，它是我们精神的组成因素之一，无论它是否炫耀自己，都是这样。问题的本质仍旧是：我们告诉人们该让它去往何处。荣誉必然是骄傲的衍生物，然而相同原因不是始终都会造就相同的结果。卑贱之辈、儿童、野蛮人及其他许多没有一点荣誉感的人，全都拥有骄傲之心，这一点展露得清楚无遗。其次，说人类本性中也有着这个原则，还能够协助我们解释产生在争吵和抗衡中的一些现象，解释在这些情景下那些在意荣誉者的行为，因为无法用其他什么方式去解释它们。

然而，我持那种观点的最大的原因却是：但凡人们期盼自我尊重得到满足，但凡人们被激励自我尊重，这条自我尊重的原则就拥有惊天骇人的力量，就可以发挥非同小可的作用。你还记得当年你进行决斗时的那些担忧吗？还记得你是多么无奈地进行决斗的吗？你本来就了解决斗是罪恶，也对它深恶痛绝。既然这样，到底又是多么奇妙的力量战胜了你的意志，压制了你对决斗的那种超乎寻常的毫不在乎呢？你把它称之为"荣誉"，说你进行决斗是源自不能逃避得太过、遵循荣誉准则。然而，人们除了与各种激情斗争之外，向来不会把这样的暴力加到自己身上，那些激情是已然存在的，是先天的。荣誉观念则是后天习得的，荣誉规则也是后天学成的。在我们看来，不会有什么外来的东西（有些人拥有它们，而有些人则没有）可以引发这般激烈的战争和巨大的骚乱。所以，无论是因为什么，可以让我们这般激烈地与自己搏斗，并把人类本性区别开来两极对立的东西，一定是人类精神的组成部分之一。坦率地说，当时你心潮澎湃的斗争，就是对羞耻的害怕与对死亡的害怕之间的斗争。如果你那时对死的害怕并非如此强烈，你的内心斗争就不可能那么激烈。然而，就算这样，你对羞耻的害怕仍旧掌控着你，因为它是最强烈的。然而，你对羞耻的害怕如果比不上对死的害怕，你的推论将就会是另一番情景，并且找出某种方式去远离决斗了。

荷瑞修：这绝对是对人性的一种罕见解读。

里欧·门尼斯：是的。因为人们不曾采用这种解读方法，许多人都无法正确地认识我们正在探讨的这个话题，而人们对决斗行为的一番探讨也常常难以自圆其说、前后不一。有位牧师写过一篇批判决斗之风的对话，其中有言：进行决斗者对荣誉的内涵有错误的认知,是根据错误的荣誉准则行为处事。就此,我的朋友站在正确的立场上加以奚落道:你觉得提议决斗和接受挑战是背离真正的荣誉原则的,这就相当于,你不认同自己眼前所有人都在穿的衣服属于时尚。此人如果熟知人的本性,就不可能犯下如此大错了。然而,他但凡坚信荣誉是一条合法而完备的原则,又不去考察它源于什么激情,他就不能说明一个基督徒为什么自诩遵循这个原则去进行决斗。所以,在另外一个地方,在相同的正义感的驱使下,他又说:接受决斗挑战者缺乏立遗嘱的条件,因为他并非身处在精神健康的情境之下。他如果说接受决斗挑战的人被邪恶附身,他的话大概会看上去更有理可循。

荷瑞修: 为什么会有此断言呢?

里欧·门尼斯: 因为没有理智的人会胡思乱想,其举止和言谈也断断续续,这非常普遍。然而,一个头脑清醒的人,一个看上去没有一丁点精神恍惚的人,其言行全都在理性掌控之下,与平时并无差别;况且,就算是凭借最缜密、最严格的逻辑推理,我们也无法把他说成一个傻子或疯子。然而,如此一个人面对一桩最为重大的事件时,其举动却刚好与其切身利益自相矛盾(这连小孩都非常明白),那就是他存心自取灭亡。目睹这些,相信他被邪恶精灵的力量驾驭的人就会觉得他必然是被邪恶附身,必然是被人类之敌掌控着,而不会意识到他言行中显而易见的滑稽可笑。不过,缺乏那种罕见解读的帮助而只凭这样的预设,也不能够破解那个难题。这是由于:无论其行为是被什么符咒或魔法附身,一个理智、头脑聪敏的人,竟然会把一种捕风捉影的职责误看作无法逃避、一定要践行的使命,就算为此抛下所有真正的责任,也是义不容辞,到底是什么符咒或巫术让他的心智恍惚呢?不过,我们暂且放下所有宗教信仰及人类法律的约束,并预设我们提到的那个人是忠贞不贰的伊壁鸠鲁主义者,压根不在乎来世,如此一个人超然物外,安宁静谧,既不适合与困难周旋,又生来并不勇猛,然而他却抛下了自己在乎的悠闲与安宁,并好像甘心不顾性命,置身于冷血的决斗,还自在地想着:只有把对手完全打垮,自己的生命才可以拥有最稳固的保障。逼迫他有如此决定的,到底是什么强大的邪恶力量呢?

荷瑞修: 位高权重的人基本上没有必要担心相关的法律和惩罚。

里欧·门尼斯: 法国的情形也不是这样,七省联盟也不是这样。①然而,在珍视荣誉者当中,位居最高等级者也和位卑言轻者的等级一样喜欢决斗。就算在

---

① 法王亨利四世和路易十四都曾颁布并真正地践行了严禁决斗的法律。——译者注

英国，我们也会瞥见大量胆大包天的人由于参与决斗或被流放，或被处以绞死的鲜活案例。珍视荣誉者一定是天不怕地不怕的人，你必须要考虑一下这条自我尊重的原则，然后再跟我说：这条原则是不是仅仅是魔法，如果被它蒙蔽心智，一个拥有优雅审美和评判力、身强体健、活力四射，又正当年富力强的人也会被其蛊惑，坚决抛下爱妻及满载希望的孩子们，抛下优雅的交谈和魅力四射的友人，抛下最富足的财产和所有今生幸福的快乐体验，去进行一场不正当的决斗，而人们发现最后的结果会是：其中获胜的一方要么会卑贱地死去，要么会被放逐天涯直到永远。

荷瑞修：我知道，如果按照这个思路去看事情，它们就真的是不能解释的。然而，你的理论可以对它们进行解释吗？你能说明白自己的想法吗？

里欧·门尼斯：这是最简单的事了，就如同太阳一样耀眼。你如果意识到两个情况那一切就可以解释了。

它们一定会紧随其后，并在我已经提到的话里有迹可循。第一个情况就是：对羞耻的害怕，其表现常常是五花八门的，它会因为时风和习俗的变迁而变化，并可能被附着于不同的对象上，这是由我们接受的不同教育决定的，是由陶冶我们的不同戒律决定的。正由于这样，这种对羞耻的害怕，无论其是多是少，是好是坏，有时会导致特别好的结果，有时会引发最严重的罪恶。第二个情况是：尽管羞耻是一种确切的激情，然而对羞耻的担心却全都是源于想象，除了因为我们自己对他人评价的担忧之外，再无一个缘由。

荷瑞修：然而，一个人如果在荣誉问题上有不妥举动，就真的会给自己招致大量确定的、真真切切的灾祸。这会泯灭他的好运和所有晋升希望。如果是官员，则会由于允许对他在大庭广众之下进行侮辱而名誉扫地。不会有人喜欢跟胆小鬼共事。谁会招用胆小鬼做事呢？

里欧·门尼斯：你重申的这些全都无边无际，起码在你自己那件事情上是这样。当时你不担心别的，只担心别人对你有什么评价。此外，对羞耻的害怕如果比对死的害怕还要大，它就足以压倒其他所有担忧，这已经有确凿的证据。然而，如果对羞耻的害怕还没有能够大过对死的担忧，那么，其他所有的就都不能压倒对死的担忧了。对死的害怕如果比对羞耻的害怕要大，那么，一旦生命遭遇威胁时，就不会有什么顾虑会让一个人置身你死我活的战斗中，或者按照随便哪条荣誉准则行为处事了。因而说，无论是谁，但凡是因为恐惧羞耻而提议或接受决斗的挑战，他都一定会发现：第一，他如果不顺从那个暴君，他所顾虑的灾祸仅仅是源于他自己思想；第二，如果有人千方百计说服他降低对自己的那份特别尊重和评价，他对羞耻的害怕也会立刻降低。从所有这些看来，我们正在探究的这种极度焦虑的根本缘由，这个法力巨大的巫师，并非其他，而恰恰就是骄傲，是过度的骄傲，是极端的自尊（有些人可能就是由于从小接受某种优越的教育，而筑就了这种极端的自尊），以及对我们人类、对我们杰出本性的那些恒久的奉迎。那位巫师就是他，他可以转换其他所有激情的自然对象，能让一个充满灵性的生物对最受其天性青睐的东西觉得惭愧，也对其职责觉得惭愧。参与决斗者都认可自己对它们觉得惭愧，认可自己是明知不行而存心如此。

荷瑞修：人是一种如此奇特的机器！人是一种多么五花八门的组合物！你基本上已经让我信服了。

里欧·门尼斯：我并不希望赢得什么胜利，而只打算为你服务，让你清醒。

荷瑞修：同样是一个人，对死的害怕在疾病缠身或风暴突袭时展示得这么清晰无余，而在决斗或一切军事活动中却被藏匿得这般完善，这是为什么呢？请告诉我们答案吧。

里欧·门尼斯：我勉力一试吧。在一切关乎声誉的紧急时刻，珍视荣誉者心中对羞耻的害怕都会被有效地激发，而他们的骄傲之心也会陡然而生并把它当作援助，全神贯注地遮盖对死的害怕。凭借这种卓越的努力，对死的担忧就彻底被遏制，起码是不会让人知道和发现了。然而，在其他所有被视为并不关乎名誉的险境中，珍视荣誉者的骄傲之心就会处于潜伏状态。因而，对死的担忧就没有任何束缚，可以大摇大摆地展露无遗。所以我们就会发现：珍视荣誉者分明是按照处境的差异而采取相应的行为，这是由他们自诩信奉基督教还是被非宗教思想的玷污决定的，因为这两类人世间都有。你会发现，身处相同的危险之中，你提到的无神论者，以及那些常常被认为是不相信来世的人（我所说的都是珍视荣誉者），起码大部分都是一幅处之泰然、最英勇无畏的表情，而其中嘴上说是基督教的忠实信徒的人，却是一幅最着急忙慌、胆小如鼠的表情。

荷瑞修：不过你为什么要说他们是"嘴上说是基督教的忠实信徒的人"呢？果真如此的话，珍视荣誉者当中就不会有一个基督教徒了。

里欧·门尼斯：我也搞不清那些人为什么是如假包换的信教者。

荷瑞修：你为何会有如此看法呢？

里欧·门尼斯：在清教国家里，或者更确切地说，在其他所有国家里，罗马天主教徒不可能是永远值得信赖的良好臣民。只有在罗马天主教国家中，他们才有这种可能性。如果一个人认可自己还敬仰地球上另外一种无上的权力，那么，所有君主都不会真正地信赖这个人对他袒露的忠诚。我对此非常确定，你知道我话里的含义。

荷瑞修： 我非常了解。

里欧·门尼斯： 你能够让一位荣誉加身的牧师去和一位骑士结伴，并让他们置身于同一间小屋之中，然而荣誉和基督教信仰却压根互不相容，这就如同尊严与爱情不能容忍彼此一样。请回忆一下你自己的所作所为，你会意识到：你所说的"上帝的援助之手"那番话仅仅是个托词而已，是个借口罢了，它只不过是为你那一刻的意图服务的工具。而在另外一个地方，昨天你还提道："上帝督导和掌控着世间万物，没有个别。"①

所以，估计你已经明白：在生活的凡俗事件和灾祸中，也如同在另一件并不更非同小可的事情中一样，都能够瞥见上帝的援助之手。一场严重的疾病，可能还没有两个敌对党派之间的些许摩擦那么致命。在珍视荣誉者当中，常会出现一些没有意义的争吵，其危险程度并不比最猛烈的暴风雨导致的危险要小一点。因而，一个理智的人如果遵循一种真真切切的原则，就不可能在置身于一种危险之中时把不展示害怕当成是无视神，而在置身于另一种危险之中时却由于被看作心中有恐惧就觉得惭愧。请你想一下自己前后的矛盾吧。在一种情形下，为了验证你在缺失骄傲之心的情形下恐惧死亡是合情合理的，你瞬间摇身一变成为宗教最虔诚的信徒；当时，你的良心是那么小心翼翼、谨言慎行，害怕会遭到万能上帝的责罚，而你把这视作等同于跟上天作战。然而在另一种情形下，当荣誉攸关的时候，你却不只是敢于存心而有意地摧毁上帝那条最严苛的戒律，而且胆敢认可：对你而言，能发生在你头上的最大灾难，乃是世人都觉得（或起码是有所质疑）你对那条戒律不敢有丝毫懈怠。我批判那些聪明人鄙夷神圣的上帝。拒不承认上帝是真实的，与承认上帝存在后再鄙夷他，前者的勇敢还没有后者的一半多。所有无神论……

荷瑞修： 请暂停，里欧·门尼斯。我已经不能继续否认真理的力量了。我打算从今往后更进一步考量自己。请你答应做我的老师吧！

里欧·门尼斯： 请务必不要拿我当话柄，荷瑞修。我从没打算去教化一个如你这般知识渊博的人。然而，你如果可以采纳我的建议，就请你审慎而勇敢地进行一次自己反省。你如果有时间，就去读一下我鼓励你看的那本书吧。

---

① 参见本书第四部分之一"荷瑞修、里欧·门尼斯与维耶尔薇娅的对话"。——译者注

荷瑞修：我向你发誓，我一定会看的。我还会特别愿意接受你那件精致的礼物，昨天我还把它拒之门外。烦请你派仆人明天上午把它送去我家吧。

里欧·门尼斯：那礼物微不足道。你最好马上就派一个仆人随我取回。我立刻就坐车回家。

荷瑞修：我明白你有什么担忧。也罢，你想怎么做就怎么做吧。

3 荷瑞修与里欧·门尼斯的对话

荷瑞修： 烦劳你送书给我，真是不胜感激。

里欧·门尼斯： 那本书能博得你的欢心，这实在是最好不过的事了。

荷瑞修： 坦率地说，我之前觉得任凭谁都不能说服我去看那本书，然而你却十分狡猾地将我说服了，而不会有什么东西能比那个关于决斗的实例那样更有说服力了。无须你重提，你所说的论据已经让我十分惊讶了。一种可以战胜对死的害怕的激情，不仅会迷惑一个人的判断力，而且会导致其他诸多后果。

里欧·门尼斯： 我们会被一种激情塑造成多么奇特、多变、不能解释又前后不一的形象，这真是无法相信。那激情如果不能被掩饰起来，就无法得到满足。我们被说服而以为那激情已被完全掩饰起来时，我们会发自内心地欢呼雀跃。所以，世上不会存在什么善心或纯真天性，不会存在什么温良和善的品质或社会美德无法用它进行伪饰。总而言之，那激情可以模拟人类的体力、脑力所制造的所有成果，无论好坏。那激情可以在很大程度上把它主宰的人们骗得团团转，这是毋庸置疑的。设想一下，最杰出的天才如果坦承自己恐惧没有缘由的担心、恐惧虚荣的庸俗人等（他对他们没有丝毫伤害）把各种罪名加之于他，内心却没有应有的害怕，即害怕由万能的上帝施行的真正责罚（因为他的举动严重地激怒了上帝），然后又自诩是所谓什么宗教的忠实信徒，并到处炫耀，对这种人还用谈什么理性力量、判断力和洞察力吗？

荷瑞修： 然而，你那位朋友①压根并未进行此番宗教反思，事实上，他还为决斗的合理性辩解呢。

里欧·门尼斯： 怎么，难道就因为他觉得法律理应最大限度地对参与决斗者施以严苛惩罚，不应宽恕所有犯下那种罪的人吗？

荷瑞修： 他的这一点提议看上去可以把决斗犯罪的概率降低一点，然而他却表露了维系决斗传统是非常有必要的观点，说它可以让大部分社会因此变得更文

---

① 这里指的是《蜜蜂的寓言》的作者，也就是曼德维尔自己。——译者注

明、更公允。

里欧·门尼斯： 你就没发现其中暗藏的奚落吗？

荷瑞修： 确实没有。他纯粹是在论证决斗的功用，并尽其所能，用充分的例证，来说明如果取消决斗会招致多大的争议。

里欧·门尼斯： 一个人原本在非常认真地探讨一个题目，却突然戛然而止，你会觉得这是真的吗？

荷瑞修： 关于他的所作所为我没有印象是如你所说的那样。

里欧·门尼斯： 我这里现在就有这本书，我要把那段话找出来……请你把这一段读一下吧。

荷瑞修： "让人搞不懂的是，一个国家居然不希望看到一年当中可能只有五六个人丧命，而这些人的初衷，乃是去赢得一些非常有意义的福泽，例如举止的文明、交谈的欢愉，以及时刻有人相伴的快乐。人们常常甘心为这些福泽而放弃生命，甚至偶尔一个小时就有上千人因此而死亡，却无从得知这样的牺牲究竟算好还是坏。"[①] 挺好，这段话好像是言辞间带有一种奚落的语调，然而，这段话前面的那些话却十分认真严谨。

里欧·门尼斯： 你的见解非常正确，在他看来，决斗（即维系决斗的习俗）对让人温文尔雅、让交谈更加顺畅非常有裨益。这话真真切切。然而，他那本书却由始至终地讥讽和披露了礼节本身及那种愉悦。

荷瑞修： 一个人在前一页还正儿八经地颂扬一件事，下一页就立刻对同一件事奚落嘲笑，谁能了解他这么做的用意何在？

里欧·门尼斯： 在他看来，除了基督教信仰，不会有什么值得恪守的坚实原则；而由衷地遵守基督教信仰原则的人数量有限。你如果一直站在这个立场上去看待这位作者，就不可能意识到他的话自相矛盾。一旦你发现他的话听起来自相矛盾之时，就劳驾你再审慎地看一下。通过更细致的考量，你会意识到：他不过是在按照别人自诩遵循的那些原则，去揭示或披露他们的前后不一而已。

荷瑞修： 他内心里好像并非无神论者。

里欧·门尼斯： 是的，他如果不是这样，他想告慰的那些读者、现代自然

[①] 这段话参见《蜜蜂的寓言》中"评论R"的从后面数第四个段落。——译者注

神论者①及所有上流社会人士,就不可能成为他的读者。他给那本书预设的读者群,正是这部分人。针对第一种读者,他揭示了美德的起源及其不确定性,言明他们施行那些美德时的前后不一。针对其他的读者,他揭示了恶德、快乐、凡俗崇高的虚荣,以及牧师们虚假的善意(他们表面上是在宣扬福音,却随意迁就那些背离了福音律条,甚至与之非常迥异的东西)都是荒诞的。

荷瑞修:然而这并非世人对这本书的认识。人们大都觉得那本书的意图是宣扬恶德,让国民沉沦。②

里欧·门尼斯:你是否意识到其中有类似的东西?

荷瑞修:用良心发誓,我一定得坦承我并没有发现蛛丝马迹。那本书披露了恶德,奚落了恶德;然而是它又奚落了战争和作战的英勇,也奚落了荣誉及其他所有的东西。

里欧·门尼斯:敬请谅解,本书并没有丝毫奚落宗教的哪怕是只言片语。

荷瑞修:然而,它如果真是一本好书,为何会有这么多神职人员群起而攻之呢?

里欧·门尼斯:个中缘由我已经对你说明白了。那本书的作者确实披露了这些人的生活,然而不曾有人说他所用的方式并不正确,不曾有人说他对教士们太铁面无私。人们被某件事情激怒,却又无法对它抱怨的时候,会看上去非常愤怒。教士们给那本书冠上恶名,是源于他们恼羞成怒,然而他们不可能如实地把让他们恼火的根本原因告知于你。你如果能够耐心倾听,我就给你举个与此差不多的例子,它能够把这种情况说得非常明白。然而我基本上不期盼你会有这样的耐心,因为据我所知你是歌剧的忠实支持者。

荷瑞修:你可以知无不言,无须有丝毫顾忌。

里欧·门尼斯:我向来非常讨厌阉人,即使这种人的唱功和演技再娴熟,也无法把我这种厌恶消泯掉。我耳畔响起一个女性的声音,当然会觉得眼前应该是个女人,然而那些没有性别的动物一旦出现在我面前,我就会产生极度的厌恶感。假设有个人也跟我一样讨厌阉人,且机智聪慧,想要批判那种让人憎恶的奢侈情趣,因为它让人们学会了心肠坚硬,为了休闲、寻点开心而去摧残男人,只是为了娱乐就让一部分同胞转身成为废人。可以说,为了谴责这种享乐,他把那

---

① 自然神论是17—18世纪的英国和18世纪的法国出现的一种哲学观点。自然神论认为上帝是世间万物最根本的起源,在此之后上帝并不再对这个世界的发展产生影响。持有这种观点的包括英国哲学家约翰·洛克、法国哲学家伏尔泰和本书再三提及的英国哲学家沙夫茨伯里。——译者注

② 这个批评来自陪审团对《蜜蜂的寓言》一书的申诉状。——译者注

种行为本身的一个把柄牢牢握在手中,他用最没有伤害性的方式去阐述它、探讨它;然后,他又言明人类的知识范围是多么狭隘,我们所能获得的帮助是少之又少,要么分别论证,要么阐述哲理,要么运用某种数学方法,以此回顾和研究一种先验的原因,来印证这种对男人的糟践为什么会对其嗓音造成这么让人震惊的影响。接下来,他又说明我们人类真真切切是一种后验的动物,那种糟践男人的办法不但对其咽部的腺体和肌肉有很大影响,而且也对气管和肺脏造成了一定的影响,总而言之,它完完全全影响了血液的性质,进而影响了周身体液和所有的神经纤维。他还能大言不惭地说:世上所有的蜂蜜、蜜糖、葡萄干或鲸脑油,所有的乳液、锭剂或其他含清凉芳香剂的药物,所有的放血术,所有的严禁饮食的规定,所有严禁女人食用的辛辣食品及酒类的规定,都无法达到如同那种方法这么有效地维系、修饰和巩固嗓音的效果。他大概会再三重申:不会有什么方法会如同阉割那样成效明显。为了隐匿他这个目的,为了迎合读者,说到阉割术时他可能会说它还有意图,说它是出于对同性恋罪犯的严厉惩罚,还说有些男人是出于健康和长生的目的而甘心承受去势术。他会说:按照恺撒的记载,在古罗马人看来阉割比死刑还要残忍——比死刑还要严苛。他会说到阉割偶尔会被用来作为一种报复的方式,再对那个让人同情的阿伯拉尔①说上几句冠冕堂皇的话语聊作宽慰。他还会说去势术偶尔还会被当成一种预防措施,然后说一下康巴布与斯特拉托妮丝②的故事,顺便再截取马提亚尔③、尤维纳利斯④等诗人的诗歌的部分内容。在他所说的有关去势术的千百件趣闻轶事中,他会从中选出最有意思的东西来修饰所有内容。他旨在讥讽;他要批判我们对这些阉人歌手⑤的钟爱;他要讥讽那样一个时代,其中,一位生命时刻处于危险之中、一心报效祖国的英勇的英国贵族和将军,其一年的全部薪俸,还没有一个流氓出身的意大利地痞悠闲自在、时断时续地唱一个冬天的歌所挣的钱多⑥。

他还会讥讽上等人对阉人歌手的钟爱和迷恋,因为他们对这些最让人憎恶的小人宠溺有加,把只有上等人才能享用的荣誉和礼节,错误地加之于这些生灵之

---

① 阿伯拉尔(1079—1142),法国学者、哲学家、神学家,由于和他的女学生哀洛依丝私下里恋爱生子而被施以阉割之刑。——译者注
② 康巴布与斯特拉托妮丝是古代叙利亚文学作品中的一对情侣。——译者注
③ 马提亚尔(437—104),古罗马时代著名的讽刺诗人。——译者注
④ 尤维纳利斯(64—140),古罗马时代著名的讽刺诗人。——译者注
⑤ 意为阉割手术后用假嗓模仿女声的男歌手。——译者注
⑥ 根据记载,18世纪一个名叫法里内利的意大利阉人歌手(代表作品是《任我流泪》)在英国每年可以赚到五千英镑,他回国后用积蓄修建了一所别墅,并用"英国人的愚蠢"为其命名。——译者注

上，它们压根不是源于自然，而纯粹是外科手术的产物；这些最最卑贱的动物并不是没有投桃报李之心，却用恶毒的咒骂来回报制造他们的人。如果他把这些写进书中，书名就叫《阉人也是人》。我就算没看过这本书，而只听说了有这样一个书名，也会了解阉人而今备受尊崇、非常流行，成了大家眼中的红人。然而一想到阉人其实并不是男人，我还会把这本书视为对阉人的讥讽，或是对太过看重阉人者的嘲笑。然而，皇家歌剧院的先生们如果对这作者出言不逊而心生怨愤，就会觉得：一个无名小辈居然胆大包天，像他们一样去打扰他们的消遣，这委实是无法无天。他们如果怒气冲天，存心想要找作者的茬儿，就既无须替阉人歌手辩解，也无须提及作者批评他们那种消遣的什么言论，只要对世人说此人宣扬去势术，并且援引此人的相关话语，让公众关注到他的卑劣言辞就可以了。这会轻而易举地引发公众对那作者的义愤填膺，轻而易举地让那本书遭到大陪审团取缔。

荷瑞修：这个比喻对于那个不公的裁决非常适合，也非常适合那种虚伪的批判。然而，奢侈的确会让一国兴盛发达，私人的恶德也的确是公众的福泽，而去势术维系和美化了人声，这不也全都是铁一样的事实吗？

里欧·门尼斯：在我这位朋友预设的前提下，我相信果真这样，这些情况都完全一致。要维系、修饰和巩固男青年的美好嗓音，最好的办法莫过于去势术了。问题的关键不是这办法是不是行得通，而是它究竟合不合法，为让嗓音优美而遭受那种损失是不是值得的，是一个男人甘心抛下让人羡慕的婚姻，也要尽可能在歌唱上赢得满足，也要赢得接踵而至的各种好处，而他的选择会让他与享受子女的天伦之乐彻底绝缘，这样做是不是有意义的？同理，我这位作者朋友也印证：首先，民众追求并期待的国家之福，乃是财富、国力、荣耀和闻名遐迩的高尚，乃是国内生活安闲自在，物质富足，百业发达，以及让外国对该国心存敬畏、谦卑和尊崇。其次，缺少贪婪、挥霍、骄傲、嫉妒、野心和其他恶德，就绝不会拥有上述福气。第二点已经得到了毋庸辩驳的证明。问题的关键不是这是不是正确，而是为获得这种福气付出这些必不可少的代价是不是值得的，而是一国的大部分国民如果不全都沉沦卑俗，该国是不是会期盼享有什么福分的机会。他让那些基督徒去考虑这个问题，让那些自诩放弃了凡尘所有荣耀与虚荣的人去考虑这个问题。

荷瑞修：然而，你又怎么得知这位作者所说的对象就是那些人呢？

里欧·门尼斯：因为他那本书选择了用英文撰写，出版地又选在伦敦。然而，你把它从头到尾读过了吗？

荷瑞修：从头到尾读了两遍。其中有不少地方都深合我意，然而对于整本书我却说不上喜欢。

里欧·门尼斯：你对其中的哪些缺点无法认同呢？

荷瑞修：它让我阅读另一本书的兴致大减，那本书要比它好很多。沙夫茨伯里大人是我最钟爱的作者，我对他那本书早非常热衷，特别欣赏，然而，一听到你跟我说我喜欢的到底是什么，那本书的魅力就立刻无影无踪了。既然我们都这么非同凡响，我们为什么不充分地利用它一下呢？

里欧·门尼斯：在我看来你已经打算更深刻地进行自我反省，并想要细致而英勇地考察你的内心了呢。

荷瑞修：那是件特别困难的事情。从上次见你之后算起，我已经试了足足三次了，一直试到我大汗淋漓，我才无奈地把那种做法弃之一旁。

里欧·门尼斯：你最好再试一下，并且要慢慢习惯于进行抽象思考，如此一来，这本书就会对你非常有用了。

荷瑞修：它会让我无所适从，因为它把一切的礼节规矩和优雅举止都奚落了一遍。

里欧·门尼斯：请谅解，先生，这本书仅仅是告诉我们它们到底是什么而已。

荷瑞修：它告诉我们：优雅的举止无一不是为了迎合他人的骄傲、掩饰我们的自傲。这难道不惊世骇俗吗？

里欧·门尼斯：可是这难道不是真的吗？

荷瑞修：我一读到那段话就十分惊讶，赶快把这本书放在一边，打算用起码五十个事例去证明它究竟正确与否，其中既有注重礼节的例子，也有举止卑俗的例子。我一定得坦承，所有的事例都证明了那段话确实是正确的。

里欧·门尼斯：即使你验证到世界末日，那段话也绝对没错。

荷瑞修：然而，这难道不让人愤怒吗？我情愿自掏腰包付出一百个金币，也不希望知道这一点。亲眼看见我自己被这么不留情面地揭露，这实在让我不能容忍。

里欧·门尼斯：在珍视荣誉者当中，我还真没发现一个像你这样敢公然对抗真理的。

荷瑞修：你想怎么挖苦我就怎么挖苦我吧，悉听尊便。我所言句句属实。然而，既然我已经深陷其中，而今我就一定要走到尽头了。我这里有五十个事例想听你赐教。

里欧·门尼斯：请将其一一摆出来吧。但凡我可以为你尽点绵薄之力，我就会把它视为我的荣幸。我非常了解这位作者的心情。

荷瑞修：就骄傲而言，我有二十个问题要请你赐教，然而我不晓得该始于何处。还有一点我搞不清楚，即：为什么说缺少自我约束就意味着缺少美德呢？

里欧·门尼斯：古人都持这种观点。沙夫茨伯里爵爷是第一个公然反叛的人。

荷瑞修：然而，放眼世界就不能找出些好人了吗？

里欧·门尼斯：好人能够找到，然而，那种遴选却是依凭理性和经验，而并不是只凭天性的，换言之，它并不是凭借从没接受过教育历练的天性。然而，我常常要竭力远离"好"这个字模棱两可的意思，因此，我们还是把它界定在"拥有美德"的内涵上得了。于是我就可以断言：世上不存在一种美德行为不想要战胜天然去雕饰的天性或博取在与这种天性抗争时或多或少的上风。要不然，"美德"这个名字就实在是徒有虚名了。

荷瑞修：然而，如果我们年轻时凭借精心的教育赢得了这个胜利，难道我们之后的行为举止不是顺其自然、心甘情愿地合乎美德的吗？

里欧·门尼斯：是的，如果我们的确赢得了那个胜利的话，那就真是这样。但是，我们到底知不知道自己赢得了那个胜利呢？我们有怎样的根据相信那能称之为胜利呢？早在孩提时代，我们就不曾尽量约束自己的欲求，而是始终在学习怎样煞费苦心地掩饰它们。我们心里非常明白：无论我们的行为和环境出现了怎样的改变，那些激情一直就在那儿。这个事实难道不是显而易见的吗？就像我这位作者朋友说的，"美德不需要一点自我约束"的理论让虚伪有了可乘之机。它让人有了佯装热爱社会、佯装考虑公众的借口，比那个与其背道而驰的信条给出的借口更明目张胆，让人有了更多作假的可能。那个信条就是：不克服各种激情，任何优点都无从谈起；缺少明显的自我约束，也就缺乏任何美德。我们可以试着去问一下那些世故圆滑、深谙人心者：是不是意识到大部分人对自己的判断都是这么公允，乃至为自己比事实上价值更大？是不是意识到大部分人知道自己私底下的缺点错误时（你永远不可能让他们意识到他们有缺点错误）都这么坦率直白，乃至从不克制或回避自己对它们的害怕？无论何时都从不掩饰自己的过错，无论何时都不用伪装的外表掩饰自己，心中明白自己最在意的是自己不会佯装依循社会美德和关心他人的原则为人处事。像这样的人，到底在什么地方呢？

我们当中最好的人偶尔也会收到他们迷惑的人的称颂，虽然我们同时也发现：我们那些被当成美好的行为，乃是我们天性中一种强大的缺陷所导致的后果。那种缺陷常常对我们有害，我们也曾千百次地期盼自己可以战胜它，却次次败北。因为每个人都有各自的性格气度与环境，即便是同样的初衷也可能引发截然相反的行为。家境优越者可能展示出美德，而同是这些人，如果身陷困境，则常常会展示出其自身的缺陷。如果想对世界有更多认知，我们就一定要进一步地研究它。你非常讨厌下流社会的生活，然而我们如果一直停留在上流社会中间，不拓展我们的研究范围，那么，这个范围内的事情就不可能让我们获得有关人类天性的所有知识。在环境不好的中等阶层中，也有些人受过还算可以的教育，他们早先也拥有和上等人相同的美德与恶德，并且具备和上等人相同的能力，然而他们取得的成绩却迥然有别。这显而易见是他们具备的气质秉性有别导致的。我们可以看下两个人的情况，他们都适合做相同的行业，都两手空空，面对世界，早先都曾得到过相同的帮助，也都曾碰到过同样的问题。如果这两人除了秉性气质之外，其他全部都没有差别：一个天性积极，另一个则天性散漫。后者虽然其行业可以赚钱，又精于此行，却不可能凭借靠勤勉而发家。机运或某个非凡的小概率事件，极会成为引发他生活巨变的机遇，否则，他就基本上没有机会让自己置身中等阶层之列。如果不是他的骄傲对他造成了不同寻常的影响，他一定永远都无法摆脱贫穷，除了一点点虚荣心作祟，没有什么会阻止他陷入贫困的境地。他如果头脑聪慧，就会非常诚恳，而他心中那点贪婪之念也绝不可能让他放弃诚恳。而那个积极进取者，则轻而易举地融入这个纷扰复杂的世界。我们会发现：虽然是一样的环境，他的表现却迥然有别。一点点贪念就会激发他去勤勤恳恳、历尽千辛万苦地追求其目标。诚挚如果没有起作用，他就费尽心机，而此时，微弱的良心不安压根不会减缓他的脚步。为实现目标，就算他的利益要强迫他去诓骗欺瞒，他也会尽力运用自己的常识，装出一副诚实无欺的样子。

  为了让艺术和科学给他带来滚滚财富，甚至只是为了把它们当成谋生的手段，只是懂得艺术和科学是没用的。在符合礼仪的范围内让自己功成名就、名扬四海，又不夸大其才，不有损他人，这是所有寻求谋生之道者不容推卸的责任。在这方面，那个散漫者尽管做得不好，有心无力，却不会轻易承认自己的失误，反而谴责公众不利用他、无视他的优点（尽管旁人没有发现那优点，他自己却会因为把它藏匿起来而开心之至）。你费尽口舌想让他明白自己犯了错，他甚至不把那些最可靠的求职方式放在眼中，虽然这样，他还是用外在的美德行为竭力掩饰自己的缺点。提及他太过贪图享乐的气质给他导致的各种缺点，以及对心灵平静的太过钟爱，他都全部归因于自己的谦虚克制，说自己讨厌恬不知耻和自卖自夸。

  那个和他气质截然不同的人，则不但相信自己的优点，不但利用其去赢得最大的利益，而且费尽心机，竭力让旁人把他的长处看得明明白白，竭力让他的各种能力看上去比自己所熟知的更杰出。公然声称自己比别人优秀，夸赞自己多么有能耐，这会被看作愚蠢之举。所以，他最喜欢做的事情就是找一些熟人和朋友，让他们替他炫耀。为达成自己的梦想，他葬送掉了自己的其他全部激情。他讥讽灰心丧气，对旁人的斥责司空见惯，所有冷淡和厌烦都不可能让他觉得羞愧。这些总能让这人做到为自身利益而屈伸有度。他能把自己的身体骗得团团转，让其把那些必需之欲搁置一旁。他不容许自己的头脑有片刻安宁。但凡可以实现梦想，他就会装出一副禁欲、贞洁、怜悯和虔诚的样子，而其中又没有一丁点儿美德或宗教信仰。采取合法的非法的手段，他竭力扩张自己的财富，永不停歇，贪得无厌，只有在大庭广众面前或害怕遭到世人唾弃时，他会暂时停歇。

在我所说的这两个相反的人身上，天生的气质都会让激情畸形，并把它们雕刻成各自喜欢的模样。目睹这种情况，着实让人觉得兴致盎然。例如，骄傲对这两人的影响就迥然不同，基本上可以说是截然相反。那个积极进取者的骄傲表现为酷爱精致器皿、服饰、家具、马车、豪宅，以及社会地位高于他的人们所享用的全部事物。然而在另一个人身上，骄傲则表现为暴戾乖张，甚至表现为孤僻冷漠。他如果机智过人，就常常会喜欢冷言冷语，虽然他原本天性纯良。

所有人的自爱之心始终都躁动不已，满足和迎合着各自热衷的喜好，并且一直让我们无法看到前景中自己并不中意的一面。身处这种环境，那个天性散漫者不能从外界找到让自己高兴的事情，于是把目光投向了自己内心深处。在那里，他用放纵和欣喜的态度看待所有事物，赏识自己的优点，无论它们是先天存在的还是后天习得的。所以，他会轻易鄙夷其他没有拥有他那些美好品质的人，特别是位高权重的人，然而他从不激烈地憎恶或忌恨这些人，因为那会让他心绪烦躁。他认为不会轻易实现的事情都无法实现，这让他对让自己的处境变好没有希望。他资产颇少，其收入只能让他维持一种衣食无忧的生活而已，所以，他如果真像他表面上那么幸福，他的常识一定会让他拥有两种品质：其一是节约，其二是自称压根不会正眼瞧一下财富，因为如果不这样做，他就必然会垮台，他的缺点也会无法规避地被展露无遗。

荷瑞修：听你这么一说，看到你对人类有如此认识，我非常欣慰。然而，你自己不也认同过节俭美德吗？

里欧·门尼斯：我并没有这种想法。

荷瑞修：一个人如果没有什么收入，他就有节俭的缘由。处于这种情形之下，他看上去一定要自我约束，要不然，天性散漫、不把金钱放在眼中的人就无法力行节俭了。我们经常发现不在意金钱的散漫的人成为乞丐一族，其最平常不过的原因就是他们没有拥有节俭的美德。

里欧·门尼斯：我刚刚对你说过：那个天性散漫的人刚开始也是一贫如洗，撇除那一点点虚荣心不谈，没有什么可以阻止他陷入贫困的境地。对羞耻的极其害怕，会在很大程度上影响一个生性散漫但头脑聪明的人，让他内心生发足够的动力，以免遭他人的鄙夷，然而也只是这样罢了，这不可能让他有什么别的出息，所以他才钟爱节约，把节俭当作工具，用节俭充当帮手，以达成他的最高美德，也就是他所看重的悠闲心灵的安宁。反之，那个积极进取者但凡有一丁点虚荣心，就会奢华无度，而不会勤俭持家，除非是出于贪婪的要求才会这样。所有出于激情的节俭都不是美德，而对财富虎视眈眈的也很少是真心实意的。我知道有一些富甲一方的人，由于考虑到子孙后代，或因为使用金钱的其他正当目的而生活简朴，并且比他们更有钱时还要吝啬。然而我却不曾看到一个不贪婪或不贫苦的节俭者。同时，世上还有数不胜数的挥霍无度的人，他们没有节制，奢华浪费，但凡还有能够挥霍的东西，就好像压根无视金钱的存在一样。然而，这些坏蛋却最不具备容忍贫困的能力，他们的钱一旦用尽，你就可以处处瞥见：缺少钱，他们是多么坐立不安，多么焦躁难耐，多么痛苦不堪。从古至今，自诩鄙夷财富的人，其数量事实上远比一般预想的还要罕见。一个特别有钱的人，身体强健，体力和脑力都非常健全，不存在埋怨世界和命运的什么原因，却非常蔑视财富和好运，为了一种堪称赞美的目标而甘心去清苦度日，这样的人实在是寥寥无几。据我所知，古代只有一个人真正把这一点付诸实践了。

荷瑞修：快跟我说一下：此人是何方神圣？

里欧·门尼斯：是克拉佐莫尼的阿纳克萨哥拉斯①，在爱奥尼亚②。他特别有钱，出身名门，才华超群，备受称颂。他舍弃了财产，把它们散发给了亲戚，没有接纳为他提供的治理公众事务的工作，而这仅仅是希望有更多空闲时间去思考自然的运行规律，去研究哲学。

荷瑞修：在我看来，缺少钱比有钱实践起美德来要更困难得多。能够不受苦受穷的人却过着清贫的生活，他就是头脑愚钝。可以正当发家致富的人却存心选

---

① 阿纳克萨戈拉斯是爱奥尼亚人，一位早期哲学家。——译者注

② 爱奥尼亚，在小亚细亚西岸，是古希腊时代对今天土耳其安那托利亚西南海岸地区的称呼。——译者注

择贫穷，我会觉得他是精神有问题。

里欧·门尼斯：然而，你如果亲眼所见他把自己的房产卖掉，把钱散发给了穷人，就不会对他有这种看法了。你要清楚他有此举动需要何等的胸襟。

荷瑞修：我们可不具备那样的胸襟。

里欧·门尼斯：可能是这样吧。然而，对于与世隔绝、违背我们对它的郑重誓言，对此你有何看法呢？

荷瑞修：就字面意义而言，这是极不现实的，除非我们告别这个世界。所以在我看来：与世隔绝只不过意味着不想与世上的肮脏龌龊者混为一谈罢了。

里欧·门尼斯：对所有基督教美德、财富和权力乃是庞大的圈套和极大的阻隔，这是毋庸置疑的。虽然这样，我也并不曾料到你的解释会这么严谨。然而，大部分人但凡还有能够舍弃的东西，就都会认可你的见解。如果把圣人和疯子搁置一旁，我们就会到处可见：自诩鄙夷财富、一直在喋喋不休地大谈特谈拒斥财富的人，往往都特别贫困、特别懒惰。然而，会有谁去斥责这些人呢？他们之所以那样完全是为了维护自己。如果不是万般无奈，谁会希望备受鄙夷？因为我们一定要知道：在贫困导致的各种困难当中，最不能容忍的就是旁人的讥讽。

所有不幸的贫困，

都比不上他人的当面讥讽更尴尬。

家财万贯或拥有稀世珍品的人，其满足本身就隐含着一层意思，即对缺少这些东西的人们的鄙视；而除了掺杂着同情和礼貌的言谈举止之外，不会有什么东西能掩盖那种鄙夷。谁如果对此持否定态度，就请他自己反省一下，看一下自己内心的那种快乐是不是符合塞内加①的相反议论吧，因为他曾有言：没有比较就没有痛苦可言。在此我所提及的鄙夷和讥讽，必然都是所有头脑聪明、富有涵养的人都尽力远离或执意排斥的事情。而今，我们看一下面前这两个性格迥然不同的人的行为，留心他们怎样用不同的方式达成这个任务，因为他们各自都会依循自己的价值观行为处事。你看，那个行动至上的人会想尽千方百计，以赢得可以让他称心如意的结果；然而那生性懒惰的人却不可能这么做：他不能鼓舞自己采取行动，因为其偶像约束了他的一举一动，因而，他会轻易做的事情就是与世人争辩，找出一些借口，去诋毁在别人看来堪称赞扬的东西。事实上，他能做的也只有这些。

---

① 塞内加（前4—65），古罗马哲学家，悲剧作家，由于做过罗马帝国执政官而富甲一方，后奉暴君尼禄之命自裁。他主张约束欲望，听从命运的摆布。——译者注

荷瑞修： 我目前已经明白：骄傲与常识一定会让一个生性散漫的穷人勤俭持家。我还知道了它们怎么会让他装出一副安于贫困的姿态，那是因为：他如果不厉行节俭，就会马上陷入贫苦与困顿；如果他对财富流露出一丝一毫的钟爱，如果他生活得稍微富足一点，他为他所看重的那个缺点辩解的唯一理由也就消失了，而立刻就会有人问他为何不设法让自己过上好一点的生活。人们还会持续不断地示意他，说他与很多致富机会擦肩而过。

里欧·门尼斯： 所以，人们尽管口头并不赞同一些事情，然而其内里的原因显而易见并不总能对公众袒露。

荷瑞修： 然而，无论怎么说，这种特别散漫的气质，就是你提到的这种贪图享乐不思进取的性格，难道不正是我们时常提到的"懒惰"吗？

里欧·门尼斯： 必然不是。我提到的"散漫"中压根没有怠慢或游手好闲。散漫者虽然不很勤快，然而有可能十分勤恳。他会俯身拾起他脚下的东西；他会在阁楼里或其他所有地方干活，不在公众的视线之内，既耐心又谨小慎微，然而，他却不了解怎样拜托和恳请别人雇他干活，也不了解怎样向一个敷衍了事、奸诈狡猾的主人索要属于他的酬劳。后者要么不好接近，要么把自己的钱紧紧攥在手中。他如果是文人，则会为生计而好好学习，然而往往会用低价出卖自己的劳动成果，并甘心把作品卖给一个无名小卒（因为后者愿意出钱购买），也不希望容忍跋扈书商的无礼羞辱，不希望忍受肮脏的商业语言的煎熬。生性散漫者尽管有时也会结识对他饶有兴致的身份尊贵的人，然而向来无法凭借自己的本事去赢得一个保护人。就算有了保护人，这散漫的文人也仅仅是得到恩人的主动施舍和爽快干脆的大方馈赠。他非常不情愿为自己去恳请别人，一直都害怕跟人求情，所以，对自己获得的收益，他仅仅阐发其发自内心想要他阐发的那些自然情绪，而并没有其他感激需要言表。

那个积极奋斗进取没有停歇的人则研究所有的取胜之道，来迎合自己的欲求。他聪明机智，孜孜不倦地寻求保护人。赢得保护人的恩惠后，他就装出一副一辈子不胜感激的模样。然而，他却把自己曾经得到的恩惠全都变成了祈求新恩惠的缘由。他温文尔雅的举止既有可能惹人怜爱，其逢迎拍马也可能非常隐晦，然而他的心却不曾有丝毫动容。他既不会有闲情逸致，也不会有那份心力去爱他的那些恩人。为赢得下一个的恩人，他始终都会把那个最初有恩于他的人当作砝码。如果无法让恩人们为拓展或捍卫他自己的财富、地位和名声起一点作用，那他就不可能对哪一个恩人的财富、地位和名声有丝毫的尊重。

综上所述，再稍加关注一下凡尘之事，我们就会轻易看穿几个现象的本质了：首先，那个行动至上、积极拼搏的人如果按照其天性行为处事，一定会比那生性散漫的人碰到更多坎坷荆棘和数不尽的阻隔。他还会遇到形形色色的巨大引诱，它们会让他违背美德的严格规范，而那天生散漫的人却基本上与它们无缘相遇。在许多情境之下，他都会出于无奈做出违背美德规范的举动，为此，虽然他老奸巨猾、深思熟虑，还是势必会被人家当成坏人。终其漫长的一生，他一定要凭借诸多的好运和百般的精明，才会让自己赢得还不错的名声。其次，那天生散漫的人会耽于自己的生性喜好之中，在其环境尚佳的范围内尽可能地追求感官享乐，而不会轻易冲撞或打扰邻人。他太过在意自己心灵的宁静，非常不希望把它弃之一旁，而这必然会极大程度地抑制其他各种最重要的激情。所以，一切激情都不可能对他造成强大影响，最后，他的心灵就会腐烂变质。他不需要什么计谋，也不需要经历什么困难，就可以获得许多惹人欢心的品德，而那都将以社会美德的形式展现出来。其实他跟从前一样，就鄙夷世界而言，那生性散漫的人可能对索要和恳请傲慢的恩惠不屑一顾。起先，那种恩惠会让他动心，然而他也会高高兴兴地奔向一位富有的贵族，因为他明白对方会慷慨慈悲地接纳他。他非常喜欢与这位贵族分享所有奢华舒爽的生活，这位贵族为他提供的最奢侈的享受也涵盖在内。你如果想更深层地考验他，那就给他许多的荣誉和财富吧。如果他命运的这种改变并未让他内心深处的恶德迸发出来，而且他也不曾因此变得贪婪或挥霍，他不久就可以在上流社会里赢得一席之地。他大概会成为慈悲的主人、宠溺子女的父亲、乐善好施的邻居，并拥有让他开怀的优点，美德的捍卫者，以及对自己的国家拥有良好希冀的人。然而在其他方面，他却会充分享用所有快乐。他并不会对自己的激情有丝毫克制，而是心平气和地迎合它的需要。过上挥霍浪费的生活时，他就真诚地讥讽节俭，而贫穷潦倒时，他又公然鄙夷富贵，并兴高采烈地坦承：那些吹捧与虚伪乃是没有意义的东西。

荷瑞修：你已经让我认识到："美德需要自我约束"这个见解更科学、更稳妥，而虚伪在其中的分量，则比在那个与之相反的理论中要小得多。

里欧·门尼斯：所有忠实于自己天性好恶的人，就算向来不会看上去这般仁慈，这般大方，这般纯厚，也向来不会与哪一种恶德争执不休，而只是跟与自己性格气质相矛盾的事情有所争执。反之，依循美德原则行为处事的人，则向来凡事都要听从理性的摆布，向来会与阻隔他们行使职责的所有激情抗争到底！那生性散漫的人向来不会拒不承认自己欠下的债；然而，如果那笔债务非常庞大，虽然他非常穷困，他也不会让自己偿还债务可能遇到并需要承担的问题惹上身，起码不会尽心竭力去迎合债主，除非债主经常催讨，或扬言说要用官司解决问题。他不是个喜欢挑起事端的邻居，也不会在熟人当中引发争议；然而他却不可能以葬送自己的安逸为代价而为朋友或国家效力。他对穷人并不敲诈勒索、剥削倾轧，也不会为了钱财而有什么可耻行径；然而他却不可能去竭力拼搏、历尽艰辛（而那躁动进取者则不会放过任何机会，来供养一个大家族，照顾子女，并施舍亲属，让他们也能有好日子过）。他所注重的那个缺陷，不会让他去为福泽社会而做千百件事情。而如果他的气质迥异，他原本也有资本、有可能让那些事情成为现实。

荷瑞修：你的这些观点实在罕见，并且，按照我对自己的考量，它们都准确无误，非常合情合理。

里欧·门尼斯：尽人皆知，最常见的被伪装出来的美德莫过于慈善，而大部分人却很少会费心去思考到底什么才是慈善，所以，无论慈善伪装中的欺骗是何等明目张胆、何等恬不知耻，世人却时时都会对撕破伪善、揭穿骗局者觉得气愤和憎恶。因为盲目的命运之神的垂青，凭借经营一种对国家有害的行业，逮住所有的机会剥削穷人，就算一个下流的鞋匠也可能因此而富甲一方。随着时间的推移，凭借持续不断的累积和自私自利的节俭，这笔财富极可能会成为一个商人巨额的、见所未见的财产。我非常了解这种商人的脾气和秉性，他如果在自己行将就木之时把自己的大多数巨额钱财用于建造大楼，或用于捐助建造一个医院，我是不会颂扬他的美德的，虽然他在有生之年割舍了自己的钱财。如果搞明白此人在最后的遗嘱里非常不公平，不但没有对那些曾给他极大恩惠的人感恩回馈，而且欺瞒了另外一些人，而他的良心分明知道自己至死都对他们心存愧疚，我就更不可能颂扬他的美德了。我非常希望你能告诉我：你如果知道我提到的所有这些都是真的，你会给他这份非同小可的礼物，即这笔巨额捐款定个什么名义呢？

荷瑞修：我同意一种观点，即我们邻人的一种举动如果可能有着相反的意义，而我们的责任就是赞扬并相信其中最有价值的意义。

里欧·门尼斯：我也发自内心地希望能从中发现其最有价值的意义，然而，如果世上每一个人都不觉得它有什么价值，那它还何用之有呢？我指的并不是捐款行动本身，而是它所因循的原则，是激励他捐款的内心初衷，因为我只把源自自然起因的行为视为行动。所以，任凭你怎么称呼它，拜托你尽可能仁慈地对它进行评判，而后再给出些评论吧。

荷瑞修：他的动机可能不止一种，而我并不自诩可以将它们识别出来。然而，那捐款无论怎样都是一种堪受嘉许的方式，因为它对本国的每一批后代都非常有好处；它是一种崇高的预先关怀，因为它会一直将许多穷人的苦难降到最小，给他们难以言表的安抚；它不但数量庞大，而且合乎时宜，物尽其用，社会刚好有这样的需求；在之后的世世代代里，其余一切人等可能已经记不得这位捐款者是谁了，然而千千万万受苦受难的人们却把他永远镌刻在心底深处。

里欧·门尼斯：所有这些我都没有不同意见，就算你的赞美之词再多一些，但凡它们所称颂的只涉及捐款行动本身，以及公众希望从中赢得的收益，我也不会反对。然而，你如果说那个行为是出于此人福泽公众的精神，出于他对人类的乐善好施的大方观念，出于他的博大胸襟，或出于其他什么美德或杰出品质（捐款者显然与那些东西毫不相干），那就是一个聪明人的大错特错了。这些看法仅仅是因为根据自己的判断力一意孤行，或是因为蒙昧和愚钝。

荷瑞修：我彻底投降。我知道：许多行动都被看作美德的表现，其实它们并不是这样的；人们生来气质迥异，思想方法也各不相同，所以，相同的激情也对人们造成不同的结果。我也知道：这些激情是我们先天就有的，是我们的本性之一，在我们还没有意识到的时候，其中一些就已经在我们心中扎根了，起码是它们的种子已经深埋于我们心中了。不过，如果每个人都具备这些激情，为何一些人的骄傲会远比另一些人的更明显呢？在你已经表明的情况一定会推出以下这个结论，即一个人比另一个人对骄傲更没有免疫力；换言之，一个人身上的骄傲的确会明显多于另一个，无论在圆滑世故、能狡猾藏匿骄傲者当中，还是在不了解世道人心、把骄傲公然示众者当中，都是这样。

里欧·门尼斯：我们完全能够断言，所有人自打出生之日起就要么明显、要么潜在地拥有了源自我们天性的那些东西。然而，那些并非先天就有的东西，无论是其本身，还是其后来导致的结果，却无法说是源自我们的天性。但是，每个人都拥有不同的相貌和身材，同理，人们在其他方面也不尽一致，那些方面更不在人们的视线之内。所有这些都是因为不同的体质造成的，即要么是固体或是液体的体内形态。面容上的各种明显不足，有些是缘于苍白的黏液质，有些则缘于血红的胆汁质。有些人比一般人更贪恋美色，而另一些人生来就比其他人更胆小怕事。然而总的看来，我认可一点：如同我这位作者朋友对其他动物给出的评论那样，最好的人（我所说的是自身构造最完美的人，例如那些拥有了十全十美的天赋才能者）生来就具有最强烈的自傲倾向。然而我也深信，人与人之间骄傲程度的不同，却更多是因为环境与教育，而不是身体结构的不同。激情如果得到最大的迎合，如果受到很小束缚，这放纵就会让它们愈演愈烈。反之，有些人压抑激情，除了基本生存需要之外，从不想入非非，例如不能或缺少机会去迎合骄傲这种激情，他们往往最不会骄傲。不过，无论一个人心中感到的骄傲有几分，他思维越灵敏，判断力越强，阅历经验越丰富，他就越能轻而易举地洞悉：每一个人都非常厌恶那些展现自己骄傲的人。人们越早接受礼貌风范的洗礼，就会越早懂得怎样在藏匿骄傲方面做得天衣无缝。出身卑贱、没有接受教育者会受到非常多的束缚，所以不会有什么机会去纵容自己的骄傲；如果有机会对别人大呼小叫，他们就会出现一种混合着自傲的报复心理，而这会轻易让骄傲的激情成为潜在的祸端，当这种人身边不存在地位更高或身份相近的人时，就更是这样，因为在地位更高者或同辈面前，他们必须要把那种讨厌的激情藏匿起来。

荷瑞修：你是不是觉得女人生来就比男人更骄傲？

里欧·门尼斯：我并不这样认为。然而，女人因教育而生的骄傲却远比男人多很多。

荷瑞修：我不了解你为何会出此言，因为富人家中的儿子，特别是身为长子的，也会如同做女儿的那样，自孩提时代起就得到许多可以引发骄傲之情的饰物和精巧物件。

里欧·门尼斯：然而，在受教育程度相当的人们之中，女士得到奉迎却会远比男士得到的要多得多，也要早得多。

荷瑞修：但是，为什么与男人的骄傲相比，要更支持女人的骄傲呢？

里欧·门尼斯：我们支持士兵的骄傲之心，远比支持其他人的骄傲要高很多。这两者道理相同，都是出于提高对羞耻的害怕，而这会让两者都时刻在意自己的荣誉。

荷瑞修：然而，这两者如果要恪守各自的分内之事，女士为何一定比男子更骄傲呢？

里欧·门尼斯：这是由于女人最容易遇到被骄傲迷惑的风险。女人如果有骄傲之心，这激情会在她十二三岁时就开始对她产生影响，可能比这还早；而且，女人还要随时招架男人的各种诱惑。女人必须要对我们男性的各种猛攻心存敬畏。口才卓越、魅力无限的引诱者，会让女人在其本性的唆使和引诱下为所欲为。除此之外，那引诱者还会言之凿凿，还会用真真切切的钱物贿赂女人。这诱惑大概在私底下操作，因为那时不会有人在女人身边规劝她。文质彬彬的绅士在十六七岁之前没什么机会显露自己的勇气,也很难这么迅速地显露其勇气。他们不曾受到考验,直到他们开始与那些在意荣誉者交往,因为到那时其骄傲就会得到认可。如果与别人有口角之争,他们会去咨询朋友,而世上有那么多与绅士行为有关的精妙言论,让他们恐惧,让他们去恪守本分,其方法是逼迫他们遵守荣誉的律条。所有这些都一起影响,提升了他们对羞耻的害怕。但凡可以让对羞耻的害怕大于对死的害怕,他们就算是修成正果了。他们不可能幻想从破坏荣誉的准则中赢得快感,再奸诈的引诱者也都不能诱使他们去当胆小鬼。那骄傲乃是男人珍视荣誉的缘由,它只会敬仰男人的勇气。但凡男人能展示出勇敢,但凡他们能因循时尚的男子汉荣誉准则行为处事,他们就能够不受斥责地纵容其他一切欲望、炫耀自己的淫荡了。同理,那骄傲也会引发女人的荣誉感,其对象也只有女人的贞洁而已。但凡女人珍贵的贞洁完美无瑕,她们就不会知道有什么羞耻感了。温柔和娇嫩乃是对她们的赞颂,但凡她们不是存心夸赞自己的温柔可人,就没有必要害怕什么滑稽的危险。不过,虽然女人体格柔弱,虽然对女子的教育往往是要她们温柔,但女人如果出错,暗地里犯下了不贞的罪孽,那么,为了对世人掩饰这个缺陷(教育让她们对这个缺陷觉得惭愧至极),什么真正的危险她们不敢去冒,什么痛苦她们无法忍受,什么罪行她们不敢去犯啊!

荷瑞修: 确实这样。我们很少耳闻卑贱的妓女把自己的婴儿置于死地,虽然她们在其他方面是最不知廉耻的坏女人。我发现了《蜜蜂的寓言》里对此有所提及,那段议论真是棒极了。①

里欧·门尼斯: 那段话清清楚楚地表明:就同一个人而言,相同的激情既可能导致显而易见的善行,也可能导致臭名昭著的恶行,这完全在于一个女人的自爱及现实处境的引导;同是对耻辱的害怕,既会让男人偶尔表现得美德非常高尚,也会让他们在另一些时候犯下最恐怖的罪行。因而说,无论是谁,但凡略加注意自己属于什么人,应该都会非常了解一点:荣誉并不是基于什么真正的美德或真正的宗教原则。这些人都是荣誉那个偶像的最虔诚的信徒。荣誉分别为男女两性定下了不同的义务。首先,看重荣誉者都爱慕虚荣、纵容欲望,都遵循世风及时尚,都以奢华无度为乐,都尽可能乐享现世的生活。其次,"荣誉"这个字本身的含义也是非常变幻莫测的,按照应用对象特点的差别,其对象是男是女,其意义就有天壤之别,乃至无论是男是女都无法容忍舍弃自己的荣誉,虽然两性都是有罪之身,并且都公然炫耀自己的荣誉,而那些荣誉却会让对方惭愧之至。

---

① 参见《蜜蜂的寓言》"评论C"。——译者注

荷瑞修：非常抱歉我无法说你这些见解不够公允，然而它们真的特别离奇，因为你的观点是：用一种十全十美的教育去激发并辛勤地提升人的骄傲之心，会成为让人竭力藏匿骄傲的外在表现的最好手段。

里欧·门尼斯：我的这个见解尽管离奇，却是最最真切的事实。然而，但凡这般纵容骄傲，并且这般刻意地尽量让它远离世人的视线，就如同在意荣誉的男女的所作所为一样，如果不掌握怎样让这种激情自己批判自己，如果不许可用毫无瓜葛的人为表现去置换骄傲的天然表征，那么，无论怎样的人为力量都不能让人们容忍那种束缚。

荷瑞修：我明白，你言下的"让这种激情自己批判自己"，也就是说用私底下的骄傲去藏匿骄傲的清晰可见的外在表现。然而，我还无法真正地理解你言下的"置换骄傲的天然表征"是什么意思。

里欧·门尼斯：一个人因为自己的骄傲扬扬自得，并纵容这种激情时，他的面容、举止、步态和行为都会刻有骄傲的印记，就像抬头挺胸的马或神气十足的雄火鸡，这些表现都特别让人厌烦。每个人都依循心中相同的原则行为处事，而那原则就是那些表征的根源。除此之外，人掌握了说话的能力，所以，骄傲之情让人想到的一切公开的词句，都一定会因为相同的原因而同样让人不悦。因而说，但凡生发了一丁点礼仪规范的社会，全都会禁止公开展示骄傲；而人们在自己家中就要学会用其他表征去置换没有包装的骄态，尽管其他表征与骄态一样显而易见，却既不那么让人厌烦，也相对而言对他人更有裨益。

荷瑞修：它们又是何物呢？

里欧·门尼斯：华美的衣服及其他饰物，一干二净的外表，要求仆人对他们俯首帖耳，豪华的马车、家具、房屋，荣誉头衔，以及人所能得到的——既能让自己博得他人的尊敬，又不展现那些被禁止的表征的所有事物。他们如果已经对这些东西称心如意，也容许他们胡思乱想、反反复复，虽然他们在其他方面都因为健康及见解非凡而闻名遐迩。

荷瑞修：然而，他人的骄傲无论是以怎样的面貌展现出来，都会让我们不悦，而且你也提到：那些充当替代的表征与骄态同样显眼，如果是这样的话，这番变化又能得到些什么呢？

里欧·门尼斯：收获绝对是非常大的。无论是缺乏教养者还是富有教养者，如果存心用表情和姿势来展示骄傲，见证者就都会了解他的骄傲。同理，如果用语言宣泄骄傲之情，所有洞悉那种语言的人也都会了解他的骄傲。这些表情、姿势和语言都是符号和印记，在全世界范围内通用。无论谁有这样的表现，它们都会被人们收入眼底并知晓。一小部分做出这些表现的人尽管不是有心，却由此而开罪了他人，次次这样。反之，另一类表征却能够并不认同其真正的含义，而且，许多从其他各种动机引申出来的借口也可以为它们申辩，而相同的礼貌规范则要求我们必须承认那些表现，也不能轻易对那些表现有所质疑。在为这些表征提供的那个最重要借口当中，藏着一种俯首帖耳的态度，而这会让我们觉得心满意足和快乐无比。有些人没有一丁点机会在被容许的范围内显露骄傲的表征，那么，就算一点骄傲之情，也会给他们招致麻烦，虽然他们自己常常并不知晓。因为对这些人来说，骄傲之情会轻易转化成为嫉妒和恶意，但凡受到一丁点刺激，就会借着这些伪装而暴露无遗，因而常常导致刻薄恶毒的言行。普罗大众或凡夫俗子等导致的祸患，不会有一种缺少这种激情作祟。反之，人们用可靠的方式去发泄和迎合骄傲的机会越多，人们就越容易掩饰这种激情的那些让人厌烦的表现，并越容易看上去完全不被骄傲所左右。

荷瑞修：我非常了解：真正的美德需要征服尚未驯服的天性；基督教信仰则需要更严苛的自我约束；除此之外，为了让我们被一种在所有力量之上的力量所认可，最必不可少的很明显就是真诚；我们还需要保持心灵澄明。然而，如果暂且把今世的神圣信仰与来生搁置一边，你不觉得人与人之间的这种温文儒雅与和谐相处会给世间带来怎样的好处吗？你难道不认同：儒雅风度和文明礼节，比缺乏这些礼貌的其他所有方式都更能让人们高兴、让人们的当下生活更美好吗？

里欧·门尼斯：你如果把我们本该优先考虑、本该优先关注的那些事情搁置一边，人们就会觉得那种福分及心灵的平和没有意义，而它们只能源于一种有心做善事的意识。真的，在一个杰出的国家里，在财富充盈的民众（其最大的希望好像是悠闲与尊贵）当中，缺少那些技巧，上流社会的人们就不可能享受被赋予的这么多姿多彩的现世生活。而对那些技巧欲求最盛的人，绝对是那些贪婪无度的才华横溢者，因为他们会把老练的审慎与声色犬马杂糅在一起，而把研究最完美的快乐当成主要目的。

荷瑞修：那天你我在我家聊天时，你说过，不会有人知道，关于荣誉的律条是在何时、在什么国王或皇帝在位时期、在什么国家、经由哪个权威机构最先施行的。请你跟我说一下：我们提到的文明举止或儒雅风度，到底是在何时或以怎样的方式出现的呢？到底是哪位道德家或政治家会教化众生以掩饰自己的骄傲为荣呢？

里欧·门尼斯：人永不停歇地积极迎合自己的需要，永不停歇地积极改善自己的现实生活条件，这就让诸多有用的艺术和科学日臻完善，而它们发端于何时无从知晓，我们唯一能说的是：艺术和科学是人类祖先创造出来的，是世世代代的人们辛苦劳作的成果。在劳动中，人们永远都在不遗余力地研究和发明各种方法和工具，以迎合自己的各种需要，并尽可能修缮自身的不足、缺陷。我们早先的建筑雏形是在什么时候问世的？雕刻与绘画是怎样经历了这数百年发展的？是谁教会了每个民族使用自己拥有的语言？如果想回顾一般社会使用的格言或政治出现的源头，我不会历尽千辛万苦去寻找最先是在什么时间或是哪个国家听到它们的，也不去整理其他人的相关言论；然而我却会直接追溯它们的起源，即人性本身，在其中寻觅那发明所修缮或弥补的不足或缺陷。如果情况实在是混沌不明，我偶尔还会根据推理找寻出口。

荷瑞修：你曾利用那些推理去印证自己的见解吗？

里欧·门尼斯：从来没有，我只利用每个人都能在人身上看得一清二楚的东西，即在这个小小世界中呈现出来的现象，来进行推理。

荷瑞修：无须多言，这个题目早就在你的脑海中了。你是否可以把自己的一些猜测告之于我呢？

里欧·门尼斯：这是我的荣幸。

荷瑞修：请容许我在不明就里时向你发问。

里欧·门尼斯：正合我意，因为这其实是在帮我。所有动物，起码是那些最完美无瑕的动物，上帝都赋予了他们用于自我保护的自爱能力，这是毋庸置疑的。然而，一切动物都不可能去爱自己压根不中意的东西，因此所有动物的自赏都一定会超出对所有其他事情的喜爱。在我看来，这种自赏如果不是亘古就有，所有动物的自爱就不会如我们目睹的那样无法变更了。请你宽恕，我这个观点可能非常新颖。

荷瑞修：如果动物的自赏已经把自爱包含在内，你又觉得动物的自赏并不等同于自爱，这有什么理由呢？

里欧·门尼斯：我要尽可能把我的意思表达得更直白些。在我看来：为了提高动物对自我保护的关注意识，大自然就让它们拥有一种本能，而因为这个本能，所有动物的自我评价都远比其实际价值要高出许多。就我们而言，我的意思是，就人类而言，这个本能好像还与一种不自信形影相随，它源于一种意识（或起码可说源于一种领悟），即发现我们真的对自己的评价太高。正因为此，才让我们这么希望获得他人的嘉许、欢心和接纳，因为它们可以强化和证实我们对自己的好评。这种自赏（请容许我给它赋予这个名字），尽管并不总是会在完善程度一样的所有动物身上清晰地瞥见，然而仍旧广泛存在。有些动物需要自我完善，因而也需要展示自赏的方式。另一些动物则太笨拙，太懒惰。同理，我们还需要把这一点考虑在内：一直身处同样的环境中、生活方式没什么变化的动物，既缺少机会，也缺少缘由让它们展示出自赏；动物的活力与生命力越强，这种自赏的展示就越直白；就同一类动物而言，动物越有活力、越在自己那个物种中脱颖而出，就越喜欢展示自赏。在大部分鸟类中，特别是在那些能展示分外精美的羽毛的鸟类中，这一点展示得特别突出。马的自赏展示，比其他所有缺少理性的动物还要清晰可见，而其中表现最明显的，要属那些身形矫健、体格强壮、最健康和活力四射的马。附加的装饰也会让马更热衷展示其自赏。除此之外，如果马认识的那个人（他为它打扫卫生，照料它，中意它）在场，它也会这样。动物的这种自赏，并不是无法成为动物喜欢自己物种的基本原则。牛羊太过笨拙而没有生气，因而一点也表现不出这种自赏。然而，如果把牛或羊集合在一起放牧喂养，因为它们相互之间非常相似，它们就好像都知道它们拥有相同的利益和一样的敌人了。我们经常会发现成群结队的牛一起抗击狼群的进攻，经常会发现羽毛一样的小鸟一起成群飞翔。我敢断言，叫声尖锐的鸥鹈对自己叫声的偏好，也一定会超过对夜莺啼啭的喜好。

荷瑞修：蒙田的看法似乎与你大体一致，因为他曾假设：如果让野兽去形容它们的神，它们就都会把神描摹成自己那个族类的形象。然而，你提到的"自赏"，很明显就是"骄傲"。

里欧·门尼斯：我也觉得它真的就是骄傲，起码它是骄傲的源泉。我也非常了解：这自赏如果没有节制，并且在公然示众时对他人有所冲撞，那就会被当作一种恶德，并被冠以骄傲的称谓了。然而，如果这自赏并没有公开展示……我们就不能对它以此命名，虽然人们把它当作行为处事的准则，而并不把其他什么东西当作行为处事的准则。

荷瑞修：你提到的"自赏"乃是人们合理的、先天的自重；但凡它节制，进而可以鼓舞人们做出良好行为，它就特别堪称嘉许，就能够被称之为"对赞美的偏好"或者"对他人赞誉的期盼"。你为什么不用这些名称中随便哪个名字称呼它呢？

里欧·门尼斯：因为我不希望把结果与原因杂糅在一起。不光这样，我还认为：许多动物都展示出了这种自赏，而我们常常视若无睹，其根源是我们对那些表现没有进一步的领悟。猫洗脸、狗把自己舔得一干二净，这都是在其能力允许的范围内的自我修饰。野蛮人用坚果、橡实果腹，缺少一切外表的美化，其展示自赏的缘由和机会就远比文明人少得多。虽然这样，如果上百个男性野蛮人都自由自在地聚在一起，那么，为让自己出类拔萃，他们不消半小时工夫，就还是会展示出我们在此提到的自赏，虽然他们都吃得饱饱的。其中活力最旺盛者（无论在力量上、头脑上还是两者都有）将最先展示出自赏。如果这些人如同我们预定的那样，都缺少教育的熏陶，那些自赏展露就会引发竞争，他们必然要在激烈的争斗之后才能形成共识，除非其中某个人拥有远远超出同辈人的明显优点。我之所以把"男性"和"都吃得饱饱的"当作前提，是因为这些人中如果有女人，或他们还没吃饱，他们之间的争执就可能是由于其他原因造成的了。

荷瑞修：这实在是一种纯粹理论层面的思考。然而，如果有两三百名野蛮人，不曾接受过一点管制，男女都有，年龄都超过二十岁，都是陌生人，只是萍水相逢，你觉得他们可以组建一个社会、形成一个实体吗？

里欧·门尼斯：在我看来，那情形应该和许多马聚在一起差不多。不过，社会可不是用那种方式形成的。几个野蛮人的家族是无法联合起来的，各个家族的首领也无法出于共同的利益而全都支持建立什么政府。然而有一点是毋庸置疑的，即：在他们当中，虽然已经分出了尊卑贵贱，所有男人也都拥有了足够的女人，然而在这种混沌状态下，我们无法衡量人们对力量与胆量的关注要超过头脑多少。在此我所说的是在男人当中，因为女人自我赞赏所遵循的，往往是她们身上那些为男人青睐的东西。因而，我们就能够断言：女人常常会自我欣赏，并且相互之间会嫉妒对方的美貌；相貌奇丑女人，身材畸形的女人，以及所有最少承蒙大自然恩泽的女人，全都会最急切地求助于艺术与额外装饰。如果知道这会让男人更容易青睐她们，其他女人就会迅速去模仿；不出多久，但凡环境允许，她们就会竭力互相攀比；一个鼻子小巧精致的女子，仍旧会嫉妒那个鼻子丑陋的邻女，因为后者鼻子上有一个环是后加的。

荷瑞修：就野蛮人的举止习俗，你发表了这么多议论，估计这让你特别高兴。然而，这跟文雅礼貌到底有什么关系呢？

里欧·门尼斯：它的种子就植根于我刚才提到的那种自爱及自赏中。如果想一下它们在自我保护中扮演的角色，想一下它们在一种被恩赐了头脑和语言，并且在会笑的动物身上引发了怎样的影响，我们立刻就能理解这一点。自爱首先会让这种动物去积极寻找维系生命所需要的全部东西，让他们穿得足够厚实，以抗衡空气的伤害，并用尽千方百计保障自身及其幼儿的安全。自赏会让这种动物去发现机会，运用姿势、外表和声音展示自我尊重，它远大于对其他一切人的尊重。没有上过学的人期盼周边的所有人都认可他对自己的最高赞誉，而但凡其有足够的胆识，他也会对一切不认同其自我评价者怒火相向。他如果觉得什么人对他印象不错，就特别喜欢与其结交，对当面称颂、给予好评者，更是这样。每每发现他人身上有比不上自己的地方，他就会忍俊不禁；但凡他自己的憾事让他有借口可循，他依然会讥讽别人的倒霉；他也会辱骂胆敢惹恼他的人。

荷瑞修：依你之见，这种自赏被恩赐给动物，是出于自我保护，而我却觉得它会引发伤害，因为它一定会让人们相互厌烦。我不知道人们从自赏里究竟能获得怎样的收益，无论是野蛮人还是文明人。你能用一个事例，来验证自赏带来的收益吗？

里欧·门尼斯：你的这一发问，让我深感震撼。难道你不记得了：我所说的许多美德，可能是想要获取赞誉而伪装出来的；而一些特别走运的头脑聪明的人，其好品德一概是凭借他骄傲的帮扶和鼓动？

荷瑞修：请谅解，然而你说的都是社会里的人，都是接受了完善教育的人。身为个体的人，自赏对他有怎样的好处呢？我非常明白，自爱会鞭策他为了自己的生存与安全而劳作，让他中意在他看来是对其生存有好处的全部东西；然而，自赏对他究竟有怎样的好处呢？

里欧·门尼斯：我如果跟你说，一个人迎合了自赏的激情，他内心的快乐与满足乃是可以激励促使他保持健康的一剂强心良药，你肯定会讥讽我，觉得这种观点无凭无据。

荷瑞修：我可能不会讥讽你，然而，我会一一罗列那种激情让人形成的许多念念不忘的烦恼和痛心疾首的哀怨，它们源于羞耻、沮丧和其他不幸，而我知道，正是因为它们，千百万人已经葬身坟墓，其速度比人们较少受到骄傲的影响时要迅速得多。

里欧·门尼斯：我并不批判你的观点，然而，说这激情本身对人的自我保护没有意义，这可算不上是证据，而仅仅是跟我们说凡俗幸福是多么不可靠，普通人的生存环境是多么悲苦。世间万物，不会有任何一种东西会一直给人带来好运。雨水和阳光给我们带来了世俗的所有舒适生活，然而也引发了数不清的灾难。一切捕食动物及上千种其他动物，都冒着生命危险去找寻食物，其中大多数动物都在猎捕食物时命丧黄泉。食物丰盛给一些动物带来的致命威胁，并不比缺乏食物给另一些动物带来的致命威胁要小。提及我们人类，所有富裕的国家都人口兴旺，人们不会受到其他危险一丝一毫的威胁，却常常因为没有节制的吃喝而自取灭亡。饥饿和焦渴会驱使动物去寻觅并期盼生存必需之物，因为它们缺少那些东西就不能生存。这仍旧是如假包换的事实。

荷瑞修：我还是不知道这种自赏能让身为个体的人从中获得怎样的收益，而那收益本该让我相信：大自然把这种自赏赐给人类，是希望人类能自我保护。你的话语有点隐晦难懂。你是不是可以举出一个具体的人从心中那条原则赢得的一种收益，它既显而易见，又浅显易懂？

里欧·门尼斯：因为所有人都对这种激情觉得羞耻，因为所有人都不认可自己怀有这种激情，这种激情的本来面目就让我们难得一见，因为它披上了千百种各式各样的伪装。我们常常被它所左右，自己却还在云里雾里。然而，这种激情却好像在源源不断地为我们的生活供应各种调味品，就算是在入不敷出的情况下，也依然这样。人们高兴时，为了获得希望享受的满足，心中随时都拥有着诸多的自赏，然而自己还一无所知。习惯耽于那种享乐的人如果希望幸福快乐，这种自赏是不可或缺的。缺少它，他们就无法体验到一点点快乐。这就是他们对那种激情的恪守和谦卑，而这可以让他们对自然最宏大的呼吁也视若无睹，可以让他们去斥责最强烈的欲望，但凡耳闻要迎合那欲望，一定要把那种激情作为牺牲品。我们繁荣昌盛时，它会让我们的幸福翻番；而我们置身逆境时，它又会鼓舞我们去克服灰心丧气。它是希望的源泉，是我们最好祝愿的始发点和最终归宿。它是抗击绝望的最牢固的盾牌，但凡我们还会中意自己的处境，无论是现在的环境还是未来的前途，我们都会悉心关照我们自己。但凡自赏仍在，所有人都不可能狠心自杀了事。然而，但凡自赏消于无形，我们的所有希望也会马上烟消云散，这时我们除了祈求自己一死了之之外，不会有其他任何希望，直到最后我们变得都不能包容自己，因而，我们的自爱就鼓动我们给这种状况画上句号，转而到死亡中去求得一席之地。

荷瑞修：在此你提到的是"自憎"，因为你自己就曾有言：动物不可能中意它不感兴趣的东西。

里欧·门尼斯：如果从反面来看的话，你所言甚是。然而这只向我们证明了我经常默认的那一点，即人是个矛盾结合体。否则的话，有一种情况就会看上去最最真实了，即：无论是谁走上自杀这条路，都势必是为了回避某种东西，他对那种东西的害怕，已经远远大于他对死亡的害怕。所以，无论自杀者给出怎样滑稽的原因，一切自杀行为中都还是隐藏着一种对自己友善的显而易见的动机。

荷瑞修：我必须要承认，你这些观点让我觉得非常有意思。我非常欣赏你这番论述，我看到其间一直有一种现实可能性的宜人之光在闪烁不已。然而，你如果仔细考虑自己那个推测，就能够得知你还不曾给出一点能够证明的论据。

里欧·门尼斯：我之前告诉过你，我不可能依循那个推测去重申哪个观点，不会依循它得出哪个结论。但是，无论大自然把这种自赏赐给动物是出于什么目的，无论是除了我们人类之外其他动物是不是也有幸被恩赐了自赏，有一点都是毋庸置疑的，即就我们人类这个物种而言，所有的个体对自己的爱都远远胜于对其他所有人的爱。

荷瑞修：一般说来，大概是这样的。然而我能够对你发誓：按照我自己的经验，这并不是广泛存在的真实。我经常幻想自己有朝一日会成为泰奥达提伯爵，你在罗马见过他。

里欧·门尼斯：他这个人真的是特别好，富有涵养，因而你才幻想自己成为另一个他——你仅可以有这个想法。塞丽娅的脸、眼睛和牙齿都非常美，然而她的头发却是红的，发质也不好，所以，她梦想着自己能拥有克萝的头发和贝琳达的身材，然而，她仍旧是塞丽娅而不是别人。

荷瑞修：然而，我真是幻想自己就是那个人，就是泰奥达提本人。

里欧·门尼斯：那是不现实的。

荷瑞修：为什么，连幻想这样都不现实吗？

里欧·门尼斯：是的，连幻想这样都不现实，除非你幻想与此同时烟消云散。我们的美好幻想是对我们自己而言的，所以，我们的对自己的所有改变都有一个附加条件，即：这个自我本身，也就是我们的某一部分，幻想仍旧保留我们自己。这是由于，在你幻想时，如果摒弃了你对自己的意识，那么就请你跟我说一下：在你幻想的那番改变成为现实之后，到底是你的什么部分会变得更合乎你的期待呢？

荷瑞修：我知道你的言辞是正确的。不中意某种事物，谁都不会期盼把它变为己有，而如果完全换作另外一个人，那事物的所有部分就都成了令他望尘莫及的东西。

里欧·门尼斯：还没等到那番变化成为现实，他自己——我是说那个幻想者，必然已经消弭无影了。

荷瑞修：然而，我们什么时候才打算探讨文雅礼节的源头呢？

里欧·门尼斯：接下来就是这个话题，而我们无须在这种自赏以外去寻觅那个源头，我已经印证了这种自赏在每个人身上都存在。你只要把以下两件事思考一下就行了：其一，那种激情的性质一定会让我们得出一个结论，即在既不关系到利害，又不关系到尊卑的交谈当中，一切没上过学的人始终会相互厌恶，因为如果双方全都一样，但凡其中一个对自己的评价稍微高过另一个，虽然后者仍旧觉得前者与自己一样，但两人如果都了解了对方在想什么，他们就都不可能称心如意。然而，如果这两人的自我评价都比对对方的评价略高一点，他们之间的差异就更为显著；而他们如果把自己的感觉直接说出来，那就会让他们相互之间不能容忍。在尚处于野蛮阶段的人群里，这种情况时时刻刻都会存在，因为缺少一种既注重技巧又非常烦琐的混合物，就不能克制那种激情的外在表现。我请你思考的第二件事就是：在一切人当中，这种自赏可能引发的不便对人会造成怎样的影响——他们拥有很高水平的智能，非常钟爱自己最大的安逸，并且为了它积极拼搏。在我看来，如果恰到好处地考虑这两件事情，你就会意识到：自赏一定会引发的烦恼与不安，无论是用怎样辛苦而无功的努力来弥补，最终都一定会形成我们提到的优雅风度和文明举止。

荷瑞修：我想我知道你想说什么了。在这种自由自在的状态下，所有人都被自我评价所左右，都体现出你所形容的各种最自然的形态。他们都会觉得邻人直白的没有一点修饰的骄傲是非常不礼貌的。在充满理性的动物中，这种情形不会延续太长时间，然而从这种行为中连续体验到的不舒服，却会让许多人去思考这种行为的缘由，经过一段时间，他们就会意识到：他们自己毫无修饰的骄傲展示也如同别人的一样让人憎恶，反之也是如此。

里欧·门尼斯：你提到的，肯定是"制定礼节"这种解决方式的哲学原因，它的初衷就是克制人类的举动，其对象是接受文明熏陶的人。做所有这些事情无须经过前思后想，而在相当长的一段时期之内，人们事实上已经在无形之中逐渐让这些事情成为现实。

荷瑞修：在人们的自我克制中能够发现显而易见的自我约束，所以势必会给人们招致麻烦，既然这样，人们为何还会去自我克制呢？

里欧·门尼斯：人在寻觅自我保护的途中，为了让自己觉得负担更少一些，就发现了一种持之以恒的努力，它潜移默化地让人们学会了在危难关头怎样避害。人类但凡被置身于政府的管辖范围内，并且对在法律的规范下生活习以为常，仰仗经验与模仿，他们在交谈中可以懂得多少阴谋、伎俩和诡计，实在难以置信，而他们却一点也不曾发现那个逼迫他们去行动的天然原因，那就是人们心底深处的各种激情，它们左右着人们的意志，驾驭着人们的行为，人们却对此一无所知。

荷瑞修： 笛卡儿曾把野兽当成天然的机器，你也把人当成了天然的机器。

里欧·门尼斯： 我并不曾有这个想法。然而，我支持一种想法：人凭借本能意识到自己四肢的功用，这就如同野兽凭借本能意识到其四肢的功用一样；就算对几何学或数学一窍不通，连儿童也可以掌握怎样做一些称得上技巧烦琐的动作，也可以思考有一定深度的问题，也可以发明一些非常精致的物件。

荷瑞修： 依你之见这些行为的源头何在呢？

里欧·门尼斯： 源于那些有益的姿势，即在抗击重力、推拉移动重物时所采取的有利姿势；还源于他们掷石块时十分熟稔的姿势，也源于其他投掷姿势，源于他们弹跳时所利用的那种让人震撼的娴熟。

荷瑞修： 请你详细说明一下，何为弹跳时的让人震撼的娴熟？

里欧·门尼斯： 如你所知，人们进行远距离弹跳时，常常先是一阵助跑，然后才会起跳。能够肯定的是，这个办法能够让人跳得要远一些，只是比没有助跑的弹跳要费力一些。其原因也非常浅显，身体进行了两种运动，并被这两种运动所牵引。此时此刻，跳跃让身体拥有的速度一定会把助跑的速度也包含在内。而跳跃者原地立定时，其身体撇除跳跃所需要的肌肉力量运动的话，就再没有别的运动。你会发现，数以千计的男人和男孩弹跳时都使用这个策略，然而不会有一个是由于明白其中原因才出此下策的。我提到的这个弹跳时所采取的策略，我但愿你可以把它用于阐释良好礼貌守则上，千百万人都掌握了怎样运用礼貌守则，却不曾考虑过礼貌的源泉，也不曾想过礼貌给社会带来了怎样的真正收益。最世故圆滑、最工于心计的人无论在何时何地都会出于自己的利益考量，最先掌握怎样藏匿骄傲这种激情。不出多长时间，就不会有任何人展露出丝毫骄傲的表现了，无论是拜托他人支持，还是希望别人施以援手，无一例外。

荷瑞修： 能够想象，具备理性的动物无须思考、无须弄懂自己行为的原因，也都可以达成这一点，身体运动与运用理智是截然不同的两件事。所以，赏心的姿势，优雅的举止，镇定自如的风度，总而言之，所有文质彬彬的外在举动，都是能够掌握的，并且可能无须什么思考就可以付诸行动。然而，优雅礼貌却命令人们随时随地恪守，在言谈、写作及指使别人去做的行动中，都要恪守此道。

里欧·门尼斯：有的人从来都没有从那个角度去探究过这个问题，对他们而言，礼貌必然是不能想象的最大难事。凭借心智与实践，凭借持续的辛苦劳作，再加上几代人多少年的共同经验，人们已经发明了许多礼貌技巧。然而，那些技巧却仅能为平庸之辈运用于股掌之中。航行在大海上的最好的战舰，装备完整、水手齐全，是一台多么漂亮、宏伟而壮丽的机器啊！它的体积和重量都远远超出了人类发明的其他所有运动体，所以，世上再不会有其他什么发明会招来这么多五花八门的赞誉与称颂了。英国有很多造船高手的作业队，如果具备合适的材料，不出半年时间，就可以生产打造出一艘上好的战舰并让其出海远航。然而有一点却不能否认，即：如果不把造船作业一点点地分解成更多种细微的劳动作业，那就不能实现造船的目标；同理，那些劳动作业只需用到能力一般的工人就已足矣，这也是毋庸置疑的。

荷瑞修：你想从中推出怎样的结论呢？

里欧·门尼斯：有些成就往往会被我们用人的杰出才华与非凡洞察力来解释，其实它们却源于久远的时间和多少代人的经验。那些成就的本性与它们蕴藏的睿智，其间差异也不大。生产不同用途船只的技巧，现在已发展得非常完善，为洞悉其发展一定要做出怎样的牺牲，我们只需把这两点考虑在内就行：其一，许多显而易见的技术改进是在五十年之内或更短的时间之内达成的；其二，英国人的确在一千八百年以前就能够生产并已经把船只投入应用了，到目前为止，他们不曾摆脱过船只。

荷瑞修：所有这些都非常充分地印证了现在的造船技艺走过了一个多么漫长的发展过程。

里欧·门尼斯：勒瑙勋爵曾有一本书[①]，其中详细叙述了舰船航行原理，从数学角度全面地讲解了船只运作及驾驶的各项内容。这本书让我知道：无论是舰船和航海的早先发明者们，还是之后对舰船哪一部分进行改良的人们，全都不曾考虑过是什么驱使他们进行了这种发明或改良，就如同现在最卑贱粗俗的文盲做了水手一样，虽然不甘心，时间与亲历还是会让他们成才。成百上千这样的人起先被硬拖上船，心不甘、情不愿地留在船上，然而不出三年时间，他们就对船上的所有缆绳、所有扳手都了若指掌，压根不用费心去研习数学，就掌握了数学及其实际应用，其知识比一位从来没有涉足海上的最杰出数学家终其一生的成就还

[①] 勒瑙勋爵（1652—1719），法国造船设计师、曾任船队司令。这本书名叫《舰船制造理论》，于1689年在巴黎出版。——译者注

要圆满。我所说的这本书提到了许多让人大开眼界的事情,其中说到了船舵与船身一定要维持在怎样的角度上才能最有效地操纵船只。这一点虽不无道理,然而,一个十五岁少年当年如果在平底船上干一年,也可以掌握这方面的所有具有实用价值的知识。他会发现船尾始终是跟随船舵运动的,于是集中注意力关注舵柄,而压根不去考虑船舵。过一两年时间,他的航海知识和驾船能力就会形成一种习惯,让他会如同掌控自己身体一样,仅靠直觉去驾船。他驾船时能够半睡半醒,或者考虑与驾船毫无瓜葛的事情。

荷瑞修: 我相信你说的所有这些。如果真像你提到的那样,早先发明、后来改良舰船及航海技术的那些人不曾想到过根据勒瑠勋爵所说的那些原因去采取行动,他们就没有可能根据那些原因去行动,也不可能积极主动、有计划地把它们视为先验的初衷,去诱使他们把发明和改良投入应用。在我看来,你打算论证的正是这一点。

里欧·门尼斯: 是的。我还非常认同:最早在艺术、礼仪或航海方面进行探索的开拓者们,其实并不懂得那些艺术在自然中真正的缘由与根基所在;同理,就算目前这两门艺术已经非常完善,在那些最了解它们、天天都在改良它们的人当中,绝大部分仍旧如同其前人早先那样对其原理一知半解。然而我同时也认为勒瑠先生所说的道理非常正确,你的想法也像他的一样正确。换言之,我认为:你对礼貌起源的阐述的确言之凿凿,就像勒瑠先生对舰船运作原理的叙述一样准确可靠。创造和改良各种艺术的人,考察事物来龙去脉的人,这两种人不可能属于是同一类型。考察事物来龙去脉的人,大部分内向文雅,喜欢静谧,讨厌生意往来,把冥思苦想当作享乐。与此相反,在创造及改良各种艺术的人中,往往最有可能成功的是那些积极向上、勤奋进取、辛苦劳作的人,例如那些亲身下田劳作、亲自做各种试验、专心致志于当下之事的人。

荷瑞修: 人们往往会认为,喜欢冥思苦想的人最适合进行发明创造。

里欧·门尼斯: 然而这种见解并不正确。生产肥皂、织物染色及其他各行各业的神奇技巧,全都经历过从原始卑俗的缘起到非常完善的发展过程,然而,在对它们的许多改良中,到目前为止仍能为人记忆犹新的,一般说来都是以下这些人的功劳,他们或从小专注于一行,或长时间投身并擅长一行,而并不擅长化学或其他学问,而人们原本理所当然地觉得他们擅长那些学问。其中一些技艺的操作工序,特别是给织物染色的操作工序,的确都让人叹为观止。凭借火和发酵把各种成分糅合在一起,就搞定了几种操作,而就算是最聪明的自然学家,也不能用所有已知理论去解释那些操作的理论根据。这就准确无误地说明：那些技艺并非根据之前的推理创造而成就的。但凡大部分人都开始掩饰对自己的绝对好评，人们对彼此的宽容心就越来越大了。因而，天天都要有新的改良，直到其中一些人变得足够恬不知耻，不但会拒不承认对自己的绝口好评，而且能假装自己对他人的评价远超过对自己的评价。这会让人看上去温文尔雅，而趋炎奉迎就如洪水猛兽般地向着他们奔涌而去。他们的不真诚一旦企及这个水平，就会意识到它给自己带来的好处，所以顺其自然要把虚伪传授给子女。在所有人身上，羞耻这种激情都特别常见，又出现甚早，因此所有民族都不会笨拙到一直对它视若无睹，一直不去充分利用它。因而说，人们也同样地把幼者的轻信玩弄于股掌之中；就算是出于达成各种善意目的，人们也常常会不由自主地利用幼者的轻信。父辈的知识，所有人的生活经验，加上自己年轻时掌握的东西，都要对子孙后代倾囊相授。一代一代的人因此掌握的东西，都必然比上一代人掌握的更广博、更精深。凭借这样的办法，两三个世纪之后，礼貌规范就势必会达到近乎完美的水平了。

  荷瑞修：如果那些人都达到了这种水平，其余的人也就可想而知了。在我看来，这是因为礼貌规范一直在持续完善之中，就像其他所有艺术与科学也在持续完善之中一样。然而，如果上溯到野蛮人时代，人类在礼节方面起先三百年间的进步却几乎止步不前。古罗马人的缘起要更为理想，其国家早就有六百年的历史，并且基本上把全世界囊括其中，而其后才能够称得上一个优雅的民族。最令我惊叹且目前我已经深信不疑的是：所有这些成果居然都是基于骄傲。让我震撼的另一件事情是：你竟然能说，一个民族在压根不懂得美德或宗教时也会注重文雅礼貌。我确信，世上向来就不曾出现过类似的民族。

  里欧·门尼斯：请谅解，荷瑞修，我压根没有在言谈间有过丝毫暗示说有什么民族会压根不懂得美德或宗教，我没有缘由要涉及它们。首先，你问我怎么理解这个世界对文雅礼貌的运用，却摒弃了对未来状态的探究；其次，礼节技巧与美德或宗教没有丝毫关系，虽然它与后两者背道而驰的可能性很小。礼节技巧是一门学问，它一直是以我们天性中同一条稳固原则作为其根基所在，无论是在哪个时代和哪个地方付诸实践，无一例外。

  荷瑞修：既然与美德和宗教没有丝毫关系，又不认可它们，它又怎么能说是跟美德和宗教没有冲突呢？

  里欧·门尼斯：我知道，这听上去好像前后不一，然而这个观点却非常正确。礼节信条教育人们对所有美德要好话相送，然而在所有时代和所有国家，对美德的要求却都只是时尚美德的外在表征罢了。在圣严的宗教事务上，人们也全都只是满足于合乎奉神的外在规矩，因为世间所有宗教都一致赞同文雅礼貌，如果全民都恪守它的规定。请你跟我说一下：如果全部人对一位老师的评价都如出一辙，我们又按照什么去评判他呢？全世界文雅礼节的规则都向着一个方向，也就是它们全都仅仅是凭借各种不同举措让我们自己为他人认可，并尽一切可能把他人对我们的成见降低到最小罢了。凭借这种伎俩，我们彼此帮扶，享受生活，执着于快乐，在享受所能得到的全部美好事物时，所有人因凭这种行为所赢取的欢乐，会远远超过不仰仗它时的所得。在此我提到的欢乐，其内涵是欲望迎合时的欢乐。上溯到古希腊，上溯到古罗马帝国，上溯到那些在它们之前就繁荣昌盛的杰出的东方国家，我们会意识到：第一，奢侈与礼节一直是在齐头并进的，未曾有一刻彼此分离；第二，地球上文明人士所期盼的，向来都是安闲与享乐；第三，他们最先考量的课题、最在意的事情，乃是外在的表现，而其目标向来是为了获取眼下的幸福。所以，在芸芸众生看来，他们最不在意的，好像总是自己转世会变作何物。

荷瑞修： 对你的这番言谈我感激不尽，我非常中意你一一解答了我原本说到的各种问题。然而，对你说的其他那些话，我一定要先费些工夫去考虑，然后我才会考虑期待你的下次来访，因为我目前已然有所相信：大部分有关我们人类自己的知识的书籍，或者缺陷多多，或者处处掺假。

里欧·门尼斯： 对喜欢用功读书的人而言，所有书籍都赶不上人类本性这部书翔实、忠厚。我发自肺腑地认为：你如果预先细心考量过，你自己原本就能意识到我向你袒露的所有的事情。然而，如果能为你提供一点儿在你看来饶有兴致的娱乐，我会觉得特别开心。

4　荷瑞修与里欧·门尼斯的对话

里欧·门尼斯：请进，您的仆人已经在此恭候您大驾。

荷瑞修：里欧·门尼斯，而今你还有什么话要说，你这话岂非虚礼吗？

里欧·门尼斯：这是由于你非常注重礼貌。

荷瑞修：那天人们跟我说你在那里时，我实在是非常希望由我本人去告诉你，谁正在到处找你，并要你跟我到敝宅走一趟。

里欧·门尼斯：那的确是太劳您大驾了。

荷瑞修：你要了解我是多么虚心好学，不出多长时间，你一定会教会我把礼貌规矩全都搁置一旁了。

里欧·门尼斯：你不愧是我的好老师。

荷瑞修：我就明白，你会宽恕我。你这间书房非常雅致。

里欧·门尼斯：我钟爱它，因为阳光向来无法照进去。

荷瑞修：这房间的确挺好！

里欧·门尼斯：你我到里面叙叙话吧？舍下的房间里，它算得上是最舒服的了。

荷瑞修：正合我意。

里欧·门尼斯：我原本期待在这之前就能见你一面。你花了太长时间考虑了。

荷瑞修：只不过才八天而已嘛。

里欧·门尼斯：你对我上次跟你说的那些新观点有什么思考吗？

荷瑞修：已经深思过了。我还是觉得它并不是没什么可能，因为我知道：人降临到这个世界上时既不具备思想意念，也不具备什么知识。所以我已经对这一点一清二楚：所有艺术与科学都一定缘起于某个人的脑子里，无论目前其起源已经怎样被人们忘怀，都是这样。上次跟你分别之后，我已对礼貌的起源翻来覆去考虑过不下二十次了。一个还算得上通情达理的人，如果在处于野蛮阶段的民族当中意识到了相互藏匿自傲的最先尝试，那会是一幅十分壮观的场景吧。

里欧·门尼斯：这会让我们了解：令我们震撼的，主要是事物的奇特所在，它们既可能招致我们的厌烦，也可能赢得我们的支持；而在熟悉的事物面前，我们却常常置若罔闻，虽然它们起先作为新事物出现时也曾让我们震撼。你目前正转而对一个真理深信不疑，而八天以前你却情愿送上一百个金币，也不希望去弄懂它。

荷瑞修：我已经有所相信，我们如果在非常年轻的时候就对一种事物见怪不怪，将来它就不可能在我们眼中看上去那么滑稽。

里欧·门尼斯：自孩提时代起，我们就受到了一种还说得过去的教育，它勤勤恳恳、一丝不苟地教给我们各种礼节，例如鞠躬、脱帽致意及其他各种举手投足的礼貌。所以，我们甚至在成年时就不常会把优雅的举止视为后天学到的东西，不常会把文雅谈吐当成一门学问。在姿势和动作方面，在言谈与写作方面，有数以千计的东西被视为天性如此、易如反掌，而它们却给他人和我们自己带来了数不尽的痛苦。我们明白，那些东西乃是巧夺天工的产物。我明白，舞蹈大师的四肢被搞出了多么丑陋的肿块啊！

荷瑞修：昨天上午我凝神静坐，你说的一句话忽然浮现在脑海中，它把我逗乐了，而我起先听见时并没有好好考虑过它。说起处于童年期的民族但凡有藏匿其骄傲的迹象就意味着具备了初步礼节时，你曾说："每天都一定要有新改进，直到其中一些人变得足够恬不知耻，不但会拒不承认对自己的绝口好评，而且能假装自己对他人的评价远远超过对自己的评价。"①

里欧·门尼斯：能够断定的是，那一定是各个地方趋炎奉迎的源头。

荷瑞修：说到趋炎奉迎和恬不知耻时，对世上第一个敢于对与自己身份一致的人说"我是您虔诚的仆人"者，你有何看法呢？

里欧·门尼斯：如果那句话是个变换花样的谄媚之辞，我会更希望弄明白轻信它的骄傲者为什么头脑会这么简单，虽然我也希望弄明白说那话的小人为什么这么恬不知耻。

荷瑞修：那句话肯定在一段时间内是新的。拜托你跟我说一下，在你看来到底是脱帽之礼更久远，还是"您虔敬的仆人"这种说辞更久远？

里欧·门尼斯：两者都既久远又时新。

荷瑞修：我认为脱帽之礼更久远一些，因为它象征着自由。

里欧·门尼斯：我不能苟同，因为说"您的仆人"如果还没有流通，第一个行脱帽之礼的人就无法被人接纳。说"您的仆人"如果还没有成为一种约定俗成

---

① 参见本书第四部分之3。——译者注

而尽人皆知的恭维方式,那么,一个人绝对有可能把脱鞋作为尊敬的表达方式,如同用脱帽一样。

荷瑞修:所以,就像你说的,他非常有可能是第一个用脱帽表达敬意的人,而不是第一个进出"您的仆人"这种说法的人。

里欧·门尼斯:截止到今天,脱帽向来都是一种人尽皆知的礼貌之辞的无语表达。请关注习俗及那些约定俗成的观念的力量吧。你我都讥讽这种久远的滑稽之举,都特别笃定一点,即这种做法势必源于最卑俗的趋炎奉迎。然而,我们见到关系一般的熟人时,却都一定会行脱帽之礼,都一定会有此礼貌之举。不但这样,我们如果不这样做,甚至还会觉得无比痛苦。然而我们却找不到理由相信:说"您的仆人"这句谄媚之词的做法是在身份相仿者之间先盛行开来的。其实,它起先是谄媚者对君王说的,后来才慢慢被广泛应用。这是由于,身体、四肢的所有奉迎姿势和溜须拍马,非常有可能源于对征服者和暴君的谄媚。征服者和暴君让所有人都恐惧他们,一点对抗的形迹也会让他们担忧,而最让他们高兴的东西,乃是那些恭恭敬敬、全然顺从的姿势。如你所知,那些姿势全都拥有这种想法。它们让人具有安全感,是无言的拼搏,意在抚平和消解征服者和暴君的害怕与担忧,即担心自己会遭到伤害。面带顺从之意,磕头、下跪、深鞠一躬,双手放在胸前、双手背在身后、两臂环绕,以及所有能说明"我们既不嚣张、又不防备"的顺从姿态,这些都是展现给身居高位者的显著标志和让人深信不疑的证据,好像在说:相比于他的尊重而言,我们觉得自己特别卑俗,我们听任他的指使,全无对抗之意,更不用提向他攻击。因而,说"您的仆人"和行脱帽之礼,起先都是对有资格赢得服从者展现的皈依。

荷瑞修:在过了相当长的时间之后,它就慢慢变得更加普遍,成了一种彼此示以敬意的礼节。

里欧·门尼斯:这与我的想法是一致的,因为我们发现:当礼节越来越多时,致意的最高级形式就变得非常普通,因而,向身居高位者表示敬意的新形式就被创造出来,替代了原有的礼节。

荷瑞修:所以,"阁下"这个称谓在前段时间还只是对我们的国王和王后的专有名词,而目前称呼红衣主教和公爵也可以用它们了。

里欧·门尼斯:"殿下"这个字也是这样。而今不但对国王的儿子,甚至对国王的孙子都能够这样称呼。

荷瑞修:"大人"这个字的含义中蕴含的尊贵,在我们英国比在其他所有国家都维系得要好得多。在西班牙、意大利、高地与低地荷兰，基本上对所有人都能够这样称呼。

里欧·门尼斯：它在法国的归宿要好得多，因为在法国，"Sire"这个字里蕴藏的尊严全都沿袭下来，只有君主才能够用此称呼。然而在我们这里，它已经变作一个敬称，对国王能够这样称呼，对鞋匠也可以这样称呼。

荷瑞修：无论时光让这个字的意义发生了怎样的变化——因为它变得更加完美——恭维还是变得越来越不那么直言不讳了，而它利用人之骄傲的动机，也比以往藏匿得更为隐晦了。对一个人当面赞美，在古人而言是非常常见的做法。谦逊是特别要求基督徒拥有的一种美德，顾及这一点，我就经常思索：教会的神甫们怎么能够担待得起布道时会众对他们的欢呼称颂，虽然有些神甫批评这样做，然而大多数神甫却好像在听到欢呼称颂时都特别受用。

里欧·门尼斯：人性永远都是一样的。欢呼会让那些不遗余力、尝尽甘苦、费尽心思的人精神振奋，效果非常好。批评这样做的神甫们，其实是在批评对它们的浪费。

荷瑞修：绝大多数听布道的人的狂呼经常会传到我们耳朵里：真是太聪明了，太棒啦，再正确不过啦，实在是奇迹，太露骨啦，实在是天才啊！他们也跟布道者说自己是东正教徒，有时还把他们称作是"最棒的福音传播者"。那场景真的非常怪异。

里欧·门尼斯：当一句话说完时，用一下这些词句可能还情有可原，然而大部分人却一而再，再而三地大声重复它们。他们大声喧嚣，无论布道进展到哪里，时刻都有可能被这噪音打断，所以，他们听到的布道内容，甚至都不及四分之一。虽然这样，有的神甫还是坦承：这些欢呼声委实让他们特别喜欢，并且可以慰藉人类的短板。

荷瑞修：如今，人们在教堂的举止要规范多了。

里欧·门尼斯：先前西方世界的异教信仰基本上消弭之后，基督教徒的宗教狂热就比从前少很多了，因为以往有很多批判基督教的异教徒。在消解那种时尚方面，宗教热情的稀缺起到了至关重要的作用。

荷瑞修：然而，无论那能不能算作一种时尚，估计它都是非常让人憎恶的。

里欧·门尼斯：现在，我们在一些剧场里也会目睹观众的反复称颂、鼓掌、跺脚，以及欢呼的最不切实际的表现。你有没有考虑过：备受喜爱的演员会不会憎恶这些东西？最上流的精英人士是不是会憎恶普罗大众对他们的喝彩声和士兵们尖锐的呼喊声?

荷瑞修：我所结识的一些王公贵族，他们特别憎恶这些东西。

里欧·门尼斯：那是由于他们拥有太多太多类似的东西了；然而，他们起先肯定不会憎恶它们。当驾驭一台机器时，我们理应顾及其结构的承受力。可数的动物无法享受不计其数的快乐，所以我们才明白：快乐如果大于其恰当界限就会摇身一变，成为痛苦。然而，但凡不背离一国的风俗习惯，那么，所有欢呼的熙攘，其持续只要没有大于合理时限，就都不可能让人心生不悦。我们往往会用欢呼表示认同；而听到欢呼时，我们也觉得非常受用。不过，如果是滥饮，再醇厚的美酒也会让人作呕。

荷瑞修：美酒越是爽口甜美，就越容易让人心生腻烦，越不适合开怀畅饮。

里欧·门尼斯：你这个比喻非常正确，欢呼喝彩起先会让人心旷神怡，可能还会接下来带给人八九分钟无以言表的快乐。不过，同样的欢呼喝彩如果一直持续，没有间断，那么，不出三个钟点时间，它就会逐渐让人觉得从比较开心到置若罔闻乃至胃口丧尽、心乱如麻，甚至因憎恶而痛苦不堪。

荷瑞修：声音当中势必蕴藏着无穷的魔力，所以会对我们产生差别如此之大的影响。我们经常会目睹这些影响。

里欧·门尼斯：我们从欢呼喝彩中获得的快乐绝不是源于听觉，而是源于我们对喝彩缘由的看法，即对这些声音的缘由、对他人的认可的观点。在意大利每一个剧院里，你都能够耳闻：当所有观众都希望保持安静和全神贯注时，那就是在用既定的方式表示认同与支持，而他们此时发出的声音非常近似我们的嘘声，与我们的嘘声基本上并无二致，而嘘声却是我们表达憎恶和鄙夷的最明显的标志。毋庸置疑，对库佐尼而言，更美妙的是对福斯蒂娜喝倒彩时的呐喊声，而不是她听到的这个沾沾自喜的对手炫技时最杰出的声音①。

荷瑞修：那的确太让人憎恶了!

里欧·门尼斯：土耳其人用全然的肃静表示对他们君主的敬仰。土耳其后宫严格恪守这种礼仪，而离土耳其苏丹的寝宫越近，这个礼仪就恪守得越是严苛。

荷瑞修：这种肃静，当然是迎合骄傲之心的一种更文明的方式。

里欧·门尼斯：所有这些都由时尚和风俗决定。

荷瑞修：然而，为迎合一个人的骄傲而奉上的无声礼物，就算听觉依然尚在，也依旧能够为他所用；而欢呼喝彩却无法企及这点。

---

① 18世纪的两位女歌唱家，两人同台演出，然而关系不睦，曾经在舞台上大打出手。——译者注

里欧·门尼斯： 在迎合骄傲之情上，这太不足挂齿了。我们从纵容欲望中获得的快乐，要远远大于其他所有快乐。

荷瑞修： 然而，肃静所体现的尊崇与敬仰，却比熙攘更激进、更深邃。

里欧·门尼斯： 它对抚慰怠惰者的骄傲非常管用，然而积极进取者却热衷于引发骄傲之情，就算它已经心满意足，也仍旧让它处于活跃的状态，并且肯定会比前者更支持欢呼嬉闹。但是，就这两种方式而言，我并没有想要进行评判，而情愿一概表示支持。为了鼓舞人们举止优雅，古希腊人和古罗马人对欢呼嬉闹已经驾轻就熟，并且成效都非常显著。奥斯曼帝国的人则习惯于用肃静去迎合骄傲，这让他们成了言听计从、谦卑温顺的奴仆，而这恰恰合乎其君主的期待。在一人大权在握的情况下，沉默可能会更加管用；而在臣民被赋予了有限的自主权的情况下，欢呼嬉闹可能更加管用。如果合理理解，充分利用，这两种方式都是满足骄傲的非常奏效的途径。我知道有一个胆识过人的人，他对战场上的叫嚷早已习以为常，大声地欢呼鼓掌会让他非常高兴；然而他曾经却对自己的男管家暴跳如雷，只是由于后者收拾餐具时发出了一丁点声音。

荷瑞修： 那天，我的一位老姑妈辞退了一个非常机灵的下人，因为他忘了踮着脚尖小心翼翼地走路。我也应当坦承：男仆步履太过低沉，仆人们所有不合规矩的大喊大叫，都会让我觉得无比憎恶，虽然在这之前我不曾探究过那究竟是缘何而起。你我上次聊天时，你一一列举了自赏的各种表现，谈及野蛮状态下人们的自赏会有什么表征，其中你说到了笑。我明白，笑是我们人类特有的行为。拜托你跟我说一下：你是不是觉得笑也是源于骄傲呢？

里欧·门尼斯： 霍布斯就支持那个见解[1]，并且，笑大部分是源于骄傲。然而，这个假说依然不能对许多现象予以解答。因而我情愿说：笑是一种顺其自然的潜意识的动作，当我们不明就里地觉得高兴时，理所当然就会发笑。我们如果觉得自己的骄傲得到了迎合，如果耳闻或目睹自己喜欢或认可的事物，如果纵容了其他什么激情或欲求，而让我们开心的原因又看上去合理且有意义，我们就不光是会发笑了。然而，如果事物或行为特别离奇，偏离了常轨，又恰好让我们开心，而我们又无法言明其因何而起，它们往往也会让我们发笑。

---

[1] 英国哲学家霍布斯（1588—1679），在他的著作《人的本性》中写道："笑的激情并非其他，而只是一种瞬间出现的优越感。根据与他人的弱点进行对比，或根据与曾经的自己进行对比，我们心中瞬间发现了自己的某项优点，这种优越感就被唤醒了……所以，不要谴责我们特别讨厌他人的讥讽，换句话说，我们特别讨厌他人比我们强。"——译者注

荷瑞修：我情愿相信你的想法与霍布斯的观点是一样的，因为引起我们发笑的事物，大部分都会让他人觉得或多或少有些许羞赧、不舒服，要么就是会触痛他人。

里欧·门尼斯：然而，你对呵痒又有什么看法呢？连既聋又瞎的婴儿也会由于被呵痒而大笑。

荷瑞修：你可以用你的理论来解释这种现象为什么会出现吗？

里欧·门尼斯：我并不觉得自己的解释是完美的，然而我会尽我所能给你解释。我们由经验可知：一般说来，皮肤越光洁、越白皙、越细腻，人就越容易被搔到痒处。我们也知道：用粗陋、尖锐和硬朗的东西去碰一下皮肤，我们甚至在还没有觉得疼痛时就会心生不悦；反之，如果用温柔平滑的东西去碰一下皮肤，则非但不会令人憎恶，相反会让人开心。温和的碰触会对几根神经同时产生影响，其中每一根都会感觉非常舒服，所以就可能引发一种混合快感，而那就是笑的时机。

荷瑞修：然而，你为什么会觉得自发的快感中夹杂着下意识的动作呢？

里欧·门尼斯：无论我们自诩自己产生意念时的行动多么不受限制，那些意念对身体的左右都不会听从人的意志的掌控。与笑最截然相反的，绝对就是不开心了。不开心让额头出现皱纹，让双眉紧皱，让双唇紧闭。而笑则与之不同，如你所知，exporrigere frontem（额头舒展开来）就是拉丁语里意为"愉快"的词汇。人们呼气时，胸腹部肌肉会向内收缩，横膈膜则被提到比平常更高的位置。而使劲吸气时，我们好像在拼命压迫心脏（虽然没什么用），用那种压迫的姿势吸入所能容纳的最多的空气。我们呼气时也如同吸气时一样使劲，吸气时需要全部肌肉瞬间同时放松。大自然的这种预设，肯定是出于为人类自我保护服务的努力，那努力乃是大自然强行加诸我们身上的。所有能发出声音、能由于苦恼、疼痛及危险降临而埋怨的动物，其动作是多么无意识啊！在深重的痛苦中，大自然所做的各种努力都特别强烈，乃至可以战胜天性。她要求我们用声音把真实感觉掩饰起来，我们出于无奈嘟起嘴巴，或者深深地吸一口气，紧咬嘴唇，或让双唇紧闭，用最管用的办法避免气息呼出。我们由于悲痛而叹息，由于高兴而发笑。笑时让呼吸有所压力，而在其他所有时候，这种情况只是偶尔出现。一起让外部肌肉和体内所有的东西都很放松，好像除了笑的痉挛性振动发送给它们的运动之外，没有其他什么运动了。

荷瑞修：我亲眼看见有的人会笑得精疲力竭。

里欧·门尼斯：我们发现：叹气时所有这些情况是多么迥然不同！疼痛或巨

大的悲哀让我们失声大哭时，我们的嘴巴就转而成为圆形，或起码是椭圆形，双唇突出，互不接触，舌头收起。这就是为何所有民族的人在惊讶或尖叫时之所以都发出"啊"的声音的原因！

荷瑞修：这又为何呢？拜托你跟我说一下吧。

里欧·门尼斯：因为当嘴巴、嘴唇及舌头处于这种状态的时候，它们既不可能发出其他元音，也压根不可能发出哪怕一个辅音。当你笑时，嘴唇收起，嘴巴张得最大。

荷瑞修：我觉得你不应太过突出这一点，因为哭泣的时候情况也是这样，而哭泣肯定是悲哀的象征。

里欧·门尼斯：人在非常痛苦时，心脏所担负的压力巨大；人们常常竭力抵御焦虑，为数不多的人会由于焦虑而哭泣。然而，人们哭泣却能够降低压力，并可以让压力明显减弱，因为人在哭泣时会放下防备心。悲痛的哭泣并不能当成是悲哀的象征，因为它是在暗示：我们接下来再也不可能压抑自己的悲哀了。所以，哭泣才不被视为男子汉的行为，因为它好像意味着我们已经失去了全部力量，是对悲哀的投降。但是，对成年人而言，哭泣这个动作本身却并不是只因为悲痛，人们开心时也可能哭泣。有的人尽管在沉重的悲痛中看上去非常坚强，在最大的不幸中也不掉一滴眼泪，却会在欣赏一出精彩戏剧的场景时不由自主地暗自垂泪。有的人会轻而易举地对一种事物心潮澎湃，另一些人则更轻易为另一种事物所动容。然而，无论让我们为之动容的是什么事物，它都会降服我们的头脑，引发我们哭泣，于是成为哭泣的潜意识缘由。因而说，除了悲痛、开心和同情，其他一些与我们没有瓜葛的事物也会左右我们，例如：阐述震撼的事件，上天对美德的突然垂青，英雄事迹、慈善之举，恋爱、友谊，身临巨大险境，要么耳闻、目睹人类的崇高思想与情操。这些事物如果是刹那间传达给我们的，而传达的方式能够让我们认同，又超出我们的意料，并被叙述得有声有色，就会轻而易举地左右我们。

我们还发现：最会由于这些毫无瓜葛的起因而落泪的，是那些心智健全、聪慧机敏的人，而其中那些最淳朴、最大度和最天真者，则最轻易流泪。与之相反，笨拙者、凶残者、自私自利者及胸有城府者，则不会轻易为那些事物所动容。所以，真正的哭泣一直都是一种实在而下意识的象征，它意味着某种事物使人震撼并让心智为之折服，无论那是什么事物。我们也看到：外界的暴力，就像疾风、浓烟、洋葱的臭味，以及其他具有挥发性的刺鼻味道等，都会对人体泪腺导管及腺体周边的外围神经产生影响，所以，瞬间肿胀与精神压迫就会对内部组织产生影响。在种类多样、形态有别的有生命动物身上，上帝的智慧展示得最清楚无疑。这些动物身体的所有部分都具有巧夺天工的设计，都能最准确地用于各种预设的初衷。人体首先是一件最让人叹为观止的艺术佳作。解剖学家估计对全部的骨骼、韧带、肌肉和肌腱都了若指掌，并且可以十分精准地剖析所有的神经、所有的膈膜。同理，博物学家也可能十分透彻地考察人体的内部运作，考察健康与疾病的各种表现。他们都会为人体这台精巧的机器所惊讶。然而，如果不是通晓几何学和力学，所有人都无法洞悉那工艺本身有多么精致、多么高深、多么漂亮；就算是对那些他亲眼所见的人体器官，也是这样。

荷瑞修：数学被用于医学实践究竟有多长时间了？据我所知，医学这门技艺正是因为数学，其准确性才大为提高。

里欧·门尼斯：你提到的根本是另外一件事情。如果你所说的是治病的手法，那我就要说：数学与医术不曾有过丝毫瓜葛，也绝不会有丝毫瓜葛。人体结构与人体运动估计可以从力学的角度进行阐释，而所有体液都遵循流体静力学规律。不过，如果我们打算探索远在视线范围之外的、对其形状及大小一无所知的事物，数学的所有部分都帮不上忙。如同其他人一样，医生对各种疗效及性状的物质的药理及成分一窍不通，对当成草药的物质的汁液、以及包括用它们制作的所有药物，也都一窍不通。没有什么会比医术更没有确定性的技能了。在医术中，就算是最宝贵的知识也全都源于观察，并只有源于观察。才华横溢、讲求实效的人如果研究医术，只有在历经长久而小心的体验之后，才有可能拥有那些知识。然而，那种认为数学对医术有所帮助的说法，或者认为数学在治病方面作用显著的说法，却是个弥天大谎，就如同教友派的文章、卖艺人的帮手一样让人误入歧途。

荷瑞修：然而，骨骼、肌肉及人体许多非常显著的部位都拥有了特别杰出的技能，所以，难道我们缺乏根据就可假定：人体中那些我们不能觉察的部分也拥有了同样杰出的技能吗？

里欧·门尼斯：我对此非常确定。显微镜已经为我们开启了另一个世界，而我基本上不可能相信：大自然居然会在我们不能尾随它的地方戛然而止。我坚信：我们的思想和心思的好恶对人体有些地方的左右，要比我们到目前为止所洞察的更真切、更无意识。在它们对眼睛和面部肌肉的明显影响当中，有意识成分一定会是看上去最少的，所以我才会产生上述那个观点。有男人们在身边时，我们维持警戒状态，因而常常捍卫了自己的尊严。我们双唇紧闭，下腭收紧，嘴部肌肉稍稍收缩，脸的其余部分一直处于原位。你如果带着这种状态来到另一个房间，见到一位温柔可亲、举止端庄的年轻美女，那么，还没等你意识到，你的表情就马上会难以置信地有所改变。你还没发现自己脸上有所改变，你的表情就早已换作另一种状态了。这时看到你的人就会意识到：相较于刚才而言，你表情中更添了几分温柔因子，严厉的因子却褪去了几分。我们低垂下颚的时候，嘴巴就会稍稍开启。此时此刻，我们如果没有目的地注视前方，并非刻意关注什么目标——换句话说，我们如果是让面部放松，不给面部肌肉加以什么压力，那么，我们的面容就可能十分近似自然状态。婴儿还没学会吞咽唾液时，嘴巴往往都是张开的，并一直在流口水。婴儿还没有拥有智力，头脑还处在模糊状态时，其面部肌肉其实是放松的，下颚是低垂的，嘴唇也处于放松状态。起码，在这个时期，我们在婴儿脸上意识到的这些现象比后来要多得多。人一旦老去，智力减弱，这些现象就会重新出现。除此之外，在绝大部分痴呆者脸上也能看到这些现象。所以，一个人的行为如果特别笨拙、或说起话来就像先天的傻瓜，我们会说他"wantsa Siabbering-Bibb"（止不住口水）。想到所有这些，再想到世上最容易恼火的是呆子（最不被骄傲掌控的也是呆子），我就要发问：我们面部那种雅观表情里，是不是也蕴藏着某种水平的自赏呢？这种自赏无意识地左右着我们，并且好像是对我们有所裨益。

荷瑞修：我不知道该怎么答复你。我只不过是对此非常确信：有关人类下意识原理的这些推断，让我意识到自己的相关知识非常匮乏，我真是搞不懂：你我怎么会聊到这个话题上来呢？

里欧·门尼斯：你要追溯人类爱笑的源头，而没有人能够解释爱笑的原因；就算是略微含有准确因素的原因，也不能解释。处于这种情形当中，所有人都能够妄加揣测，因而，人们除了从中获取已然存在的各种成见之外，无法得出什么结论。但是，我跟你说的这些尚未成型的思想，只不过打算让你洞悉大自然的作品是多么变幻无常。换言之，大自然的作品到处都是，全都潜藏着清晰可见的力量，而人类的智慧却不能洞察。勤恳的观察、小心的体验和把归纳的事实当作支撑的论证，凭借这些获得的有用知识，要远远多于仰仗直接探讨根本原因、经由先验前提以此推理的高傲尝试获得的东西。就算对大自然的时钟机构一窍不通，并没有考察其内部机理，也可以凭借洞察力找出其运动的原因，我实在难以相信世上有谁会如此聪慧。然而所有能力平平者，必然都可以只是凭借外部的观察而发现：大自然的时钟机制非常精准，与时间丝毫不差，而这源于某种潜在的精巧工艺的准确性；其指针的运动，无论在与之匹配的什么时刻上停顿，其早先原因都是它内部某种东西的率先运行。同理，我们还能够断言：思想对身体的影响特别明显，于是，它就可以经由联系而发出许多动作，所以那些动作是无意识的。然而，这种操作所需要的那部分身体器官和方法，却是我们的感官不可能洞察到的。这些动作有着惊世骇俗的敏捷性，我们的能力绝对不可能感知到它们。

荷瑞修：然而，灵魂不就是用来思考的吗？它与下意识机制存在何种关联呢？

里欧·门尼斯：那种认为人体内的灵魂就是用来思考的说法是不对的，这就如同说建筑师就是用来建造房屋的一样是不对的，因为真正建造房子的是木工和泥瓦匠等人，而建筑师则用粉笔画线并担当监工的角色。

荷瑞修：在你看来，灵魂更直接地存在于大脑的什么部位？换句话说，你是不是觉得灵魂散落在整个大脑的所有部位？

里欧·门尼斯：就此事我所知道的全部内容，都已悉数对你交代了。

荷瑞修：我明确地意识到：思考的运作仍属于劳作的一种，然而它起码是我头脑里的某种运作，而不是我的小腿或胳膊里的运作。请跟我说一下：我们通过对大脑进行解剖的研究获取了什么远见卓识呢？

里欧·门尼斯：在关于大脑的知识里，不存在什么先验的东西。最杰出的解剖学家的知识，比起屠宰业学徒来也不会多很多。我们可能会称赞大脑硬膜和脑脊软膜神奇的统一，称赞人脑周边的血管及动脉的纵横交错。然而，如果把它们剖开，我们眼前的也只有数对神经及神经根，只会发现许多形形色色、大大小小的腺体，而它们与大脑构造有别，这一看就会分辨得一清二楚。最顶尖的博物学家如果关注到了这点，并且用各种名称给它们命名以示差别，其中许多名称并不是特别合适，更不能说是精确了，他就一定会发现：就算在这些相对大一些的可视部分当中，除去神经及血管，可以用来大概说明大脑运作机制的东西也是少之又少。然而，就大脑本身的奇特构造及大脑更神秘莫测的运作原理，他却全然不知。然而，大脑这个整体却好像是一种髓状物质，其中错落有致地涵盖着数不清的肉眼不能觉察的细胞，它们依循一种难以想象的次序散落在大脑里，汇聚到一起，其各种各样的纵横交错，让人不解。博物学家可能还会进一步说明：有根据相信，这就是人类知识的巨额储备，人类淳朴的感官持续获取非常庞杂的意象，并把这些宝藏置放于其中。恰恰是在这个器官中，精力被从血液中稀释出来，而后提炼成基本上看不到实体的微粒；其中最渺小的粒子要么一直在寻觅那些留存下来的意象，要么就是用形形色色的方式存储那些意象，在那种神秘物质的各种褶皱中穿梭不停，持续不断地进行着那种无以言表的运作，而这种运作的缜密精致，连最卓越的天才也会为之赞叹不已。

荷瑞修：这些推测尽管都特别神奇，然而却无法证明什么。你曾经提到，大脑物质的确太渺茫，所以我们对其运作一概不知。然而，光学镜片如果取得更大的进步，如果可以创造一些显微镜，可以把对象放大到现在的三四百万倍，那些微粒肯定就能够进入我们的视线了，但凡那些进行大脑运作的东西，甚至是只拥有一点实体就行。而现在，这些微粒还绝对无法被你提到的那些感官所感知到。

里欧·门尼斯：这样的改进是不现实的，这一点能够加以证明。然而就算是这些改进真的成为现实，我们从解剖学那里获取的帮助依旧会非常少。动物没死的时候，我们不能看到其大脑，也不能深入到其大脑内部开展研究。即便你把一只钟表的主发条拆卸开来，抠下表芯，只把钟表外壳留下，也绝对不会发现到底是什么让它转动并指示时间的。我们能够检查钟表的全部齿轮，检查其他所有属于钟表运动或动作的部分，还有可能发现它们在指针转动方面所起的作用；然而，这种运作的根本原因却将始终是个无解之谜。

荷瑞修：灵魂就如同我们体内的主发条，它是精神的、是永不泯灭的。然而，那些拥有与我们差不多的大脑，却缺少精神的永不泯灭灵魂的动物，其主发条又是何物呢？你不觉得狗和马也能思考吗？

里欧·门尼斯：我认为狗和马也能思考，虽然其思考的完善程度比我们人类要差很多。

荷瑞修：它们体内负责思考的究竟为何物呢？我们到什么地方才会发现它的踪影呢？它们的主发条到底为何物呢？

里欧·门尼斯：我对你的唯一回答是：那就是生命。

荷瑞修：何为生命？

里欧·门尼斯：人人都知道这个词的意思，虽然估计没有人会知道生命的本源为何物，而它让人体其他一切部分得以运动。

荷瑞修：对所有已然感知不能探究其原理的事物，人们的看法始终都是众说纷纭，并且，所有人都尽一切可能强行把自己的想法强加给别人。

里欧·门尼斯：如果有笨蛋或流氓，他们真的会这样做。然而，我可不曾强行让你接受我自己的想法。我已经跟你说过，我对大脑运作的看法仅是一种推论罢了。你如果觉得它无凭无据，我也只能如此而已。一种事物的本质如果缺少一点外在表现，你就不要妄想可以去证明它。动物呼吸骤停、血液无法流通时，其体内情况就跟其肺脏还在运行、血液及体液还在全身充分运动时差别极大。蒸汽机如你所知，水蒸气就是驾驭引擎的动力所在①。动物一旦死亡，我们不能看见那些负责大脑运作任务的飞逝微粒；而当引擎停止、水也降温时，我们却仍旧能够发现引擎里的蒸汽，它们负责着一切运作的任务。虽然这样，如果让一个人去看没有投入使用的引擎，并跟他说明引擎的工作原理，他心中又非常明白水经加热可以变成蒸汽，却依旧无法相信那种解释，这还是特别不能让人相信。

荷瑞修：然而，你不觉得世界上不会有两个完全相同的灵魂吗？它们难道真会是一样的好与坏吗？

里欧·门尼斯：就物质和运动而言，起码对于我们运用这两个词时所意味的东西，有许多还可以被人们认同的想法。所以，我们可以形成对有形事物的观点，虽然我们的感官不能掌控它们。我们可以想象出只有肉眼（甚至仰仗顶级的显微镜）所能见到的千分之一大小的物质部分；然而，灵魂却绝对不能被感官驾驭；对它没有展现给我们的东西，我们委实是掌握得非常之少。我认为：人与人之间的能力的不同是源自人们之间的不同，并且绝对是源自这种不同，它要么是构造上的不同（即人体稳定结构精确水平的差异），要么是在利用这种构造上的不同。新生儿的大脑就像空白登记册，而且，你以前也正确地提到过：我们的意念全都源于我们的感官。我对此深信不疑。然而我坚信：在灵魂的掌控下，精力以难以置信的神速，追踪、连接、分离、改变及合成着许多意念，而思维活动就体现于精力在大脑中的这种寻觅当中。所以，婴儿一个月大时，我们能够做的最好的事情，除了喂养和让其处境安全之外，就是从培养两种最奏效的感觉（也就是视觉与听觉）开始，让他们了解各种想法，让他们的大脑开始这种运作活动，并根据我们的示范，引导他们在思维上以我们为榜样，而婴儿的思维活动刚开始是非常糟糕的。从中可知，跟健康婴儿说越多的话，越是频繁地在他们面前做各种活动，对他们的帮助也就越大，起码在婴儿两岁之前是这样的。为看护婴儿，让其接受这种早期教育的熏陶，我宁愿选择一个伶俐的年轻村姑，也不希望选择世上最睿智的老龄保姆，因为前者的舌头绝对不会有停息的片刻，她会一直围着婴儿转；婴儿醒来的时候，她会一直逗他高兴，一直跟他嬉戏玩闹。如果有足够的能力，雇用两至三名这样的村姑要远远好过只雇一个的效果，因为如此一来，她们就能够轮流休息一会。

---

① 当作者写这本书的时候，蒸汽引擎在英国投入实际运营还没有多长时间。——译者注

荷瑞修：如此说来，你是觉得儿童从保姆们那些笨拙的闲聊里收获颇丰了？

里欧·门尼斯：那闲聊对儿童的帮助实在是难以估计，既可以让他们懂得怎样思考，也可以让他们知道如何说话，其好处要远远好过她们尽管拥有闲聊的能力却从不闲聊，而且奏效更快。她们的使命就是尽可能充分运用那些机能，让婴儿一直不停地和她们对峙，因为这个时期的良机一旦丧失，将不可能再有挽回的机会了。

荷瑞修：虽然这样，我们还是对自己两岁以前所经历的事情没有什么印象。所以，如果儿童没有听到过类似的闲聊，又会有怎样的损失呢？

里欧·门尼斯：打铁要在其热且柔软时效果才会最好。同理，教育儿童要从孩提时代开始，因为那时他们周身的每一块肌肉、每一根血管、每一个肌体组织都是柔软的，比成年后接受轻微印象的影响要容易得多。在幼儿时期，骨骼大部分都还是软骨，而大脑本身也比成年后要柔软很多，处于流体状态。恰恰是因为这一点，幼儿才不会如同成年人那样把所获意象保留得相对完善，他们的大脑物质将来会变得更加坚硬。但是，因为早先获得的意象全部消失，新印象就会源源不断地置换它们。大脑起先被当成各种口令的记录板，或是一个用于操作的采样器。婴儿需要掌握的，首先就是自我表现的行为，即学着说话，并培养一个习惯，即把各种意象存储起来，敏捷而轻便地掌控已保留意象，以实现其初衷。获得这个习惯的最好阶段，绝对是大脑物质柔顺、各个器官也最敏捷而柔韧的时期。所以，但凡婴儿尽心尽力学着思考和说话，无论他们有什么想法和说什么话，都没有一丁点危害。在灵巧的婴儿身上，我们很早就可以从他们的眼睛中意识到：就算还无法做到，他们也已经在竭尽全力地把我们当成榜样；他们的大脑在进行这样的练习，他们尽可能地试着去思考，并尽可能说出一些单词。从婴儿断断续续的动作上，从他们嘴里吐露的那些特别滑稽的话语中，我们就能够意识到这一点。然而，良好思考中蕴藏的努力，要远比口齿伶俐的讲话中所蕴藏的多得多，所以，良好的思考就成了当下最紧急的事情。

荷瑞修：真是少见，你竟然说到了幼儿教育，并且这么在意一种我们无形之中早已拥有了的事情，即思考。对所有人而言，思考都是一件最最轻松自在的事情。"疾如思想"就是一句成语。用不了几分钟，一个笨拙的农夫就可以让自己的思想从伦敦发散到东京。就如同最杰出的智者一样驾轻就熟，不费吹灰之力。

里欧·门尼斯：虽然这样，还是不会有什么事情可以如同进行思考时一样，让人们之间展示出这么巨大的不同。相较于我提到的这种不同，人们在身高、体型、气力及美貌上的不同实在是不足挂齿。世上再不会有什么东西可以比得上思考的驾轻就熟更有意义，更能准确无余地体现在人们的一言一行当中了。两个人可能拥有相同的知识储备，然而其中一个发言时可以信手拈来、出口成章，而另一个则需要费尽心思准备两个小时才可以。

荷瑞修：我能够断言，但凡了解怎么花更少的时间来准备，谁都不可能为了一次发言而花两个小时的工夫做准备工作。所以，我无从得知你依照什么假设这样两个人拥有相同的知识储备。

里欧·门尼斯："知道"这个字包含着两层含义，而你好像对此并不曾留意。当你眼前有一把小提琴时你明白它是小提琴，这与你明白该怎么演奏它可是天壤之别。我提到的知识是前一种的情形。你如果从那个意义上去对待这个问题，就一定会认可我的看法，因为无论如何费尽心机，都不能从大脑中取出里面原本就不存在的东西。如果你花了三分钟想好如何编写一封信件，而另一个人尽管也会写信，并且写信的速度跟你一样，却花了大概一个钟点才想好同一封信件，那么，我就可以分辨得一清二楚：那个思维迟钝者具备跟你一样的知识，起码他不曾展现出知识少于你；他获取的那些意象尽管跟你一样，他却无法找到它们的踪影，或起码是无法如同你一样如此敏捷地根据信件的排列把它们组合到一起。两篇一样精美的习作，无论是散文还是韵文，如果我们确定其中一篇是即兴之作，而另一篇是花费两小时劳作的成果，那么，那即兴之作的作者的天赋才能就远远超出了另一个，虽然我们肯定了解这两人拥有相同的知识。所以你看：充作大脑获取的翔实意象的知识，与充作需要时把那些意象抽离出来、让其时时刻刻都能服务于我们的目的的知识（也可以称之为技能），两者是全然不同的两码事。

荷瑞修：我们了解一个事物，却无法时时刻刻让它为我所用，我原本觉得这是记忆的问题。

里欧·门尼斯：记忆的问题要对此承担一定的责任。然而，有些人博学多才，记忆力也相当好，可是对事物的判断力却非常之差，要么可以恰如其分地谈论事物的情形少之又少，要么说出来时已是时过境迁。在读书太多的人当中有些悲哀的书呆子，读起书来贪多求杂，却消化不良。在大型图书馆里，我们经常会发现许多学识渊博的笨蛋，由这些人的著作可知，他们把知识蕴藏到头脑中，其手法大概与他们把家具放置在架子上非常相似。对他们而言，大脑中储存的珍贵知识就像重担，而非一种可以让声名显赫的东西！所有这些都因为思考机能的一个缺陷、一种愚钝，因为一种才华的匮乏，即运用已有概念以博得最佳收益的能力。与之相反，我们也发现有另外一些人，他们的头脑尽管非常聪明，却压根没有看过书。如果接受了一样的教育，大部分女人都会比男人接受创新的速度更快，且更容易有灵敏的应答。我们发现其中许多女人在交谈方面声名远播，如果想到她们去获得知识的机会如此罕见，这种情况的确让人震撼。

荷瑞修：然而，这些人拥有理性的判断力的可能确实非常之少。

里欧·门尼斯：那只不过是因为她们练习的机会太少，实际操作的机会也少，且不够勤奋罢了。探究神秘莫测的事物，这远远超出了女人的生活领域。女人往往能胜任的那些位置，已经为女人安置了别的工作。可是，不存在一种脑力劳动是女人无法胜任的；起码，在拥有相同帮助的前提下，女人也会如同男人一样进行脑力劳动，但凡她们开始去做并持之以恒就行。理性的判断力仅仅是这种脑力劳动的结果而已。一个人如果不遗余力地细心权衡事物，把事物放在一起进行对比，用抽象归纳、公平公正的方法去研究事物，换句话说，他研究两个命题时，并不关心哪个命题是真，因而没有成见，集中精力全神贯注于命题的所有部分，细致全面地研究相同的事物；他如果经常采取这样的做法，我会觉得：如果其余条件一样，这个人就极可能拥有我们提到的"理性的判断力"。较之于制作男人的工艺，制作女人的工艺好像更烦琐、更完善；女人的五官更精致，声音更悠扬，其整个外表也更为完美。男女皮肤的不同，就像是细布与粗布的不同。所以，我们的这种想法是无凭无据的，即认为大自然只赋予了女人这些我们目之所及的优点，而在制造女人的大脑时，却并不曾像造就其外表时那样竭尽全力；大自然恩赐女人以精致的身体结构和尤为精准的组织构造，这在她们身体的其余部分都是显而易见的。

荷瑞修："美"是女人的专利，而"力"则是男人的专利。

里欧·门尼斯：大脑的那些微粒无论多么渺小，都蕴藏着许多意象，都有助于思考的开展。在身体构造的契合度、匹配度和精准度上，所有人之间一定有着这样那样的不同；这就如同人们略大的肢体之间也有着不同一样。所以，女人超出我们男人的地方在于其器官的优越，无论是器官的协调性还是柔韧性，都远远胜过了男人，而这在思考艺术中都举足轻重，并且是仅有的能称得上天赋异禀的东西，因为我提到的这种仰仗实践的才能，乃是与恶名相随而至的。

荷瑞修：制造女人大脑的工艺，比制造男人大脑得更加精湛，所以我揣摩着：制造牛羊犬马大脑的工艺估计是非常粗鄙不堪的。

里欧·门尼斯：我们有这种想法是有根据的。

荷瑞修：无论如何，那个自我，即生发意志及愿望、对事物进行选择的那个部分，都一定没有什么实体，因为如果拥有实体，它就一定或就是单一的微粒（而我基本上能够断定它不是），或者就是许多微粒的组合而成，而这实在让人难以置信。

里欧·门尼斯：我对你的话没有异议。而且我也说过：在所有动物身上，思考与行动的本源都是不能阐明的。然而，就算这本源没有实体也于事无补，它对解决说明或预设它时的问题没有丝毫帮助。我们能够断言的一个后天习得的，按照事实进行归纳的命题是：无论这个本源为何物，它与身体之间一定有着一种双向的接触。而非物质实体与物质之间的彼此运作，就像思想大概是物质与运动的结果一样，都是人类的能力所不能参透的。

荷瑞修：尽管其他许多动物都好像被恩赐了思想，然而除了人以外，在我们所了解的动物当中，我们无从得知有什么展示出（或表面上像是）它们发现自己在思考。

里欧·门尼斯：如果不能观察到动物的各种性质，我们就难以断言动物到底是不是拥有某些本能、特征和能力。然而，动物的身体机器那些至关重要的、最必不可少的部分，却非常有可能并不像人体机器那样精密烦琐，因为对动物来说，那些部分在三年、四年、五年，至多不超过六年就可以成长到最完美的水平；而对于人而言，它们在如此短暂的时间里基本上还不能成熟；需要历经二十五年时间，人体的这些部分才可以发育成熟并拥有足够的力量。一个五十岁的人可以回忆起自己二十岁时曾做过什么事，回忆起自己以前是个小男孩、以前有过多少位老师，这种意识绝对要凭借记忆，并一直不能追根溯源。换句话说，如果还不擅长思考，大脑还没有达到适宜的协调状态，还无法永恒地储藏所获意象，那么，在所有人的脑海中都不会有两岁以前自己的模样，不会对两岁以前发生的所有事情有一丁点印象。但是，这种回忆无论回溯到多么久远的从前，它让我们形成的自我认知，其准确程度都还赶不上另一个人对我们的认识，他从小跟我们一起长大，而我们无法见到他的时间，向来不可能多于一星期或一个月。儿子从一到三十岁，母亲比儿子更有理由认为：儿子就是因为她才能降临到这个世界上来的那个人。这样的母亲天天都会惦记着儿子，每时每刻都清楚地记得儿子面容的各种变化，她对自己对儿子的了解更有信心，因为她知道儿子从出生之时到目前为止并不曾有任何变化；而她却无法断言自己是不是有什么变化。所以，我们唯一知道的是：这种意识要么是各种精力在大脑所有迷宫来回穿梭的到处寻觅（寻觅跟我们有联系的事实），要么就是这种运作出现的结果。丧失记忆的人虽然其他方面可能没有一点毛病，然而思考起来却顶多如同一个傻瓜，无法觉察到自己与一年前没有分别，而只是觉得认识自己仅仅两个星期而已。记忆丧失有程度上的差异，然而记忆彻底失去的人，其实可以算是个白痴了。

荷瑞修：我认为，我已经让你我的这番闲聊离题千万里了，然而我并没有一点后悔。你就大脑的运作原理，以及思想对稍大肢体的无意识左右的谈论，是个值得深思的伟大主题，它关系到那种无边无垠的、无以言表的睿智，凭借它，一切动物显而易见地都拥有了各种本能，以让它们有能力达成其各自的造化目的的需要。一切欲望都被非常精巧地糅合在了各种动物的身体构造之内。你对我阐述了文明礼节的源泉，我觉得你的阐述非常合情合理。而你在论述自赏时，提到了我们人类要远远优越于其他所有动物，在最高层次的与时俱进和顽强不屈的勤恳方面，人类也远远胜过其他所有动物。凭借这种优越性，为数众多的人从一种最保守且不能战胜的激情当中，获得了难以估量的好处，既获得了个人的悠闲与自在，又捍卫了群体的福泽、平安和团结。而那种激情，其本质好像旨在摧毁人的社会性、摧毁社会的，并且向来是会激励教育缺失的人们互相中伤。

里欧·门尼斯：凭借相同的论证方式，也就是把归纳置于我们眼前的事实当作论据，以此来推论，自赏的性质及功效以及其他各种激情，就非常轻易地被解释，并变得可以在我们的理解范围之内了。生存必不可少的东西并没有把做好的物品摆在各种动物面前，供它们随心所欲，这是一看便知的。所以，动物就拥有了各种本能，而本能则激励动物去找寻这些生存必不可少的东西，教动物怎样去赢得它们。迎合欲望的热情和希望，向来是跟动物自身的力量和本能加诸动物身上的驱动力相匹配的。然而，这些生存必不可少的东西散落在不同场所，动物又非常之多，五花八门，并都有自己期望实现的需求。所以，有一点就必然是显而易见的，即动物赢得生存必不可少的东西，以迎合各种天性之需的企图，一定会频频遭遇各种阻力，往往会无功而返。

除此之外，如果所有都不曾被恩赐一种激情，唤醒它（他）的所有力量，以战胜所有的紧迫感，鼓舞他去战胜他捍卫生存的崇高工作之路上的各种阻力，那么，许多动物可以获得成功的概率就非常渺茫。我所形容的这种激情，就称之为"愤怒"。怀揣激愤的激情和自赏心理的动物，发现其他动物享用着他急需的东西为什么会妒火中烧？这非常好解释。经过了辛苦劳动，连最粗暴、最辛劳的动物也需要休息一会儿。我们从中可知：一切动物都对安闲自在的生活都有些许钟爱。动物不遗余力地运用其力量，这会让它（他）们倦怠；而我们由经验得知：要弥补精力的缺损，最有效的办法就是吃饭和睡觉。我们发现，那些一定要战胜最大困难才能够生存下去的动物，其激愤之情是最强烈的，并且都被赋予了伤害性最强的前肢。这种激愤如果一直在驾驭一只动物，那动物就会一直会无视眼前的凶险，所以不出多久就会遭遇灭顶之灾。正因如此，所有动物才都拥有恐惧之心：与带枪的猎人狭路相逢，就算是雄狮也会抱头鼠窜，其他许多动物也都是这样。凭借我们对野兽的研究，我们有根据相信：在最完善的动物当中，同一物种的大部分动物都拥有一种能力，即相互之间让对方明白自己有何需要。我们还能够确定的是，许多动物不但可以互相体谅，而且大概已经知道该怎样体谅我们人类。如果把人类与其他动物进行对比，顾及人的身体结构，人的各种明显能力，人超出其他动物的思考及回忆机能，人早已学会说话的能力，以及人手及手指的各种用途，我们就缺乏根据质疑：人比我们所了解的其他所有动物都更适合在社会中生存。

荷瑞修：因为你对沙夫茨伯里大人的观点持全盘否定的态度，我期盼你给我讲一下你对社会、对人的社会性总的来说有什么见解。我会聚精会神地倾听你的话语。

荷瑞修：那么，就"我了解而且期待更好的办法，却运用了更糟糕的办法"这句话而言，你又是怎样理解的呢？

里欧·门尼斯：它仅仅指出了我们生来就有的堕落而已。不过，人们大可尽情地各抒己见。人所不认同的所有无意识动作，要么是颤抖的，要么就是情不自禁的，在此我所说的是那些被意志所左右的动作。例如，一个人在两种事物之间进行选择的时候，他会觉得自己的选择是最明智的，无论其原因是多么前后不一、多么无凭无据、多么有害无益。缺少这种情形，世上就不可能有人去死心塌地地自杀，而惩治罪犯也就成了有失公允的事情了。

荷瑞修：我知道所有人都竭尽所能让自己高兴，然而，相同物种的动物之间竟然有着如此之大的差别，例如人们对快乐的见解就非常迥异；除此之外，其中有的动物还把其他动物最深恶痛绝的事情视为自己欢乐的源泉。这些情况的确让人无法置信。同为寻觅快乐，然而问题就是：在什么地方才可以发现它的踪影。

里欧·门尼斯：快乐能够在今生的完美幸福当中找寻得到，就像可以在哲人石①当中找到那样。无论是仁人志士，还是笨蛋傻帽，都曾经想方设法去找寻这

---

① 哲人石，传说中是一种神石，具有点石成金的功能。——译者注

两者，然而到目前为止都未能得偿所愿。但是，在寻找这两者的旅途中，辛劳的开拓者们却往往会发现许多有用的东西，而他们原本并非打算寻找那些东西，依循天意运行的人类聪慧也不可能意识到它们的存在。在地球上所有人类能够生活的地方，绝大部分人都会彼此扶持、一致对外，并会结为政治实体。在这个实体中，人们可以在数百年内安逸地生活在一起，对上千种事情置若罔闻，而他们一旦得知那些事情，所有人都会为了让公众的幸福（这里是说人们对幸福的一致看法）更加完美而努力奋斗。我们已经意识到：世界上有一些角落，许多优秀富裕的民族对舰船一窍不通；而在其他许多地方，海上交通却已经经历了两千年以上的发展，在人们明白怎样利用罗盘航海之前，航海术就已经有了很大的改进。笃定要说这部分知识就是人们选择航海的原因，或者用它来印证人类生来就拥有进行海上活动的水平，这一切都非常滑稽。要打理一个菜园，我们就一定要有天时地利，拥有合适的土壤和气候条件。具备了这些因素，我们除了耐性、菜种和正确培植之外，其他的也就不是必备的了。考究的甬道、沟渠、雕像、凉亭、喷泉及小瀑布，尽管是对自然美景的巨大翻新，却不是菜园必不可少的东西。所有民族一定都经历过粗鄙的起始阶段，而在那些原始人群身上，人的社会适应性也像是后来一样清晰可见。人被看作社会性的动物，有两个最大的根据：其一，因为人们广泛认同，相较于其他所有动物而言，人生来就都更钟爱社会，更离不开社会；其二，因为人结为一体收获的好处，要远远比其他动物联合起来（如果它们有联合的想法的话）收获的要大得多。

荷瑞修：你为何觉得"人们广泛认同"，相较于其他所有动物而言，人生来就更钟爱社会，更离不开社会呢？难道事实不是如此吗？

里欧·门尼斯：我这么注意言辞，真的是非常有根据的。所有生活在社会当中的人，势必都比其他所有动物都更离不开社会。然而，人是不是生来就是这样，这却是值得质疑的。而且，就算人生来就是这样，那也不用谈所谓的杰出，也不堪备受称赞。人喜欢自身的悠闲和安康，向来期盼让自己的处境更为优越，这些一定已经成为激励人去钟爱社会的动力了，因为人在自然环境中处境险恶、势单力薄。

荷瑞修：你说"人在自然环境中处境险恶，势单力薄"，这岂非是与霍布斯犯下了相同的错误吗？

里欧·门尼斯：压根不一样，我所说的是成年男女。他们的知识面越宽，他们的素质就相应越高；他们手头的东西越多，他们在自然环境中就看上去愈加处境险恶、势单力薄。一个每年收入两万五千到三万英镑的贵族，身边有三四辆六轮马车和五十多名仆人，而如果不把他的财产包括在内，就他本人而言，他要比一个最卑微的人处境更加险恶，而后者每年的收入不过才五十英镑而已，对步行早已习以为常。所以，一位没有亲手给自己戴过别针的太太，放眼全身，无论穿衣还是脱衣都就像是一个玩具娃娃，一定要女仆及另外两三名侍女伺候着才行，她要比那个挤奶女工朵尔更势单力薄，因为后者一个冬天的时间内在天未放亮之前就已经自己穿上补丁衣服，而且速度比做其他事情还要敏捷。

荷瑞修：然而，你提到的让自己的处境变好的想法，难道不是十分广泛、所有人都这么想的吗？

里欧·门尼斯：所有被视作拥有社会性的动物都是这样。在我看来：这是我们人类当中所有有名字的人具有的特性。因为世上所有的人，但凡在社会中上过学，并且可以按照自己的想法去掌控自己的生活，都会在自己的个性、财产、环境或社会中他所在的那个部分里添置、削减、修整一些东西。在一切动物当中，只有在人身上才会发现这种情况。如果人的期盼不如此苛刻、不如此贪婪，我们就一直无从得知人在迎合自己的所谓需求时会这么辛苦。综上所述都印证着：我说人是社会性动物的第二个根据是：人结为群体所获的收益，显而易见比其他动物结为群体（如果它们有结群的想法的话）所获的要大得多。要知道之所以有这种说法，我们就一定要到人的本性中发现人超出其他所有动物的品质，那些绝大部分人都拥有的品质，无论是生来就有的还是后天掌握的。然而这么做时，我们却不能够对人们身上一切在视线范围内的东西视而不见，从人们的孩童时期直到老年的时期。

荷瑞修：我真搞不明白，你为何要提前示意要研究人的一生。只是研究一个人最稳健、最老成持重时所拥有的品质，这还不绰绰有余吗？

里欧·门尼斯：我们所说的动物的驯服性，其中有很大的一部分就指的是肢体的柔韧性，以及它们对灵敏运动的适应能力。动物发育成熟之后，这些性质要么全部消失，要么性能大减。就获得思考和说话机能的能力而言，我们人类到目前为止都是优于其他所有动物的。这种能力是我们人类天性独有的一个奇特功能，这是毋庸置疑的。虽然这样，有一点还是显而易见：人发育完全后，如果这种能力还是一直被视而不见，它就会退化掉。同理，我们人类往往可以拥有比大部分其他动物要长的寿命，所以，我们就具备了一种其他动物缺失的特权，即掌控时间。相较于寿命仅为人类的一半而能力与人匹敌的动物，人有为数更多的机会去变得更加睿智（虽然它必须要源于切身体验）。如果其他条件一样，六十岁的人比三十岁的人更明白在生活中什么应该抓牢不放、什么应该退避三舍。在《两兄弟》里，拉克昂在为青年做的傻事辩解时，曾跟他的兄弟德梅亚说了如下话语："如果处于另外一种年龄，我们会更加审慎地对待所有事情。"这句话既对野蛮人非常适合，对哲学家也同样非常适合。恰恰是这些能力的合力还有其他的特性，一起组成了人的社会适应性。

荷瑞修：然而，你罗列的这些特性当中，并不曾涉及对我们这个族群的爱，这又该做何解释呢？

里欧·门尼斯：第一个原因，我曾经有言，对同类的爱好像并非只属于我们人类的，其他动物也拥有这种爱；第二个原因，这与我们谈论的问题没有丝毫瓜葛，因为我们如果细心研究过所有政治实体的本质，就会意识到：对同类之爱之类的情感，历史上不曾出现过什么依赖，也不曾出现过什么关注，无论是出于建立政治实体的目的，还是出于捍卫政治实体的目的，都是这样。

荷瑞修：然而，这个特征的说辞本身与这个字的意思，却从对方引进了"爱"这个意思，并经由相反的性质展示出来。钟爱独处的人讨厌结伴；性情寂寞、内向、郁郁寡欢的人，则与热衷于交际的人迥然不同。

里欧·门尼斯：我知道，我们把有的人比作另外一部分人的时候，常常在那个意义上采用这个字。然而，当我们提及一种人类唯一的品性、说"人是一种社会性动物"时，这个字就只是有这一层意思而已：我们天性中就有某种适应性，绝大部分人凭借它来互相帮助，有时候会组成一个实体；这种实体给予并综合了所有人的力量、技能与智慧，它可以驾驭自身，在关键时刻起到作用，好像被同一个人的心灵点醒，同时被这个人的意志所左右。尽管我乐于支持一种说法，也就是在激励人们进入社会的各种目的当中，有一种强烈诉求置身其中，那就是人类天生希望结伴，然而，人的这种强烈诉求却彻头彻尾是出于自身利益，并且全都期盼成为同伴中鹤立鸡群的人；除了期盼获取一些好处或他希望获取的其他东西，人向来不曾期盼其他什么东西，无论是结伴还是其他事情，都不曾期待。我不认可这样的说法：人天生就拥有这种强烈诉求，而它源于人对同类的爱心，那爱心远远大于其他所有动物的同类之爱。这种说法是我们对人类自身平常的奉迎，然而其现实缘由也只不过是我们大家都是"温良的仆人"罢了。我举双手赞成这一点：这种姑且称之为"人对同类的爱"，以及传闻所言我们怀揣的、远胜于其他动物的那种相互之间的天然好感，既不会对建立各种社会有丝毫裨益，人们小心翼翼地交往时,也不仰仗它;就算没有它,人们也依旧会沟通交流如平常一样。

　　所有社会的牢固基础乃是政府。我们接下来就要仔细探究这条真理,它会为我们提供能够解释人的优越性及社会性的所有原因。这条真理显而易见地阐述了一点:如果要立刻组成一个共同体的动物,首先一定要是能够被掌控的动物。这种素质需要动物心怀恐惧,并拥有相当的理解力,因为缺乏恐惧心的动物向来是不能被掌控的;如果缺乏这种有用激情的左右,动物的聪慧与勇猛越多,它就越不温顺、越难掌控。同理,缺乏理解力的恐惧只会让动物远离它所恐惧的艰难险阻,而并不考虑自己摆脱困难后的境遇。举例说明,野鸟想要飞出鸟笼去觅食,可以在鸟笼上撞得自己脑浆四溢。温顺的动物与能够掌控的动物相比,两者有巨大的差别,因为一只动物如果仅仅是对另外一只唯命是从,它只不过是在做一件自己并不情愿的事,以此来逃避另一件自己更不情愿的事。我们可能会特别温顺,然而对我们所顺服的人却并无裨益。不过,做一个能够被掌控的人,则相当于竭尽全力让管辖者称心如意,甘心为了治理者而不遗余力。

　　然而,爱则终会存在于家庭之中,所以,如果把自我彻底搁置一边,所有动物都绝不会为其他动物孜孜不倦,都不能与其他动物之间在很长一段时间内维持安然无恙。由此可知,温良顺服,并学会了把自己遭到的压迫看作对自己有好处的事情,并因此而甘心为其他动物孜孜不倦,一只动物只有这样,它才是确切的"能够掌控的动物"。把几种动物转化为这种能够掌控的动物,并不是一件很困难的事情。然而,人是世间唯一一种这般驯服的动物,以至可以被改造成服务于自己族类的动物。虽然这样,如果缺少这种驯服性,人就一直不可能拥有社会性。

　　荷瑞修:人不就是为服务于社会而创造出来的吗?

　　里欧·门尼斯:我们从天启中得知:人就是因为社会的需要才被设计而生的。

　　荷瑞修:然而,如果缺少天启,或者你如果是个中国人或墨西哥人,身为哲学家你又该怎样回答我这个问题呢?

　　里欧·门尼斯:大自然为社会创造了人;同理,大自然为酿葡萄酒而制造了葡萄。

　　荷瑞修:酿葡萄酒是人的想法,就如同从橄榄和其他蔬菜中榨油、用大麻做绳子是一样的道理。

　　里欧·门尼斯:用单一的个人组成社会也是这样,并且,不会有什么事情比这对技巧的要求更高了。

荷瑞修：人的社会性难道并非大自然的杰作吗？或者换种说法，它难道不是世间万物的造世者，即神圣上帝的妙笔吗？

里欧·门尼斯：毋庸置疑。然而，所有事物的内在优点及其特性也都是这样。因而说，葡萄适合酿制红酒，大麦和水适合酿制其他酒类，这些都是上帝的佳作；然而，意识到它们的功用并加以充分运用的，却正是人的杰出才华。同理，人的其他一切能力及其社会性，显而易见也都是源于人的创造者——上帝。所以，我们的辛劳所能生产及赢得的全部，其早先无一不是源于我们的创造者。然而我们提及自然之作，以与技艺之作区分开来，却好像并不需要我们的允诺就能够成立。所以我们才有如下看法，一到合适的季节，大自然就会生产豌豆。然而在英格兰，如果缺少技艺和卓越的勤劳，你就不能在一月份得到嫩豌豆。大自然所创造的东西，她一定要亲手孕育创作。有些动物可以一清二楚地发现：大自然在创造它们时就是怀着组成社会的目的，蜜蜂就是其中最恰当的例子，因为由实际效果可知，大自然为此而让蜜蜂拥有了各种本能。

我们把自己及其他所有的存在都看作宇宙万物的杰出创造者的功劳，然而，缺少上帝从中维持，所有的社会就不能延续下去；同理，缺少人类智慧的帮助，所有社会也不能延续下去。所以，每个社会都势必拥有依赖性：或仰仗于彼此的合同，或仰仗于强者让弱者承受的忍耐之上的力量。技艺之作与自然之作之间有很大的不同，所以我们无法避开其中之一分别去领会这两者。先验的知觉只有上帝才有，上帝的智慧本身就涵盖着最早的确定性，而我们提到的"证明"，其实仅仅是从中提炼的、不尽完美的拷贝罢了。因此，在自然之作当中，我们既不会发现煞费苦心的勤勉，也不会发现屡败屡战的踪影。它们都完美无瑕，与自然的早先设计没有一丝差池。自然之作如果不曾遭遇搅扰损毁，它们一定都臻于至善，是人的才智与感觉所不能体悟的。与之不同，悲哀的人类除了按照归纳的事实进行的逻辑推演之外，不能确定任何事情，包括对人类自身的存在也不能妄下断言。最终，人的技巧与创造之作就都是瑕疵斑斑，其中大部分在起初都非常粗鄙卑劣。人类的知识进步得非常迟缓，有的技艺和科学在经历了数以千载的发展之后，才达到了相对完美的水平。我们有根据地幻想一下：第一个指使蜂群采蜜的那个蜜蜂社会，其蜂蜡与蜂蜜的质量是不是会比其全部后代所制造的要差很多呢？而且，自然规律是既定的，是无法更改的。自然的所有秩序和规则都是亘古不变的，人的智慧与接纳对它们压根没什么影响。

如果认为那个东西不容易发生变化，他为何有时会对它心生喜爱，有时却又心生不悦？

在蜜蜂当中，难道之前没有可能出现过形式与目前有别的所有蜂群都顺服的政府吗？就政府这个问题而言，人们进行了多少形式多样的思考！多少荒诞不经的想法不曾被提到台面上来啊！就这个问题而言，人们的见解存在着多么大的差别！多少性命关天的争论没有出现过！不过，到底哪一种才是政府的最好的选择，这个问题却到目前为止都不曾得出结论。人们想出了数不胜数的计策，无论是好是坏，都说是希望能为社会造福，让社会变得比以前更加好。然而，我们的智能却又多么浅薄，人的判断力又是何等容易出错！我们常常会意识到，在一个时代好像对人类非常有裨益的事情，在其后世却显然对人类是个祸端；甚至在同一个时代之内，被一国无比敬仰的东西，在另一国却让人心生厌嫌。蜜蜂在其器用和建筑上都有过怎样的改变呢？它们建造过的蜂巢有不是六角形的吗？它们可曾用工具弥补过自己天赋上的缺陷吗？世界上所有杰出的国家建造了多么壮观的建筑，都有着怎样震撼的丰功伟业啊！而大自然对所有这些成就的贡献，却只不过是提供了各种材料。大理石源于矿场，然而把它做成雕像的却是雕刻家。人类发明了许多的铁质工具，五花八门，数不胜数，而大自然除了把她藏在地心的岩浆奉献给我们之外，未曾留给我们一件东西。

荷瑞修： 然而，工匠、发明技艺者、改进技艺者，其大多数能力却都源于让劳动更加完善的过程中，而他们的天才则源于大自然。

里欧·门尼斯： 其才能要仰仗他们的身体构造，即人体机器的精准性，就这个意义来讲，他们实在像你说的那样，并且也就这样罢了。然而，我已经对此满口承认了。你如果脑海里还留存着我对人脑的那番谈论，就会意识到：在所有人开展那些工作所必备的技能与耐心方面，大自然的付出实在是微不足道的。

荷瑞修： 如果我不曾对你的意思理解有所偏差的话，你是想阐明两件事情：第一，人胜于其他所有动物的社会适应性尽管是真实具备的，然而在许多的人汇集在一起并得到完备管理以前，它在个体的人身上却基本上不可能被意识到。第二，这种真实具备的性质，即人的社会适应能力，乃是一种复合体，它由几方面的事物一起组合而成，而并不是由人唯一的、野兽并不拥有的什么明显品性组合而成。

里欧·门尼斯： 你说得一点儿也不错。所有葡萄都内藏着一点儿汁液，而把许多的葡萄放在一起挤压，它们就会产生一种液体，凭借谙熟的操作就能够被酿成葡萄酒。然而，如果想一下要把那液体变成葡萄酒一定要经过发酵，换句话说，如果想一下发酵是酿造葡萄酒的不可或缺的因素，我们就会对这一点一清二楚；如果不是措辞非常不妥，我们就不能有此言论"所有的葡萄里都蕴藏着葡萄酒"。

荷瑞修： 葡萄酒性，但凡是发酵出现的结果，它就是一种外来成分；所有葡萄但凡单独储藏，其中的每一粒都无法具有这种性质。所以，你如果把人的社会性比喻成红酒的葡萄酒性，你就一定要让我心服口服：社会当中也有着一种与发酵作用类似的东西。换言之，每一个单个的人并非确实具备这种东西，大家汇聚在一起时，它明明也是一种外来成分。要形成社会，那种发酵过程就不可或缺，就像让葡萄汁液形成葡萄酒性也不可能离开发酵一样。

里欧·门尼斯： 这种与发酵作用类似的东西，能够在人们的交往中得到验证，因为如果检验进行判断并扬言"人是社会性最强的动物"的所有的机能及素质，我们就会意识到：大家这些素质的很大一部分（如果不是相当大的比例的话）都源于人们之间彼此的交往。工作成就了工匠这一职业。人是在社会共同生活的过程中才拥有了社会性的。天生的温情激励每一个母亲去关爱照顾自己的后代，在后代还没拥有自我照顾的能力时，母亲们抚育着他们，并保护他们不受到一丁点伤害。然而，在穷人当中，女人缺少时间让自己用各种方式来展示对婴儿的疼爱，而她们对孩子的宠溺日积月累，她们常常无法照看孩子，无法陪孩子尽情嬉戏。这样的孩子越健康、越安静，他们就会越轻易被视若无睹，与婴儿闲聊的缺失，无法时刻激发婴儿的精神，这常常是引起儿童将来不可避免的笨拙与蒙昧的主要原因。我们往往会把完全是因为无视早期教育招致的结果视为是天生的能力的缺失。我们不常见到与自己的同类没有任何交往的人，所以我们很难想象没有经过一丁点教育的人会是怎样的情形。然而，我们却绝对有根据认为：这种人的思考能力势必有着诸多缺陷；一个人如果既缺少什么东西来模仿，又不曾有人去教他，那么，就算他学习能力再强，也没有一点意义。

荷瑞修： 所以，哲学家阐释自然规律时说他们了解自然状态中的人有怎样的想法，在缺乏指导的条件下，那些人怎么解释自己和上帝创造的万物。这的确是才智超群。

里欧·门尼斯： 洛克先生之前睿智地说过：要想进行正确的思考和推理需要时间与实践。不擅长思考，只在意眼下有用之事的人，想要超出目前的水平很难。在地球上那些偏僻的角落，在人迹罕至之地，我们会意识到：相较于在大城市及规模较大的村镇里及其周边而言，这里的人类更近似于自然状态。就算在最文明的国家里，情况也是这样。在这些人中最愚钝的人身上，你估计能够明白我这个观点是正确的。你如果与他们泛泛谈论点需要逻辑思维的事情，那么，在五十人中，不会有哪怕一个人知道你的话是什么意思的。然而，他们当中很多人却是非常能干的劳工，并且聪明得能够诓骗他人。人是有理性的生灵，然而人的理智却并非先天就有的，而且，就算后来他乐于拥有聪明才智，也无法如同穿一件衣服一样，立刻就能实现。说话也是我们这个物种独有的属性，然而不会有一个人打从生下那天起就能说话。就算两个野蛮人孕育的第十几辈后代，也不会拥有什么稍微有模有样的语言。如果一个人在二十五岁之前不曾听到过别人说话，我们也不会有根据认为他在二十五岁之后能掌握说话的能力。

荷瑞修：你曾经说过，当动物的器官还算灵敏柔韧、能轻易包容各种印象时，教育乃是必不可少的。在我看来，无论是说话还是思考，这种教育的意义都至关重要。然而，人们能让狗或猴子学会怎样说话吗？

里欧·门尼斯：在我看来这是不现实的。然而在我看来：其他动物不曾尝尽一些孩子吃的那种苦头，因为后者一定要经历过诸多痛苦，才能明白怎样说出一个字。另一件需要思考的事情是：尽管有的动物的寿命可能比人类长，然而不曾有什么物种如同人这样有这么长的年轻期。除此之外，我们的成长要感恩那些被我们看作人类胜过其他动物的学习天赋（它源于人体结构及内部构造的极大精确性），除此之外，我们基本上不可能从我们的顺应性上获得一丁点帮扶，因为人一定要度过漫长迟缓的各种渐变，才会讫成充分的成长。在我们的器官才成熟到一半时，其他动物的器官已经成型了。

荷瑞修：如此说来，在我们对人类被恩赐了的说话能力及社会性的奉迎当中，只有一点是确切存在的，即：人如果在孩提时代就接受教育，就可以凭借耐心和辛勤掌握说话的技巧，并让自己拥有社会性。

里欧·门尼斯：要不然就没有可能。一千个二十五岁以上的成年人，如果从小到大都生活在野蛮的环境里，并且素昧平生，你就一直不能让他们拥有社会性。

荷瑞修：在我看来，他们的教育如果是从这么晚才开始的话，他们就没有被文明化的机会了。

里欧·门尼斯：然而我说的只不过是社会性，因为它是对人的固定形容。换句话说，我们无法凭借技巧去管辖这些人，就像无法用它去管辖一千匹野马一样，除非你派两三千人去监控他们，并让他们永远心怀畏惧。所以，大部分社会以及所有国家在早先的时候，非常有可能都是根据威廉·坦普尔爵士①预设的方式形成的，然而其过程却不可能如他所说的那么快捷。我真的非常想搞懂：一个依他所言肯定拥有了聪明才智的人，怎么会在一只不曾接受教育的动物身上发现正义、精明和智慧；或怎样在压根没有文明社会的时候，甚至在人们还没有开始交往时去幻想文明人。

荷瑞修：我觉得，我曾经必然耳闻过坦普尔爵士的相关观点，然而我不记得你所说的是他的什么观点了。

里欧·门尼斯：你一转身就能看到他那本书，在从下面数第三个架子上，第一卷。劳驾你把它拿给我。他的观点应该听一下的……这是他阐述政府的一篇文章。就在这儿："因为如果我们顾及，人通过生育很多子女来扩展自己这个物种的规模；父母照顾子女，甚至为他们提供必不可少的食物，直到子女可以自谋生路。无论是上溯到哪一代人，子女可以自谋生路，这都比我们在其他动物那里发现的情况要晚得多；人类依赖父母的时间也远远比其他动物要长得多；如果我们不光顾及人对子女的关怀，而且顾及人为抚育自己可怜的子女而必须要付出的辛劳（无论是采集自然的水果时的，还是获取那些通过辛苦劳动才能得到的食物时的）；如果人必须要抚育子女，必须要去抓捕那些比较温顺的动物、猎取那些相对野蛮的动物，偶尔还必须要鼓起一切勇气去捍卫自己的小家族，与凶猛野蛮的野兽抗衡（那些野兽会把人当成猎物，就像人会把温良屠弱的动物当成猎物一样）；如果我们假设人可以根据子女饥饿的水平或要求，审慎而有条不紊地分配食物（无论这些食物为何物），并且偶尔会把当天剩余的食物留到第二天，偶尔情愿自己饥肠辘辘，也不让渴求食物的子女饿肚子……"

荷瑞修：这其实并非是个野蛮人，也肯定不可能是个没有接受过教育的人。他其实会非常胜任治安法官的工作。

里欧·门尼斯：拜托你不要插话，让我把它念完。我就念如下这段："当儿子成人，可以承担供养家庭的重任时，他就会用教训和实例让儿子明白：在家中身为儿子，长大之后需要干什么事情，而将来成为另一个家庭里的父亲，又需要去干什么事情；跟每一个子女阐明：如果想要安分守己，怎样的品质是好的，怎样又算是坏的；跟他们说：大部分的社会（它们肯定既蕴藏着人们广泛认同的美德，也蕴藏着恶德）都拥戴并激励人们去一心向善，都讨厌并惩治心生恶念的人。最后还要跟他们说：生活中无论碰到怎样的事情，如果现在无法让他宽慰，

---

① 威廉·坦普尔（1628—1699），英国历史上著名散文作家、外交家。——译者注

就抬头看天；每每意识到自己的软弱时，就去向一种更广的、更崇高的自然求助。想到上述这些事情，我们必然会由此得到结论说：这个人的孩子一旦长大成人，人们必然会夸耀他的聪明、善良、勇猛和谦卑。人们如果发现他在家庭中一直养尊处优，还会觉得他特别荣幸。"

荷瑞修：我实在是好奇：这个人难道不是地球人吗？他是从天而降的吗？

里欧·门尼斯：最滑稽的想法就是……

荷瑞修：这番辩驳已经浪费了你我如此多的工夫。我能够断言，我这些离题万里的问题已经让你疲惫不堪了。

里欧·门尼斯：不，你让我非常开心。你提的问题每一个都特别切中要害。头脑睿智的人如果向来都没有思考过这些事情，都会问一些类似的问题。我是存心把这段文章读给你听的，因为我觉得它可能会对你有帮助。然而，如果你对这个话题心生厌倦的话，我不可能让你恼火的。

荷瑞修：你误解我的意思了。我已经开始认为这个题目非常有趣了。只是在你我进一步探讨它之前，我想要再把那篇文章仔细看一遍。这需要一段很长的时间。看完它之后，我会非常希望再与你探讨这个题目的其他内容，越早越好。我了解你非常钟爱美味的水果，明天你如果跟我一起用餐，我会拿一个菠萝给你。

里欧·门尼斯：我特别希望能和你在一起，因此压根不会抗拒每一个这样的机会。

荷瑞修：那么，再见啦。

里欧·门尼斯：再见。您的仆人随时恭候您的大驾。

5　荷瑞修与里欧·门尼斯的对话

里欧·门尼斯：它实在是比其他一切水果要好很多。其味浓郁而不令人腻烦。我实在想不出该用什么词汇来形容它的味道。在我看来，那好像是集合了各种不同味道的美味佳肴，让我脑海中浮现了多种美味水果，却又觉得比它们好得太多。

荷瑞修：非常庆幸你喜欢它。

里欧·门尼斯：它的香气也让人久久不能忘怀。我觉得，你昨天应该给它削过皮，因为那香气如今还在这房间里回荡，让人心旷神怡。

荷瑞修：它的果肉非常细腻，其气味特别好闻。你如果拿过它，那香气就会在你的手指上停驻很长一段时间，因为虽然目前我已经洗过并擦干了手，那芳香一直是要到明天早上才会消失得无影无踪。

里欧·门尼斯：这是我到目前为止吃到的第三个产于我们英国本地的菠萝。在北方的气候里种植菠萝肯定是个重要的印证，它体现了人类的辛劳和我们园艺技术的进步。享受温带地区的舒爽空气，同时又可以生产出最成熟的水果，而那种水果生性就喜欢灼热的阳光，这的确是妙事一桩。

荷瑞修：获取热气非常好办，然而技艺的卓越，却取决于发现并驾驭好菠萝适宜成长的温度。如果这一点无法实现，菠萝就没有机会在英国成熟。而仰仗温度计准确地调控温度，确实是一项非常伟大的发明……

里欧·门尼斯：我还希望再喝一点菠萝汁。

荷瑞修：请自便。刚刚我本打算建议为一个人的健康而举杯，而那并不能说是时机不对。

里欧·门尼斯：拜托你跟我说一下，是哪个人呢？

荷瑞修：英国可以种植和生产菠萝这种外邦水果，在相当大的水平上应该算是我想到的那个人的功劳。即马太·戴克尔爵士[①]。英国第一只成熟的菠萝，或

[①] 马太·戴克尔，荷兰人，1702年在伦敦因经商声名鹊起，1716年被加封为男爵。——译者注

叫凤梨，就是出自他在里士满①的果园里。

里欧·门尼斯：我非常同意为他的健康用菠萝汁干杯，他是位大好人。我还认为，他也应是特别诚恳的。

荷瑞修：世上想要找出另一个人可以如他那样有着如此丰富的经验，可以拥有他那样的赚钱能力，同时又如他一样秉公办事，对什么人都不构成伤害，真的是难比登天……

里欧·门尼斯：你回想过我们昨天探讨的那些事情了吗？

荷瑞修：我从你这儿走之后一直在考虑那些事情，不曾想过别的。今天一大早，我再次把那篇文章通读了一遍，并且比读前一遍时更加认真。我特别钟爱它，然而我觉得：你昨天读的那一段，以及其他几个差不多的段落，其中的话与《圣经》对人类源头的阐述有所出入，因为《圣经》有言，亚当是人类共同的祖先，因而诺亚及其后代也都是人类的祖先。如果是这样的话，世界上为什么还有野蛮人呢？

里欧·门尼斯：我们关于世界远古历史的了解非常浅薄。我们还弄不明白：战争、瘟疫和饥荒曾导致了怎样的大破坏，人们又曾遭遇过何等的不幸；我们也无从得知：从大洪水发生之后，人类到底是怎样散布到世界各个角落的。

荷瑞修：然而，人却一直能自学成才，可以成功地教导自己的孩子们。我们没有理由相信，身为诺亚后人的文明人会对自己的后代视而不见。然而，尽管每一个人都是他们的后裔，可是每一代人的经验和智慧却不但不曾提高，反而是在退步，人们越来越无暇顾及自己的子女，甚至到最后倒退到了你提到的那种自然状态，这的确让人难以置信。

里欧·门尼斯：我不了解你此番话语是不是嘲笑之意，然而你的话压根不能算是什么难题，并无法质疑《圣经》提到的人类起源史是否真实。《圣经》已经让我们了解了人类神奇的源头，了解了大洪水过后有比例较少的人类幸免于难。然而它不曾跟我们阐明从那之后人类经历的一切巨变。《旧约》里基本上不曾提到一点与犹太人毫无瓜葛的详情。摩西也不曾自诩可以对发生的所有事情（或人类第一对父母的经历）给予翔实的诠释。摩西既不曾说及亚当的女儿们，也不曾

---

① 里士满，一个自治镇，位于英国东南部苏雷郡地区。——译者注

说及世界之初必定会经历的那些事情。从《圣经》谈及的该隐建造一座城①和其他情况，我们就可以对此看得一清二楚。从中可知：摩西从世上第一个人谈论到那些族长的后裔时，除了那些合乎他本意的确切情况外，并不曾谈论其他的事情。然而，当时世上必然还有野蛮人。欧洲大部分国家的人都有过在世界的许多地方亲眼见过野蛮人男女的经历。那些人压根看不懂文字，在他们当中也无法看到一丁点秩序或政府的踪影。

荷瑞修：我对那些人是野蛮人没有丝毫怀疑。而且英国年年都从非洲抓捕许多的奴隶②，这说明：世界上游的地方一定有着许多还不曾拥有多少社会性的人群。然而我知道，证明他们都是诺亚儿子们的后代，这是我无能为力的事情。

里欧·门尼斯：你还会意识到，要解释古代的确出现过的大量技艺和有用发明为何没有流传下来，这也是无比困难的。然而，我在威廉·坦普尔爵士那篇文章里找出的问题，却源自他对自己笔下野蛮人特性的形容。他让野蛮人进行那种正确的逻辑推演，并且根据那种合理的方式行为处事，然而这有悖于野蛮人的天性。在野蛮人身上，各种激情都特别野性，它们你涨我退竞相占据上风。野蛮的人既无法做出符合理性的思考，也无法前后一致地去积极完成随便哪项工作。

荷瑞修：你对我们人类的看法与大家有很大差别。然而，一个人成熟之后，他们的头脑里难道不会顺其自然地拥有一点是非观念吗？

里欧·门尼斯：在答复你这个问题之前，我希望你能先思考一个问题——野蛮人之间必然一直都有着很大的不同，有些充满野性放荡不羁，有些则相对温良。所有动物生性都热爱自己还无法独立生活的后代。人类也是这样。然而就养育后代来说，相对于社会中的人而言，野蛮人遭到小概率事故和糟糕命运的打击的概率更大。所以，野蛮人的孩子肯定会非常频繁地被转交他人代为抚养，所以在长大成人之后，他们基本上对自己曾有过父母这件事没有什么印象。如果孩子在非常小的时候（在不到四五岁时）就被抛弃或丢掉，他们就无法活命。如果缺少其他动物的照料，他们要么会饥饿而死，要么会成为野兽的腹中之物。侥幸活下来的孤儿很小就能自谋生路养活自己，所以，他们长大后，肯定要比一直生

---

① 《旧约》有言，亚当和夏娃的长子该隐由于杀了兄弟亚伯，被耶和华流放到挪得之地，生下的儿子起名叫以诺，并构建了一座城堡，称之为以诺，而以诺又有了自己的子嗣（参见《创世记》第4章，第9—第24节）。所以作者觉得这跟"亚当是人类唯一祖先"的观点相矛盾。——译者注

② 按照1713年在乌列契订立的一项条约，英国有资格为美洲的西班牙殖民地供应奴隶，所以英国那个时代的贩奴贸易风靡一时。——译者注

活在父母羽翼下的人更加野性十足。

荷瑞修：然而，你所能想到的最野蛮的人，难道不可能生来就拥有一点是非观念吗？

里欧·门尼斯：我觉得，这一类人会不在乎现实情境，把他可以搞到手的全部都顺其自然地收入囊中。

荷瑞修：如果有两三个类似的人汇聚一堂，他们迅速就会意识到并不是全部都是自己的了。

里欧·门尼斯：他们会非常迅速地产生意见分歧，并且争吵不休。只不过我并不觉得他们能意识到。

荷瑞修：如此说来，人就不可能组合成一个整体了。如果这样的话，社会又是如何出现的呢？

里欧·门尼斯：我早就跟你说过，社会出现于私人家庭之中，然而这个过程确实经历了各种困难和曲折，并且需要很多良机相助才行。要在许多代人之后，才会有形成社会的现实性。

荷瑞修：我们明白人可以组成社会；然而，如果所有人天生就怀揣那种错误想法，即觉得所有东西都为自己所有，并且一直都无法觉醒，你又怎么说明社会的出现呢？

里欧·门尼斯：关于这个问题，我有以下看法：要生存下去，一切动物就必然要去迎合自己的各种需要，而让物种繁衍生息则向来是健康男人的需要，甚至在他还没有完全发育成熟之前就是这样。如果一对野蛮人男女在非常年轻时就彼此认识，并且没有干扰地一起度过了五十个年头，生存环境气候适宜，对健康极好，食物又非常充裕，那么，他们就非常有可能繁衍出许多的后代。这是由于，在天生的野蛮状态下，人繁殖后代的速度要远比所有有序社会所能接受的迅速得多。但凡条件允许，随便哪个十四岁男性都会立刻与一个女性共同生活。但凡有男性求偶，不会有哪一个十二岁女性会反对。同理，但凡还有男性，所有十二岁女性都不可能一直都没人求偶。

荷瑞修：在这些人里大概不可能会阻止血亲结婚，所以，一对野蛮人男女的后代可能不消多久就会有数百个之多。我能够确认这种情况一定会出现。所以，他们都是不称职的父母，可以教给子女的东西非常之少，所以，这些子女成人之后如果都无法分别好坏，也绝对无法形成社会，那么，父母就不可能掌控他们了。你提到的所有人都生来拥有的那种错误想法，乃是个一直不能战胜的困难。

里欧·门尼斯：按照你提到的那个错误想法，即觉得自己有资格拥有全部，人们理所当然会觉得自己所能获得的全部都是自己的，所以，父母也一定会把子女当作自己的财产，并且用其来影响子女，让子女的行为尽可能满足父母的需求。

荷瑞修：如果野蛮人并不一以贯之地执着于什么追求，其利益又在何处呢？

里欧·门尼斯：在于当一种激情战胜全部时，就去迎合它的需要。

荷瑞修：战胜全部的激情不停地在改变，这样的孩子估计非常不好管教。

里欧·门尼斯：非常正确，然而他们还是能够被管理的。换句话说，能够驾驭得了他们，强迫他们唯命是从，起码在他们还没有足够能力拒绝听话时是这样的。先天的关爱会激励一个野蛮人男子去宠溺自己的儿子，会让他竭尽所能为儿子供应食物和其他必备的东西，一直到儿子过了十二岁生日或还要大一些才行。然而，这种关爱却不是他一定要迎合的唯一激情。如果儿子非常叛逆，或者做了父亲禁止他做的事，父亲就会觉得很是生气，而那关爱也就戛然而止了。如果父亲的生气上升到了让自己发火的水平，他就非常有可能会把儿子暴打一通。如果他把儿子打得伤痕累累，或者儿子的处境让他心生怜悯，他的怒火就会平息下来，而那种与生俱来的关爱就会重现，他会继续对儿子宠溺有加，并对自己的所作所为感觉惭愧。由此可知，如果顾及所有动物都憎恨并竭尽所能远离痛苦，而每一个得到爱的动物都会从中有所收获，我们就会意识到这种掌控最终会导致：野蛮人的孩子懂得了爱他的父亲，同时也懂得了怕他父亲。这两种激情与尊敬组合在一起（对所有在很大程度上比我们优越的事物，我们理所当然都会尊敬有加），就非常有可能产生那种复合的激情，我们把它看作"敬畏"。

荷瑞修：如今我全懂了。你让我眼界大开。我了解社会的起源了，了解得清清楚楚。

里欧·门尼斯：情况可能并非如你所想的那么一清二楚。

荷瑞修：这又是为何？那些艰巨的困难已经不存在了。没有受教育的人长大之后就一直不可能被治理，这是真真切切的。在政府的优越性并不显著的地方，我们的臣服就肯定不会是发自内心的。然而，这两种困难都已经不存在了。我们年轻时对一个人产生的尊敬，非常有可能会伴随我们一生的时间；只要是认可权威的地方，只要是人们对权威心生敬畏的地方，管理芸芸众生就谈不上是什么难事。如果这样的人可以对自己的儿子们以权威压制，那么，他对自己的孙子们运用起权威来就更是信手拈来。这是由于，一个对父母没有半点尊敬之心的孩子，却不会拒绝尊重让自己父亲无比尊敬的那个人。而且，人的骄傲之心已经能够鼓舞他去捍卫自己已有的权威，如果子女不顺从他的话，他会想方设法，仰仗其他人的援手，让这种叛逆消弭于无形之中。家中的老人去世后，权威就会从他那里转移到其长子手中，这样世代相传下去。

里欧·门尼斯：我觉得你的结论有点太草率了。那野蛮人如果明白事物的本性，生来就拥有常识，并如同亚当仰仗奇迹那样，生来就懂得怎样运用一种现成语言，那么，你提到的所有那些实现的可能性就非常之大。然而，一只无知的动物，除了其自身经历带给他的经验外对其他一窍不通，他压根就不是去治理他人的合适人选，这就像是他压根不是去教数学的合适人选一样。

荷瑞修：刚开始他要管辖的顶多是一两个孩子，他的经验会因为其家族的增长而慢慢增加。这压根用不上那么深奥的知识。

里欧·门尼斯：我并不曾说那要用得上多么高深的知识。受过还算可以的教育、能力还可以的人，已有能力担当那种初步的治理工作了。然而，一个不曾掌握怎样驾驭自己的随便哪种激情的人，却不能胜任这个重任。子女但凡翅膀硬了，他立刻就会让子女们帮助他寻觅食物，并且跟他们说该怎样觅食、到哪儿去觅食。野蛮人的孩子但凡有了能力，就会竭尽所能模仿其亲眼所见的父辈的所有的行为，模仿其听到的父辈的所有的声音。然而，他们接受的所有指导，依旧只局限在那些掌握获取满足日常生存所需物品的范围内。野蛮人的父母常常会对已经成人的子女怒气相向；这种情况每年都在增加，而那种与生俱来的关爱则每年都在递减。最终，子女们常常会不明就里地受罚。野蛮人时刻会意识到以前的行为中存在的错误，却无法给将来的行为规定条令并在一段时间内自觉地因循它们行事。缺少前瞻性，这让他们一刻不停地修改决定。野蛮人的妻子也如同丈夫一样，目睹自己的女儿们怀孕和生产时会特别开心。孙子辈会让他们喜上眉梢。

荷瑞修：我觉得，在所有动物当中，父母的那种天然关爱都只是对自己的子女而言的。

里欧·门尼斯：除了人类之外，其他动物都是这样。在一切物种当中，只有我们人类才这么自欺欺人，觉得世间万物都是人类自己的附属品。这种自傲所有人都是这样，它一直让人拥有对万物的占有欲，而无论是野蛮人的孩子，还是帝王之子，全都生来就拥有这种贪念。我们人类对自己的这种好评不但让人宣称自己具有掌控子女的资格，而且觉得自己拥有掌控孙子女的资格。其他动物的幼崽但凡可以自谋生路，就立刻拥有了自由，然而，人类中做父母的自诩拥有的子女管理权却无休无止。从法律里我们会发现，人心中自然而然出现的这种永恒性权威是多么广泛，多么缺乏根据。为了避免父权泛滥，为了让子女远离父权的迫害，所有的文明社会都必须要制定这些法律，给父权设置一个相应的年限限制。在野蛮人当中，身为父母的对其孙子女拥有双重所有权，因为他们肯定既拥有孙子女的父母又拥有孙子女，而一切后代都源于他们自己的儿女，不曾有外人的血统掺杂其中，他们会将整个家族的人都看作自己的奴仆。我还认为：这第一对父母越是博学，越是才能超群，他们就越会觉得自己对一切后代的统治权是理所应当、毋庸置疑的，虽然他们充其量可以亲眼见到第五六代后代。

荷瑞修： 大自然让我们降临这个世界的时候，虽然我们全都拥有着一种渴望政府的明显贪念，然而我们却生来不具有一点点适应政府管理的能力，这难道不足为奇吗？

里欧·门尼斯： 你提到的这种奇怪之处，乃是上帝智慧的一个无法回避的实例。如果每个人天生都没有这种贪念，所有人也一定终其一生都不可能拥有它；如果一些人没有拥有这种对治理的期盼，大量的人就一直无法组成社会。动物可能被逼无奈听命于暴力，可能懂得藏匿自己原本的欲望，让它们从其正当对象上转移到其他地方去；虽然这样，整个物种独有的那种特殊本能，却一直不可能凭借技巧或驯导获取。生来没有拥有那些本能的动物，势必一辈子都不会拥有它们。雏鸭一被孵出就会直奔水的方向，然而你却不可能让鸡去学会游泳，就如同你一直无法让它去吸吮一样。

荷瑞修： 我非常明白你的意思，如果骄傲不是每个人与生俱来的，那就不可能有哪一个人会拥有野心。就治理的能力而言，我们由经验可知：它是后天掌握的。然而，对于世界上怎么会出现社会，我所了解的却并不比那个野蛮人多多少。你跟我说：在自我治理方面，那野蛮人无计可施、无力可用，这让我的那些希望基本上全都泯灭了，因为我原本觉得，从那野蛮人的家庭中会慢慢出现社会。难道宗教信仰对他们没有丝毫作用吗？拜托你跟我说一下：宗教是怎么降临到这个世间的呢？

里欧·门尼斯： 宗教源于上帝，是凭借奇迹降临到这个世界上的。

荷瑞修： 这真的是用更难懂的去解释难懂的事情。奇迹刹那间出现，让自然的秩序紊乱，我真是不明白它们。我更不了解会有怎样糟糕至极的事情即将出现，甚至已成为现实。按照睿智的思维和已知经验的审视，一切聪明人都对这一点深信不疑，即那些奇迹是绝对不会出现的。

里欧·门尼斯：能够断言，"奇迹"这个字意味着：上帝力量的干涉让事物摆脱了既定的自然规律。

荷瑞修：那些原本轻易着火的，在烈火中却毫发未伤，而健硕的狮子竭尽全力地压抑饥饿，不去吃它最期盼吃到的东西，所有这些奇迹都让人觉得太难以置信了。

里欧·门尼斯：要不然它们就不可能被当作奇迹了。"奇迹"这个字原本就有着这一层内涵。然而，人们自诩信奉宗教，却竟然不认可奇迹，这真是无从阐释，因为宗教全都基于这各种奇迹。

荷瑞修：然而，我问你那个大众化的问题时，你为什么说你的想法只不过是在那些受到天启的宗教范围之内呢？

里欧·门尼斯：因为在我看来，所有不曾受到天启的信仰，都配不上宗教这个称谓。最初的国教是犹太人的宗教，之后才有了基督教。

荷瑞修：可是，亚伯拉罕、诺亚和亚当本人尽管都并非犹太人，却都拥有自己的宗教信仰。

里欧·门尼斯：只有他们才荣获了天启。上帝在我们人类第一对父母面前露脸，在把他们创造出来之时就给了他们诫命。在神圣的存在同犹太人的酋长们之间，也永远都有相同的活动持续不断。然而，亚伯拉罕的父亲却是个十足的偶像崇拜者。

荷瑞修：然而，埃及人、希腊人和罗马人也有宗教信仰，如同犹太人一样。

里欧·门尼斯：他们那些卑微的偶像崇拜和让人憎恶的信仰，我把其称作迷信。

荷瑞修：你大可随心所欲地心有成见，然而他们每个人都把自己的崇拜视为宗教，如同我们的所作所为一样。依你所言，人生来除了各种激情外空空如也，而我问你宗教是怎么出现的，其深层含义在于：人的本性中到底有什么东西并不是后天掌握、并可以让所有人向宗教靠拢的？让宗教出现的到底是什么呢？

里欧·门尼斯：恐惧。

荷瑞修：啊！世上最容易出现的是恐惧，你认同那个见解吗？

里欧·门尼斯：世上再不会有人比我更认同它了。然而，那则著名的伊壁鸠鲁主义格言却有百般疏漏，虽然不信宗教的人十分热爱它。"恐惧上帝因恐惧而生"，这个见解既愚钝又有辱神明。你还能够有证据称：青草因恐惧而生，或者日月因恐惧而生。然而我如果说的是野蛮人，说他们对真正的神明全然不知，其思考及推理能力也非常不完善，所以恐惧这种激情首先让他们有机会看到一种潜在力量的几丝光亮，这个见解就既不与常识冲突，又不与基督教相矛盾。之后，凭借实践和经验，野蛮人的思考推理能力慢慢成熟，其大脑的运作也逐步臻于完善；而这种最高机能的培养，则一定会让他们收获关于一种无边无涯却亘古长存的知识。野蛮人的知识与洞察力越完善，那个存在的力量与智慧就会看上去更伟大、更威力无穷，虽然其知识与洞察力的完美水平，原本比人类有限的天性能够企及的还要高。

荷瑞修：请你宽恕我对你的质疑，然而我依然希望给你一个自圆其说的机会。"恐惧"这个字如果没有什么修饰，听上去非常难听。就算如今，我也不能想象一种潜在的原因居然会是一个人恐惧的源泉，而那个人就像你提到的那样，乃是早先的野蛮人，未受教育。潜在的东西对感官没有直接影响，却会给一个野人带来如此强烈的影响，这到底是为什么呢？

里欧·门尼斯：一切起因并不非常清楚的不幸和灾祸，酷暑寒冬，导致灾害的暴风骤雨、洪水猛兽、电闪雷鸣（就算它们压根不曾导致明显的伤害）、黑暗中的声音，隐隐约约，以及一切恐惧而懵懂的事物，所有这些都会让人心中出现这种恐惧。我们所能预设的文明程度最低的野人如果长大成人，其智力都会让他们明白：水果及其他果腹的东西并非时时刻刻都能唾手可得。这常常会理所当然地让他把剩下的食物储存起来。他的食物或许会被雨水毁掉。他经常目睹森林凋零败落，无法一直从中获取充裕的食物。他的身体或许并不是一直非常健康，而他的子女或许也会生病，且无法发现什么伤口或外部因素。这些事故刚开始并不曾让他加以注意，要么只是让他非常愚钝的头脑吓了一大跳，而在相当长时间内并不曾让他对此进行思考。不过，因为类似事故频频出现，他一定会开始对某种潜在的起因有所质疑。由于经验的扩展，他的怀疑就慢慢得到了证实。同样有可能出现的情况还有：形形色色的苦难会让他参透其中的部分缘由。最终还会让他深信不疑：他必须要害怕的那些起因非常之多。强化这种轻信倾向，并让他无形之中形成一种信念的，可谓是一种谬见。我们从孩提时代起就被那种谬见洗脑。婴儿但凡开始凭借眼神、姿势和各种标记让自己为我们所了解，我们就立刻能从他们身上发现其中的端倪。

荷瑞修：请跟我说一下那谬见究竟为何物吧。

里欧·门尼斯：小孩子好像都觉得，万物都用他们自己的方式进行思考和感觉。并且，他们往往还用这种错误观点去分析无生命事物。他们每次碰到什么倒霉的事情，我们就能够在他们的表现中清楚地发现这一点，而那些不幸其实是因为他们内心的野性和莽撞冒失。在全部类似情形中，你都会目睹他们对桌子、椅子、地板和其他东西怒气相向，并且对它们拳打脚踢。因为好像是那些东西让他们把自己给划伤了，他们还臣服于自己酿就的其他大错导致的结果。我们发现，保姆为宽容小孩子这个缺陷，好像也拥有一样滑稽的想法，并假装与有孩子一样的感情，以抚慰怒气冲天的小顽皮们的愤愤不平。所以，你经常会发现保姆们十分认真地呵斥和棒打一件东西，它要么是让那婴儿生气的真正对象，要么是别的某种什么东西，它本该为出现的事情而忍受惩罚，有的时候，它甚至还会被故意丢弃。我们不能有这种想法：一个没有什么指导并且向来不跟别人沟通的孩子，他这种生性的愚钝会像在社会中成长起来的孩子那样轻而易举就能被治好；而后者经常都在与比自己聪明的人沟通。我坚信：野蛮人终其一生都心怀那种谬见。

荷瑞修：我觉得人类的智力并不是这么愚钝。

里欧·门尼斯：如果是这样，森林女神又来自何方呢？而砍伐，甚至只是弄伤让人敬仰的巨大橡树或其他高贵的树木，又为何会被视为有辱神明呢？古代没有受教育的异教俗众，都觉得河流及泉水是充满神性的，那神性又从何而来？

荷瑞修：源于那些另有所图的祭司和其他骗子的欺诈诓骗。他们织就了那些谎言，把神话当成为自己谋利的工具。

里欧·门尼斯：虽然这样，那也是因为那些人大都没有理解力。在小孩子身上能够发现一种特征，它大概会让人联想到那个谬见，而它有能力（或 定）让人觉得那些神话是真实可信的。傻瓜如果不是真的拥有各种缺陷，骗子就不可能有机可乘，去利用那些弱点。

荷瑞修：他们偶尔会存在类似的弱点，然而就算这样，你以前也觉得：人生来就会对那些有恩于己的人心存感激。所以，人在发现了全部能够享受的好东西，又无从考证它们的来龙去脉时，其感激之心最早让他形成的又怎么会是恐惧，而不是谦卑呢？

里欧·门尼斯：原因有如下几个。人把大自然间存在的万物当成自己的。在他看来：播种与收割理所应当获得收成；无论他的收获是多是少，他都全部据为己有。所有的艺术，所有的发明，但凡是我们了解的，立刻都会变成我们的权利和资本。因为人类对自己的好评，我们仰仗那些艺术和发明所做的全部事情，也全都被认为是我们自己所独有的。我们充分运用了发酵和大自然的每一种化学物质，除了考虑到那属于我们的辛勤耕耘的知识，实在是不知道还有其他什么东西对我们还有所裨益。搅拌牛奶的女人制成了奶油,却不去求证到底是什么力量让稀薄的淋巴微粒被动地分离开来,从更加油腻的微粒中被剔除出来。酿酒、做面包、烹调和我们所创造的其他成就中,付出辛苦劳动的都是大自然,她费尽千辛万苦,把最关键的工作都做完了。虽然这样,这些成就却仍旧算作是我们自己的功劳。由上述这些,我们就能够非常清楚地发现,人生来就把万物据为己有。未开化状态下的人拥有一种强烈情感,会把享用的所有事物当成是理所当然,会轻而易举把他置身其中的所有事情都当成是自己单枪匹马赢得的功劳。一个随时随地心中只有自己、不曾接受什么教育的人,如果要他认识到自己需要对上帝心存感激,这需要他掌握知识,需要他深入思考,并且一定要非常谙熟正确的思考术。一个人的知识越贫乏,其理解力就越粗陋,其拓开观察事物眼界的能力,以及由较少已知事实推出结论的能力,就会越差。还在自然状态,缺乏知识、野蛮的人,其目光仅仅会停留在目之所及的事物上,能发现(通俗地说)鼻尖以外的东西的机会少之又少。野人如果被感激之情驾驭,常常会对他采果子的那棵树展现尊敬之情,却不可能想到要去感谢那植树者。文明人对自己的财产所有权的疑虑,则比野人对自己呼吸自主权的质疑还要强烈。之所以说出现宗教的缘由最早是恐惧而非感激,这还有一个原因,即野蛮状态的人向来不会质疑那个让他受益的原因也会是带给他伤害的祸端,而最早让他关注的,肯定会是那些坏事。

荷瑞修: 非常正确,自己身上发生的一件坏事,人好像会比对自己身上发生的十件好事记忆更加深刻。对一年患病的记忆,也好像要比对十年健康的记忆要更刻骨铭心。

里欧·门尼斯: 在保障生存的一切劳动中,人每时每刻都在远离祸端;而在享受自己钟爱的事物时,人却卸下了警备之心,甚至会不以为然。他可以接二连三地享受一千种快乐,并且对其来由一点也不关心。不过,但凡碰到一点坏事,他就会打破砂锅问到底,以避免犯同样的错误。所以,明白坏事的缘由,乃是非常符合现实的考虑。可是,明白好事(好事向来会备受欢迎)的来龙去脉,却不会有什么实际用处。换句话说,明白好事缘何而起,这好像并不会让他因此多几分快乐。一个人如果发现有这样一个潜在的敌人存在,我们就会觉得:如果可以发现这个敌人藏身何处,这人就会情愿迁就他,与他结为朋友。同理,为了实现这个初衷,他还非常有可能四处去打探、调查和寻觅那个敌人;而如果找遍世界每一个角落,其打探都不能得到答复,他就常常会抬头仰望天空。

荷瑞修: 所以,野人就可能在历经相当长时期的上下求索之后变得更加聪明。我轻而易举就会想象到，一只动物如果真的恐惧什么事物，却既不晓得它是何物，又无从得知它在哪里，这动物一定会觉得非常迷惘，进退两难。我还会考虑到：一个人尽管有十足的把握觉得那可怕之物无迹可寻，他对无影无踪之物的恐惧，也常常比对可见之物的恐惧还要更为强烈。

里欧·门尼斯： 你提到的这种情况，只能是对于那些思考能力不够健全的人，对于那些用最浅显的方式、集中精力于保障生存能延续下去的人。在那个过程中，他会克服遇到的各种直接艰难险阻，而那种恐惧大概对他们不存在什么影响。然而，如果这个人的推理能力还算可以的话，并且有时间进行思考，那种恐惧就会导致许多造型怪异的妖魔和臆测。一对野人夫妇如果不竭尽全力向对方阐述自己对这件事情的观点，就无法长时间交谈下去。到一定的时候，他们就会意识到并认同几种东西发出的某些特殊的声音，而他们的恐惧感大都是因它们而生。所以我才觉得：这种潜在的原因常常是他们早先可以为之命名的事物之一。野蛮男女对自己柔弱后代的在意并不比其他动物逊色分毫，而我们不能设想：他们培养的孩子，虽然不曾有过受教育的经历，在十岁之前居然不曾在其父母身上发现对一种潜在原因的恐惧。同理，因为人与人之间在特征、外貌和秉性上差异巨大，我们也不能相信每一个人对这种原因的见解都是一样的。所以我们还能够说：一定数量的人如果可以彼此交谈、彼此理解，他们对于那种潜在原因的认识就会有着诸多不同。人对那种原因的恐惧和认同是非常普遍的，并且又一直会把自己的激情看作由能够想象到的各种奇异事物所导致的，所以，每个人都会谨小慎微地远离那种仇恨和恶意，如果有可能的话，还会竭尽全力去与这样一种力量结为朋友。如果考虑到这些事情，考虑到我们所知道的人性，我们就会得出这样的观点：在所有一定数量的人群里，肯定有人存心说些关于这种力量的谎言的话，肯定有人自诩以前亲眼见过它的真实面貌，否则我们就无法想象这些人可以长期共同交往。无论是以和平方式还是以其他方式交往，都没有可能。对潜在力量的各种观念，究竟是怎样通过骗子们的诡计和欺诈，导致众人的矛盾冲突的，这非常好解释。如果我们特别希望下雨，而有人又让我相信：我们这里之所以缺少雨都是因为你，那么，仅这一点就能够挑起事端了。世上出现的所有事情，但凡其由头是宗教信仰，无论是神职者的权谋，还是惨烈的暴行，无论是愚钝之事还是让人嫌恶之事，都能够用这些原因和这个恐惧原理进行解决或给予解答。

荷瑞修： 我觉得我必须要认同你的观点，也就是在野蛮人当中，宗教的首要缘由乃是恐惧。然而你也要认同我的一个观点，即所有民族为了特殊的恩惠与成就，向来会对其神明感激涕零（就比如胜利之后举办的大献祭，以及形式多样的竞赛与节日的习俗）；所以，但凡人变得更睿智、更有教养，他们的大多数宗教信仰就是基于感激之上。

里欧·门尼斯：我了解，你在竭尽全力印证我们人类的声名，然而人类却压根没有理由能够这般夸奖自己。我要跟你阐明：对人性进行一番细致的考量，深入地分析人的本性，这会让我们更无理由和必要为人类的骄傲而觉得欢欣雀跃，反之，这倒应该让我们更有根据为人类的谦卑而觉得欣喜。首先，野蛮人与文明人的天性压根不存在什么差异，两者的恐惧之情都是与生俱来的。如果他们对这种恐惧都有所觉察，就都不会有这么多年的寿命，除非有一天，一种潜在的力量慢慢成了他们恐惧的对象。这种情况会出现在所有人身上，无论是单独的野人，还是社会中最有文化的人，无一例外。我们由经验可知：所有的帝国、国家和王国有机会在技艺、科学、文雅礼节及一切现世学问方面卓尔不凡，同时又奉行最烦琐卑俗的偶像崇拜，信仰一种虚假宗教的各种前后不一的信条。在崇敬神明方面，最有教养的民族也会如同所有野蛮民族一样滑稽可笑。文明人往往会挖空心思做出残酷至极的举动，而野蛮人却不曾有过这样的想法。迦太基人以前是个非常强大的民族，世上出现过一个富庶而繁荣的国家，汉尼拔①以前统治着半个罗马帝国；然而与此同时，迦太基人却依旧是把其名门望族的孩子当成献祭的贡品，把他们送给顶礼膜拜的偶像。个人的情况也是这样，有数不胜数的实例验证：在一些最有教养的时代里，许多拥有理性和美德的人却都对最高的存在有着最卑贱、最没有意义和最肆无忌惮的想法。一些人的那些所作所为，一定会让我想到他们对上帝的认识是多么滑稽、多么百思不得其解！亚历山大·塞维鲁斯②接掌了埃拉加巴卢斯③的王位，是改革陈旧习俗的杰出改革家，被人们一致称为一位好国君，而其上一任则被一致称为一个坏国君。主攻塞维鲁斯的历史学家称：他的宫廷里有个小祈祷室，只用于他的私人供奉事宜，内里摆放着阿波隆纽斯④、俄耳甫斯⑤、亚伯拉罕、耶稣基督等神明的像。——你为何发笑？

---

① 汉尼拔（前246—前182），迦太基大将，曾战胜罗马人（前216年）。——译者注

② 亚历山大·塞维鲁斯，罗马帝国塞维鲁王朝的最后一个皇帝，亥力奥伽巴鲁斯皇帝的养子；222年掌权，235年在宫廷卫队政变中死去。——译者注

③ 埃拉加巴卢斯，罗马皇帝，因奢靡无度声名狼藉，205年掌权，222年在宫廷卫队政变中死去。——译者注

④ 阿波隆纽斯，古希腊毕达哥拉斯派哲学家、作家，在公元3世纪被世人奉为神明。——译者注

⑤ 俄耳甫斯，希腊神话里的诗人、音乐家。——译者注

荷瑞修：因为我想到：那些神职者为了让你觉得一个人是好人，就会费尽心机地掩盖他的过失。你提到的关于塞维鲁斯的那些事情，我曾经也有所耳闻。有一天，我在摩里埃利编的《历史大辞典》里查找资料，不经意间发现了关于那位皇帝的一个词条，而其中压根不曾涉及什么奥菲欧或阿波隆纽斯。我回想到拉普里迪乌斯那本书里的那段话，就对此颇感意外，并觉得自己可能是搞混了。所以，我再次拜读了那位作者的大作，可还是看到了相关的记载。它们与你所说的一模一样，我对此深信不疑。然而，摩里埃利却存心对其不着一点笔墨，其动机就是要报答这位皇帝对基督徒的宽宏大量。他跟我们描述说，塞维鲁斯以前对基督徒特别友好。

里欧·门尼斯：在罗马天主教的国家里，那不是什么不现实的事。然而另一方面，我打算谈论的却是你提及的那些节日，胜利之后的大祭祀，以及各民族对其神明的广泛感激之情。但愿你一定要想到一点：如同在人类所有事务里一样，圣事里也有着形式繁多的祭礼和仪式，也能够发现诸多敬奉的案例。乍一看，所有这些都是源于感激之情；然而如果细心研究一下，你就会意识到它们其实都是恐惧导致的结果。我们尽管无从得知花神节①是从什么时候开始的，然而却明白它刚开始时肯定不是每年都有，直到一个年景不好的春天，罗马元老院出台了政令，让花神节成了一个年度的节日。要形成确切的敬畏或尊崇，爱和敬也如同恐惧一样，都是必不可少的因素。然而只恐惧一项，就足够让人装出一副爱和敬的模样了。这就像是对君王看上去俯首帖耳、内心却咒骂和憎恶他们一样显而易见。偶像崇拜者对自己敬仰的所有潜在原因的看法，就如同人们对一种胡作非为的独裁权力的看法一样，既认可它们粗暴蛮横、目中无人、顽固不化，同时又觉得它们是万物的主宰，权力无限又无法抗拒。但凡有人质疑有什么最零碎的圣事被忘记了的时候，人们就会一而再，再而三地重复那些庄严的仪式，其有何目的？你明白相同的闹剧会多么频繁地重复上演，因为每次结束表演后，人们总会害怕遗忘了什么。

请你一定要查阅一下自己看过的东西，并且牢牢记住。请留心人类对自己拥有的数不胜数的各种看法，留心人们对那种潜在原因（每个人都觉得它左右着人类事务）的数不清的各种观点。请你回顾一下从古至今的历史，仔细地研究所有

---

① 花神节据说是源于公元前238年，古罗马人把每年的4月28日至5月3日春夏之交定为花神节，人们戴上花环尽情跳舞敬酒，举行非常丰富的竞技活动，此外还会向花神佛洛拉献祭，其活动内容充满了浓重的纵欲色彩。——译者注

重要的民族,既要研究它们的功绩与成就,也要研究它们的不幸与灾难。请你研究一下历史上的杰出将领和其他卓越人物们,既要研究他们的丰功伟绩,也要研究他们的命运多舛。请留心他们的虔诚心什么时候最是强烈,神谕什么时候被最经常地请教,他们最经常地说及神明时是源于怎样的目的。请你一定要理性地考量你记忆深处的所有关于迷信的事情,看它是神圣庄严的,是荒诞不经的,还是理应谴责的。如此一来,你就能够意识到:首先,不信教者及一切对自己的神明全然不知的人,虽然其中许多人在其他问题上学识不凡,聪慧睿智,其胸怀坦荡也经得住审视,然而他们一提到神明,却并不认为众神是睿智、友善、公允和慈悲的;与之相反,他们认为众神脾气暴躁,有仇必报,性情多变,绝情寡义。除此之外,芸芸众生也早就懂得了这套说辞:神明也犯下诸多弥天大罪,也有过许多重大的道德沦丧之事。这无须重提。其次,人们因为感激而谈及一种潜在原因的时候,所有的虚假宗教里都会有数以千计的事例说服你:对神的敬仰,以及人对上天的皈依,全都源于人们的恐惧。"宗教"这个字就字面意思与对上帝的害怕,这两者含义是一致的。人对上帝的认同如果刚开始时是基于爱,就像是基于恐惧一样,那么,那些骗子就无法利用这种激情施展诡计了。人如果的确是因为感激才去敬仰那些传世的力量(他们这么称呼自己敬仰的偶像),那么,骗子们所说的与男女众神交情不错之类的话,也就没什么意义了。

荷瑞修:立法者和民众领袖全都从他们希望的那些借口中赢得自己想要的东西,即敬畏。而且你也认同:要形成敬畏,爱与敬也就像恐惧一样是必不可少的。

里欧·门尼斯:然而,按照立法者和领袖为人们制定的各种法律,按照他们对违法者的制裁,我们倒能够轻而易举地发现其最在意的是什么要素。

荷瑞修:我们无法确切地知道:在很久以前,有没有一位国王或其他伟人既想要统治一个年轻的民族,又没有声称可以与一种潜在的力量进行交流——那种力量要么被他所驾驭,要么是由其祖先驾驭。这些国王或伟人与摩西并无二致,差别就在于摩西本人就是一位如假包换的先知,并且真的曾获得过上帝的指点,而其他人则无一不是骗子。

里欧·门尼斯:你想用这个来阐述什么问题呢?

荷瑞修:我们无从得知我们对那种原因的看法到底正确与否,而从古至今拥有各种信仰的人们,也都无从得知自己对它的认识到的正确与否。换句话说,他们全都觉得自己的看法无可置疑,而所有不同看法无一例外全都是错的。

里欧·门尼斯:我们采取了最严苛的审视,发现没有什么其他原因能承受得住这种审视，或者能承受得住最普通的考量，这时我们才问心无愧且心地坦荡地说：我们自己也是这样。这还不能说明问题吗？一个人如果可以讲述从未出现过的奇迹，可以阐述从未实现过的事情的缘由，就像此后一千年，所有仁人志士都将全部认同：如果不是位杰出的数学家，谁都无法写出伊萨克·牛顿爵士的那部《自然哲学的数学原理》；摩西向以色列人阐释上帝对他明示的道理时，他给他们道明了一个真理，当时，世界上除了摩西不会有其他人了解那个真理。

荷瑞修：你的意思是，那真理就是：世上只有一个上帝，上帝是宇宙万物的制造者。

里欧·门尼斯：非常正确。

荷瑞修：然而，所有理性睿智的人，难道无法仰仗自己的头脑来了解这个真理吗？

里欧·门尼斯：可以的，然而前提条件是：逻辑思维的能力一定要上升这数百年之后的完善水平，而他自己又了解了正确的思维方法。弄明白天然磁石的功用并制造出航海罗盘之后，随便哪个普通水手都可以在海上扬帆远航。然而在那以前，但凡想到航海远行，连经验最丰富的水手也要毛骨悚然。当年，摩西对雅各①的后代们阐明这个最高的重大真理时，后者已是奴隶之身，被掌控在其被掳之国的迷信之中。埃及人统治着他们。那时的埃及人对许多技艺和科学了然于胸，并且比其他所有民族都更熟谙大自然的各种神奇之处，虽然这样，他们对神明的认识却最粗浅、最卑俗。在对那种掌控世界的潜在力量，即最高存在的看法上，所有野蛮民族都比不上埃及人那样愚昧而浅薄。摩西教育那时的以色列人，而后者的孩子们在九岁或十岁之前，就掌握了最杰出的哲学家们经过世世代代之后才仰仗天性所能了解的东西。

荷瑞修：敬仰古人的人，肯定不可能认同那种所有现代哲学家的思维或推理能力能胜过古人的说法。

里欧·门尼斯：还是让他们去相信自己的亲眼所见吧。你说所有理性睿智的人都可以凭借自己的聪慧了解那个真理，早在基督教诞生之初就一度掀起了激烈争辩，而罗马最杰出的人们也曾执拗地批判过它。塞尔苏斯、西玛求斯、波菲

---

① 雅各，《旧约》中犹太人的祖先之一，其后代发展成以色列的十二个部族。雅各是以撒的次子、亚伯拉罕的孙子，出生时用手抓着孪生哥哥以扫的脚跟，故取名"雅各"（"抓住"的意思）。——译者注

利、希罗克勒斯①和其他杰出的雄辩家,以及一些肯定拥有聪慧头脑的人,都群起著书立说,纷纷支持异教偶像崇拜,尽力捍卫他们的多神崇拜信仰。摩西存在于奥古斯都王朝的一千五百多年以前。如果有人信心满满且特别笃定地跟我说:某个地方的人们压根不了解怎样用色和描绘,那里如果有个人竟然告诉我,他凭借灵感而掌握了绘画艺术,我极有可能会对他报之以讥讽,而不可能认为他说的是真话。然而,我如果亲眼所见他在我面前画出了几幅非常棒的肖像画,我的质疑会立刻消弭于无形。我还会觉得:再有人质疑这个人的坦诚是十分荒诞的。其他立法者及开国者对其神明的形容(他们或其先辈与那些神明交流),其中蕴藏的思想都不能与那个神圣的存在同日而语。只需凭借天性的指引,就会轻而易举地印证那些思想一定都不是真实的。但是,摩西向犹太人形容的那个最高存在的形象(也就是他是唯一的神,他是天和地的创始人),则可以承受得住所有的审视,是一个将比世界还要永恒的真理。所以,我认为我已经详尽地表达了两点意思:第一,所有真正的宗教都一定是上帝揭示的,缺乏奇迹,宗教就无法出现在这个世上;第二,在不曾得到什么指导时,所有人会认为宗教的那种天生激情就是恐惧。

荷瑞修:你已经费尽心思让我认同:我们生来都是让人同情的动物。然而,我刚开始听到那些让人惭愧的真理时,还是不由自主地要尽可能批判它们。我非常希望听你探讨社会起源问题,而我却始终在问一些新问题,所以让你一直无法谈到这个问题。

里欧·门尼斯:你还记得刚刚我们说到什么地方了吗?

荷瑞修:在我看来,我们还不曾有什么实质性的议论,因为到目前为止,我们仅仅就一对野蛮人男女,还有他们的一些子女和孙子女进行了探讨,而这对野人既不知道该怎么教育他们,也不懂得如何管理他们。

里欧·门尼斯:在我看来,那最野性的儿子如果跟他最野性的父亲一起生活,则一定会对父亲心生敬畏,这是特别值得说一下的重要一步。

荷瑞修:我原本也持这种观点,然而后来你所说的话,却让我对它彻底地灰心了,因为你给我印证了:野蛮人父母无法去运用那种敬畏之情。我觉得,你我

---

① 塞尔苏斯,罗马百科全书编纂者,他曾在248年发表《真话》一书抨击基督教。西玛求斯(342—402),著名政治家,因为异教信仰捍卫而被格拉提安皇帝(359—383)流放。波菲利(233—约304),公元3世纪时的希腊学者、历史学家,传闻说曾写过15本书抨击基督教,今有残篇传世。希罗克勒斯,传闻说他曾在303年挑起对基督教徒的迫害运动,并出版过批判基督教的书,而今早已销声匿迹。——译者注

目前如同以前一样，离社会起源问题还非常遥远，所以，我期待你探讨那个主要话题之前，先就一个你之前不曾作答的问题做一番阐述，也就是我所说的那个关于是非认识的问题。听不到你对这个问题的看法，我一定誓不罢休。

里欧·门尼斯：你这个要求特别正常，我一定会尽可能让你称心如意。头脑聪明、知识渊博、阅历无数的人，但凡有着良好的教育背景，一定可以意识到迥然不同的事情之间的是非差异；一些事情会一直被他大声呵斥，另外一些事情则一直会赢得他的称赞。杀死或抢劫处于相同社会中的一个对我们没有任何伤害的成员，这向来是不对的；而救死扶伤、造福一方，则在他眼里一直是良好的行为。用自己的想法推己及人，会被人们当成一条处世原则。不单才智过人的人，例如那些谙熟该怎样进行抽象思考者，一切在社会中成长起来的能力平庸的人，也全都对此持支持的看法，在所有国家和所有世代，无一例外。同理，所有即便是略微可以运用自己思考机能的社会人（无论那社会是不是凭借契约明确了劳动分工），好像都比社会之外的人对这一点更深信不疑：世上所有人都拥有平等的权利。然而，我们提到的那个野蛮人男子如果把那个野蛮人配偶和子女后代撇在一边，不曾再见过其他人，你是否觉得他也具有与社会人一样的是非认识呢？

荷瑞修：基本上不可能这样，他的推理能力非常糟糕，这会让他不能进行正确的推理，而他意识到自己对子女具有掌控能力，这会让他变得非常蛮横。

里欧·门尼斯：然而，他如果并非那样软弱，又或者他在六十岁上凭借奇迹而拥有了不错的判断力和思考能力，所以也可以像聪明绝顶的人那样进行完美的推理，你是不是觉得他会放下那个看法（即他可以驾驭的全部都在他掌控之中）呢？当他的行为好像基本上全都源于本能时，你觉得除了那些原有观念之外，他还会对自己和子女怀揣其他看法吗？

荷瑞修：毋庸置疑，因为如果他具备判断力和理智，到底什么会成为让他如其他人一样地去运用那些机能的阻力呢？

里欧·门尼斯：你好像不曾顾及一点：缺少对事实的归纳，所有人都不可能进行推理；人只能按照既有的或被当成真实的事实进行推理。只有接受过一定程度的教育并将在社会中存在的人，才明白我提到的是非差异；或起码能够说：一些人清清楚楚地看到过社会里其他有教育经历的人——后者地位与他们一样，或地位比他们还高，与他们没有丝毫联系——只有这样的人才明白我提到的是非差异。

荷瑞修：我开始认同你的话是正确的了。然而我又想到，一个胸怀正义之心的人，如果明白一个地方除了自己的妻子和后代不存在别人，为何就不会觉得自己是那个地方的主宰呢？

里欧·门尼斯：他绝对有可能存在这种想法。然而，世界上有数百个这样的家族庞大的野蛮人，而那些家族素昧平生，也不曾听说过对方，难道不可能出现这种情况吗？

荷瑞修：你如果同意，还能够说这样的野蛮人家族有数千个，所以，世上就有着许多天然的家族首脑。

里欧·门尼斯：太棒了。我希望你能留心的是，对一些被大部分人奉为绝对真理的事情，成百上千个拥有优秀头脑和判断力的人极可能一窍不通。如果所有人的确生来就拥有这种占有全部的精神，而除了凭借人际交往和事实体验（它让我们认为自己缺乏这种权力），所有人都不能脱离它的掌控，那会是怎样的结果呢？我们可以考量一个男人的一生，从他呱呱坠地到他入土为安之时，看一下他的两种欲望中的哪一种看上去是最自然的，即到底是那种站在万物之巅把全部都据为己有的贪念，还是那种根据恰当的是非观念行为处事的倾向。我们将会意识到：在他的孩提时代，前一种欲望展现得一览无余；在他有过某些教育经历之前，后一种倾向没有丝毫外露；而他维系蒙昧状态的时间越久，后一种倾向对他行为的左右就越少。据此我断言：是非观念是后天形成的，因为它如果是生来就有的，要么它作为认识（或准确地说来，那种把全部都收入囊中的天生本能），在我们非常小的时候就会影响我们，那么，世上所有的孩子也就都不可能为得到哥哥的玩具而哭哭啼啼了。

荷瑞修：在我看来，世上最顺其自然、最理所应当的权利，应该是人们对自己子女的权利了。我们绝对无法还清父母的恩情。

里欧·门尼斯：良好父母对我们的养育之恩和教育之情，我们肯定要心存感激。

荷瑞修：这是底线，是父母赋予了我们生命。可能有上百个人教育过我们，然而少了父母，我们却压根无法降临到这个世间。

里欧·门尼斯：同理，缺少生产大麦的土地，就不可能有麦芽酒。我无从得知世上有什么报恩不是预设的。一个人如果发现一包可口的樱桃，就会不由自主地把它们吃掉，并会因此而觉得称心如意。他非常有可能狼吞虎咽，甚至把几粒果核吞进肚里，而我们由经验可知果核无法被消化。如果十二个月或十四个月后，他刚好发现一块地上长出了一株樱桃幼枝，而谁都不曾料到那里会长出它；他如果回想起自己曾经来过此处，就不一定无法猜出那幼苗生长的真正缘由。同理，这个人非常有可能因为好奇而挪走并去精心栽培那株樱桃。我绝对可以断言：无论那株樱桃结果怎样，这个人由于那个善举而赢得的对它的所有权，与一个野蛮人对其子女的所有权是一样的。

荷瑞修：我觉得，这两者之间存在着非常大的区别。樱桃核肯定不是他的一部分，也肯定不可能跟他的血液混为一谈。

里欧·门尼斯：暂停，所有的不同，无论你觉得它有多么巨大，仅仅在于此处，即樱桃核既不是吞下它的那个人的一部分，在被吞下后，其数量也不可能如同那野蛮人吞进的其他一些东西一样，出现如此巨大的改变。

荷瑞修：然而，那吞进樱桃核的人不曾对它做什么事情，就算它没有被吞下去，也非常有可能如同植物那样生出新枝。

里欧·门尼斯：此话非常正确。我也认同，那樱桃幼枝的存在全都是樱桃核的功劳，这一点你说得非常对。然而，我也非常清楚地谈及那行为的意义，无论是那吞樱桃核的人，还是那野蛮人，两者的行动都仅仅源于各自的潜意识之下的目的。那野蛮人采取行动时，非常有可能并不曾想要个孩子，这就如同那个吃樱桃者不曾想要种樱桃树一样。人们往往会说：我们的孩子乃是我们自己的亲生骨肉，然而这种说话方式却充斥着明显的比喻色彩。不过，就算我们认可这观点是正确的，虽然修辞学家没有给它命名，它到底又能印证什么呢？它可以印证我们的初衷是出于好意吗？可以印证我们对他人的友善吗？

荷瑞修：你想怎么说就怎么说吧，然而我觉得：最能让父母对孩子的亲情油然而生，绝对是父母想到孩子就是他们自己的亲生骨肉。

里欧·门尼斯：我支持你这个看法。它清楚地体现了我们对自己、对所有源于我们自己的堪被称赞之物的最高评价。与此相反，另外一些事物尽管也属于我们自己，却让人憎恶，所以，出于取悦我们自己的目的，我们会竭力地把它们隐藏起来。但凡那些事物在大家看来全都被认为有失文雅，我们甚至会因此惭愧不已，那么，提到或让人联想到它们就成了有失体统的失礼举动。我们胃里有形形色色的东西，然而我们压根不能掌控它们，无论它们到了血液还是其他地方，我们凭借知识而对它们采取的心甘情愿的行为，只有把它们吞入胃中。而后，动物身体机能会怎样运作它们，人就不能按自己的想法行事了，就如同人不能掌控自己的手表的运作一样。这是另外一个例证，它印证着：我们错误地把所有运作有序的结果都看成是我们自己的功劳，而事实上，做好所有工作的乃是大自然，而我们在其中的贡献却是最少的。然而，无论谁称颂自己那些可以带来益处的机能，当他得了结石症或高烧不退的时候，同样也需要谴责自己身体的某方面的机能。缺少这种生来就有的愚蠢观念，所有有理性的动物都不可能既按照自己的下意识行为考量自己，同时又接纳着对压根不是源自自己意志的行为的称颂。生命在所有动物身上都是一种复杂的行为，然而对动物本身来说，身在其中的行动只是一种被动行为。我们了解呼吸之前，已经必须要呼吸；我们一直都有的触觉感知力，则源于大自然给予我们的自警本能和她对我们的恒久监护。对我们而言，自然之作的所有部分（我们人类也无法排除在外）都是神秘莫测的秘密，都不能进行研究。大自然亲力亲为给我们供应食物，她也并不相信我们的智慧可以让我们有食欲和咀嚼欲，所以她让我们拥有了本能，并且用快感引导我们吃饭。这好像是一种选择行为，我们自己也可以感觉到这种运作，大概还能够说我们是这种运作的一部分。然而过不了多久，大自然就重现了她的关怀，重新掩饰起我们的知识，而用一种深奥的方式让我们的生存得以延续，我们甚至根本没有意识到自己的协助或参与。从那之后，对我们吃喝之物的掌控就永远彻底听从大自然的指挥了。而我们理应从吃喝的排泄物中得到怎样的荣辱呢？它是为繁衍而生的间接手段，还是为植物提供的一种更能信赖的帮助呢？正因为大自然激励我们去传承后代，就如同激励我们去吃一样。跟其他动物一样，野蛮人凭借本能繁殖族类，并不曾有更多的想法或有步骤地繁衍其族类，就像新生儿吸吮乳汁而不曾意识到那是为了让生命得以延续一样。

荷瑞修： 虽然这样，出于那些目的，大自然还是让野蛮人和动物拥有了各自的本能。

里欧·门尼斯： 这不必多说。然而我是想说：各种行为动机都涵盖着相同的万物之理，我也深信不疑：野蛮人女子就算一直没见到或想到过什么幼年动物的繁殖，没有弄清婴儿作为生命体是如何形成时，也依然可以生下几个孩子；而她如果腹痛，可能会觉得那是她吃了某种美味水果引起的，当她腹痛数月又压根不了解自己怀了孕时，就更是这样。放眼整个世界，孩子的出生大都会有疼痛相随，所以生育好像与快乐无关。而且，未被驯化的动物无论多么勤奋好学而专心致志，都一定要在多次切身感受之后，才会知道一个动物真的可以生育出另一个。

荷瑞修： 大部分人结婚都是因为想要孩子。

里欧·门尼斯： 我觉得并非这样。我认为，许多人并没有要孩子的打算，最起码没有打算那么快就有子女；就算结了婚，不打算要孩子的人也与打算要孩子的人数目相当。然而在婚姻以外，在大多数沉迷于快乐的苟且中，孩子却被当成是灭顶之灾。不考虑后果的罪恶情爱孕育的孩子，还常会被罪恶的骄傲残酷地存心扼杀掉。然而这些都是社会中的人的所作所为，他们知道事物会有怎样的结果。我要重申的是，在此我所说的是野蛮人。

荷瑞修：所有动物的两性之爱，其初衷都是想要延续其物种。

里欧·门尼斯：我已经对此阐明立场表示认可了。然而我还要强调一遍：野蛮人并不是因为顾及繁衍物种才去爱。野蛮人在并不了解后果时就去做爱，而我也非常质疑：最高尚的夫妇最单纯的拥抱是不是也出于繁衍物种的真正想法。一个富人会耐着心思期盼有个儿子来传承他的姓氏和财产。他结婚可能只是因为这个目的，并非是别的什么原因。然而，他向往自己有个美好的后代，并好像从中获得满足，那种感觉却只能源于对他的自我认可，因为他想到那些后代都是他本人所生。无论此人后代的降生有多少是他的功劳，有一点是毋庸置疑的，也就是这个人的行为初衷就是为了他自己。这里仍旧有着想要后代的期盼，有着生育孩子的想法和动机，而所有野蛮人夫妇心中都绝对不可能有这种动机。虽然这样，野蛮人夫妇的虚荣心还是能够让他们觉得骄傲，因为他们会发现自己的一切子女及后代全都源于他们——如果他们能亲眼见到自己的第五或第六代后人。

荷瑞修：我无法从中看到一丁点虚荣心。我也觉得我自己不可能有这种虚荣心。

里欧·门尼斯：是的，因为你无法觉察到它。非常明显，他们对其后代的生存没有丝毫意义。

荷瑞修：如今你能发誓你的论述尺度不大吗？

里欧·门尼斯：不，一点也不大。你如果认同，我就要说：人的欲望源于大自然。宇宙间只存在一个真正的原因，它产生了浩瀚繁杂、让人震惊的结果，引发了自然所有的造化天工，其中有些可以被我们意识到，有些则是我们不可能感知到的。"父母生育子女"，这个观点既贴切又合理，就像说"某个工匠的作品之所以巧夺天工，是因为他自己发明和制造的工具"。把水抽入铜桶的潜在的引擎，搅拌水与麦芽的无生命的搅拌桶，这些都是酿酒工艺的必不可少的要素；同理，在繁殖动物的程序中，活力四射的雌雄动物也起着一样至关重要的作用。

荷瑞修：你把人当成了牲畜和石头。做与不做，难道我们就无法进行选择吗？

里欧·门尼斯：可以，是不是拿我的头去撞墙，这就是我现在的选择。可是我但愿你无须绞尽脑汁去猜测，也能明白我是否真的会选择拿头撞墙。

荷瑞修：然而，我们不是根据自己的想法才移动我们的身体吗？所有动作不全都是听凭意志所为吗？

里欧·门尼斯：一种激情如果显而易见起着主要作用，并严格驾驭着意志时，那又能说明什么呢？

荷瑞修：我们的行动起码是有意识的，人起码是智能动物。

里欧·门尼斯：在我所说的那件事情上，人并不是这样的。就那件事情而言，无论我们是否情愿，我们都会觉得心潮澎湃，都会不由自主地协力进行一种运作，并且还期盼能参与其中。虽然我们批判，但还是十分希望能进行那种运作，它极大地战胜了我们的理性。我刚刚那个比方非常恰当、入木三分，因为就算你可以假设相爱甚深的夫妇（你如果乐意，还能够说洞察力最强的夫妇）对生殖的奥秘也一窍不通。不光这样，就算他们已经是二十个子女的父母，对大自然的运作及他们之间进行的事情，也会全无所知，没什么意识，就像被用于最奥妙、最神奇工作的无生命工具一样。

荷瑞修：我不了解有没有人会比你还要谙熟如何追溯人类的自豪，会比你还要苛刻地批判它。然而，你一提到这个话题就没完没了。我期盼与你讨论社会起源的话题，因为阐述社会怎样从刚刚我们所说的那个野蛮人家庭形成或出现，这是我无能为力的。那些孩子长大后，无法避免因为数不清的理由而争执不休。人如果有三种最显而易见的欲望需要去迎合，而缺少政府，他们就不可能一直和平地生活在一起。这是由于，他们尽管都对父亲敬仰有加，然而父亲如果缺乏远见卓识，无法为他们的生活立下良好的规矩，我就会认为他们会一直生活在矛盾的状态中。后代子孙越来越多，那年事已高的野蛮男人就越会深感迷惘，因为他希望能管辖后代，却缺乏这种能力。后代的人数扩大之后，他们就必须要拓宽自己的活动区域，无法在其出生地一直生活下去。谁都不希望背井离乡，远离自己的家乡，那家乡如果可以让他们获得富足的收成，就更不想离开了。我越是考虑到这一点，越是仔细研究这样一群人，就越是不能想象他们是怎样才形成的一个社会。

里欧·门尼斯：可以让人们拥有社会性的，首先是人们一起置身于危险之中，它可以让仇深似海的人们结为一体。他们一定要对抗这些危险，这些危险来源于野兽（因为只要有人生活的地方就有野兽的存在）和人类生来就缺少自卫能力。这个残酷的因素常常会成为我们人类扩张的阻力。

荷瑞修：如此说来，这个野蛮男人及其后代几乎没什么可能一起生活上五十年。我轻而易举地想到：我们这个野蛮人家族会由于后代太多而面临诸多困境。

里欧·门尼斯：你所言甚是。一个缺少武装的男人及其后代，压根无法这么长时间地逃脱那些食不果腹的猎食动物，它们凭借一切能捕到的动物赖以生存；为了填饱肚子，它们会遍寻每个角落，踏遍万水千山，虽然这要冒生命危险。我之所以说这个野蛮男人及其后代有在一起生活五十年的可能，是因为我打算向你阐述：第一，一个缺少教化的野蛮人绝不会拥有威廉·坦普尔爵士赐给他的那些知识与头脑①；第二，那些与自己的族类交往的子女虽然由野蛮人抚育，但还是能够变得被驾驭；最终，这些子女成年之后就可以适应社会，无论其父母是多么愚昧，对管理多么一窍不通。

荷瑞修： 理应感谢你有此观点，因为它让我懂得了：与野兽最相似的第一代野蛮人，已经能够产生适应社会的后代了。然而，产生出能够进行管理事务的人，却要拥有更多的因素。

里欧·门尼斯： 我要重回我刚刚所说的那个推断上了，那就是让野蛮人拥有社会性的第一个目的。我们无法清楚地了解村民的所有情况，因为他们缺少文字记载。然而在我看来，根据常理，那个目的有可能是他们一起置身于捕食野兽的危险之中。如同这些时时刻刻都打算为自己的幼崽捕捉猎物的狡猾野兽一样，人也会去抓捕那些缺少防卫能力的动物，一些更勇猛的野兽则公然对成年男女发起攻击。让我对这个观点更加深信不疑的，是我们广泛认同的一种观点，它能够上溯到最久远的年代，并且出现在各个国家之中。在所有民族年轻时代的历史里，遍布了有关人兽冲突的记载。它是最古老时代的英雄们的伟大功绩，他们最显赫的功绩都是关于降妖除魔的。

荷瑞修： 你认为世上真的有人面狮身怪、怪蛇、飞龙和口中喷火的公牛吗？

里欧·门尼斯： 就如同我不相信当今的女巫一样，我也不相信这些。然而我认为，这些虚假的怪物全都源于那些残暴至极的野兽，源于它们导致的各种祸患，源于其他许多让人害怕的现实。我依旧认为：如果所有人都没有见过马背，我们就一直不可能听说肯陶洛斯②。我们也可以断言，其他动物身上也带着一些野蛮动物显示出来的那种巨大力量和残酷，也隐藏着许多有毒动物毒液的那种让人震撼的力量。毒蛇出其不意的瞬间攻击，毒蛇有很多品种，鳄鱼的巨大身躯，某些鱼类的五花八门，还有一些鱼类的翅膀，这些都会让人产生恐惧。仅凭恐惧这种激情让吓破胆的人想象出了喀迈拉③，这是令人无法置信的。白天发生的危险常常会在夜里扰人清梦，这又让人平添了几分恐惧；而人们脑海中的梦境则会很容易与现实混为一谈。除此之外，人生来就是愚昧的，但又期盼知识的滋养，

---

① 参见本书第四部分之3。——译者注
② 肯陶洛斯，古希腊神话中的怪物，一半为人一半为马。——译者注
③ 喀迈拉，希腊神话中喷火的妖怪，狮头，羊身，蛇尾。——译者注

这常常会让他们更容易轻信，而轻信则是期盼与恐惧所导致的最大后果；另外，绝大部分人都非常期盼能赢得称赞颂扬，都非常看重罕见，非常看重它的目击人和阐述者。我的意思是，你如果顾及这些，就会非常容易意识到：尽管许多生灵都是值得被探讨的话题、描述的对象，被一本正经地描摹一番，而事实上它们却是凭空捏造出来的。

荷瑞修： 对于妖怪的由来，对于每个神话传说的由来，我并不觉得惊讶。事实上我知道：在你用来阐释让人为了共同利益结为一体的那个最大目的的理由当中，我却看到了某种让人特别迷惘的东西，而我没有考虑过它。我想到了你形容的人的生存状态：人两手空空，缺少自卫能力，在许多动物面前，它们饥饿难耐、贪婪无度、嗜血成命，力量远胜过人类，并且生来就拥有进攻的武器，所以，我实在不能想象人类是怎样存活下来的。

里欧·门尼斯： 你这个想法非常需要关注。

荷瑞修： 这的确让人震撼。狮子和猛虎是多么粗暴野蛮的野兽啊！

里欧·门尼斯： 我倒觉得它们是相当完美的动物。最让我佩服得五体投地的，就是狮子。

荷瑞修： 我们说狮子虚怀若谷、有恩必报，这的确是相当稀奇的。你觉得它们真会这样吗？

里欧·门尼斯： 我并不会花工夫去研究狮子，我所称颂的是狮子的筋骨、身体结构及它非比寻常的欲望，因为它们都恰如其分地相互映衬着。在大自然的所有作品上，你都可以发现秩序、对称和胜过万物的睿智。然而，大自然里却不存在一台机器会如同狮子那样，其所有部分都合乎各自在整体中所要实现的目的。

荷瑞修： 那个目的就是杜绝其他动物的存在。

里欧·门尼斯： 这非常正确。然而这个目的又是多么显而易见，它没有半点神秘色彩，真真切切！葡萄的用途就是酿酒，人是组成社会的因子，这些真理在所有个体身上无法展现得一览无余；而在所有单个的狮子身上却都有着真正威严的象征。但凡在狮子面前，连最健硕的动物也会恭恭敬敬，颤抖不已。细心考量狮子那分量巨大的利爪，庞大体型结实的肌肉；细心考量它恐怖的牙齿，健硕的颚部，以及同样让人心惊的宽大狮口，我们就会对它有何用途非常清楚了。不但这样，狮子四肢的结构，狮子肌肉筋腱的强悍有力，狮子骨骼的结实，也远远胜过了其他动物，而狮子的周身结构及其永无止境的怒气、行动的敏捷与灵活，这些全都让它成为野兽之王。如果顾及这些，而无法看到大自然的初衷，无法看到大自然为狮子这种美丽的动物策划了多么让人叹为观止的技能,让其可以去进攻和战胜其他动物,那就是愚昧。

荷瑞修:你是位杰出的画家。然而,你评价一种动物时,为什么要根据它那些被误解的特性,而不是根据它的起源,即刚开始产生它的原因呢?天堂乐园里的狮子原来是脾性驯服而忠诚的动物。听一下弥尔顿是怎么形容狮子在亚当和夏娃面前的表现的吧。

他们在那美丽的、软绵绵的河岸旁躺着,那里到处都是鲜花:

……在他们附近,地上的各种野兽在嬉戏,它们从树林或荒野、森林或洞穴中走来;

狮子在蹦蹦跳跳,用爪逗幼崽们玩;

狗熊,老虎,山猫和豹子

也都在他们面前尽情玩耍。……①

身处乐园之中,狮子以什么为食?这些食肉野兽又靠什么来果腹呢?

里欧·门尼斯:我无从得知。信奉《圣经》的人,谁都没有质疑:天堂乐园的情景以及上帝与第一个人之间的沟通,都是超脱于自然之上的,就像太初创世一样。所以,我们无法想象用人的理性去说明它们。如果可以用人的理性来加以说明,那么,摩西就无须去回答那些他不能回答的问题了。他为我们叙说的那些时光的历史非常简单,没有瑕疵,都被涵盖在其他人对那些叙说的说明和注释里。

荷瑞修:除了摩西的话里有加以验证的东西,弥尔顿不曾涉及乐园里的其他情况。

里欧·门尼斯:从摩西的话里,压根无法验证那种天真单纯的情形是否延续了很长时间,甚至维持到了山羊或其他所有胎生动物可以生养、哺育幼崽的时候。

荷瑞修:你是说,天堂乐园里绝不会有动物幼崽。我肯定不可能对一首那么完美的诗这么挑挑拣拣,我压根不曾有这个想法。我把这些诗句读一下,只是想要跟你阐明:在天堂乐园里,狮子一定是有无皆可、无足轻重的;除此之外,那些自诩找到了自然之作的瑕疵的人,可能会对大自然进行公允的斥责,因为她没有意义地让一种优秀动物拥有了这么众多的杰出特性,而这纯粹是奢侈无度。他们会说,大自然让一种动物拥有了如此五花八门的毁灭性武器!让它拥有了多么让人震撼的四肢及肌腱力量!它们有什么意义呢?仅仅是用于抚慰和挑逗幼崽而已。我知道:在我看来,如此分工,派给狮子这样的任务非常不合适,并且明显

---

① 参见英国诗人弥尔顿(1608—1674)在1667年所做的长诗《失乐园》。——译者注

缺乏考虑,就像你让亚历山大大帝去做看护一样。

里欧·门尼斯:你如果发现狮子正在酣睡之中,大可放心地在它身边来来回回,反反复复多少次都没问题。如果除了目睹公牛在母牛群里神态悠然地吃草,而不曾见过其他情况下的公牛,那谁都不可能想到公牛有需要运用它的犄角的机会。然而,你如果看到一头公牛被狗群、狼群或随便一群天敌袭击,就会迅速意识到:犄角对公牛来说是相当重要的。狮子并非生来就一直生活在天堂乐园里的。

荷瑞修:我认可你这个观点。如果创造狮子是出于天堂乐园以外的那些初衷,那么,有一点就非常显而易见:人的沉沦从创世之日起就已是必然的了。

里欧·门尼斯:这是早就了解的。所有事情都无法躲过全能的上帝的视线,这是毋庸置疑的。然而我肯定不会认同它破坏或削弱了亚当的自由意志也是前定的。"前定的"这个字让世人为此掀起了多少风浪,这个字本身向来是许多重大争论的源头。因为不好对它进行准确的诠释,我曾发誓一定不让自己置身于它有关的所有辩论之中。

荷瑞修:我无法逼你如此行事。然而,你这般称颂的那种事情,却一定要搭上我们人类的千百条性命。为数甚少的人在还没有火器或起码在还没有弓箭的条件下,竟然可以保护自己,在我而言这堪称奇迹。要有多少个两手空空的男女,才可以在与一对狮子的斗争中胜出呢?

里欧·门尼斯:虽然这样,我们人类毕竟存活下来了。在一切文明国家里,人们都不可能重新成为野人了。我们人类有比其他所有动物都要杰出的智力,这已经让那些动物觉得恐惧了。

荷瑞修:我由理智可知,必然是这样。然而,我必须要说的是:当人类的判断力根据你的目的为你解开什么难题的时候,它向来是准备充分和有十足发展的;而在其他一些情况下,知识与推理论证则属于时间上的工作范畴,直到多少代以后人才可以做些正确的思考。请跟我说一下,人在装备武器之前,他的判断力在与狮子对抗方面能有什么用呢?到底是什么让人没有刚一出生就沦为野兽的美餐呢?

里欧·门尼斯:上帝。

荷瑞修:是的,但以理就是因为奇迹挽回了性命的[①];然而,对其他人的情况又能做何解释呢?我们了解,在每个时代,都曾有许多的人惨遭野兽踩躏。我

[①] 《旧约·但以理书》中说:大利乌王命令把但以理抛入狮坑之中,但以理由于神助而毫发无伤(第6章,第16—第23节)。——译者注

想了解的是：当人类既缺少自卫武器，又缺少强大的防御工事去抗衡野蛮残暴的野兽的时候，人们是怎么存活下来的，整个人类为什么没有被野兽毁灭殆尽呢？

里欧·门尼斯： 我已经告诉过你了，那是上帝。

荷瑞修： 你用什么来证明那是凭借奇迹的护佑呢？

里欧·门尼斯： 你所指的还是奇迹，然而我所指的是上帝，也可以说是上帝掌控全部的智慧。

荷瑞修： 在世界源起之时，那种智慧也就像而今这样，不凭借奇迹，在我们人类与狮子之间占了一席之地，你怎么可以跟我证明这一点：那么，你在我看来就是一个奇迹。就目前来说，我能断言：一头残暴的狮子起码会如同扑向一头牛或一匹马那样，敏捷地扑向一个两手空空的人。

里欧·门尼斯： 所有特征、本能，以及我们所说的（有生命的和无生命的）事物性质的东西，都是因为那种智慧而生的或是其最终结果，你不认可这个观点吗？

荷瑞修： 我一直不曾有这样的想法。

里欧·门尼斯： 这样我就很容易给你印证这一点了。除了在相当酷热难耐的国度里，狮子向来不会在野外生活，这就如同熊是极寒地域的产物一样。不过，绝大部分的人类都钟爱温暖宜人的气候，所以最喜欢生活在温带地区。人非常不乐意去适应冰冷的气候，或者凭借能力和耐力去适应酷热的气候；然而，让人体觉得最舒服的，还是温和的空气以及在寒冷与炎热极限之间的气候。所以，大多数人类都自然地生活在温带气候里。同样的适宜条件也让其他动物只选择温和的气候生存。这会在很大程度上减少人类遇到的困难，它们源于那些最野蛮、最无法抗击的野兽。

荷瑞修： 然而，生活在热带国家里的狮子和老虎，以及生活在寒冷国家里的熊，到底是不是只会生活在它们各自预设的边界里，而从来不越界一步、不到处徜徉呢？

里欧·门尼斯： 我认为它们必然会越界。在比较偏远的地方，人和家畜也经常会成为狮子的盘中之物。所有野兽对我们人类的致命危险，都比不上人类相互之间的争斗来得危险。被敌人穷追不舍的人们会逃到那些他们肯定不喜欢去的气候或国家里苟且偷生。同理，贪婪与好奇也常常会让人甘心去面对那些并不一定得去面对的危险。而人们如果对天性的需求已经心满意足，只是出于保障生活而和其他动物用一样的简单方式去做事，是能够远离那些危险的。其他动物不像人一样有如此强的虚荣心，并对自己的处境非常称心如意。我丝毫没有怀疑，在全部这些情形之中，人类的大部分都曾有过被野兽和其他有害动物危害的经历。我也绝对认同：仅仅因为这一点，在创造弓箭或更优越的武器之前，为数众多的人群要定居或生活在酷热难耐或冰天雪地的国度里，那是绝对不现实的。然而，所有这些都不能推翻我这个观点，我打算验证的是：第一，一切动物都凭借本能选择了让其觉得最合适的冷热气候，所以，世界上就不存在相应的空间，让人类既可以在那里进行世世代代的繁殖，也无须去承担一点被狮子或狗熊吃掉的风险。第二，最天真的野蛮人就算不凭借其理性的帮助，也会意识到这一点。这就是所谓的"上帝的工作"，即在对宇宙的合理匹配中，那个最高的存在体现出来的亘古长存的智慧，即那条难以领悟的因果链之源，毋庸置疑，在那个链条上，所有事件都彼此制约、相辅相成。

荷瑞修：你对这个问题的阐释，要好过我所预料的。然而，你提到的那个让社会形成的首要目的，估计与它没有丝毫关系。

里欧·门尼斯：无须忧虑，世上还有许多野兽，而人类如果缺少武器、如果不组合成群、如果不彼此帮助，就不能抗击它们。在适宜的气候下，大部分仍处于野蛮状态的国家都一定会潜藏着狼群危害的可能性。

荷瑞修：我在德国亲眼看见过狼。狼的个头和獒相仿，然而，我那时觉得狼主要是以羊为食。

里欧·门尼斯：所有可以被狼捕到的动物都会成为它的腹中之物。狼相当残忍，如果是饥饿难耐，不仅会抓捕羊，而且也会抓捕人和牛马。狼有跟獒差不多的牙齿，除此之外它还有用于撕扯的利爪，而那是犬类所缺乏的。最健硕的人的气力也很难战胜狼。而最棘手的是，狼往往成群行动，袭击整个村庄。狼一次能生下五六只或更多的狼崽，人们如果不携起手来一起抗击，并把消灭狼群视为重要使命，狼就会迅速在全国范围内蔓延开来。同理，野猪也是危险的动物，而在温带气候下，野猪不会出没的大森林和野猪不会生活的地方是相当稀罕的。

荷瑞修：野猪的獠牙是它们的致命武器。

里欧·门尼斯：而且，野猪的身躯和力气也要远远大过狼。历史中有许多对古代狼患的叙述，也有许多涉及英勇的人由于战胜狼而声名鹊起的叙述。

荷瑞修：那都是确确实实的。不过曾经那些与怪物抗衡的英雄却都配备了武器，起码其中大部分都有。然而，一些两手空空、手头什么武器也没有的人，到底是凭什么去和凶残狼群的伶牙利爪抗衡呢？一个人朝野猪遍布棕毛的厚皮上抽一下，又会给它带来怎样的伤害呢？

里欧·门尼斯：一方面，我已经罗列了人一定会恐惧野兽的各种原因，所以，另一方面，我们也不能够将那些对人有利的因素抛诸脑后。首先，在凭借气力、聪慧和活力的技艺方面，对困难已经习以为常的野蛮人要远远胜过文明人。其次，置身于野蛮状态之中，人的怒气可以让人比在社会里更快速地振奋精神，可以更有效地激励人进入战斗状态。在社会中生活的人，从小就要经由各种途径掌握自卫的技能。他必须要这样。他一定要掌握用自己的害怕去战胜和约束大自然赐给他的优秀技艺。我们发现：大部分野生动物在其生命（或其幼崽的生命）面临危险的时候，都会坚定地战斗至死。但凡还有一口气，它们就会竭力抗击，既不考虑对手的数量远远超出了自己，也不担心自己的处境艰难。我们还发现：动物越是没有受过驯养，越是不明白要前思后想，就越会被那种最高激情所影响。父母对孩子的那种生来就有的爱护之情，会让男人和女人为了自己的孩子不惜搭上自己的性命，为自己的孩子从容赴死。然而他们常常由于搏斗而送命。一对小心戒备的父母虽然两手空空，然而但凡他们决心已定，那么，一只狼想要叼走他们的孩子就绝非易事。

就人生来就缺乏自卫能力之事，一个熟悉自己胳膊力量的人，居然会从来不了解自己的手指关节，起码不了解手指关节有何用处，不了解手可以把东西抓住的能力，这实在是难以置信的事情。就算最缺乏教化的野蛮人，在他长大以前也早就会运用棍棒和长竿了。人面对的最多的威胁源于野兽，所以，人一定会最谨慎、最拼命地远离这些危险。为了打击这些敌人，为了毁灭它们的幼崽，人会设计陷阱，还会用尽其他一些诡计。人找到了火之后，立刻就把这种自然要素用于保障自己的安全，让这些敌人困惑不已。因为火的帮助，人没多久就掌握了把木头削尖的本领，这让当时的人设计出了长矛和其他砍杀武器。人对来犯、逃窜或飞走之敌形成了相当大的怒火之后，常常会把手头的东西投向它们。人有了长矛，当然会立刻发明飞镖和投枪。到那时，人可能会有片刻停留。然而，等到时机成熟，人就会根据同样的思路发明弓箭。木棍和树条的弹性显而易见，而我也能断言：用兽皮做绳比用亚麻制绳的历史更为久远。我们由经验可知：在所有的政府形式（父母管辖其子女的政府除外）出现之前，人类大概就有了上述所有武器，大概还有了更多的武器，并且已经相当熟悉它们的用途了。同理，我们还非常明白：当野蛮人的数量达到一定水平，力量非常雄厚时，就算缺少更好的武器，他们也会顶着风险去主动出击，甚至去对那些最残暴的野兽穷追不舍，狮子和老虎也包含在内。还有一件事情需要考虑，某些动物虽然对人伤害不大，但生活在温和气候中的人还是有理由对它万分恐惧。

荷瑞修：是狼和野猪吗？

里欧·门尼斯：非常正确。狼曾以人为食，这是板上钉钉的事实；然而狼的本性却是捕食羊和家禽；而但凡狼可以找到死尸或随便什么可以填饱肚子的东西，它就不会轻易去进攻人或其他大型动物。正由于这一点，形单影只的人在夏季才无须太过害怕受到狼的袭击。同样需要相信的一点是：野猪有可能追击人，许多野猪的胃囊中都被人肉填充着，然而野猪生来却是以橡实、板栗、榍果和其他蔬菜为食物的。仅仅是在无法找到其他食物时，在气候非常糟糕、田野遍地荒芜、地面都被大雪覆盖的时候，野猪才必须要去找肉吃。因而说：除了在冰天雪地的冬季，这两种野兽对人造成的危险都说不上太大，也说不上是太直接。而且在温带也不会轻易出现严寒的冬季。不过，它们毕竟永远都是人类的敌人，它们会摧残和吞食所有可以被人充当食物的东西。所以，我们不但绝对有必要对它们保持相当的警觉心，而且一定要持续地联合起来，以追击和捣毁它们。

荷瑞修：我已非常明白：人类如果没有彼此帮助，一起抗击野兽，就无法存活下来并繁衍生息，并且克服其他所有对人类有害的动物。人们一定要携起手来形成群体，这大概就是通往社会的第一步。到目前为止，我能够非常肯定地说：你已经验证了你那个主要观点。然而，把所有这些都看作上帝的功劳，并觉得如果缺乏上帝的允诺就徒劳无功，这好像与我们对这位最高存在的认识并不相符，因为他在我们眼中十全十美、宅心仁厚。有害的动物身上都大概会有一些对人类有好处的东西。在吕坎①所说的那些害处最大的毒蛇体内，是不是并不存在某种还没有被发现的解毒剂或是其他良药，我不打算与你就这个问题展开辩论。然而，形形色色的食肉嗜血的动物，它们不但在气力上比我们人类大得多，而且很明显都拥有与生俱来的武器，事实上那些武器就是用来战胜人类的。当我意识到所有这些时，就会想到：这些动物除了被用于惩戒我们人类之外，不晓得还存在其他什么功用。我不了解上帝创造它们是出于怎样的目的。然而我更不能想象，上帝的智慧居然会把它们当成让人类抵达文明的手段。在与这些动物的对峙中，必然已经有数以千计的人们被它们吞入腹中了！

里欧·门尼斯：在一个漫长的冬季里，十群野狼，每群有五十只，能够给上百万手无缚鸡之力的人带来灭顶之灾；然而，其中一半的人都明白：因为一场瘟

---

① 吕坎（39—65），拉丁诗人，著有《药典》（*Pharsalia*）一书，后由于暴君尼禄的嫉妒而被迫自己了结性命。——译者注

疫而葬送性命的人要比这么多野狼同时吃掉的人多得多，虽然人们用很棒的药物和优秀的医生全力地抗击瘟疫，结果却依旧是这样。正是因为我们生来就有的骄傲之心，因为人类对自己的绝口称赞，人类才觉得宇宙万物首先都是为了迎合人类的需求才产生的。这个误解让人类产生了数以千计轻浮的举动，并对上帝及其工作形成了各种卑俗的、最没有意义的见解。狼吃人肉，这与人吃羊肉或鸡肉的残忍程度是相似的，更不可理喻。野兽之所以被设计而生是为了实现怎样的初衷，为了实现多少初衷，这并非在我们人类所能裁定的范畴之内。然而我们明白：它们是被设计而生的，其中有许多一定会给一切稚嫩的民族及人类所处的世界招致灾难，这一点基本上是毋庸置疑的。你已经对这一点持绝对肯定的态度。不但这样，你还更深层地意识到它们在很大程度上有碍于我们人类的生存，是人类生存无法躲避的绊脚石。为了回答你所问的这个难题，我之前对你详述了根据动物的各种本能与特定性向，大自然创造了数目庞大的人类，虽然那些最残忍的野兽脾性极坏、力量超群，人又两手空空、手无缚鸡之力，但是人依然凭借自己的智慧逃脱猛兽的攻击，得以存活下来，一直繁衍生息，最终凭借后天勤勤恳恳的才能和制造武器，袭击和解决全部野兽，无论人打算到世界上什么地方去拓荒生活，都无一例外。

我们从太阳那里获取的必不可少的恩惠，连孩子都明白。少了阳光，地球上目前存在的所有的生命都无法生存，这也是非常明显的。不过，太阳如果除此之外再无任何意义，那么，太阳有八十多万个地球那么大[①]，而实际上千分之一的太阳就可以给地球提供充足的阳光了，如果它按比例离地球再近一点。在我看来：创造太阳其实还有照亮和温暖地球以外其他行星的需要。创造火和水有数不清的目的，其用途也迥然不同。然而，我们接受这些恩惠而只是考虑到自己的时候，在浩瀚的宇宙体系中，有可能还存在数以千计的其他事物，其中可能还涵盖我们人类自己这部机器，正在为某种极为睿智的目的服务，而我们对此却全然不知。按照为地球定下的这个计划（也就是对政府的设计，它包括生活在地球上的有生命动物），动物的灭绝和延续，同样都是不可或缺的。

荷瑞修：我已经在《蜜蜂的寓言》里对这个见解有所领会了。我认为自己看到的那些话相当正确，即：如果所有的物种一直都不死的话，到了相应的时候，它就会把其他所有物种全都碾压成片，虽然最早因它灭绝的是羊，之后才是全部的狮子。然而我不能设想：最高的存在要创造社会，为什么会把那么多人的生命

[①] 这是当时的一种错误认知，太阳的体积实际上是地球的130万倍。——译者注

当作牺牲品，而如果用较为友善的方式去创造社会，结果能够更好一点。

里欧·门尼斯：我们目前探讨的是那些已经身体力行的事情，而不是那些原本可以做却没来得及做的事情。毋庸置疑，造就鲸鱼的相同力量，原本能够把人打造得身高七十英尺，并且赐给他与之匹配的力量。但是，那个为地球预设的计划却希望所有物种中的死亡与出生总体持平，你也知道应该是要这样的。既然这样，为何又要灭绝带来死亡的各种工具呢？

荷瑞修：难道疾病、医生和药剂师们还远远不行吗？难道海陆战争还远远不行吗？它们让人类搭上的生命，已经远远不只是过剩的人口了。

里欧·门尼斯：是的，它们大概果真如你所言。然而事实上，疾病和战争并非一直能达成这样的后果。我们发现，在人山人海的国家，战争、野兽、绞刑、溺水，还有成千种突发事件，再加上疾病及其一切后果，几乎都无法与人类的一种无形机能同日而语，那就是人类繁衍自己物种的本能。对上帝而言，所有事情都能轻而易举地实现；然而站在人的立场来说，在创造这个地球及世上万物时，为灭绝动物而创造各种方法及工具，以及为让动物繁衍生息而创造各种方法及工具，两者要求的智慧和思虑很明显是相同的。同样浅显易懂的是：按照对人的身体的设计，人的寿命仅仅这么长而已；事实上，根据对某些种类的马的设计，它们还没有人类活的时间长。不过，我们对死亡的天生反感却广泛存在。提及死法，人们的看法差别很大。我向来不曾听说过人们广泛地对某一种死法存在特殊的偏好。

荷瑞修：不过，不会有人选择残忍的死法。被残忍的野兽撕裂成碎片或生生吞入腹中，那种折磨是多么难以言表，多么惨不忍睹啊！

里欧·门尼斯：我能够跟你承诺，那并不比天天被胃痛或膀胱结石折磨得死去活来要糟糕多少。

荷瑞修：你怎么能给下我这个承诺？你如何印证这一点呢？

里欧·门尼斯：我的证据就是我们自己，也就是人体本身，因为人体无法容忍哪一种痛苦不堪的折磨。人生中痛苦与快乐的水平都是可数的，并且各自与每个人的体力相匹配。如果是这个范围之外的痛苦与快乐，都会让人知觉全无。无论谁之前由于遭受残酷折磨而晕倒过，如果对当时的感觉还记忆犹新，他就会明白自己到底可以承担多大的痛苦。残暴的野兽对人的真正祸害，它们给人类带来的灾祸，远远比不上人与人之间的摧残凌辱和数不胜数的致命伤害还要惨痛。设想一下，你身边有一个士兵，他因为战斗导致肢体残缺不全，又被二十匹马踩躏。请你跟我说一下：百般无奈地躺在地上，大部分肋骨折断，头骨裂开，在死亡的深切痛苦中消磨上几个小时，与被一只狮子一口吞下，哪个痛苦要弱一点？

荷瑞修： 两个都糟糕至极。

里欧·门尼斯： 我们对事物进行选择时，大部分是因为流行时尚和时代习俗的影响，而较少因为执着理性和自身判断力的指点。因水肿毙命、被虫子吞噬，这与掉入海中、葬身鱼腹相比并没有舒服多少。然而，我们浅薄的思维方式里有着某种有损判断力的东西。否则，一些以旨趣高雅闻名的人，又怎么会情愿躺在讨厌的棺材里发霉变质，而不愿在光天化日之下被焚烧为无害的灰烬呢？

荷瑞修： 我能够坦诚，我特别憎恶所有危言耸听的、有悖自然规律的事情。

里欧·门尼斯： 我不明白你所指的危言耸听的事情是什么，然而对于大自然而言，动物以对方为食是非常正常的事情，也非常合乎自然的正常进程。地球上所有生命动物的一切系统好像都是基于这个基础。在我们所了解的动物中，不存在一种不把其他动物（无论是死是活）充当食物。大部分鱼类都必须要以其他鱼类为食，而这并不是大自然的粗心大意，因为大自然提供了许多的鱼类，其数量显然比其他所有动物都要多。

荷瑞修： 你所说的是鱼产卵的数量非常之多，这让人震撼。

里欧·门尼斯： 非常正确。鱼卵在鱼的体内不具备繁殖能力，直到被排出体外后才具备。所以，雌鱼在腹中就大可尽情地产卵，而鱼卵本身也会比受精后排列地更为密集。否则，一条鱼也绝对不会每年产下数量如此庞大的一群鱼。

荷瑞修： 雄鱼精液可以进入整团鱼卵，让所有鱼卵受精，并不会像家禽或其他卵生动物那样需要有一席之地吗？

里欧·门尼斯： 首先，鸵鸟就要排除在外；其次，其他所有卵生动物的卵子都比不上鱼卵排列得那么密集。然而，即使所有鱼卵都可以受精，如果每一个鱼卵（有的雌鱼体内到处都是鱼卵）都在雌鱼体内受精（这是绝对不现实的），那么，虽然雄鱼精液并不需要多大的地方，它依然会像在其他所有动物体内那样增大，也会让所有的卵子出现或多或少的增大。就算为数甚多的个体只是增大一点，也会让整团鱼卵形成一大块，其需要的地方一定要远远大过当前鱼腹的体积。这里不是有着一种难以置信的巧妙设计吗？它是为一个物种的繁衍而服务的，虽然那物种的所有个体天生就拥有破坏该物种的天性！

荷瑞修： 你提到的情况只能出现在大海里，起码在欧洲大多数的海洋里是这样。在淡水中，众多的鱼类并不把同类当作食物，却仍旧根据相同的方式产卵，其庞大的数量也如同其他鱼类一样让人惊讶。在它们当中，只有一种会给人类带来巨大危害，那就是狗鱼。

里欧·门尼斯： 狗鱼特别热衷肉食。我们发现：水塘里只要有狗鱼的地方，其他鱼类的数量都没有变多的可能。然而在河流及所有与陆地接壤的水中却有形形色色的水禽，它们大部分都靠鱼类充饥。有许多地方，这种水禽的数量都让人叹为观止。除此之外，吃鱼的动物还包括水獭、河狸，等等。在溪水和浅塘里，吃鱼的水禽则包括塘鹅与鸬鹚。这些水禽所需要的鱼，数量上可能没有多少。然而，一对天鹅一年用于果腹的鱼苗和鱼卵如果还健在的话，绝对可以长成能够填塞一条河的鱼。所以，鱼一直是被当作食物，无论是被同类吞掉还是成为其他动物的腹中之物，结果都没有区别。我打算印证的是：自然创造的所有动物，其数量再多也不足为怪，然而她却创造了能够摧毁它们的工具。世界上有的地方，昆虫种类可谓五花八门，所有没有细心研究过这一点的人，都会对其种类之多觉得难以想象。它们的美丽也是难以形容。然而，它们的美丽和多样，却都比不上大自然巧妙预设灭绝它们的工具之多样更让人叹为观止。如果其他所有动物不再留心昆虫，不再破坏它们，那么，只需要两年时间，目前地球上人类居住的绝大多数地方就会在昆虫的掌控之中，而在许多国家里，存活下来的也仅仅剩下昆虫。

荷瑞修： 据说，鲸鱼除了鱼类不吃任何东西。被鲸鱼吃掉的鱼想必是数不胜数。

里欧·门尼斯： 我觉得大家可能都这么认为，因为人们一直没有在鲸鱼体内发现一点鱼类的踪影，还因为海洋里有许多昆虫，它们在海面上漂来漂去。鲸鱼这种动物也能帮助我更具体地阐释我那个观点，也就是在所有物种数量的增多上，最关键的问题在于一定要把它们浪费掉。鲸鱼这种动物的身形实在太庞大，不能被吞掉，所以，大自然就完全改变了鲸鱼的机能，使其与其他鱼类相比有很大差异。这是由于：鲸鱼是胎生动物，如同其他胎生动物那样，每胎充其量生两三条。地球上有数不胜数的动物，为了让所有的物种都可以延续，所有物种被削减的数量就肯定不能超过其出生的数量。所以，大自然对让动物死亡、让其被削减所花费的心思，显而易见远远超出对养育和延续动物的注重。

荷瑞修： 请你印证这个观点。

里欧·门尼斯： 每年，大自然中上百万动物都会食不果腹，并一定会由于缺乏食物而毙命。只要有动物死去，绝对会有其他的动物来把它们消耗掉。然后，大自然就重新提供同等数量的动物。不会有比大自然不甘心为动物提供食物更狡猾、更高超的事情了，而大自然的大度也最普遍、最公正无私。她肯定不会为其最卑俗的动物提供上好的食物，而所有动物对自己可以寻觅到的食物都一样热爱。普通苍蝇身体构造的设计是多么高超！其翅膀的灵敏度是多么难以超越！它在夏天的所有动作是多么敏捷啊！如果一位毕达哥拉斯派哲学家也谙熟力学，凭借显微镜的帮助，细心研究苍蝇这种闪亮昆虫的所有细微动作，并且恰到好处地研究它高超的机能，他就会觉得：数十亿个生机勃勃的苍蝇，其设计这么高超而完美，居然天天都被那些对人类没什么用处的小鸟和蜘蛛吞掉，这真是太让人痛心了。难道他不会有这种想法吗？不但这样，你自己难道不会觉得：就算苍蝇的数量比目前少，就算世上压根就不存在蜘蛛，世界依旧会井井有条吗？

荷瑞修：那个关于橡实与南瓜的寓言[①]，令我记忆非常深刻，所以我不能回答你。我实在不想浪费脑细胞去研究这个问题。

里欧·门尼斯：然而，你却在对那种工具吹毛求疵，而我觉得上帝依靠它让人类结为一体。所谓工具，也就是人类一起面对野兽带来的危险，虽然你也知道它大概曾是让人类联合在一起的第一目的。

荷瑞修：我真是难以想象：上帝对我们人类的关注居然赶不上对苍蝇和鱼卵的关注。我也难以想象：大自然竟然会如同对待昆虫的生命一样，把人类的命运当作玩笑，任意践踏人类的生命。我不了解你怎样把这与宗教有机结合起来，你是这样虔诚地信仰基督教。

里欧·门尼斯：这与宗教毫不相干。然而，我们头脑中对我们人类、对人类杰出之处的思想委实是太多了，所以抽不出工夫去审慎地考量对地球上万物的部署。我所说的是地球上有生命动物运作所因循的那个计划。

荷瑞修：我所说的并非我们人类这个方面，而是神那个方面。你觉得上帝是为数众多的残忍恶毒事物的始作俑者，这难道与宗教毫不相干吗？

里欧·门尼斯：你运用的这些说辞，除了指人类不会是指其他，因为我们觉得这些说法的目的仅仅是为做事，或者是人类对事情的喜好之心。做事者那里并不存在一点点能够被看作残忍恶毒的因素，除非他的思想和计划存在这种因素。就理论层面而言，大自然里的所有行为都不存在好坏善恶之分；无论一种行为对充当个体的动物怎样，在这个地球上，或者在整个宇宙之中，死亡与出生都并非罪恶。

[①] 指法国作家拉·封丹的寓言《橡实与南瓜》：一个蠢人认为这个世界很荒谬，因为巨大的南瓜长在柔软的瓜秧上，小小的橡实却长在巨大的橡树上。后来他在一棵橡树下休息时，一颗橡实从树上掉下来，正中他的头顶。他才觉得造物主不让南瓜结在树上并不是蠢事一桩。——译者注

荷瑞修：这会让人觉得：万物的最终根源并非是个明智的存在。

里欧·门尼斯：何出此言呢？你就无法假设一位聪明的，甚至是理性的存在，他不但没有一丁点残忍恶毒之心，而且连想都不曾想一下它们吗？

荷瑞修：这样的一种存在绝对不会去涉足一丁点恶毒残忍的事情，也不可能下这样的命令。

里欧·门尼斯：上帝也不可能有此举动。然而，这个话题会让我们置身于一场关于罪恶起源的辩论之中。这场辩论一定会有关于自由意志与前定性的问题，而我已经跟你说过，这个问题无法寻根究底，我一直不希望涉足其中。然而我向来没有提到，也不曾想过一点点有辱神明的话。与此相反，我对那位最高存在的见解却高过世间万物，并且已经竭尽全力，是一种难以言表的观念。所以我情愿认为，他如果导致了一丁点真正的罪恶，他就消弭于无形了。然而，我非常乐于听你说一下你估计会更完善地形成社会的方式。请跟我说一下你认为的那种友善的方式吧。

荷瑞修：你已经让我完全认同：我们所说的对人类怀有的那种与生俱来的爱，与其他动物对其族类的爱并无差别。然而，如果大自然的确赐给了我们相互之间的关爱，那关爱又如同父母对柔弱子女的关爱一样纯粹，人类就会选择结合在一起，一切东西都无法成为人们联合起来的绊脚石，无论人们的数量是多是少，无论人们是否拥有知识，都会这样。

里欧·门尼斯：被蒙蔽的盲人们啊！无知的理性啊！

荷瑞修：你想怎么惊呼都敬请自便吧！我认为，那种关爱让人们组成的友爱联盟，比他们因一起面对源于猛兽的危险而组成的群体更坚不可摧。你到底可以发现它的什么错误呢？互相关爱究竟又会给我们造成怎样的害处呢？

里欧·门尼斯：它与那个计划有出入，而上帝很明显向来都非常喜欢根据那个计划设计并部署宇宙万物。如果这种关爱在人身上都变作本能，那么，人与人之间就肯定不可能出现争执，也肯定不可能出现致命的仇恨；人们互相之间向来不会残忍相待，总而言之，世上就不可能出现永不停息的战争，数量庞大的人也就不可能因为人类相互之间的仇恨而送命了。

荷瑞修：出于对文明社会的安康和繁衍的考虑，你竟然能用战争、暴力和敌意充当药方。你绝对会是一位世间少见的国医。

里欧·门尼斯：请不要误会我的初衷。我可压根不打算采取这种做法。然而，但凡你还对上帝掌控世界持信任态度，你也就一定要认可上帝会运用各种工具去达成、表露和实施他的初衷和快乐。用事例说明，如果打算挑起战争，各个国家之间首先要产生误解和争执，双方君主、统治者或执政者要出现矛盾；只要是运用这种手段的地方，很明显都一定对运用人心非常熟稔。因而我能够从中得出结论说：如果上帝的确根据那种被你看作最佳的友善方式部署所有事物，那么，人类就算要流血，也必然会非常少。

荷瑞修： 这又有什么坏处呢？

里欧·门尼斯： 如此一来，有生命的动物就不可能如目前这么多种多样了。不但这样，世界上还不可能存在人类及其必需之物的安身立命之所。如果缺少战争，如果上帝部署的一般进程并非如同目前这样经常性地被扰乱，那么，我们人类自身就会填满地球，形成过剩的局面。所以我觉得：这种情况是与上帝的计划针锋相对的，它彻底捣毁了那个计划，而地球很明显就是根据那个计划被设计出来的。我难道说错了吗？你向来都不曾合情合理地想过这一点。我以前跟你说过这个观点，也曾让你觉得动物的毁灭也如同其繁殖一样是必不可少的。在削减和扼杀一些动物、为那些持续接替它们的动物腾出发展空间的巧妙预想当中，也可以发现上帝的智慧，它与一切动物繁衍物种的巧妙预想里的智慧不相上下。我们人类只有凭借一种途径来到这个世界上，你觉得有什么理由呢？

荷瑞修： 因为那种途径完全够用了。

里欧·门尼斯： 那么，根据同样的理由，我们就应该想：离开这个世界可以用多种方式，这是由于只凭一种方式是远远不够的。因而说，"为了保证地球上各种动物的繁衍生息，动物理应死亡"，这个基本命题其实也如同"动物理应出生"的基本命题一样不可或缺。你撤除或堵塞了引起死亡的方式，事实上就是合上了生死两扇大门中的死亡之门，我们目睹为数众多的动物要经由那扇大门走向死亡。难道这比你堵塞动物繁殖更契合那个计划吗？难道这对那个计划的损伤更弱一点吗？如果世界上从不曾有战争，除了自然的死亡方式之外，也不曾有通往死亡的其他手段，那这个星球就连目前十分之一的人也不可能出现，起码无法保障这些人的生存。在此我所说的战争，不但指国与国之间的战争，而且指国内外的纷争、集体屠杀、个人谋杀、毒药、长剑和所有仇恨的力量。人们虽然自诩珍视同类，然而依旧用这些手段，在世界范围内相互厮杀，从该隐杀死亚伯①的时代到现在，永不停歇。

---

① 亚当和夏娃的长子该隐由于嫉妒而把兄弟亚伯置于死地。该隐意即"得到的"，亚伯意即"虚空"。该隐和亚伯代表世上两种人，该隐代表犯罪而自义的人，亚伯代表有信心而敬畏神的人。——译者注

荷瑞修： 在我看来，这些灾祸中有据可查的，估计都没有四分之一；然而按照我们已经知道的历史，由于这些灾祸而丧命的人，其数量是相当让人震撼的。我能断言，这个人数要远远超过同时生活于地球上的人。然而你打算从中进行怎样的推论呢？那些人不可能长生不老，就算并非死于战争，战后也一定迅速死于疾病。一个六旬老翁在野外死于流弹之击，那是命运剥夺了他（如果留在家中）再活上四年的机会。

里欧·门尼斯： 各国军队里估计都有六旬老兵，然而参战的男人往往都非常年轻。如果有四五千人死于战斗，你会意识到其中三十五岁以下的人占大多数。如今请你思考一个情况：许多男人等到不再有能力生养十到十二个孩子的年龄之后才步入婚姻生活。

荷瑞修： 如果那些被别人杀死的男人全都还健在，并生养十二个孩子……

里欧·门尼斯： 压根没有这种可能。我向来不会设想那些危言耸听的和不一定会出现的事情。换个思路说，就算这些被同类存心夺去性命的人还都如同别的人一样健在，其境遇也会跟其他不曾被杀死的人一样，他们的后代也是这样。他们都会发生可能送上性命或削减寿命的各种飞来横祸、疾病、医生、药剂师及其他灾难，只是不曾遇到战争和人与人之间的争斗罢了。

荷瑞修： 然而，当地球上拥挤不堪时，上帝难道不会更频繁地派来瘟疫和疾病吗？如此一来，幼童就可能有更多死亡，不孕的女人也大概会增加。

里欧·门尼斯： 我无从得知你提到的那种友善方式是不是会被更广泛地接纳，然而你对上帝的认识却与上帝非常不匹配。人们可能生来就拥有你提到的那种本能，然而，这如果是可以让造物主欣喜的事情，其中就一定蕴藏着其他的运作原理。地球上的万物从出现之初大概也是根据与目前迥然有别的方式进行部署。但是，先制订计划，等事实印证它有瑕疵时再修改它，这却是有限智慧的手法。修改错误、斧正和弥补曾经的过错、重整那些被经验证明非常不合理的措施，这只能是人的思维方式。然而，上帝的智慧却是源于永恒的最高智慧，不可能产生过失，不可能犯错误。所以，上帝的所有工作都十全十美，所有事情都做得天衣无缝。上帝的法律及诫命的一以贯之是永久的，所以，他的决定也如同他的法令一样不能改动、亘古不变。就在刚刚短短一刻钟之内，你还把战争看作解决人口过剩的必要方式，为什么而今你又觉得这些方法不能奏效了呢？我能够向你证明：大自然创造人类时提供了数量充足的男性，来填补因战争而丧命的男性，让男性得到及时的补给，其方式非常显著，就如同她提供了充足的鱼类，以弥补由于同类相食而产生的大破坏一样。

荷瑞修：请跟我说一下，大自然是用怎样的方式达成这一点的？

里欧·门尼斯：采取向世界上输送比女性更多的男性的办法。你轻而易举就会认可我的观点，也就是：男性担负着海洋和陆地上所有困苦和危险的沉重负担，而这也就是说男性死亡的数量要比女性更多。如果我们发现（我们也必然会发现）每年出生的婴儿中男婴一直都是明显比女婴多，难道不觉得大自然已经提供了充足的后备人口，如果他们不曾被扼制，则不仅会过剩，而且还会给所有大国带来有害的后果吗？

荷瑞修：出生男性的数量显而易见比女性要多，这着实让人相当震撼。我还有印象曾经见过相关的报道，是伦敦城市和郊区出生及死亡报表。[①]

里欧·门尼斯：那是八十年间的统计数据[②]，其中女性的出生数量一直比男性少，偶尔还会差数百名之多。为填补战争和航海导致的男性成批死亡，大自然造就了更多的男性。如果考虑到两个情况，我们马上就会搞清楚：两性数量的差距，要远远超过人们只是凭借那个出生率差距所预料的。首先，女性最有可能感染各种疾病，而那些疾病对于男性而言仅仅是小菜一碟。其次，女性常常会由于其性别而遭遇许多苦难，并会因此而成批死亡，而男性则绝对不可能受到那些灾难影响。

荷瑞修：这绝对不会是机会的偶尔为之，然而如果缺少战争，它就会有损于你从我那个友善计划中得到的结果，因为你不希望想到——人类数量的无止境膨胀只是基于一个假定而已，也就是一些因战争而丧命的男人就算活着也不该需要女人。从男性比女性多的情况推论，他们很明显应该并且一定需要女人。

里欧·门尼斯：你此言甚是，然而，我的最大初衷却是希望让你明白：你希望的那个解决办法与那个计划的其余部分非常不相符，而事物如今显然是根据那个计划来运作的。这是由于，如果男多女少的情况刚好反过来，如果大自然创造人类的时候曾一直仔细填充在与男人毫不相干的灾难中死去的女性，那么，由于同类相残送命的全部男人如果还健在，肯定都会有自己的女人。我曾经说过，如果少了战争，地球上就会拥挤不堪。如果大自然始终都如同目前这样，换句话说，出生的男性始终都比女性多，因疾病丧命的女性也始终比男性多，那么，如

[①] 这里指的是威廉·配第和约翰·格朗特著《对死亡报表的自然及政治研究》，其中说，虽然男性死亡率比女性高，但是男婴出生率比女性多1/13，所以依旧保证了两性人数处于总体平衡的局面。——译者注

[②] 该文只涵盖从1628年到1662年的统计。——译者注

果一直都没有出现过什么战争，世界上男人的数量就一直会远远多于女人。男女人数的比例失调就会导致数不胜数的灾祸，而目前不存在其他自然因素可以避免那些灾祸，只有人们对自己物种的鄙夷，以及人们之间的冲突才可以实现这一点。

荷瑞修：这种情况导致的灾祸，在我看来不会有比目前还要大的了，因为目前没有结婚就死掉的男性人数是最多的。这是不是算作一桩确实的罪恶，非常需要探讨一下。

里欧·门尼斯：女人始终短缺，男人一直过剩，这会给社会带来多么大的不安定，无论人们会多么深爱对方，都是这样。女人的价值和价格将会因此而大为上升，乃至只有家境殷实的男人才有足够的能力买她们。你不这么认为吗？仅凭这一点就可以给我们创造另一个世界。人类一直无法得知那个最迫切，目前又绰绰有余的源泉。一切容许有奴隶存在的国家，都甘心用所有辛劳而卑贱的劳动从那个源泉持续得到供给。在此我所说的那个源泉，是指穷人的孩子。他们是源于社会的所有暂时幸福中最普遍、最关键的因素，文明国家的所有安逸生活都必不可少地仰仗他们。还有许多其他事情可以让我们清楚地发现：人对自己物种的这种热衷一点也不合乎现在的这个计划。世人也一定会与由于嫉妒和竞争带来的所有勤勉失之交臂。不把邻国的幸福当作牺牲品，不被视为恐怖的民族，所有社会都没有机会坐享荣华富贵。每一个人都会去执着于平等，政府将不再是必须的，世界上也不可能出现什么大骚乱。细心研究那些最杰出的古代名人、最卓越的古代成就，以及历代名人雅士推崇备至的所有东西，如果只做同样的劳动，你觉得人的什么能力、大自然的什么帮助才是最合适的工具？是你希望的那种发自肺腑的关爱的本能——既没有野心相随，也不存在对荣誉的青睐，还是一种骄傲与自私的固有成见，它把那种关爱当作理由并被误当作那种关爱呢？我拜托你思考一点：所有被这种本能左右的人都会命令他人为自己服务，自己却不乐意为他人提供相同的服务，因而你就非常容易搞懂，如果这种现象遍地都是，社会的面貌将会与目前有天壤之别。这样一种本能大概对另一个世界是适用的，其设计是有别于我们的。在那个世界上，你不会发现有易变的东西，不会发现对变化与新奇的饥渴之情，而只能发现那里的动物都以称心如意的安逸精神一直捍卫着广泛的稳定。那里的动物都拥有与我们不一样的欲望，俭朴而不贪心，慷慨而不骄奢。它们对未来幸福的巨大期盼在其生活中清晰而明确地展现出来，就像我们追求今生的各种享受一样。然而，说到我们生活的这个世界，你如果细心研究各种追求成就与辉煌的方式,以及所有被用来追逐凡人幸福的各种动力,就会意识到:你提到的那种本能一定已经有损那些成就和光荣,有碍于它们的存在,那些成就和光荣是所有人类社会用当下的智慧赢得的。

荷瑞修:我不再执着于我之前友善的计划了,因为你已彻底说服我:如果每一个人生来都谦谦有礼、温良和善而又极具美德,那么,世上既不可能如同现在这般喧嚣浮躁、五彩斑斓,也不可能如同现在这样漂亮了。我知道,形形色色的战争及疾病乃是避免人类迅猛膨胀的自然手段,然而我不能设想野兽竟然也是出于削减人口而创造出来的,因为如果人类数量还少,不需要锐减而是需要扩增时,野兽仅仅可以充当削减人口的手段;而及至后来,当人类变得非常强大之后,野兽如果依旧是出于削减人口而创造的,它们已经不可能发挥那种功用了。

里欧·门尼斯:我向来都没有提及野兽是出于削减人口而被创造的。我之前阐述过:许多事物都是出于五花八门的动机而设计的;在关于这个地球的设计里,也势必涉及了诸多与人类毫不相干的事物;"宇宙是为人类而设的"这个观点是滑稽的。我曾经还说过:我们所有的知识都源于对经验事实的总结,所以,按照事实之外的东西推理可谓是鲁莽的行径。世上既有野兽,也有野蛮人,这是既定的存在。只要是在野蛮人为数甚少的地方,野兽就一定会铸成极大的隐患,并常常对人们的生命造成危险,这也是毋庸置疑的。考虑到人类生来就有的各种激情,考虑到处于野蛮状态的人的愚钝,我不能发现丝毫缘由或目的,可以如同源于野兽的威胁那样轻易把人们聚合成群,去捍卫大家一致的利益。在野蛮状态的国度里,人们势必会一起抵御那种广泛存在的危险。他们置身于本身就变动无常的小家庭里,既缺少政府,又不能彼此倚仗。我认为,这通往社会的第一步属于其结果之一,而其原因也全都是一样的,也就是我们时常所说的那种一起抵御的危险。那种危险会一直给居住在这种环境下的人类带来这样的结果。除了我之前对你提及的这个动机之外,我既无法自诩可以断言之所以设计出野兽有什么其他的目的,也无法断言设计出野兽到底还要实现多少初衷。

荷瑞修:然而,无论创造野兽有什么目的,它都跟你的看法是一样的,即:让野蛮人组合成群一致抗敌,肯定是设计野兽的初衷之一。在我看来,这好像与我们对上帝之友善的观点并不一致。

里欧·门尼斯:你如果把人的激情看作上帝的功劳,如果用人类最卑微的能力去估测浩瀚无穷的智慧,那么,所有被我们看作"自然之罪"的事物都好像与我们对上帝之友善的见解是截然相反的。你已经有两次类似的举动了。我觉得我已经就此给出了答复。我也如同你一般，不希望把上帝看作罪恶的始作俑者。然而我同时也认可：对那位最高权威而言，所有一切都并非巧合而已；所以，但凡你觉得世界在上帝掌控之中，你就一定要认同：战争及人类经历的源于野兽的所有祸患，包括瘟疫和其他一切疾病，所有这些都是受一种智慧指挥，而那种指挥可谓神秘莫测。因果肯定相连，因而，一切事情都无法被认作是凑巧出现的，只不过人们不了解某些结果的缘由而已。我能够用一个显而易见的且大家熟知的例子，来给你验证这一点。对一个压根不熟悉网球场的人而言，网球的跳跃和弹回看起来只是巧合，因为他不知道网球落地之前会飞向什么方向。因而，当网球最后落在刚好是他预料到的那个地方时，他就会觉得网球是凑巧落在那里的。与之相反，经验丰富的网球手却非常了解网球的飞行规律，所以会径直跑到肯定可以接到网球的地方。不存在有比掷骰子看上去更像是巧合导致的结果了，然而骰子却也如同其他所有东西一样顺应重力和运动的一般规律。通过对骰子给人的印象推测，它们绝对不会依循别的方式下落。掷一整轮骰子时，人们压根不了解骰子哪个面会在上面，我们迟钝的理解力又不能跟上它们显示的点数的快速运转，所以，公平竞争中骰子落下后的点数就成了人类困惑不已的谜题。不过，如果投掷两个边长为十英尺的立方体，其经过的方向如果与一对骰子、掷匣、接骰子的桌子、掷者手指运动经过的方向是一样的，两个立方体从被拿起到落定的运动线路如果也一样，那么，其结果也必然是绝对相同的。如果清楚地了解了运动量（也就是碰撞掷匣和骰子的力度），而运动本身又被放得极为缓慢，原本三四秒钟的运动需要花费一个小时才可以实现，人们就会轻而易举地发现每次投掷的原因，所以就有机会清楚地掌握怎样预测那立方体的哪面会在上面了。因而说，"凑巧""恰好"这些字眼很明显不存在其他含义，而只是说明因为我们的知识、预见性和洞察力不足而不能掌控这些现象。我们如果细心地考量这一点，就会明白：人类的能力真的是太过匮乏，以至于压根就没有最高存在——只用一眼就知分晓的普遍直觉。而无论是人类视野之内的还是视野之外的事物，无论是曾经、当下还是将来的事物，最高存在都可以运用那种直觉分辨得一清二楚。

荷瑞修：我对你心服口服了。你让我可以问到的一切难题都迎刃而解。我一定要认可：你对让野蛮人聚合成群的第一目的的观点，既不违背常识，也不与我们对神性的所有认识有所抵触。与之相反，在回答我的质疑时，印证了你推断的现实性，而你对上帝能力和睿智的阐释，也比我之前耳闻和目睹的全部东西都更杰出、更清晰。上帝的能力和睿智展现于对地球的计划中，既涵盖在对这个计划的策划里，又涵盖在对这个计划的操作里。

里欧·门尼斯： 能让你称心如意，我非常开心，然而并不是由于你的谦卑让我拥有许多优点而心生快慰。

荷瑞修： 而今我已非常明白：由于每一个人都必然要死，所以一定要有实现这个初衷的方式；通过对那些方式或死因的数量分析，我们绝对不能把人的仇恨、野兽的残忍及所有有害动物剔除一边；如果那些手段确实是大自然创造出来，并为那个初衷服务的，我们就没有什么合理理由对死亡本身的过失吹毛求疵，对各种恐怖疾病的过失挑三拣四，显而易见，它们随时都是导致死亡的源头。

里欧·门尼斯： 它们都被涵盖在那个诅咒之中，人类沉沦之后，上帝顺理成章地把那个诅咒施予整个地球。它们如果都是确切的罪恶，我们就理应把它看作是那桩罪孽的后果，看作是人类应有的惩罚，它是我们的第一对父母给每一个后裔遗留下来的惩罚。我绝对认同：世界上的每一个民族、人类社会中所有的人，无论文明还是野蛮，每一个都是闪、含和雅弗①的后裔。我们已经由经验得知：最杰出的帝国也有寿终正寝之时，管辖最好的国家和王国也终有毁灭的一天，所以，最优秀的民族也会由于分崩离析和艰难困苦而顷刻间走向颓败，其中有的民族还由于灾难，从文雅开明的祖先最终堕落至最卑贱的野蛮人。

荷瑞修： 你说自己已经对这些深信不疑，如果的确是这样，那么，另一个源于目前依旧还有的野蛮人的问题也就无须证明了。

里欧·门尼斯： 你好像是说，但凡野蛮人接受文明熏陶，并扎根于各种井井有条的大型社会里，人类需要应对的源于野兽的危险就全都销声匿迹了。然而如此一来，你就会发现：我们人类将一直都不能完全脱离危险，因为人类向来是一不小心就会重新沦为野蛮人，其原因是：曾经真的有普罗大众蒙受过这样的灾难，而他们肯定都是挪亚的后裔。所以，类似的灾难绝对不会降临到地球上最明智君主的后代身上，这就不对了。野兽可能会在一些文明化程度很高的国家不复存在，然而它们会在其他野蛮国家大肆蔓延。如今，许多野兽已经成为许多地方的主宰，而那些地方之前有段时间还试图把它们赶走。我一直认同：地球上所有有生命的物种，都会像刚开始那样，还会受到那被看作赋予它们生命的同一位上帝的眷顾，绝无例外。你已经非常细致地跟我进行了这番探讨，我依旧是兴致勃勃。你我已经厘清了通往社会的第一步，所以也该稍事休息了。今天到这就结束吧。

荷瑞修： 悉听尊便。我已让你说了这么多话，然而但凡你还有工夫，我仍旧

---

① 闪，挪亚的大儿子；含，挪亚的二儿子；雅弗，挪亚的三儿子。——译者注

愿听下文。

里欧·门尼斯：明天我一定会去温莎吃饭，你如果没有什么其他预约，我能够把你也带上，而你的惠顾将会备受瞩目。明天早上九点，我的马车会准备齐整，我会从你家门口走的。

荷瑞修：那会是一次绝好的机会，能够让你我聊上三四个小时。

里欧·门尼斯：少了你，我会非常孤单。

荷瑞修：我会跟你同去。我明天会恭候你。

里欧·门尼斯：再见。

6　荷瑞修与里欧·门尼斯的对话

荷瑞修：我们如今已经不在温莎城堡乡间的石板路上了。我们不能消磨时光，我觉得，你更深一层的阐述会让我从中获得无穷的乐趣。

里欧·门尼斯：通往社会的第二步，就是人们带给对方的危险。为此，我们应该细心研究一下所有人生来就有的骄傲及对野心的固有成见。不同的家族会尽量生活在一起，并时时刻刻准备抵抗共同的危险。然而如果少了需要一致抵御的敌人，那这些家族之间就不存在多少价值了。在这种情况下，力量、机敏和勇气是一个人最有用处的品性，而许多家族又无法长时间生活在同一个屋檐下，我们如果把这些考虑在内，就能够明白：有些人会因为我提到的那种信念而居于优势地位，而这一定会挑起纷争。在纷争中，最无力、最怯懦者会出于对自身安全的考虑，去奉迎那个被他们尊崇备至的人的看法。

荷瑞修：这肯定会让众多的人分解为许多团伙和群体，它们每组都会有自己的领袖，而其中最庞大、最勇猛的群体向来都会消灭那些最柔弱、最怯懦的群体。

里欧·门尼斯：你的阐述，与我们对那些野蛮民族的描述完全一致，它们目前仍旧居住在这个世界上。如此一来，人类大概会有许多世代都要忍受苦难的折磨。

荷瑞修：刚开始的一代人是在父母的培养之下长大成人的，所以可以被管辖。之后出现的所有人难道不会比前人更睿智吗？

里欧·门尼斯：他们的知识和精明肯定会持续扩展。时间和经验对他们的左右也就像对其他人一样。对他们频频经手的一些事物，他们的知识和经验更是会递增。他们常常会如同最文明的民族那样对那些事物了然于胸。但是，他们放荡不羁的激情及其造成的骚乱，却一直不可能让他们觉得开心，他们之间的纷争会持续地损毁他们的改良、摧垮他们的创造，让他们的各种计划终成泡影。

荷瑞修：然而，过了一段时间之后，他们所经历的这些困难，难道不能让他们明白那些矛盾的源头吗？他们的知识难道不能让他们去签署契约、以泯灭相互之间的伤害吗？

里欧·门尼斯：这种可能性非常大。然而，在这些缺少教养、缺少文化的人里，如果没有利益关系逼迫他们臣服，那谁都不可能一直履行契约。

荷瑞修：难道他们不会去运用宗教（也就是对一种潜在原因的害怕）来捍卫其契约吗？

里欧·门尼斯：有这种可能，这没有必要争执，并且在非常久远的时代大概就已经有这样做了。然而，对他们来说，宗教的用途充其量仅仅是与其在文明国家当中一样。在文明国家中，为数甚少的人们才会相信神明会有报复，誓言自身也被认为是不存在什么用处，不存在什么人力可以维护契约的信守并责罚离经叛道的人。

荷瑞修：一个人努力想去当领袖的抱负，同样会让他期盼自己管辖的众人在内政方面都唯他是从，你不认同这个观点吗？

里欧·门尼斯：我对此非常认同。不但这样，所有的人群在这种动荡不安、岌岌可危的状态下过上三四代这样的日子，人们就会开始研究人性、探索人性。领袖们会意识到：他们管辖的民众当中越是矛盾重重，那些民众就越是没什么用处。这会让领导人千方百计地来驯服民众。他们会禁止杀人和打架；他们会出台刑法，对用暴力抢夺相同群体中他人妻儿者严惩不贷。他们早就意识到：在关系到自己利益的事情上，谁都不应该充当自己的法官；而老年人则往往比年轻人有更多的阅历。

荷瑞修：他们但凡出台了禁令和刑法，我就理应觉得所有难题都易如反掌了。不明白你为什么会说他们"大概在苦难中历经了很多个世代"。

里欧·门尼斯：我还未曾说及一件关系重大的事情。少了那件事情，随便多少数量的人群都无法获得快乐。如果少了所有能证明契约价值的依据，最强大的契约还存在什么价值呢？在需要准确性的事务方面，口头规定还存在什么可靠性呢（特别是当口头语言还没有达到尽善尽美的时候）？口头报告会轻而易举导致没来由的斥责和争端，而书面记录则能够规避这个缺陷。人尽皆知，书面记录是非常可靠的证据。许多人都打算曲解法律条文的含义，从中可知：在那些缺少法律的社会里，基本上不存在可行的方法去维护正义。所以，通往社会的第三步，也即最后一步，就是文字的出现。少了政府，所有民众都不可能和平共处；少了法律，所有政府都不可能存在；少了能记录下来的法律条文，所有法律都不可能经久不衰。仅仅想到这一点，就能够让我们看清人的本性了。

荷瑞修： 我觉得并非这样。政府少了法律就无法存在，其理由是在所有的人群中都存在坏人。但是，我们评判人性时如果把那些坏人作为实例，而不把按照理性的指令行为处事的好人作为实例，那就没有公平可言了。就算是评判畜生，我们也不应该这么有失公允。我们如果是由于几匹害群之马就觉得每一匹马都是这样并大加鞭笞，而对大部分马都是品性卓越的生灵，其天性大部分都温良驯服这点视而不见，那就可谓是弥天大错了。

里欧·门尼斯： 你如果有此言论，我就一定要重申昨天和前天我阐述的全部观点了。我原本觉得你已经被我说动，并认为你已经心悦诚服了。在我看来：人与生俱来获取思想和语言的能力尽管比其他动物要强一些，然而，当人还处在野蛮状态，没有与同类沟通时，这些特性对他而言就不存在什么价值。没有教育经历的人孤身一人时，都会根据其天然冲动行为处事，而不顾及别人。所以，他们每一个人都是坏人，并且没有学好的可能性。同理，未曾驯服好的马也都不能掌控，因为我们言下的"劣性"，意味着它们常常会拳脚并用、撕撕扯扯、尽力褪掉缰绳，把骑手甩到一边，不遗余力地解除束缚，以重获自然激励它们去看重和希求的无拘无束。被你称之为"天性"的东西，其实很显然是后天的，它源于调教。缺少管教，所有品性卓越的马都不可能温良顺从。有的马可能到了四岁才上鞍，而之前很长一段时间，人们就开始驯服它们，跟它们沟通，为它们打理鬃毛了。它们由看马人喂养，受到管辖，时常被关照，时常受到灵敏机智方面的训练。它们还小的时候，那些教它们恐惧我们人类的所有训练都一应俱全。人们不仅让马归顺人类，而且让它以拥有归顺人的杰出才能而扬扬得意。然而，你如果打算评判马广而有之的天性，看它是不是适合被管束，那就可以选一百匹最优秀的良种牝马和最优秀的种马孕育的幼崽，让它们在大森林里自由自在，让小母马和小公马一起生活，等到它们七岁之时，然后再看一下它们会怎样被驯服吧。

荷瑞修： 它们肯定不可能被驯服。

里欧·门尼斯： 这种过错是谁造成呢？那些小马并不曾渴望远离牝马，而它们每一个都是由于受到管束才变得温良顺服的。人的恶德也有与劣马一样的源泉。期盼放荡不羁、逍遥自在，无法容忍管辖，这些不仅在马身上表现出来，人身上也同样显而易见。因而，一个人如果随心所欲地根据其没有教养或粗野的天性地放纵欲求，与法令和禁令背道而驰，他就会被视为"品性恶劣"。每一个人都会呵斥这种天性。这种人热衷于拥有自己钟爱的全部东西，并不顾及自己是不是有资格这样做。他会无所顾忌地大行其道，不顾及其行为给他人会招致怎样的结果。与此同时，他却痛恨一切根据相同的原则行为处事，压根不周到地考虑他人的举动。

荷瑞修： 总而言之，这充分说明了：人生来就是"己之所欲，不施于人"了。

里欧·门尼斯： 非常正确。正因为此，人的天性里还有着另一番道理。把自己跟他人做对比时，所有人都无法做出公允的评判。两个相同的人之间，对对方的评价向来不可能比对自己的评价要高。如果所有人都具备一样的裁断权，那么，但凡送给他们一件礼物，上面有"送给最有资格拥有它的人"的字样，就必然会引起他们无休止地争吵。生气的人，其行为跟其他生气的动物如出一辙。在谋求繁衍生息的过程中，他们都会骚扰那些让自己生气的对象；他们都会因为自己程度各异的怒火，要么不遗余力去摧毁对手，要么不遗余力去给对手带来痛苦和不悦。这些有碍于社会形成的绊脚石都是人的不足，或更确切地说，都是人的天性使然。从中可知：为人类的各种现实幸福而订立的规矩和禁令，其实全都是为了奉承人类，为了防止我提到的所有人对人类卑俗天性的呵斥。所有国家的基本法律都有相同的取向，不存在一条不是针对人生来就有的某些对社会有害的短板、缺憾或不足。然而，每一种法律的初衷却很明显都提供了各种途径，以愈合和削弱人那种妄自尊大的天然本能，它让人拥有了"万物皆为我所用"的妄念，撺掇人自诩有能力把可以涉及的全部据为己有。这种取向和动机是出于社会的现实利益考虑去改善人类天性，它在上帝本人订立的那部扼要而完备的法律中一览无余。当年，以色列人在埃及充当奴仆时，被其主人的法律所统辖。所以，我们有根据认为：第一，以色列人在还没有获悉上帝的法律之时，已经定下了许多规矩和协定，而《十诫》也并没有把它们作废；第二，以色列人一定拥有是非之分，他们当中势必有着批判暴力、批判侵犯财产的条款，这是非常明晰的。

荷瑞修： 为何认为是非常明晰的呢？

里欧·门尼斯： 理由就是《十诫》[①]本身。明智的法律全都与其服从者非常匹配。举例说明，按照第九条诫命[②]，我们很明显能够发现：一个人自己所列的证据并不能够印证他自己的事务，世间没有一个人可以充当自己案件的法官。

[①] 十诫，是《圣经》记载的上帝耶和华借由以色列的先知和众部族首领摩西向以色列民族颁布的十条规定。据《圣经》记载这是上帝亲自用指头写在石板上的，后被放在约柜内。犹太人奉之为生活的准则，也是最初的法律条文。——译者注

[②] 《十诫》的第九条是"不能作假见证陷害人"。参见《旧约·出埃及记》第20章，第16节。——译者注

荷瑞修：那条诫命仅仅是避免我们作伪证去坑害邻人。

里欧·门尼斯：是的，所以这条诫命的真实目的和动机，预先考虑并且一定蕴藏了我刚刚提到的那种情况。不过，禁止偷盗、通奸和对邻人所拥有的全部东西虎视眈眈，却更显而易见地与此雷同，并好像是些补充和改良，目的在于完善之前已被认可的规定或契约的缺陷所在。我们如果从这个角度去衡量刚刚所说的那三条诫命，就会意识到它们都是非常有说服力的证据，不但可以印证人类心中有着妄自尊大的天性（在其他场合，我把这种天性看作"放荡不羁的精神"），有着利欲熏心的强烈动机，而且可以印证：消灭它们，捣毁它们，把它们从人心中一扫而光，这是相当不容易的。这是由于，从第八条诫命①我们能够得知：我们尽管约束自己不要劫取邻人的东西，然而仍旧还有一种危险，也就是这种本能撺掇我们私下里窃取邻人的东西，并用他理应这样来说服我们。同理，第七条诫命②也让我们明确地了解：虽然我们不支持抢走一个男人拥有的女人，可是我们依然担忧：我们如果真心中意这个女人，那种生来就有的、要求我们迎合自己所有欲望的强烈动机，就会说服我们去把她看成自己的女人那样呼来唤去。虽然供养她和她所有的孩子是我们邻人的责任，动机也说服我们去这样做。《十诫》的最后一条③与我的论断特别匹配。它直接诉诸罪恶的根源，并且公然挑明了第七条和第八条诫命所说的那些祸害的真正源头。这是由于，如果没有人首先背离第十条诫命，谁都不可能有违背第七条和第八诫命的机会。而且，第十条诫命还相当明确地让我们考虑到了两点：第一，我们这种本能的力量相当强悍，是一种基本上没有愈合可能的缺陷；第二，我们会期盼具备邻人手中全部的东西，而不会顾及这么做是否合情合理，是否有失公允；正是因为这个原因，第十条诫命才严令禁止我们觊觎邻人的一切东西。这表明，上帝对人类这种利欲熏心的力量一清二楚，私欲一直在逼迫我们把所有的东西都看作自己的。一个人如果的确渴慕一件东西，这种天性、这种欲求就会驾驭他，并撺掇他想方设法地迎合自己的欲求。

荷瑞修：你如此阐释《十诫》，让它们契合人性的各种缺陷，因而，根据你的方式，依照第九条诫命，我们就理应有如下看法：所有人生来都具有作伪证的极大欲求。这可是史无前例的。

---

① 《十诫》的第八条是"不能偷盗"。——译者注
② 《十诫》的第七条是"不能奸淫"。——译者注
③ 《十诫》的第十条是"不可觊觎人的房屋；也不可觊觎人的妻子、仆婢、牛驴，并他所有的全部"。——译者注

里欧·门尼斯： 我也从来都没有听说过。坦白地说，你这次的反驳听上去合情合理。然而，这个责难无论看上去多么合理，都有失公允。你如果是由于仔细区分了天然欲望本身与它们让我们染指的各种罪过（我们并不是违背它们）而开心，你就不可能发现你暗示的那个结果。其内在原因是：我们尽管不是天生就有作伪证的欲望，却有多种其他的欲望是与生俱来的，如果不审慎小心，到了相应的时候，它们就有可能会逼迫我们作伪证或其他更不堪设想的事，因为不出此下策就无法迎合那些欲望。你所说的那条诫命准确地蕴含了几点内容：第一，在所有关键时刻，我们的天性都会让我们情不自禁地想到私利；第二，一个被私利掌控的人，不仅会显而易见地伤及他人，就像第七条和第八条诫命所阐述的那样，甚至会出现有违良心的行径。这是由于，所有的人都不可能存心作伪证去坑害邻人，因而作伪证是另有所图，无论那个意图为何，我都把其看作作伪证者的私利。严禁杀人的法律已经跟我们表述得清清楚楚：所有事物如果与我们自己进行比较，其价值都会被我们极大地压缩。其理由是，尽管我们非常害怕毁灭，尽管我们不了解有什么灾难会比我们自己的死还要惨烈，然而，妄自尊大的本能让我们做出的这种非常偏颇的判断，还是会让我们与自己的意志背道而驰（我们的意志就是求得幸福），而宁可把死亡的灾难让他人来承担；如果觉得谁阻挡了我们迎合私欲，我们就让他销声匿迹。人出此下策，不但是因为眼下的困境，或者马上会出现的困难，而且还是因为那些没有分毫赔偿的往事。

荷瑞修： 在我看来，你最后这句话是指向复仇。

里欧·门尼斯： 非常正确。我提到的人类天性中妄自尊大的本能，在复仇这种激情中体现得最清晰不过了。所有人生来都拥有这种激情。就算是最优雅、最博学的人能克服它的情况也很少见。这是由于：无论谁自诩要为自己复仇，都自忖掌控着一种执法权，即觉得自己有资格惩罚他人。复仇打破了所有人群中的和睦友善，所以，任何文明社会首先要从任何人手中夺取的权利，就是复仇权（因为它是一种相当可怕的工具），而只把这种权力交由政府控制，也就是至高无上的权威。

荷瑞修： 你对复仇的这番阐述，比你所说的全部话语都更令我信服：我们天性中真的具有妄自尊大的欲求；然而我仍旧不能搞懂某个人的恶德为何会被视为是整个人类的恶德。

里欧·门尼斯： 因为所有人都能轻而易举地展现这些只有人类才有的恶德，它们与人类共存，就像每一种类的动物都有相应的疫病与之共存一样。马可能感染的疾病，对很多牛来说却压根没有可能感染。所有恶德缠身的人，在他为之而触犯法律以前，身上都势必早就出现了那种恶德的苗头，那就是让他具备那种恶德的根源。因而说，所有立法者都一定要思考两个主要问题：第一，在他们可以掌控的事物中，可以造福社会的到底为何物？第二，人类天性中有什么激情或属性会有益于社会的福祉，什么会阻隔社会的福祉？监督你鱼塘里的狗鱼和鸬鹚，避免它们袭击其他鱼群，这是非常明智的。然而，如果对火鸡、孔雀或其他既不以鱼为食，又无法捉鱼的动物也同样小心提防，那就是荒诞滑稽了。

荷瑞修：《十诫》的头两条是针对人性的什么弱点或缺陷而设的呢？或者根据你的观点，那两条与人性中的什么弱点或缺陷最匹配呢？

里欧·门尼斯：它们针对的是：人类生来就对那位真正的神明全然不知。这是由于，尽管每个人生来都有趋向宗教的本能，这种本能在我们长大之前也有些许迹象，然而，人生来就有对一种或数种潜在原因的害怕，却并非如同野蛮人对一种或数种原因的性质与特征的迷茫那样广泛。而这一点最好的证据就是……

荷瑞修：我实在不喜欢听你罗列证据。从古至今的历史已经是最好的明证了。

里欧·门尼斯：请让我解释一下。我打算阐述的是，这一点最好的证明就是第二条诫命①，它针对的极有可能是人们已经做出并会一直做出的那些滑稽的、让人厌烦的行为，它们源于一种对潜在原因的错误害怕。在这方面，我认为所有东西都无法如同圣明的智慧那样，只凭那条诫命的只言片语就包罗了这么宽广的范围，归纳了人类所有的胡作非为。那些行为让许多人去敬仰空中所有浩渺的东西，敬仰地上所有肮脏粗鄙的东西，或用五花八门的方式把它当成他们迷信的对象。

荷瑞修：有的人敬仰的神明就是鳄鱼，
还有人对着吃蛇的朱鹭颤抖，
就在门农肃穆的半截残雕上，
长尾猴的金像还在闪闪发光。

不愧是一尊猴神！我知道这些诗句是对我们人类的斥责，它斥责了人类中居然有人把上述动物视为上帝来敬仰。然而，那是迷信导致的愚昧无知。

里欧·门尼斯：我并不认同你的看法。猴子仍旧是有生命的动物，所以终归要胜过那些无生命物。

荷瑞修：我原本理应考虑到：与人们敬仰这么荒诞低俗的动物相比，人们对太阳和月亮的崇拜可实在不能说是滑稽的。

① 《十诫》的第二条是"不可为自己雕像和跪拜偶像"。——译者注

里欧·门尼斯：崇拜太阳和月亮的人未曾发问过，然而他们却都睿智而优秀，可是，我说"无生命物"时，却想到了你刚刚提到的那位诗人所说的话，即人把韭菜和洋葱视为神来敬仰，它们是人们在自家菜园里养育出来的神。

人们是这般的埋汰神明，

居然把韭菜与洋葱咀嚼吞咽，

圣洁的民族啊，这些神都是在你的菜园中成长起来的！

然而，尤维纳利斯死去一千四百年后，美洲的情形就天翻地覆了。尤维纳利斯生前如果了解墨西哥人那种骇人听闻的信仰，他可能就不会如此关注埃及人的信仰了。悲哀的墨西哥人，为了阐述对维兹立普兹利神①战胜所有的恶毒和恐怖的残忍本性的看法，一定尝尽了千辛万苦。我时常会为此而叹服。他们觉得那位神既让人提心吊胆，又古灵精怪，难以言表。他们挖出活人的心脏，祭祀给那个神明。那个让人讨厌的偶像身形巨大、奇丑无比，栩栩如生地体现了令人同情的墨西哥人的凄苦认知，一种统辖万物的潜在力量逼迫他们形成了那些认识。它也让我们准确地看到：墨西哥人尽管觉得那神明相当恐怖蛮横，然而同时又对它顶礼膜拜。他们谦卑审慎地颤抖着，不惜把人血作为代价给它祭拜，这就算不是想要抚慰它的暴怒，起码也是为了用某种方式去逃脱各种灾祸，他们觉得它是那些灾祸的根源。

荷瑞修：我必须要认同，最有效地让人可以立刻想到极力斥责偶像膜拜的方式，肯定是对第二条诫命的反思。然而，我刚刚不曾仔细聆听你的话语，因为我始终在考虑另一件事情。想到第三条诫命的意思，我形成了一个观点，它可以强悍地批判你对所有法律及《十诫》的认识。如你所知，我觉得一以概之、把坏人的缺陷视作全人类的缺陷，这是不对的。

里欧·门尼斯：我也持这种观点。我认为我已经回答你的问题了。

荷瑞修：我只想再做一次尝试。请跟我说：虚情假意的赌咒发誓到底是源于人性的缺陷，还是由于交友不慎而出现的恶习？

里欧·门尼斯：肯定是源于后者。

荷瑞修：这样我就搞懂了一点：这条法律只是针对坏人而定，即存在这种恶德者的。它并非就普通人类的哪个弱点而设。

里欧·门尼斯：我认为你对这条法律动机的理解有误。我觉得，它的动机要远远超出你所预想的。你或许对我所说的还有印象：要让人类可以被管辖，对权

---

① 维兹立普兹利，墨西哥阿兹特克人信奉的战神和主神。——译者注

威的崇敬是不可或缺的。

荷瑞修：我印象非常深刻。你还提到，敬畏是包含了畏惧、爱和尊重三合一的有机整体。

里欧·门尼斯：如今我们可以看一下《十诫》里都有些什么内容。它简明扼要的前言非常明确地指出：以色列人理应明白跟他们说话的是何人，上帝在他的选民面前展现了真实面貌。他用自己杰出的力量制造了一个最让人叹为观止的奇迹，把以色列人作为对象。事实上，所有的以色列人都不可能对他们从上帝那里赢得的福泽视若无睹。这句前言内涵明晰、言辞庄重，其内里的崇高与威严可谓登峰造极。我能够对学界发起挑衅，因为我觉得他们压根不会跟我说：有哪句话会如同这句一样内涵丰富、铿锵有力和尊严十足，可以用如此简明扼要的词句准确地实现初衷，并把其目的展现无余。第二条诫命谈及了人为何需要依循上帝的法律，并用最为沉稳庄严的口吻，说到了上帝对视他为敌的人及其后代的怒气；还牵涉了上帝对尊敬他、恪守其诫命者的仁慈。我们如果分寸恰当地研究这些段落，就会意识到：其中明确地训诫以色列人要对上帝充满敬畏、要膜拜上帝，要对上帝致以无上的尊崇。在此它采取了最管用的方式，以激励人们用这三种因素产生深邃的认知，而这三种激情组合在一起形成了敬畏之情。这样做的原因非常浅显：要人们遵循那些法律的约束，要逼迫人们恪守法律，最关键的绝对是让人们对上帝百般关注、尊崇有加，因为他们一定要遵循上帝的指令，一定要因背离他的指令而身受责罚。

荷瑞修：你这番话该怎样看作对我质疑的答复呢？

里欧·门尼斯：慢慢来，别着急，我立刻就回答你的质疑。人生来喜怒无常、酷爱变化、酷爱多样。人们轻易不会把对事物起先的新鲜印象一直延续下来，当新鲜印象变得普普通通以后，人们就算不鄙夷它们，也常常会小瞧它们。在我看来，第三条诫命[①]就是针对这个弱点而设的，即关于人类生来的易变性。我们恪守对造物主的责任时，只有遵照这条诫命，且除非在关键时刻、在最紧要的事情中以最隆重的方式借用上帝之名外，绝对不能假借上帝之名，才可以最有效地预防这种弱点带来的糟糕后果。因为最强悍的原因，《十诫》上述的经文已经细致地激发了人们的尊敬，所以，要强化这种尊敬之情，并让其永恒存在，最聪慧的做法就是这条法律的内容了：太过了解会导致轻视，所以，我们如果太了

[①] 《十诫》的第三条是："不能随便说耶和华你神的名；这是由于随便说耶和华名的，耶和华一定不能认定他是无罪之身。"参见《旧约·出埃及记》第20章，第7节。——译者注

解最神圣的事物，那么，我们对其理应怀揣的最高敬意就无法永恒存在。

荷瑞修：这才是对我的问题的回答。

里欧·门尼斯：我们可以从另一条诫命中意识到：要实现驯服，敬畏理应博得多大的关注。儿童除了从父母或代父母运用权威者那里，不存在别的机会去明白自己的义务，所以，人们不但一定要遵照上帝的法律，而且一定要百般敬仰那些最先充当上帝的法律的传导者，并让人们明白这就是上帝的法律的人们。

荷瑞修：然而你之前有言，孩子对父母的敬仰体现在孩子会效仿父母的举动，这是自然而然出现的。

里欧·门尼斯：依你之见，人们如果已经甘心遵从第三条诫命行事，那就不可能存在这条诫命了。然而我希望你必须要想一下这一点：子女对父母的敬仰尽管是顺其自然的，其中有的是源于子女从父母那里感受到的威严，有的是由于子女敬仰父母胜过他们的能力。我们由经验可知：这种敬畏大概会被一些更迫切的激情所制服；所以，这就成了所有政府需要解决的关键的问题。而上帝觉得，需要亲手出台一道特设的命令，以强化和捍卫人的社会适应性。不但这样，因为要激发人的社会适应性，上帝还给人承诺：人如果可以维系社会适应性就能获得奖励。恰恰是我们的父母最早消解了我们生来就有的野性，最先激发了我们与生俱来的独立精神。我们恰好是从他们那里懂得了最初的驯服，所有社会都觉得：人的服从心理源于子女对父母的恭敬孝顺。我们天性中妄自尊大的本能，以及婴儿因为这种本能而生的固执率性，在人的理性刚开始出现时（甚至在这之前）就有些迹象了。举例说明，那些被轻蔑、缺乏教育的儿童绝对是最固执、最顽皮的孩子；而没有自控能力的孩子最不好管教、最热衷于胡作非为。

荷瑞修：因而你就觉得，人成年以后就未必会恪守这条诫命。

里欧·门尼斯：绝对不仅仅是这样，因为，在我们还没长大，还需要父母养育时，我们得到的这条诫命所期盼赢得的政治益处最多。然而也正是由于这样，那条诫命所规定的义务才绝对没有尽头。我们从孩提时代就喜欢模仿那些比我们强的人；父母在子女长大后还能赢得子女的尊崇和敬仰，这个先例会对每一个未成年人相当奏效，因为它可以让未成年人明白自己的责任所在，并且要他们无法抗拒其他睿智的成年人打算承担的责任。凭借这种手段，当成年人理解力越来越强时，这种义务就会慢慢变作一种风尚，而他们的骄傲到头来也不可能让他们对那种风尚视若无睹。

荷瑞修：你最后这句话势必可以阐释：为什么身处上流社会，就算是心肠最歹毒、最卑鄙的人也会表现得对父母尊敬有加，起码要在世人面前做得像模像样，就算他们的行动与此南辕北辙，就算他们心中厌恶父母，仍旧会这样。

里欧·门尼斯：还有一个例子会说服我们：文质彬彬与心肠歹毒并不是非此即彼；人能够遵循礼仪，竭力让自己看上去儒雅有礼，而与此同时又压根不把上帝的法律当回事，过着鄙夷宗教的生活。所以，亲眼看见一个男人身材魁梧、精力旺盛，又温文尔雅、衣着精致，在与年老体衰父亲的争吵中他有所退让、百依百顺。在让上流社会的人看上去恪守第五条诫命方面，不存在什么训导比这说服力更强，也不存在什么说教能比这更好地教导青年的了。

荷瑞修：你是不是觉得，上帝所有的法律（就算是那些好像只关乎上帝自己、上帝的力量与荣光，以及要我们不去顾及邻人而归顺上帝意志的法律）也都把社会的利益及上帝子民当下的幸福考虑在内了呢？

里欧·门尼斯：这是毫无疑问的，但凡看一下安息日①的传统就会明白这一点。

荷瑞修：通过阅读一期《旁观者》杂志，我们发现了关于安息日的翔实证据。

里欧·门尼斯：不过，安息日起初在人类事务中却扮演着相当重要的角色，要远远超过那篇文章的作者所最为看重的。人类在千辛万苦地组成社会的道路上遭遇的艰难险阻数不胜数，而在所有困难中，最让人迷惘、最让人绞尽脑汁的应该是界定时间。我们的地球每年围绕太阳运转，其周期无法跟某个完整天数或小时数保持一致，这个现象让人们做了大量的研究，付出了相当多的汗水。核对一年的时间以预防季节扰乱，不可能有比这还要让人费尽心机的工作了。然而，就算是按照月亮的盈亏把一年划分为许多月份，估计常人也不明白该怎样才能准确界定时间。把二十九天或三十天的月份铭刻在心，其中的节日又不存在什么规则可言，其他日期也是这样，这一定会给记忆造成沉重的负担，并且给那些不了解内在规律的人带来持续的困扰。与之相反，一个很短的周期却会轻而易举地印在人的脑海中，恒定的七天循环往复，这势必会让那些记性最差者的记忆翻开新的一页。这跟其他的计时方式相比差别极大。

荷瑞修：我知道，安息日对计算时间帮助极大，它在人类事务中所起的作用，比那些一直不了解缺少安息日将会是何种情形的人所能预料的，还要远远高出许多。

里欧·门尼斯：然而，第四条诫命中最需要关注的却是：上帝在人面前一展

---

① 安息日也就是主日，休息日。犹太教的安息日为星期六，象征创世记六日创造后的第七日。它在星期五日落开始，到星期六晚上结束。基督教安息日为星期日。——译者注

真面目，让一个年轻的民族了解了真理，而那时世界上的其他人在历经多少时代之后才明白那些真理。人没多久就可以意识到太阳的力量，发现天空中的各种陨星，并且开始对月亮及其他星星的影响有所疑虑。不过，在自然的理性可以把普通人的思想升华到对一种浩渺存在（也就是宇宙万物的创始人）的冥想之前，人类度过了相当长一段时间，才在对最高存在的认识方面获得了很大的提升。

荷瑞修：刚刚你提及摩西的时候，已经对这一点进行了详细的说明。我们还是更深层地探讨一下社会的建立吧。我已经得偿所愿地了解到：通往社会的第三步是文字的发明；少了文字，所有法律都无法得到永恒的施行；除此之外，所有社会的基本法律都是弥补人类缺陷的良药。换句话说，那些法律都是为了提供某种修缮手段，以避免人性的某些潜在缺陷导致的恶果。那些缺陷本身没有什么能左右，都阻碍着社会的进步，是社会潜在的危险。你还让我认同：《十诫》里清楚地把这些弱点剔除出来；《十诫》是由超凡的智慧制定的；其中不存在一条诫命未曾考虑到社会当下的利益和那些更为紧要的事务。

里欧·门尼斯：我竭尽所能打算印证的，确实就是这些。如今，会阻隔众人构成一个政治实体的巨大阻力和因素，都被彻底地消解了。人们但凡受到成文法律的约束，其他问题马上就迎刃而解了。在这种情况下，财产、生命及后代的安全就可以放心了，而这理所当然会让大家爱好和平，并让和平遍布开来。但凡人们尝到了安宁的甜头，任何数量的人群和随便哪个人都无须担心自己的邻人，就算他们不思进取也会期盼自己的劳动成果被大家一而再，再而三地分享。

荷瑞修：老实说，我不明白你是什么意思。

里欧·门尼斯：我刚刚说过，人生来就喜欢效仿别人的举动，而这就是野蛮民族行为处事都大同小异的原因。这阻隔了他们改良自己的生存条件，虽然他们向来都有改善它的想法。然而，如果第一个人只负责制作弓箭，第二个人只负责提供食物，第三个人只负责搭建草舍，第四个人只负责做衣服，第五个人只负责制作器皿，那么，他们不但会变得相互依赖，而且，在经历同等的时间后，他们所做的那些行业和手艺本身的改进，也会远远超过比缺少专人从事它们所获得的进步。

荷瑞修：你这番话非常正确，其正确性在钟表制造业里展现得一览无余，这个行业已经达到了相当高的完善水平，而制作钟表的全部流程如果永远都由一个人来负责，钟表工艺就不可能发展得这么完善。你已经让我信服：钟表充裕的产量、准确性及漂亮美观，大多都是钟表工艺的众多劳动分工的功劳。

里欧·门尼斯：同理，文字的使用也一定在很大程度上改进了口头语言本身，而文字还没出现的时候，口头语言一定相当简陋贫乏，缺少恒定的表达方式。

荷瑞修：我非常开心你又涉及了口头语言。你如果是刚刚就涉及它，我原本是不可能让你的话暂停的。请跟我说一下：你提到的那对野蛮人夫妇第一次见面时，是用什么语言进行交流？

里欧·门尼斯：按照我已经提到的那些情况，他们第一次见面时很明显压根就不曾采用语言。起码我是持此种观点。

荷瑞修：如此说来，野蛮人一定拥有一种心有灵犀的直觉，而在他们受教化之后，那种直觉就消失了。

里欧·门尼斯：我认为，大自然造化动物的时候，已经让同类动物在彼此沟通时就可以理解对方了，沟通的范围只包括保证动物本身及其物种繁衍生息一定会有所关联的内容。对于我提到的那对野蛮人夫妇而言，我认为他们早在彼此交换更多声音以前，已经可以非常准确地洞悉对方的心意了。置身于社会之中的人要凭空想象出这样的野蛮人及其生存环境，这远非易事。如果无法对抽象思考习以为常，就基本上不可能想象出如此粗陋的生存状态。处于那种状态里的人，其欲望大概非常少，其愿望充其量是野蛮天性的本能需要。在我看来，有一点是确切无疑的：这样的野蛮人夫妇不但不存在什么语言，而且也不可能意识到自己有什么需要，就算是有这样的想法，也不可能觉得缺少那东西会带来什么麻烦。

荷瑞修：你为什么会有这样的想法呢？

里欧·门尼斯：因为所有动物都无从得知自己压根不了解的东西。不但这样，我还认为：成年野蛮人男女听到对方的言语，会明白说话有什么用，所以会意识到自己无法说话。当他们的能力慢慢拓展之后，学说话的渴求也会明显增大。如果他们练习说话，就会意识到那是一种相当不容易的劳作，是一件绝对不可能做到的事情，这是由于成年人的说话器官已经没有儿童那种天生的灵敏度，儿童在还没掌握好说话时，大概已经掌握如何自如地演奏小提琴或其他所有最精密的乐器了。

荷瑞修：畜生可以通过几种清晰的声音来展现不一样的心理波动。譬如，在觉得相当痛苦或置身于极大危险之中的时候，所有的狗都会发出有别于平常生气时所发出的叫声，而各种狗都会用嗥叫作为对悲痛的表达。

里欧·门尼斯：这也无法说服我们认可大自然为何让人类生来就有说话的能力。有的野兽还拥有数不胜数的其他独一无二的属性和本能，而人却没有这些功能。雏鸡一落地就可以随便乱跑，而大部分四足动物刚刚出世，自己走路都没有问题，不需要任何帮助。如果语言源于本能，那么，所有使用语言的人势必天生就对语言里所有的单词都了如指掌。然而，身处未经驯化的野蛮状态中的人，要掌握一种可以说得上名字的最简陋的语言，却没有一丝一毫这样的机会。一个人的知识如果被界定在很小的范围内，他就只好遵照天性的简单命令，而缺少口头语言，这个不足则能轻而易举地用不声不响的姿势所弥补。野蛮状态的人用手势作为自己的表达手段，这比声音还要自然。不过，我们生来就拥有一种能力，它可以让我们无须借助言辞就可以让他人明白我们的所思所想。在所有动物中，人的这种能力超越其他万物。某些表达悲伤、高兴、爱恋和惊讶的动作是所有人类都具备的。儿童的啼哭是大自然恩赐的，其功用是召唤帮助、惹人同情，而之后，哭声就不明就里地变成了惹人同情的办法，它比其他所有声音都管用。谁会对此有疑问呢？

荷瑞修： 你是指激起母亲和保姆的同情？

里欧·门尼斯： 我的意思是激起绝大部分人的同情。鼓舞斗志的音乐往往都可以引发并强化士兵的激情，让其经久不衰。你认同我这个观点吗？

荷瑞修： 我认为我非常认同。

里欧·门尼斯： 这样我就要重申：婴儿柔弱的啼哭会引发大部分人的同情；听到那哭声的人大都会产生同情之心，这比用鼓声和号角声赶走听者的害怕更加百试百灵。我们之前已经对哭泣、大笑、微笑、皱眉、哀叹和大叫都有所涉及了。眼睛的语言是如此广泛，如此多元！在关于人类的许多关键问题上，凭借眼睛这一语言的助力，即便是天涯海角的民族，见到彼此那一刻就都能洞悉对方的意思，无论他们是否有文化。我们提到的那对野蛮人夫妇第一次见面就可以凭借眼睛的语言，大大方方地向对方表明心迹，而无论是哪对文明人夫妇如果要大胆表露出他们想要表达的意思，却全都会面红耳赤。

荷瑞修： 无须多言，男人必然可以用眼睛表达卑鄙的意思，如同他用舌头表达的一样。

里欧·门尼斯： 所以，上流人士之间才要远离交换一切类似的目光和眼睛的某些自然动作，并无别的原因，仅仅是由于它们的意思太浅显了。因为相同的原因，在别人面前伸懒腰、打哈欠，这也必然是不礼貌的举动，在有男有女的时候，更是这样。有一点这类举动的迹象都是鲁莽冒昧的，所以，关注到这些迹象或是看上去明白它们的意思，也会让人无比尴尬。这些有失礼数的迹象无论什么时候出现，无论是因为粗心大意还是存心举止鲁莽，其中大部分都不可能赢得上流社会人士的目光，并被其洞悉其真正意图，其原因就是他们既不是它们的使用者，也对它们一无所知。野蛮人不具备语言能力，他们只能靠姿势和动作进行交流，除此之外，不存在其他任何工具，所以，这些目光和眼睛动作的意思估计一定是相当明了的。

荷瑞修：然而，那对野蛮人夫妇如果一直都不想或无法说话，他们就无法让自己的孩子们学习说话。如果是这样，语言又是如何从两个野蛮人那里衍生出来的呢？

里欧·门尼斯：如同其他艺术和科学的出现一样，语言的出现也是一个缓慢推进的过程，花费了相当长的时间。农业、医学、天文学、建筑学、绘画等的出现，也无一例外。语言能力进步缓慢的儿童，其表现让我们有根据相信：野蛮人夫妇就算没有学习说话，也可以凭借表情和姿势理解对方。不过，他们共同生活了这么多年头之后，在最需要经常沟通的事情上，他们绝对会意识到有一些声音，能够让对方意识到这些不在视线范围内的事情，而它们会让自己的孩子们学习这些声音。他们一起生活的时间越长，他们创造的这些声音就越是多元，那些声音对应的动作和事物也越是多元。他们会注意到自己的孩子们说话的技巧更高，声音更敏锐，远远超过自己印象中的童年时的能力。如果不是有的孩子大概会不经意间运用自己发音器官的卓越天赋，无论那是刻意为之还是无心之作，就绝对不会出现每代人的发音器官都要优于上代人的现象。这一定就是语言出现的源泉，而说话本身也并不是源于上帝的引导。不但这样，我还认为：语言（我是指人创造的语言）进步到比较完善的水平时，甚至就算是到了人们可以用恰当的单词表达生活中所有的动作和身边的所有事物时，表情和姿势依旧会与语言并行不悖，因为它们和语言全都是为着共同的目的服务的。

荷瑞修：讲话的用途就是可以让别人明白我们的所思所想。

里欧·门尼斯：我对此并不认同。

荷瑞修：怎么！难道说话不是想要让别人明白吗？

里欧·门尼斯：在某种层面上这种说法是正确的。然而，这句话却有着两层内涵，我认为你不希望让它有歧义出现。你提到的"说话是想要让别人明白"，如果它是指人们说话时都期待别人明白自己口中的声音为何意，我就认可你这个观点。然而，如果你这句话是指：人说话是为了让别人领会自己的所思所想，为了让别人了解自己此刻的心情（这也可以阐述为"说话是想要让别人明白"），我就无法认同你这句话。所有人生平所做的第一个姿势、发出的第一个声音，都是源于发明那些姿势和声音的人。我认同一种看法，在它看来：说话的第一目的就是让别人相信，说话是为了让听者相信说话者、根据说话者的想法做事，或形成与说话者一样的情绪。

荷瑞修：人们也凭借说话去教育别人，给别人以忠告，为别人提供对他们有好处的消息，也为了我们自己的目的去劝诫别人。

里欧·门尼斯：因而，凭借语言的助力，人们可以斥责自己，可以对自己的罪行供认不讳；然而任凭是谁都不可能为了那些动机去创造语言。我探讨的是让人说话的初衷、目的和缘由。我们从儿童身上可以发现：他们竭尽所能用词句阐述的第一批事物乃是自己的要求和期待；他们口中的话语仅仅是在用已然存在的表达手段，确定自己有无需要或是否反对。

荷瑞修：你为何会假定，人们在已经具备用词句准确表达自己意思的能力之后，还不会放弃运用手势呢？

里欧·门尼斯：这是由于手势可以准确表达词句，就如同词句可以准确表达手势一样。我们发现，就算是文明人，在紧要关头也基本上都会同时运用它们。一个幼儿用磕磕绊绊的、意义模糊的声音讨要蛋糕或玩具，同时还拿手指向它们，伸手去取，这种双重努力会让我们印象非常深刻。如果那孩子用词句准确地表达了自己的需要，无需什么手势，或者只是沉默不语，直勾勾地盯着他想要的东西，伸手去取，就不可能让我们印象如此深刻。话语和动作缺一不可，而我们由经验得知：二者同时出现，比仅用其一给我们留下的印象要更为强烈，并且说服我们的概率也会更大；合起来更威力无边。幼儿如果一起用它们，其行为原则就跟演说家的如出一辙，因为演说家也会为他们悉心准备的雄辩附上合适的手势。

荷瑞修：按照你这话的意思，我好像理应觉得：行动不仅比话语自然得多，而且更久远；而我原本会觉得这是个前后不一的观点。

里欧·门尼斯：然而这是毋庸置疑的。你会发现一个规律，性格最开朗、最可爱、最豪爽的人说话时，会比耐心细致、文静的人更热衷于借助手势。

荷瑞修：看法国人怎么把这一点用到极致，确实是一件让人相当开心的事情。葡萄牙人在这一点上则更为夸张。其中有的人在平时沟通时，脸部和身躯都会与平时大不一样，手足的姿势也相当奇特，目睹这些场景，我往往会觉得颇有趣味。然而，我在国外时，最让我无法忍受的却是大部分外国人之间那种铿锵有力而又抑扬顿挫的争辩声，连地位尊贵的人也是这样。在我还没有适应它的时候，它一直会让我担忧自己的处境，因为我非常确定那些人十分愤怒。我会频频反思自己说了什么，看其中是否含有一些应该让他们对我愤怒的因素。

里欧·门尼斯：所有这些缘由就是人生来就有的野心、力争上游的迫切渴望，以及游说他人的迫切渴望。在合适的时机抬高或降低语调，这是一种极妙的手段，它可以左右头脑愚笨的人。高亢的声音也如同动作一样对讲话很有帮助。不合理的思想、语法的疏漏乃至可有可无的话，全部都会恰到好处地被噪音和喧闹压制下来。许多观点之所以会让人深信不疑，其说服力一概是因为说话者字里行间的激情洋溢。演说术的魅力也会在一段时间内为贫乏的语言增姿添彩。

荷瑞修：还好英国富有涵养的人流行轻声细语，因为我实在无法忍受大声吼叫和狂躁不安。

里欧·门尼斯：然而大声说话却与人的天性更为匹配。你所钟爱的那种时尚里如果既不存在规定大声说话，也不存在类似的先例，那么，任凭是谁都不可能有此举动。人如果年轻时就不适应大声说话，将来想要大声说话简直是难于登天。然而在恭维术当中，大声说话却是一条最惹人欢心、最恰当的礼数规矩，是人类为之骄傲的一大发明。这是由于：如果有个人心平气和地跟我说话，没有手势，头部和身体也不存在什么动作，如果他的话音一直抑扬顿挫，安稳祥和，没有起伏不定，我就会觉得：首先，他用一种让人中意的方式表现了自己的温文尔雅；其次，他好像是在用这点表达对我的礼貌，对我表示相当的尊崇，因为他觉得这样会让我开心，从中可知：在他看来我并不被我的激情所掌控，而只是听凭我理性的指令。由此可见，他在意的是我的评判力，所以非常期待我可以没有一丝干扰地思索他的话。如果不确定我的涵养，不确定我有理性的评判力，任凭是谁都不可能如他一样行事。

荷瑞修：我一直都非常欣赏这种一点也不装模作样的说话方式，然而我向来都没有这么仔细地研究过它的意义。

里欧·门尼斯：我想到，除了英国人的语言简练和恢宏气概之外，我们还可以从英国人的交谈中频频发现这种优雅语言的力量与美妙。一直以来，这种平和语言在英国已经内化为一种习惯，它比其他所有国家都更显而易见。在各国的上流社会中更是这样，而上流社会可以让语言更臻于完善。

荷瑞修：我原本认为让语言优雅完善的背后推手是传教士、剧作家、演说家和优秀作家。

里欧·门尼斯：这些人大概最善于运用既有语言，然而词汇和短语真正的不二产地却是宫廷及各国的上流社会，因为那里掌握着语言的所有规矩。当然，技术词汇和艺术用语都各自是由其对应的艺术家和从业者创造出来的，他们是最早在自己的业务中采用了这些词汇的初始含义的人。然而，无论从这些词汇或其他（当下的或以往的）语言中通过什么来进行比喻，它都一定要首先征得宫廷和上流社会的默许，才可以充作日常用语。宫廷和上流社会未经采用的说法，或者未曾获得允许就外露出来的说法，无论它是什么，要么就是粗鄙不堪，要么就是时过境迁的。因而说，演说家、历史学家和所有词语传播者采用的语言，统统都是在既定词语的范围之内。他们都从既定词语的宝库中遴选出最恰当的部分服务于自己的目的。然而他们却没有资格发明自己的新词语，就像银行家没有资格自己发行钱币一样。

荷瑞修：到目前为止，我还是搞不懂：大声说话或轻声细语，这对语言本身到底会造成怎样的影响呢？如果把我如今说的话记录下来，那么，过了半年，只凭文字记录去评判我这些话到底是大声狂喊的还是轻声细语的，那必然会让人绞尽脑汁。

里欧·门尼斯：我认同一种看法，在它看来：颇有能耐与教养十足的人们如果对上述提及的那种说话方式习以为常，经过一段时间的沉淀，那种方式就势必会左右语言，让语言的表现力更强。

荷瑞修：有何原因呢？

里欧·门尼斯：如果只有本人向听众朗读才管用的话，那么，如果打算让别人对自己的话深信不疑，人们就势必会去探索思想怎样才能强大、表达怎样才会明晰，而且会去探索那些铿锵有力的词句，探索怎样让词义更精准，怎样让风格前后一致，怎样恰如其分又优雅完美地表达思想。

荷瑞修：这好像太勉为其难了。我还是无法洞悉内里的真谛所在。

里欧·门尼斯：所有讲话者无论其声音是高是低、有无手势相伴，统统都期盼能让听者信服，也都会竭尽所能游说听者，并都期盼能获得听者的认同。

荷瑞修：你曾经有言，说话是为了让别人信服才出现的。估计你太过看重这种作用了。说话必然还有更多别的目的。

里欧·门尼斯：我不反对这种看法。

荷瑞修：人们出言不逊地互相指责、诟病和谩骂。在这种情形中，说话又有什么目的呢？让听者认为他们比自己预料的还要坏，如果说话是为了这个目的，那么，我认为它取得成功的概率会非常渺茫。

里欧·门尼斯：谩骂就是存心大张旗鼓，跟别人说明我们对他们的无比厌烦。用脏话骂人的人常常会竭力让听者认为：他们对听者的认识比切实存在的还要坏很多。

荷瑞修：比切实存在的认识还要坏很多！这又是怎么回事呢？

里欧·门尼斯：其理由就是嘲笑者和谩骂者的举动和普遍的做法。他们不仅大肆张扬和吹嘘敌手的短板和弱点，而且还去张扬和吹嘘亲戚朋友所有令人捧腹的、让人鄙夷的事情。他们常常会对与自己基本上没有瓜葛的事情反应相当迅速，但凡那些事情略带一点可以谴责的成分，例如对手的工作、对手声援的党派或对手的国家等诸如此类，无一幸免。他们落井下石般地再三说到对手或其家庭碰到的灾难和倒霉事。他们把对手的倒霉视作出于公正的天意之手。他们深信不疑地觉得那是对手该有的劫数。无论对手是不是触犯了法规，他们都会拿出有如铁证似的姿态控诉他是有罪之身。他们把能收集的全部材料当成自己的帮手，例如无端的揣度、模糊的报告及人尽皆知的诬蔑。他们还频频谴责对手的某些所作所为，而如果换作其他场合，即使是他们自己都不会对那些事情信以为真。

荷瑞修：然而，整个世界范围内绝大部分的粗人都热衷于骂人，这又做何解释呢？其中一定有着某种不为人知的乐事，只不过我无从得知罢了。请你跟我明示，人们期待从骂人中获得怎样的快慰或利益呢？骂人者到底有着怎样的思维逻辑呢？

里欧·门尼斯：人们万分焦灼时说出污言秽语或出口伤人，其根本原因和内在目的首先是为了宣泄愤怒，因为克制和隐藏怒气会让人烦躁不安；其次是为了惹恼敌手并让敌手难过，自己又有更多可能性不会有惩罚加身，因为如果给敌手造成更多真实的伤害，法律就会站在敌手这一边。不过，在语言还没有进步到比较完善的时候，在社会还没有企及一种文明的高度的时候，骂人绝对不可能归入习俗之列，也绝对不可能被视为习俗之一。

荷瑞修：认为脏话是文雅礼貌带来的后果，这实在是一件让人捧腹的事情。

里欧·门尼斯：你想怎么说都行。就骂人的根源而言，它很明显是一种预防打架及其造成的恶果的权宜之计。其原因就是，但凡有资格打人，又无须担心什么后果，谁都不可能只是说对方是地痞恶霸而已。因而，只要人们仅仅是破口大骂，而并不更多地加害对方，都暗示着那里关于严禁武力和暴力的法律非常完善。而人们也都依循并尊重那些法律。如果一个人愤怒时会用骂人这种不足挂齿的方式去充当打架的替代品，而且仅仅这样就能称心如意，那么，他已经可以说是个还算合格的臣民，并且已经差不多是半个文明人了。少了刚开始的苛刻的自我约束，就绝对不可能做到这一点。这是由于，如果不是这样，人就会倾向于用另外那种更简单、更实在、更不礼貌的方式去宣泄怒气，即打架，因为打架源自天性，人类与其他动物天生都懂。在刚出生两三个月且还没见过哪个人发火的婴儿那里，我们也可以目睹这样的情景。当任何东西惹恼婴儿时，就算是如此年幼的孩童，他们依然会去抓、去扔、去打那个东西。婴儿动不动就发火，而且大都是没有根据的。让他们发火的常常是饥饿、疼痛以及其他病痛。我深信不疑：在婴儿还没有体现一丝智能和理性的踪影时，他们有此举动纯属本能使然，也就是其体质，也就是身体本身的运作原理。我也深信不疑：大自然特地让人们懂得怎样去打架；而孩子们用双手肉搏，这就好像马儿会踢、狗儿会咬、公牛会抵角攻击一样是理所应当的。我把人与畜生混为一谈，这还希望你们能多多见谅。

荷瑞修：这本就是最自然而然的事。然而，如果情况不是这般明朗，你是不可能漏掉这个批判人性的时机的，你向来都未曾给人性留一丁点情面。

里欧·门尼斯：我们最可怕的敌人就是我们生来就有的骄傲。但凡我还有一点能力，我都会一直抨击它，竭尽所能地把它的真实面目公之于众。这是由于，我们越是认可杰出之人的最大长处是源于后天教育，我们越会关注教育，越会对教育形成由衷的期盼。优秀的早期教育是必不可少的，要对此有明确的认识，最管用的办法就是去揭示人类野蛮状态的丑陋天性。

荷瑞修：你我还是回到说话的问题上吧。如果说话的第一动机是说服，那么，法国人在这方面就已经远远超出我们了。他们的语言的确是妙不可言。

里欧·门尼斯：所以，法国人肯定也是魅力十足。

荷瑞修：我还觉得，所有懂法语、了解法语魅力的人也是这样。你不觉得法语非常动听吗？

里欧·门尼斯：的确，就对自己胃口非常重视的人而言，法语真的是非常动听，因为其中蕴藏着相当多的烹调术用语，还有所有与吃喝有关的词汇。

荷瑞修：除了讥讽，你不觉得相比英语而言，法语作为说服的工具更恰当吗？

里欧·门尼斯：在我看来，法语可能比英语用于巧言令色和甜言蜜语更为恰当。

荷瑞修：我难以搞懂你道明这个区别是何居心。

里欧·门尼斯：你说的区别里压根没有把斥责和诋毁包含在内。能力最为卓越的人（这里一点也不存在诋毁他们的意思）也会如同最软弱者一样被说动。不过，会拜倒在花言巧语之下的，却往往都被看作是那些冥顽不灵、头脑愚钝的人。

荷瑞修： 请你谈一下最重要的问题吧。法语和英语，在你看来到底哪个更完善？

里欧·门尼斯： 这难以断言。天下最头痛的事情就是评判两种语言孰优孰劣，因为这种语言里大加称赞的东西，常常是另一种语言里枯燥乏味的东西。就这一点而言，"美丽"或"道德美"是五花八门的，并由于每个民族的人们的天赋不同而有所差别。我没有自封为裁判的打算，而只想把此话一吐为快：就这两种语言而言，我频频目睹的情况是，法语中讨人欢心的用语都适用于抚慰和逗乐；而英语里最让人拍手叫绝的用语都适用于揭发和批判。

荷瑞修： 你这番话就没有一点偏见吗？

里欧·门尼斯： 我觉得是这样的。然而，如果其中潜藏着什么偏见的话，我可不晓得该怎样表达歉意。关于有些事情，人们理应事先顾及其中涵盖的社会利益，然而，人们热爱自己的祖国何错之有？根据相同的原则，我也不觉得人们对自己的语言有所偏爱是不对的。法国人把我们视为异类，而我们却认为法国人喜好奉承。我不认同法国人对我们的意见，他们想相信什么都无所谓。你对《熙德》里的那六行诗还有印象吗？传闻说，还有人因为这个送给高乃依①六千个银币的礼物呢。

荷瑞修： 我印象非常深刻——

埃利维尔，我父亲和那最大的希望都已消逝，
因为他的朋友罗德里克的骤然出击而毙命；
哭吧，哭吧，我的双眼，让泪水淹没你们，
我生命的一半已把另一半葬身坟墓，
逼迫我复仇；在这不幸的打击过后，
我已经告别了曾经的那个我。②

里欧·门尼斯： 如果用英语阐述相同的意境，它在法语里的最大优点却只会让英国观众喧哗不已。

荷瑞修： 就英国观众的喜好来说，你这话肯定不会是奉迎。

里欧·门尼斯： 我不了解他们的喜好。人们的喜好可能没什么区别，然而仍旧无法简单地想明白一个人的一半为何要让另一半葬身坟墓。就我个人来说，我

---

① 高乃依（1606—1684），十七世纪上半叶法国古典主义悲剧的代表作家，在1636年写出其最著名的戏剧《熙德》，这部悲剧轰动了巴黎。——译者注

② 参见高乃依《熙德》第3幕，第3场，第797—802行。原文是用法文写就的。——译者注

坦承自己看不懂这句话在说什么；而如果把它视为英雄双行诗，其中就浸透着太过浓重的谜语气息了。

荷瑞修：难道你对那思想的华丽之处视若无睹吗？

里欧·门尼斯：的确发现了，然而它编织得华丽过头了，华丽得就像蛛网，其中没有一点魄力。

荷瑞修：我向来都非常看好这些诗行，然而如今你让我不再被它们蒙蔽了。我还找出了其中一个更为严重的缺陷。

里欧·门尼斯：在哪儿呢？

荷瑞修：作者让他的女主角提及一件事情，然而那件事情事实上是假的，即，施曼娜说"我生命的一半已把另一半葬身坟墓，逼迫我复仇"。请与我明示，"逼迫"这个动词的主语为谁？

里欧·门尼斯：主语是"我生命的一半"。

荷瑞修：缺陷就在此处。我觉得错就错在此，因为此处提到的她"生命的一半"，很明显是指那仅存的一半，而那也就是她的情人罗德里克。罗德里克如何会逼迫她去复仇呢？

里欧·门尼斯：罗德里克的所作所为，逼迫施曼娜去复仇，因为他是杀死施曼娜之父的凶手。

荷瑞修：此话错矣，里欧·门尼斯，这个借口相当不完满。施曼娜的灾难源于她进退维艰的境地：她一定要在爱情和责任之间进行抉择。这是由于：她一定要践行责任，而责任逼迫她去请求国王惩罚杀父之人，要她竭尽所能运用一切才能和口若悬河的能力，祈求国王处斩罗德里克，而爱情却已经让她把罗德里克视为高于自己的生命的人。因而说，逼迫她去请求正义评判的是那已经死去的一半，也就是她已经入土为安的亡父，而并非罗德里克。如果那个逼迫她遵照的命令源于后者，那么，它大概转眼就会被作废，而施曼娜也会就此停手，重新开始，不可能伤心欲绝了。

里欧·门尼斯：请允许我和你持不同的观点，然而我认为作者是对的。

荷瑞修：请思考一下，让施曼娜控诉罗德里克为戴罪之身的，到底是爱情还是责任？

里欧·门尼斯：我已经考虑再三，然而我仍然忍不住会想：施曼娜的情人把她的父亲置于死地，从而逼迫施曼娜去请求对他的惩罚。这就好像一个有借无还的人会逼迫债主们去恳请逮捕他一样。同理，如果一个纨绔子弟用言语冲撞了我们，我们也会警告他说："先生，如果你依旧不改的话，你就是逼迫我们对你不留情面了。"虽然身处这种情形之中，那个借钱的人压根不希望被捕入狱，那个纨绔子弟也压根不希望被我们拳打脚踢，就像罗德里克压根不希望遭受惩罚一样。

荷瑞修：我认为你所言甚是。我要祈求高乃依谅解了。与此同时，我由衷地期盼你跟我说一下你对社会还有什么更深层次的见解。文字的出现完善了人们的法律和语言，除此之外，人们从文字的发明中还收获了怎样的好处呢？

里欧·门尼斯：文字的发明还在很大程度上带动了其他发明，因为它让所有关于对改进有用的知识能够留存下来。当法律开始家喻户晓、践行法律开始收获大家的支持帮助时，大部分人就有机会在其内部维系一定水平的和谐。只有到了那个时候，人类智能优越于其他动物的杰出所在才能被一览无余。这种杰出性让人拥有了社会性，而在未开化状态下，人的社会性却遭受了重重阻隔。

荷瑞修：请跟我说一下为什么会这样。我搞不懂你是什么意思。

里欧·门尼斯：首先，智能的杰出让人可以体验到喜怒哀乐，让人的悲喜感受比其他动物的更为多元、更为广博。其次，智能的杰出可以让人更仔细地取悦自己，换句话说，它为人的自爱之心提供了花样繁多的手段，让其在紧要关头把作用发挥到极致，而能力逊于人类的动物运用其自爱之心的方式却远不及人。同理，优越的智能还让我们拥有远见卓识，并用希望激励我们，而其他动物拥有所谓的远见和期盼的则为数甚少，因为对它们而言只有眼前的事物才能映入眼帘。所有这些都是自爱用于说服我们去觉得心满意足的手段和根据，可以让我们顽强地迎接五花八门的烦恼，以迎合自己最火急火燎的欲望。身处在一个政治实体里的人，会意识到这对他相当有帮助，而这也一定会让他由衷地热爱社会。反之，曾经身处自然状态时，相同的天分和相同的才智超群，却只会让人无法避免地讨厌社会，让人比其他所有处境相同的动物都愈加坚强地捍卫那种自然状态下的自由。

荷瑞修：我无从得知该怎样批判你才好。你的这番话里蕴含着一种合情合理的思想。我必须要对它表示认同。然而它看上去依旧不同凡响。你到底是怎样看透人心的？你又是怎样获得论述人性的能力的呢？

里欧·门尼斯：根据分辨有涵养者的超凡品质有什么的确是后天习得的东西。当不偏不倚地进行了这种研究之后，我们就可以断言其余的一切就是天性使然了。正由于不曾恰当地分辨这两类品质，人们才对这个问题存在如此之多的滑稽荒诞的认识。这些品质常常被视作让人形成社会适应性的根源。缺少在社会中接受教育经历的人，都不可能生来就有这些品质。它们是历经上百年才演变出来的文明举止。然而，那些恭维人类的人却向来都存心对我们掩饰这一点。他们没有把后天习得的品质与生来就有的品质区分开来，道明这两者的差异，而是竭尽所能把二者混为一谈。

荷瑞修：他们为何要出此下策呢？我没发现其中有对人类的奉承，因为无论是后天习得的品质，还是生来就有的品质，全都是同一个人所具备的，两者都与他紧密相连。

里欧·门尼斯：源于天性的东西与人有着最密切的关系，最完完全全地为人自己所有。为了自己看重的自我，人们才器重或鄙夷、喜好或讨厌其他所有事物。如果剔除了这个自我中所有外来的东西，人性的得分就少得可怜了。它展示出最真实的原貌，或者起码是把剔除所有之后的真相公之于众，而任凭是谁都不希望亲眼看见它。我们会竭尽所能把所有有意义的品质变为点缀自己的东西，基本上把它们视为我们的附属品；即便是财富、权力及命运赋予的所有礼物，也是这样（然而它们很明显不为我们所有，距离我们非常遥远）。但凡这些东西变作我们的权力和财产，我们就会期待人们把它们视为我们不可分割的部分。我们还明白：人是从一个卑俗的开端慢慢发展成世界之主的，所以，人非常讨厌谈论自己的源头。

荷瑞修：不是每一个人都是这样。

里欧·门尼斯：然而我觉得绝大部分人都是这样，虽然大概会有个例。我上述的观点也不是没有道理可言。一个人由于其才能而骄傲，并且期盼别人能赞赏他的睿智、远见、机敏和勤奋，他大概会坦承自己的心迹，甚至会说到自己父母的情况。为了让自己的诸多优点一览无遗，他甚至会提及自己卑贱的出身。然而，这种办法往往都是针对那些地位比他低的人而言的，因为这会削弱那些人对他的忌恨之心，还会让他们由于他坦承了自己的缺憾而大加称赞他心地坦荡、谦卑有礼。不过，当面对远胜于他的人们时，他却对此三缄其口，因为那些人为自己的出身而自豪。在出身优于自己，却与自己地位相当的人面前，这种人也会由衷地期盼他们毫不知晓自己父母的情况，因为这种人明白：自己地位的擢升会招来那些人的嫉妒，自己的卑下出身也会被那些人所鄙夷。然而，我还有一种更简单可行的方式去印证我的观点。请跟我说一下：如果跟一个人说他出身卑贱，或者对他低微的出身心知肚明却有意跟他显露这一点，这可以说是礼貌之举吗？

荷瑞修：不，这非常不礼貌。

里欧·门尼斯：的确如此，我的观点仅仅是大部分人对此的认识罢了。被尊崇的祖先，以及所有被看作荣耀、备受尊崇的东西，但凡能与我们有一丝关联，全都算作我们个人的优点。我们无一例外都期盼别人把这些东西视为我们自己的优点。

荷瑞修：奥维德可并不这么认为，因为他曾有言："就血统和祖先而言，以及我们全部没有的东西，我不会轻易把那些东西视为我们的。"

里欧·门尼斯：那真的是一段人类谦卑之辞的难得佳作，其中，一个人想方设法地印证朱庇特①是他的曾祖父②。一个被人的真实举动所摧垮的理论，还有什么价值可言呢？你是否知道有哪位地位尊贵之人甘心被大家以杂种相称，虽然他坦承自己（以及自己的高尚）大都源于他母亲的龌龊行径？

荷瑞修：我原本认为，你提到的"后天习得的东西"是指学问与美德。你为何又把出身和血统扯进来了呢？

里欧·门尼斯：因为我希望你能明白，人们都不希望让所有可能招致荣耀的东西与自己毫无瓜葛，虽然那些东西和他们有千里之遥，没有丝毫关系，他们仍旧会这样。我希望能说服你：把我们与确实为我们所有的东西、与被品行兼优和才智超群的人认为唯一可以赢得别人认可的各种条件区别开来，我们非常不希望别人会这样做。人们拥有了优雅的涵养，就会对自己迈出的第一步觉得惭愧，而他们正是由这第一步开始才渐渐走向完善的。人越有涵养，就越是会把被人洞悉到没有改良的本性当成是伤害。当亲自编选作品时，最完美无瑕的作家们也会对那些被他们弃于一旁的作品觉得惭愧，而那些作品当年自然也是出自他们之手。所以，作家被比作建筑师再恰当不过了：因为后者先要把脚手架撤到一边，然后才把自己建造的大楼展示在众人面前。所有装饰物都充斥着我们对被装饰物的看法。人脸上涂的第一层胭脂或白粉，头上戴的第一个假发，都绝对是私底下涂上和戴上的，其动机无一不是欺骗，你不这么认为吗？

荷瑞修：在法国，人们目前已经把绘画视为女装的一部分了。法国人对此已经习以为常。

里欧·门尼斯：人们也对一切与此有关的欺骗手法见怪不怪，因为它们已经漫天遍地都是了，就如同整个欧洲的男人的假发一般。然而，如果这些东西可以被隐藏起来，可以蒙蔽视听，那么，黄褐色皮肤的妖娆女人就会由衷地期盼：她

---

① 朱庇特，古罗马神话里的主神，罗马统治希腊后将宙斯之名改变成为朱庇特。——译者注
② 尤利西斯宣称自己的父亲拉厄耳忒斯是朱庇特的孙子，因而自己就是朱庇特的曾孙。——译者注

为自己涂上的那层幼稚的脂粉在人家看来会是其真正的面色；而秃头公子也会希望别人把他的全套假发当成真发；戴假牙的人，无一不是希望掩饰自己掉落的牙齿。

荷瑞修： 然而，一个人的知识难道不是他内在的一分子吗？

里欧·门尼斯： 是的，一个人的优雅涵养也是他内在的一分子。不过，知识和礼貌却都不能归于他的天性之列。这就如同他的金表和钻戒不能算是他的天性一样。然而他甚至竭尽所能希望人们按照这些东西去判断和敬仰他的天性。上流社会的优秀人士享受着外在的荣光，明白怎样让自己穿着考究，而他们的服饰及其穿戴技巧如果未曾被当成他们自己的一部分，他们就非常不高兴。不但这样，他们还觉得：对于素不相识的人，只有这个部分才可以让他们有机会走近地位最高者，也就是国王与贵族。置身那个圈子之内，男人和女人是不是会被认同，绝对在于其服饰为他们修饰出的形象，而与他们是不是品行兼优，是不是头脑聪慧压根没有丝毫关系。

荷瑞修： 我认为我知道你是什么意思了。我们尽管基本上不明白自我是由何种因素组合而成的，然而恰恰是为了迎合那个自我，我们才首先会意识到修饰我们的本性。我们想方设法地修缮、润色和改良天性时，相同的自爱就会让我们不希望别人把装饰品与被装饰物分得一清二楚。

里欧·门尼斯： 内里的原因显而易见。揭露我们的本质面目，谴责我们的各种天然欲望（本该说，谴责我们天性的低俗与不足）的，好像就是我们所看重的那个自我（无论它是不是经过了一番修饰）。毋庸置疑，战争中派得上用场的勇敢是后天造就的。虽然这样，在两三场勇敢战斗之后，士兵却很明显还是要被诡计和纪律所蒙蔽，被哄骗得士气大振、英勇善战。这样的士兵肯定无法容忍别人说他其实毫无英勇可言，虽然每个了解他的人及他自己都明白他原是个完完全全的胆小鬼，而今他仍旧是这样。

荷瑞修： 不过，人类对自己族类与生俱来的爱、关怀与善心，并没有比其他动物对其族类的多很多，如果是这样的话，人又为何要千方百计来表露这种爱，而且比其他动物表露得更直白呢？

里欧·门尼斯： 因为其他所有动物都不会如同人一样可以或有机会去表露它。然而，你可能还会追问，人表露的恨为什么也要多于其他动物。一个人的知识越渊博，手中的财富或权力越大，他就越有资本让别人觉察到左右他的那种激情，其中既有恨也有爱。一个人在野蛮状态中生活的时间越长，他就越是近于自然状态，他的爱也越无法始终如一。

荷瑞修： 在单纯的、未开化的人们当中，真诚比在城府更深的人们中要多得多，而欺诈也更少。所以，我理应加入那些生活在自然的单纯状态下的人们当中，去寻觅真正的爱和天真无邪的关怀，而不应在其他地方费工夫。

里欧·门尼斯： 你提及真诚，然而在未开化的人当中，我提到的爱比在文明人中更不可靠，我们先假设两者的爱都是发自肺腑的。有城府的人可能会假装有爱，会假装心中有情，就算心中压根不存在，他们也会有此举动。然而他们也如同野蛮人一样被各种激情和与生俱来的欲望所掌控，仅仅是迎合激情和欲望的方式与野蛮人有所差异罢了。就选择饮食和用餐方式而言，涵养颇佳的人与野蛮人相比简直是天上地下，两者的性爱方式也非常不一样。虽是这样，两者的食欲和性欲却仍旧一样。心机了得的人，不，理应说最狡猾的人，无论其有怎样的外在表现，大概都会在心底留有一对自己妻子儿女的挚爱，而最坦率的人能做到的也仅仅是这样而已。我的使命就是跟你说明：人们夸大了人性及整个人类的优秀品质，而它们无一不是后天一点点培养起来的。

野蛮人心中的爱非常不可靠，是由于他们的各种激情飘忽不定，变化莫测。对于野蛮人而言，那些激情比在受教育者身上更频繁地彼此冒犯、占尽上风。有教养者有着良好的教育经历，已经懂得了怎样让个人更为悠闲，生活更为自在，怎样为了自身利益而依照规矩和法令行事，往往会包容较小的不便，以远离更多的不便。在最卑贱的粗人中，在受教育最少的人中，长时间的和谐真是难得一见。你会发现：一对彼此相爱至深的夫妻在这个小时里还是甜言蜜语，然而不出多久却会为了区区小事而争吵。很多家庭的生活最后沦为悲惨的境地，其原因除了夫妻相互间无视礼貌、没有小心谨慎之外，没有其他过失可言。他们常常出其不意地说出冲撞对方的话，而最后搞得大家都发火。双方都不能静下心来，女人对男人破口大骂，男人则对老婆拳打脚踢。女人放声啼哭，这让男人心软，让他觉得心存愧疚，两人于是握手言和，而且都最由衷地发誓一辈子绝不翻脸。两人之间所有这些会不出半天工夫就烟消云散，然而大概每个月都会上演，可能频率会更高，这就要看是不是存在争吵的缘由，要看其中一方是不是更容易恼火。缺少人为的方法，两个人之间肯定不可能一直保持坚不可摧的好感。最好的朋友如果一直在一起也必然会有口角，除非双方都非常谨小慎微地相处。

荷瑞修： 我一直都认同你的一个看法，即人越有文化就越开心。然而，任何一个民族只有在漫长时间的洗礼之后才会变得温文儒雅，而人在缺少成文法律之前又必然是境遇惨淡的，如果是这样的话，诗人和其他作家为何又会花费那么多笔墨去颂扬黄金时代①呢？为何他们会说那个时代到处都是和平、爱和真诚呢？

里欧·门尼斯：出于相同的原因，纹章局的信使也可能说那些原本出身卑贱、默默无闻的人血统高贵。出身名门者全都因自己的家族而自豪，所以都竭尽所能称颂自己祖先的品行与福报，而这向来会让所有的社会成员都觉得开心。然而，你提及了诗人们的虚情假意，这到底是想重申什么呢？

荷瑞修：你批判所有异教迷信的阐述都相当明晰、信手拈来，一次也没有让自己踏进迷信的陷阱之中。然而，你在涉及有关犹太教和基督教信仰的事情时，却还是如同一个俗众那样单纯。

里欧·门尼斯：你有如此认识，我深感抱歉。

荷瑞修：我所说句句属实。一个人如果可以对诺亚及其方舟的故事信以为真，就没有理由讥讽丢卡利翁和皮拉的传说。②

里欧·门尼斯：因为一个老头和妻子从肩头朝身后掷了块石头，我们就理应认为是石头创造了人，如同认为一个男人及其家人，还有许多的鸟兽被一只为救赎他们而特地制造的大船所搭救那样吗？

荷瑞修：这是因为你固执己见。用石头做人和用泥土做人，这两者之间到底有什么不同？我可以轻而易举地设想出一块石头怎样摇身一变成为一个男人或女人，也会轻松地想象到一个男人或女人怎样摇身一变成为石头。我还觉得，一个女人如同达佛涅③那样变作一棵树，或者如同尼俄柏④那样变作大理石，这跟她如同罗得之妻⑤那样变为一根盐柱差不多，都非常稀松平常。而今，请你与我进行一番我问你答式的讨论吧。

里欧·门尼斯：我非常期待这之后你可以让我说一下自己的观点。

---

① 古希腊诗人赫希俄德把人类历史划分为五个时代，即黄金时代、白银时代、青铜时代、英雄时代和生铁时代，其中，黄金时代又名酋长时代，由土星掌控。古罗马诗人奥维把人类历史划分为四个时代，为黄金、白银、青铜和生铁时代。——译者注

② 据古希腊神话记载，宙斯引发的大洪水过后，只有普罗米修斯之子丢卡利翁及其妻子皮拉活了下来。二人根据神谕各自朝身后扔石头，石头于是变为男人和女人，再次创造了人类。——译者注

③ 达佛涅，古希腊神话中的女神，由于想要摆脱阿波罗的追求而变作月桂树。事见奥维德《变形记》第1卷，第452—第567行。——译者注

④ 尼俄柏，古希腊神话中的底比斯王后，由于子女统统被阿波罗杀死而天天以泪洗面，后被宙斯变成大理石雕像。——译者注

⑤ 《圣经》中说：亚伯拉罕的侄子罗得之妻逃离立刻要被上帝摧毁的所多玛城时，违背了上帝的话而回了一次头，最终变成了一根盐柱。——译者注

荷瑞修：没问题，没问题。请告诉我：你认同赫希俄德[①]吗？

里欧·门尼斯：不。

荷瑞修：奥维德的《变形记》[②]呢？

里欧·门尼斯：不。

荷瑞修：然而你却对有关亚当、夏娃和天堂乐园的传说信以为真。

里欧·门尼斯：是的。

荷瑞修：你认为他们是在眨眼间出现的吗？换言之，你认为他们是摇身一变就成为成年人的吗？你认为是一抔泥土造就了亚当吗？夏娃是亚当身上的一根肋骨吗？

里欧·门尼斯：是的。

荷瑞修：你认为他们一经出现就可以说话、可以思考并拥有知识吗？

里欧·门尼斯：是的。

荷瑞修：总而言之，你信奉天堂乐园的单纯、幸福及其所有传奇，而它们都出自同一个人之口[③]。而就在这一刻，你却不能认同许多人跟我们说到的那些事情，即黄金时代的坦率、和睦与幸福。

里欧·门尼斯：你说得非常正确。

荷瑞修：而今，请容许我跟你阐述一下你在这个问题上是多么无凭无据，多么固执己见。首先，你认为大自然中那些绝对不会出现的事情是真实的，这违背了你自己的逻辑，违背了你所持的那个见解，而我觉得那个见解是正确的，因为你已然印证：第一，如果没有学习经历，任凭是谁都没有说话的能耐；第二，人的推理和思考能力的培养需要经过相当长的慢慢进步的过程；第三，所有事物如果未经传递给大脑并经由感官与我们交流，我们就对它一概不知。其次，在被你视为无法相信而予以批判的传说中，压根没有什么是不可能的。我们由历史可知，日常经验也一再给我们揭示：挑起人类动荡的所有战乱和私人恩怨，全都是由于想要占尽上风和对我的（东西）和你的（东西）的看法有别。所以，在奸诈

[①] 赫希俄德，公元前8世纪时的古希腊诗人，其作品《神谱》中有大量关于古希腊神话和传说的记载，还有长篇诗作《农作与日子》（也译作《工作与时日》）。——译者注

[②] 奥维德的长诗《变形记》代表了作者的最高水平。该书用六音步诗行写成，全诗共15卷，包括约250个神话故事。全书以编年体的形式，从创世写到恺撒之死，奥古斯都继位。其中包括有关人变身为动物、植物和石头的记载。——译者注

[③] 这里是指关于亚当、夏娃及天堂乐园的故事是出自《旧约·创世记》，而该卷经文据说作者是摩西，所以这里说由一人写就的。——译者注

狡猾、贪得无厌和坑蒙拐骗悄悄潜入这个世界之前,在人们明白荣誉头衔、明白主仆之分以前,数目既定的人群为何就无法安宁祥和地一起生活呢?他们为何就无法有福同享,对丰厚土壤和适宜气候中的大地物产心满意足呢?你为何就无法认同这些呢?

里欧·门尼斯:人群的数量无论多寡,缺少法律和政府的管制都可以和平共处,这违背了人类的天性,无论那些符合最豪华设想的土壤、气候和物产多么让人开怀,也都是这样。不过,亚当绝对是上帝创造出来的,是天外之物。他的说话水平和渊博知识,他的纯洁友善,如同他身体的任何部分一样,都堪称神奇。

荷瑞修:里欧·门尼斯,你这番话让我实在不能认同,因为我们探讨哲学的时候,你却悄悄地把奇迹掺杂进去。我为何不能也跟你学一下,说"奇迹也让黄金时代的人类相当快乐呢"?

里欧·门尼斯:在一个特定的时刻,一个奇迹制造了一个男人和一个女人,而他们理所应当是其他每一个人的祖先。这种情况出现的概率要远远超过另一种情况,即凭借接二连三的奇迹,数代人都拥有了生命,并且其行为都有违天性。其原因是,后一种情况一定源于我们对黄金时代和白银时代的那番形容。《摩西五书》①记载着,第一个在自然中出生的人、女人产下的第一人把自己的弟弟②置于死地,这已经绝好地印证了我曾再三重申的人性里的那种掌控精神和妄自尊大的猛烈欲望。

荷瑞修:你算不上是愚钝蒙昧之人,然而你仍旧对每一个传说都深信不疑,而就连我们的一些牧师都觉得:如果仅仅看其字面意思的话,那是非常荒诞的。然而,你如果对天堂乐园失去了信心,我也就不可能认同黄金时代的存在。一个睿智的人,一位哲学家,都应相信这两者是荒诞不经的。

里欧·门尼斯:不过你以前跟我说你信奉《旧约》和《新约》。

荷瑞修:我向来没提过我认同其中所有的表面意思。然而,你为什么会对奇迹信以为真呢?

里欧·门尼斯:因为我必须要认可它们。你如果可以跟我印证:少了奇迹,人依旧有降临到这个世界上的可能,就算只是一丝一毫也可以,我就肯定不会提

---

① 《摩西五书》,又名《摩西五经》,包括《圣经·旧约》中的《创世记》《出埃及记》《利未记》《民数记》和《申命记》五卷书,据说其作者是摩西。它是犹太教经典中最重要的部分,同时它也是公元前6世纪以前唯一的一部希伯来法律汇编,并作为犹太国国家的法律规范。——译者注

② 这里说的是亚当和夏娃长子该隐由于嫉妒把弟弟亚伯置于死地。——译者注

"奇迹"这个字了,哪怕是一次。你认为曾出现过一个人自己造出了自己的事情吗?

荷瑞修: 绝对不信,那显然是说不通的。

里欧·门尼斯: 所以,我们就能够明确地认识到:世界上的第一个人一定是由某种事物创造而生的。我对人之根源的认识,也可以用来阐释所有物质和运动的缘由。万物源于原子的交汇和意外的混合,伊壁鸠鲁的这个论断比其他所有拙见都还要可笑,还要嚣张。

荷瑞修: 然而,你却无法用数学方式去批判它。

里欧·门尼斯: 如果有人企图印证太阳对月亮不存在引力,他也缺少任何证明的手段。然而我仍旧觉得,认可这两种观点,较之于认同大部分童话故事里讲的仙女和怪物而言,这显然更有辱人类的理解力。

荷瑞修: 但是,有一条比数学论证稍微差点的公理,它与空穴来风的创造论截然不同,即巧妇难为无米之炊。你可以说一下空穴来风的意思吗?

里欧·门尼斯: 坦白地说,我没有这个能力,这就好像我无法阐释永恒或上帝本身一样。然而,当我的理性让我对某个事物的存在深信不疑,而我却不能参透时,我最明白不过的公理和证明就是:错在我能力不足,错在我理解力太差。按照我们对太阳和星星的大小、距离和运动非常狭隘的认知,按照我们对动物的相对明显的躯体及其运作的深层次认识,我们能够印证:它们统统都是由一种智能原因导致的结果,统统都是一位有着无穷智慧和力量的实体的上乘之作。

荷瑞修: 然而,尽管那智慧大概优于其他所有东西,那力量也大概无人能及,我还是不能设想它们如果缺少作用对象的话该怎样发挥功用。

里欧·门尼斯: 我们不能设想的真切事实远远超过这一件。世界上第一个人是如何出现的?我们无从得知。然而人类仍旧出现在这个世界上。热气和潮湿很明显是各种显而易见的原因导致的结果,尽管它们变化莫测,在动物界、植物界和矿物界无一例外。如果没有种子,不可能长出一棵嫩草来。

荷瑞修: 同理,我们自己及我们亲眼看见的所有事物,肯定也都是某个整体的构成要素。在有些人看来:这个整体,也就是这个宇宙统统都源于永恒。

里欧·门尼斯: 这种见解,其实与伊壁鸠鲁的那个论断相比,并没有更让人信服,也并没有更浅显易懂。在伊壁鸠鲁看来,万物是由偶然因素缔造的,是潜意识中的原子式的那种散漫的相互运动的结果。我们发现了一些事物,而我们由理性得知:缺少一种在人类理解范围之外的智慧和力量,那些事物就不可能出现,此时此刻,有什么会比那些事物更违背、更抵触人的理性呢?那些事物都相当鲜明地展现了创造它们的那种不凡才智和杰出力量。虽然这样,那个被冠名为斯宾诺莎①主义的论断,在被搁置一旁多年之后,如今还是再次回归主流,而原子论则缺少了根基,因为无神论和迷信是五花八门的,而它们被摧垮之后,也都存在周期,都会卷土重来。

荷瑞修: 让你把这两种迥然不同的东西混为一谈的,究竟为何物呢?

里欧·门尼斯: 这两者有很多雷同,其远远超出你所想象的。它们源于相同的根源。

荷瑞修: 啊! 无神论和迷信吗?

里欧·门尼斯: 是的,就是这样。它们都源自相同的原因,源自人类思维中相同的不足,也就是我们缺少区分真理的水平,我们生来就无法参透上帝的内涵。人类在其最稚嫩的年华中并不曾获得真正的宗教信念的教诲,之后也没有接着延续真正的宗教信念的苛刻教导,所以,人类统统都置身于一种险峻的危机之中,即要么信奉无神论,要么相信迷信;这就在于各种气质和体质、各种环境和各种交流者的左右。才智愚钝者和在蒙昧的、卑贱的环境里成长起来的人,常常都会听从命运的摆布;而那些一味盲从的人、贪婪无度的人和无比吝啬的人,也都会轻而易举、顺其自然地认同并依恋迷信。较之于一种现象,这看上去并没有更滑稽、更无法自圆其说。那种现象就是:人类当中的败类、大部分赌徒、二十个女人中的十九个都肯定不能掌握、认同那些潜在的缘由。因而说,大部分人都没有被反宗教的污点所玷污;国民的文明水平越低,其轻信的范围就越大。同时,才能卓越的人、积极思考的人、头脑睿智的人和深思熟虑的人、推崇自由的人(例如钻研数学和自然哲学的人),以及生活悠闲自在的好奇心最强的人和清心寡欲的人,如果这些人年轻时未曾有过宗教教育的经历,未曾夯实真正的宗教信念的基础,则常常不会成为宗教的信众,其中那些比凡人更傲慢、更有钱的人更是这样。这些人如果是落到无神论者手中,就有极有可能成为无神论者或怀疑论者。

荷瑞修: 你鼎力推荐的那种让人认可一种见解的教育方法,可能在培养盲目的信徒方面相当管用,并且能培养一大批教士。然而要培养优雅的臣民、培养有道德的人,最好的手段却是鼓舞青年热爱美德,持续给他们传授正义观和正直观

---

① 斯宾诺莎(1632—1677),荷兰哲学家,西方近代哲学史重要的欧陆理性主义者,与法国的笛卡尔和德国的莱布尼茨齐名。其学说并不认可世界上真的有超自然上帝,断言"实体"就是自然界,然而也把"实体"冠以上帝之名。其有《伦理学》《知性改进论》等书传世。——译者注

以及真正的荣誉观和礼节观。这些都是切切实实的特效药，能够治愈人性的弱点，能够消灭人心中妄自尊大和利欲熏心的极大欲求，因为它们充斥在人心中，对人危害极大。就宗教的教育而言，逼迫青年人去认可一种信仰，这种做法比让青年维系无信仰状态，直到他们长大后再进行判断和选择更有失公允，更没有公正可言。

里欧·门尼斯：恰恰是你极力推荐的这种公正无私的美好方式，才会持续地鼓励和拓展无信仰的空间。在英国，最能鼓励自然神论扩展的因素，就是宗教信仰教育上的博大胸怀，在上流社会中，它偶尔甚至会盛极一时。

荷瑞修：我们最在意的本应是公众的利益。我绝对认同，社会急切需要的并非是对一种教派或教义的盲目信仰，而是大部分人在所有行为中的坦诚与刚正，以及人们之间的友善。

里欧·门尼斯：我并非为盲目信仰者抗争。只要是切实有过基督教信仰的完整教育经历的人，都无法把坦诚、刚正和友善抛在一边，而这些美德如果不是因为那个宗教动机，则其所有表现都没有必要去相信。一个人如果不能认可真的有来世，就不存在什么东西可以逼迫他在现世里心地坦诚，因为置身这种情形之中，连他自己的誓言都压根不可能制约他。

荷瑞修：对一个胆敢用假誓蒙蔽大家的伪君子，誓言还存在什么约束力可言呢？

里欧·门尼斯：如果了解一个人有过发假誓的经历，那么，谁都不可能相信他的誓言。同理，一个人如果跟我坦承自己是个伪君子，我就绝对不会被他欺骗。无神论者如果本人没有坦承自己不信上帝，我也肯定不可能认为他是这样的人。

荷瑞修：我不认为世界上有绝对的无神论者的存在。

里欧·门尼斯：我不打算就词句跟你辩论，然而我们现代的自然神论也如同无神论那样难以信服。其原因是：一个人如果不认同有上帝和来世，那么，他对上帝的看法，甚至是对一种充满智慧的首要原因的看法，就一无是处了，无论对他自己还是对别人，无一例外。

荷瑞修：然而我依旧觉得，美德与轻信之间不存在必然联系，就像它与无信仰之间不存在必然联系一样。

里欧·门尼斯：如果要让我们的观点前后呼应，那么，美德就常常应该与轻信相关。如果人们的举止被自己恪守的原则所掌控，被自己当众认同的观点所掌控，那么，所有无神论者就统统都是魔鬼，而所有迷信者则统统都是圣徒了。然而这并非事实。世上既有品行端正的无神论者，也有伤风败俗的迷信者。不但这样，我还认为：最坏的无神论者的卑鄙行径（不信神也包括在内），迷信者也一应俱全。其原因是：在桀骜不驯者和赌徒当中，最频频发生的就是有辱神明的行为，那些人敬仰的是鬼魂，恐惧的是魔鬼。我对迷信的评价跟对无神论的评价差不多。我的初衷是远离和小心无神论和迷信。我认为：要捣毁这两颗毒瘤，我所说的那种办法就是人类唾手可得的最管用、最可靠的良方。

我尽管认同亚当是整个人类的祖先，然而我仍旧是非常睿智的动物。就这个问题而言，我只能如是回答。我们都认为：人类的理解力是狭隘的；但凡稍做思考，我们就会推出一个结论，也就是人类的理解范围是非常狭隘和局促的，这点是一个独一无二的因素，它极大程度上构成了我们依靠洞察力去进一步考察人类起源问题的绊脚石。其最终导致：要探明这个起源的原委（这对我们非常关键），我们就必须要去认可一些事情。然而问题是有哪些事情是需要相信的？该是谁的忠实信众？我如果无法跟你证明摩西曾得到了上帝的指点，你就必须要认同：在一个迷信最泛滥的时代里，一个在数不胜数的偶像崇拜者（他们对神性拥有最浅薄、最卑贱的认识）当中成长起来的人，竟然不凭借我们所了解的那些帮助，而只是凭借其与生俱来的能力就探测到了最深邃、最关键的真理，世上再也不存在比这更稀奇古怪的事情了。这是由于，除了拥有对人性的高度认识（如同《十诫》对人性的认识那样），他还了解什么是从无到有的创造，了解那种创造了宇宙的潜在力量是前所未有、浩瀚无穷的。他还把这些传授给了以色列人，而过了一千五百年，地球上其他每个民族才洞悉了它们的真谛。不但这样，我们还无法回避：《摩西五书》里关于世界和人类起源历史的叙述，是所有现存历史中最久远、不确定性最低的。摩西之后，也有其他人写过相同的题目，然而其中大部分很明显都是东施效颦，属于摩西的拙劣模仿者。而那些好像并非援引于摩西的文字，例如我们读到的索摩那科多姆①和孔子等人的形容，则比《摩西五书》的叙述更不合乎常理，并且还要夸大五十倍之多，所以也就是五十倍的难以信服。谈及信仰和宗教所体现的意义，谈及它们展示的上帝的计划本身，我们如果细致地考量前面提到的各种理论，就会意识到：因为我们一定要有个源头，因而，把人类的起源看作一种不能参透的创造力量，把它看作万物的首要动力和创造者，不存在其他事情比这更合乎情理、更符合逻辑的了。

荷瑞修：我曾不止一次听你阐述过你的这些观点。我向来没有听说过有谁可

---

① 古代闪米特神话中的半人半神的英雄，曾为族人讲解创世故事。——译者注

以像你这样，对上帝拥有这般崇高的认识和这般伟大的情操。请跟我说一下：你在看《摩西五书》时，当读到对天堂乐园运作状态的形容及上帝与亚当的对话时，难道就没有意识到某些卑劣、毫无意义并与你对那位最高的实体向来具备的崇高见解相互矛盾的话吗？

里欧·门尼斯：我能够如实奉告，我不仅考虑过你这个问题，而且还一直备受其困惑。一方面，人类的知识越是积累，上帝的智慧就越是看上去十全十美，它表露在我们可以认识的所有事物中；另一方面，我们到目前为止所了解的事物，无论是凑巧了解的还是经由辛勤研习得知的，与我们所不了解的、更壮观的事物的无边无际的范围相比，其数量与价值简直都不足挂齿。一想到这些，我就禁不住设想：我们所找出来的《摩西五书》里的那些错误，可能自有其相当明智的原因，可但凡世界还有一天，我们就对那些原因一概不知，并且会一直持续下去。

荷瑞修：然而，就算我们不认同伯内特博士和其他几个人的观点①（他们觉得那些话都有其深层含义，属于隐喻，理应从象征的意义上去认识），也可以非常轻而易举地化解那些难题，如果是这样，我们为什么还要绞尽脑汁钻研它们呢？

里欧·门尼斯：我并不批判这样的研究。我向来颂扬人类的非凡才华和优良构造。人们向来都竭尽所能试图把宗教奥义与人类的理性及现实性糅合在一起。然而我始终坚信：任凭是谁都不能印证《摩西五书》里随便哪个最浅显易懂的字面含义。宗教之敌在滥竽充数上的自由是人尽皆知的：他们先随便误读《圣经》，然后用一个新的论据，去批判《圣经》的真实性。如果我有权利拥有他们那样的自由，我就会鄙夷人们杜撰故事的才华，因为人们编造不出一个最十全十美的神话，以阐述人是怎样来到这个世界上的，并可以让我无法从中找到宗教之敌的那么多瑕疵，而可以充分地批判《摩西五书》的相关记载。

荷瑞修：大概是这样。然而，我是挑起如此长时间离题千万里的争论的源头，因为是我第一个涉及了黄金时代。因而，如今我非常希望能够重返我们之前探讨的那个问题上。从你提到的那对野蛮人夫妇进化为一个文明程度很高的民族，你觉得这要历经多长时间、多少个世代？

里欧·门尼斯：这不太好说。我认为，我们对这个问题无法有非常准确的看

---

① 托马尔斯·伯内特，英国神学家，168年发表过《圣神地球论》（*The Sacred Theory of the Earth*）。这本书想要对地球起源从地质学的角度进行科学解释，又不与《圣经》相矛盾。——译者注

法。按照我们曾经提到过的情况，由这样的夫妇进化而来的家族，很明显会出现几次分分合合，然后再次组合到一起，再度瓦解，最后，整个家族或它的一部分才可能上升到某种水平的文明状态。各种最佳形式的政府都会爆发革命，并且为了捍卫一个人们共处的社会，还需要形形色色的因素一起运转良好，然后人们才会进化为一个文明的民族。

荷瑞修：这种情况大部分是由于：在一个民族进化的过程中，人们的精神与才能参差不齐，难道并非这样吗？

里欧·门尼斯：除了那些与气候相关的不同之外，没有例外，而政府精通统治的功效会迅速大过气候不同的功效。民众是不是的确很勇敢，统统在于执政者是怎样利用权力和践行纪律的。艺术与科学比财富充盈早出现的可能性非常少见，其发展的速度，完全在于执政者的能力高低、民众的情形及人们是不是有完善艺术与科学的可能。然而执政者的能力是第一要素。在许多持不同观点的人之间保持安宁和谐的状态，让他们所有人都为了相同的利益去奋斗，这是个困难重重的任务。人类事物中，不存在其他比执政术对丰富知识的渴求更大的了。

荷瑞修：根据你的观点，稳妥掌权比小心人的本性所渴求的知识，还略胜一筹。

里欧·门尼斯：然而，对人性形成恰当的认识却要经历漫长的时间；而辨别各种激情的功效，培养一位政治家——他可以让社会成员所有的短板都变成能造福于社会的一部分，可以依靠精明的管理，把私人恶德转化为公众利益，这些也是世世代代共同努力的结果。

荷瑞修：一个时代如果出现了许多伟大人物，必然是那个时代的最强有力的资本。

里欧·门尼斯：协助人们出台完备法律的是天分，然而更多的是经验的功劳。梭伦、吕库古[①]、苏格拉底和柏拉图，其知识都是从旅行中得来的。在旅行中，他们还把知识传授给别人。人类能够出台最完美无缺的法律，大部分原因是因为坏人躲过法律，因为坏人的奸诈常常可以逃脱之前不够完备的法规的制裁。

荷瑞修：在我看来，铁的出现，铁器的发展，这必然对社会的完善造成了无比深远的影响，因为缺少铁，人们就不可能有工具，也不可能有农业。

里欧·门尼斯：铁肯定是非常有用的，然而，贝壳、燧石及经火变硬的木头，也可以让人凭此制造出一些粗陋的工具，但凡人们可以维持安定，可以祥和

[①] 吕库古，公元前9世纪斯巴达立法者。——译者注

地生活,可以享用自己的劳动成果就行。你可知道:一个缺少手的人也可以在不断磨炼之后,让自己写出相当完美的字母,只凭脚就能飞针走线,然而这是我们亲眼所见的事实。听一些可靠的人传言,墨西哥和秘鲁的美洲人有着世界幼年的所有表象,因为欧洲人第一次闯入他们生活中的时候,他们急需许多看似轻而易举就能创造出来的东西。然而,他们既缺乏一个能够有借鉴意义的先例,也压根没有铁。思及此处,他们为什么能够企及我们所了解的进步阶段,这的确让人饶有兴致。首先,我们无从得知,在他们创造文字、出台成文法律之前,那么多人在此起彼伏的纷争状态下度过了多少个年头。其次,因为史籍里有相当多空白之处,我们由经验可知:文字出现的具体步骤和时间已经是一个永远的谜题。战争与人间纷争但凡导致众人四散逃窜,就容易会让一些最优秀的民族荡然无存。大浩劫对艺术与科学也如同对城池和王宫一样,没有一丝情面。人生来都有一种非常迫切的欲求,却缺乏管理能力,这就引发了无止境的善恶之争。入侵与迫害让人类分分合合,已经让世界面目全非。有时候,强盛的帝国被割裂成了许多小块,因而缔造了新的王国和公国。还有些时候,勇猛的征服者在几年之内就把诸多迥异国家统一起来。仅由罗马帝国的垮台,我们就能够知晓:比起建筑物或碑文来,艺术与科学会轻而易举地销声匿迹,其毁灭也更为迅速;粗鲁莽撞的大洪水可能在各国汹涌而至,而各国却仍旧可以延续下去。

荷瑞修:那么,究竟是什么能够让各国从最卑微的源头发展成鼎盛城邦和强悍国家的呢?

里欧·门尼斯:那是上帝的旨意。

荷瑞修:然而,上帝的旨意却把具象的工具也包罗在内,我非常好奇这是怎样运作的。

里欧·门尼斯:在《蜜蜂的寓言》里,你已经了解了让所有国家繁荣强盛所需要的全部基础工作。井井有条的政治及所有统治术,全都是基于对人性的熟悉。政治家的责任,往往都是竭尽所能鼓舞并奖赏所有善良有益的举动,惩罚(或起码是消解)所有有损或威胁社会的举动。愤怒、淫欲和骄傲大概会酿制数不胜数的祸端,对它们都理应慎之又慎。然而把这些都搁在一边,仅仅是为了摧毁和预防贪婪与嫉妒让人想出的危及邻人的各种狡猾伎俩,就已经构成了需要制定无数法规的充分原因。你如果认同这些真理,那就用一两个月的工夫,细心地探索、研究所有的艺术和科学,研究伦敦这样的城市中所有的商业、手工业和其他行业,研究每一部的法律、禁令、法令和法规(为提防立场不同的个人及团体危及公共福祉与平安、提防他们堂而皇之或私底下加害对方，人们觉得它们是必不可少的）。如果你不觉得费心，能够这样行事，你就可以意识到想要游刃有余地治理一个大城市，怎样的条件和前提是必不可少的，然而，它们全都是为了实现相同的目标，即压抑、束缚和消解人的各种恣意妄为的激情和害处颇多的缺陷。不但这样，你还会看到更需要称颂的一点：合理地理解这众多的法规，你就能够了解其中有很多条款都凝结了最高的才智。

荷瑞修： 世上如果缺乏才智超群、能力卓越的人，这些东西又怎么会出现呢？

里欧·门尼斯： 在我所说的那些事情里，只是单凭一个人或一代人做出的成果少之又少。其中绝大部分都需要人们几个世代的不懈努力。请把我们第三次对话时我的关于造船工艺和文明礼貌的见解牢牢记住。我提到的智慧并不是源于不错的理解力或细致的思考，而是源于深邃而细致的判断力，它是长期的经验和诸多观察的结果。凭借这种智慧和长期锤炼，人们就能够了解：治理一个大城市，其实跟编织长袜差不多，并没有难多少（请宽恕我这个比喻是如此拙劣）。

荷瑞修： 这个比喻实在是不恰当。

里欧·门尼斯： 虽然这样，除了把它比喻成编织框，我还是不明白怎样更确切地比喻一个井井有条的城市的法律及其运作。乍一看，这台机器相当精密，难以参透，然而其功效却绝对是十全十美，其产品的精密严谨也让人讶异。然而，这些产品的完美与精致却源于机器发明者的别出心裁，就算不是所有的，也要占大部分比重。这是由于，最杰出的艺术家用这部机器为我们打造出的东西，也大概与随便挑一个经过半年训练的恶棍做出来的没有分别。

荷瑞修： 我一定要坦承，你这个比喻尽管相当不恰当，却把你所要表达的意思阐述得一清二楚。

里欧·门尼斯： 在你说此话时，我脑海中浮现了一个恰如其分的比喻。人们制作了可以相当精确地演奏乐曲的钟表，如今它们已经非常普遍了。制造这种精密器件，一定由始至终都浸透着研究和劳动、失望的困扰和一再拆装的辛劳，思及此处，人们就会交口称赞。这与富足的大城市一直运转了数个世代的政府的运作机理多少有点相同之处。这些城市的完备法规，就算是最烦琐的法规，所有的细枝末节都是在漫长的艰苦劳动和审慎的思索之后才诞生的。你如果研究一下随便哪一个此类城市的历史及古代习俗，就会意识到：这些管理城市的法律和法规，统统都有着数不胜数的更改、废止、填补和修订的历程。不过，但凡它们达到了人的技艺和智慧所能企及的完善水平，整部机器大概就会自行运转，而管理它的技术可能跟给钟表上发条的难度差不多。一个大城市的政府但凡有条不紊，行政官员仅需竭尽所能，它就可以在相当长的时间内保持运转良好，就算其中缺少聪明人也会这样。除此之外，上帝的关怀自始至终都在，监控着整个局面的运转情况。

荷瑞修：就算一个大城市的政府从建立那天起就轻而易举地实现了运转的正常化，整个国家和王国却不可能这样。所有人心中都满载着荣誉感和信任感，所有人都清正廉明、品行卓越，这不是一个国家最大的幸运吗？

里欧·门尼斯：是，还要让所有人都学识渊博、克勤克俭、勤俭持家、童叟无欺、和善友爱，但凡脑海中能有的优秀品质，他们都一应俱全。但是，与此同时，这样的地方却不能加以有效管理，而职能机构也只能聘用你所形容的这种人去工作。

荷瑞修：你字里行间好像在说英国没几个好人。

里欧·门尼斯：我并不是单指我们英国，而是指所有的国家和王国，我想阐述的是：让所有才能及权势平平者，都能够担当地方政府及所有行政分支机构（它们都是才华横溢的设计杰作）中的所有最高职务，这与各国的利益完全一致。

荷瑞修：这完全不现实，起码在我们这样的国家里不可能，因为如此一来，你又让谁去担任法官和上议院大法官呢？

里欧·门尼斯：研究法律尽管相当烦闷、相当无趣，然而这个职业却有着丰厚的报酬，且可能满载声誉。这最终会导致除了才华横溢、踏实肯干的人之外，只有为数不多的人有机会出类拔萃。但凡是一个好律师，如果他还称得上诚实、年岁已高、严谨负责，都可以充当法官。担任议院大法官，这委实需要一个人拥有更杰出的才华。他不仅应该是个好律师，为人坦诚，而且应该拥有更渊博的知识和更非凡的洞察力。然而上议院大法官终究只有一个人。顾及我就法律所谈论的那些话，顾及野心和贪婪对人类的左右，根据常理，大法官法庭的律师当中，其实不会存在这种情况，即在何时何地都只有这个或那个人才有资格胜任大法官的角色。

荷瑞修：所有的国家都一定有精通公共谈判的人才，一定有才智超群的人去担当公使、大使和全权大使，难道并非这样吗？各国国内不是都肯定存在可以跟外交部部长们去斡旋的人才吗？

里欧·门尼斯：所有的国家都不乏这样的人才，这是必然的；然而我却非常好奇：国内外与你有联系的人们是否已然说服你，你提及的那些事务压根不需要那么才华横溢的人去负责？成长于君王宫廷中的位高权重者，其中那些擅长谈判的人，都一定要拥有不凡的风度和卓越的胆识，因为在所有会议和谈判中，这是两种最必不可少的才能。

荷瑞修：一个国家如果像我国这样债务缠身，高额的税赋压在身上，那么，要善于使用各种资金并了解如何运转，缺少优秀的天分，不能将这种才能发挥到极致，就不可能精通这门学问。所有国库主管的工作一定要交给最能够信赖的人，同时，这个职务又会遭遇重重困难。

里欧·门尼斯：我并不认同你的看法。其实，在公共管理机构内部的人看来，公共管理机构的大多数分支并没有局外人看上去的那样困难重重。一个非常聪明的人如果没有见过烤肉架，如果不了解它有几斤几两，对烤肉的方式也一窍不通，那么，如果让他说一下两三个穿满肉串的烤叉为什么会一直转动几个小时而不停歇，他就会觉得相当迷惘，而十分之九的人都会对厨师或烤肉师赞誉不绝。在财政部负责的所有事务中，规章制度本身能包揽九成的工作，并且有条不紊地监督着所有的运作过程；而国王欣然指派的财政大臣则运气颇佳，因为他绝对没有太过操劳之时，绝对没有对自己的职责愁眉苦脸之时，而想必加诸给他的那份信任一定与他遭遇的困难一样相当神似，既不可能过多，也不可能过少。把一个庞大机构的所有事务首先划分为若干部分，然后把那些部分再细分为更小的部分，如此一来，其中所有人的工作就会变得相当明晰而确定，以至于但凡那种工作上手了，他就基本上不会有纰漏。同理，细致地规范所有人的权力，审慎地权衡任何一个人是否能够信赖，凭借这种办法，就可以对所有的官员是否忠诚心知肚明，谁假装忠诚，立刻就会被洞察。恰恰是由于这些技巧的出现，人们才会把至关重要的事务中的绝大多数工作坦然地交给才能平庸的人去负责（那些人最在意的仅仅是健健康康、开心幸福），也恰恰是由于这些技巧的存在，大型办公机构及其所有部门的工作秩序才会井井有条。与此同时，这个机构的整体结构却看上去相当庞杂、难以参透，不但在旁观人眼中是这样，在为数甚多的受雇于其中进行工作的人眼中，也是这样。

荷瑞修：我知道，我们财政部的结构确实是一种堪受嘉许的创造，是为了预防各种欺诈和贪污行为。然而在让财政部得以运转的财政厅内部，欺诈和贪污行为却有了更大的活动空间。

里欧·门尼斯：为什么会这样呢？皇家司库或（如果财政委员会负责行使这一职权）财政大臣，也如同手下最底层的职员一样缺少贪污钱财的特权。

荷瑞修：他们拨款不是经由国王许可的吗？

里欧·门尼斯：是的，在国王权限范围的金额之内，或者是国会命令用金钱负担的那些开支，无一例外。就算向来英明的国王被蒙在鼓里，允许大肆地花销，无论其是否合情合理，但违背了立法院的直接命令，皇家司库依然会遵循国王的旨意。

荷瑞修：然而，还存在其他职位，起码还存在另一个更为关键的职位，需要其担当这一职务的人比上述提及的所有的职位都要更为才华横溢、更为博学多才。

里欧·门尼斯：请您见谅，皇家司库已经是无人能比了，负责这项工作的人确实应该拥有比其他任何人更卓越、更杰出的才能。

荷瑞修：你对首相有何看法？首相负责所有事物，直接听从国王的差遣。

里欧·门尼斯：在我们英国的政体中并不存在首相这个职位，正由于这样，所以才把整个行政机制划分给若干分支部门，其理由相当充分。

荷瑞修：然而，到底该由何人负责向各路元帅、行政官员及驻外使节下达命令和指示呢？到底该由何人负责捍卫国王在整个王国里的利益和平安呢？

里欧·门尼斯：理应让国王和他的枢密院（缺少枢密院，王室的权威就无法运用）监督所有事务，而只要是君主没有时间亲自解决的事情，都应该让对口的管理部门去负责，在那些部门中，所有人都有明确的法律可遵从。就捍卫国王的利益一事，则与捍卫国家的利益一样，该让国王的卫队维护国王的人身安全。而国家的所有事务，无论为何种性质，全都由国王指派的某位高官负责。这些高官统统都由于其让人敬仰的头衔而声名远播，无比受人尊崇，出类拔萃。我能够跟你发誓：那些头衔中不包括首相这个名号。

荷瑞修：你为何要骗我？你自己和世人都了解并亲眼见过有这样的首相；而我也能轻而易举地印证这样的首相一直都存在。考虑到我们英国的国情，我并不认为国王是可以缺少首相的。王国内存在诸多平庸之辈，要选拔国会议员，要慎之又慎地完成历次选举，要处理上千件一定要做的事情，以摧毁不满者的各种阴险狡猾的伎俩，小心企图篡夺王位者。解决这些事务需要深邃的洞察力、卓越的才干、秘而不宣和敏捷果敢。

里欧·门尼斯：荷瑞修，无论你表面是多么虔诚地为这些事情抗争，我都能够断言：分析一下你所说的那些原则，你并不曾仔细地思考过这个问题。我无法对我们探讨的这些事务的严峻性进行评判，然而我无意了解君主们及其大臣们的品行和活动。所以，我只能印证我对这个国体的看法并无差错，除此之外，我并不觉得自己有能力印证其他什么看法正确与否。

荷瑞修：我并不期望你如此行事。你仅需回答我一个问题就行，即有这样的重担压身，把整个欧洲的事务全盘掌控在手，这样的人一定要才华横溢、知识渊博，并具备其他诸多杰出的才能，你有没有把这一点考虑在内？

里欧·门尼斯：一个人如果拥有了这么多的实权，拥有了这么广泛的权威（大臣们往往就是这样），那他就一定会是大人物，其地位也一定会比其他臣民高出许多，这是毋庸置疑的事实。然而在我看来：英国一直都会有五十个人，但凡委以重任，他们就可以胜任大臣的职务，而但凡经过为时不长的培训，其中的卓越者就可以具备担任大不列颠王国皇家司库一样的能力。位居首相之职的人拥有无以言表的巨大先决条件，这只是因为他是首相，因为人都明白他是首相并对他以首相之礼相待。能够掌控整个行政机构的所有部门和分支的人，一定有资格和条件想见谁就见谁。他的权力可以让他知晓更多的知识，可以让他更详尽地解释所有事情，比其他所有熟稔各自掌控的事务、能力又超出他十倍之多的人做得还优秀。一个教育经历不错、积极进取又具有魄力和功名心的人，基本上不会不显露其聪慧、机敏和专业的能力，而但凡他觉得时机成熟，他就可能把所有行政官员的精明、经验、辛勤与劳动玩弄于股掌之间。如果有充裕的金钱，可以雇人去为他与王国的所有地方保持紧密的联系，他也可以了解所有情况。无论是民事军事、外交内政，但凡他想涉足的话，那基本上所有的事务或交易都会烙下他的印迹，无论他想要加速它的发展还是充当绊脚石，都会这样。

荷瑞修：我必须要坦言，你这番话听起来另有深意。然而，我如今有所质疑：经常让我认可你的见解的，恰恰是你那种杰出的技巧，它让我根据你所希望的方式去分析事物，还有你那种非同寻常的绝技，它让所有有意义的东西在你口中都能够变得一文不值，让它们百无一用。

里欧·门尼斯：我反对。我所说的话全都是发自肺腑的。

荷瑞修：一想起自己曾经亲眼所见、如今每天还映入眼帘的政治家之间的交易，我就会非常笃定地判断你的看法是错的。我研究了为排挤或废黜首相而采取的各种诡计、权势和伎俩；研究了为歪曲首相的行为而采取的智谋和聪慧、心机和手段；研究了到处流传的污蔑首相的传闻，以及编撰的歌谣和嘲讽诗文；研究了为批判首相而打造的怂恿性讲话和存心的谴责；我研究到这些事情及其他所有讥讽或谴责首相的言行时，就深信不疑：要击垮纷至沓来的计策和权势，要消除针对首相普遍存在的那么多仇恨和嫉妒，这必然要求有杰出的才干。只是拥有普通的谨慎和顽强,任凭是谁都不可能让自己在首相的职位上干满十二个月,想要做上许多年更是无从谈起了。就算他世事练达、德才兼备,其结果仍是这样。所以说,你那个断言里一定有着某种偏颇之处。

里欧·门尼斯: 要么是我对自己见解的阐述有漏洞,要么是我又被你引入歧途了,我说缺乏杰出天分的人也可以担任首相,是指这个职务的功能,少了这个职务,国王和枢密院在处理国务时就会麻烦不断。

荷瑞修: 要指导和掌控整个政府机器,首相首先得是非凡的政治家。

里欧·门尼斯: 你对那个职位的评价过高了。成为优秀的政治家,这是人类天性所能拥有的最高品质。要想不愧对这个名号,一个人就一定要博古通今,对欧洲的所有王室都了若指掌。他不仅要明白各国公众的利益所在,还要了解各国君主及其臣属的私人看法、个人喜好、优点和不足。对于所有基督教国家及其附近地区,他理应了解其物产、地理、主要城市及要塞,了解这些地方的贸易和产品,了解这些地方的地势、自然优势及当地居民的实力和数量。他一定要拥有洞察人心的能力,一定要博古通今,一定要对人性及人类激情的用途了如指掌。不但这样,他还一定要非常善于隐藏自己心中的各种情绪,熟稔地控制自己的表情和姿势,并非常精通运用各种骗术和诡计,洞悉别人不为人知的私密。一个人如果这些能力都一应俱全,或拥有其中的绝大多数的才能——这估计实现的概率很小,就算他处理公共事务的经验非常丰富,也无法被冠以优秀的政治家的称谓。然而,他却适合担任首相的职务,就算他都无法企及那些素质的百分之一,也是这样。

设立首相这个职位并赋予它最大的权力和利益,这绝对是国王对其恩宠有加,所以,身为首相也必须要获得国王的青睐。其最终导致每一个君主国家野心最大的人往往都把荣登首相之位当成是最大的褒奖,所以都欣然迎接在赢得和捍卫该职位的过程中遭遇的重重阻隔。所以,我们还会发现:我提到的那些锻造政治家的优良品格都被他们视若无睹,而对另一些更有价值、更轻易掌握的能力,他们却欣然向往、费尽心机。你在首相们身上发现的那些能力,都归为这后一种性质,其作用在于让人成为称职的廷臣,熟悉以温文儒雅的奉承和欺瞒君主之术。如果了解到君王有什么需要,就马上溜须拍马,让其称心如意;竭尽所能为君王提供他钟爱的全部东西,以取悦君王;这些都是首相们平时的工作。请求并不比抱怨好多少,所以,必须要提出请求的话,这只能是自取抱怨。看到君王委身变作抱怨的仆人,这只能意味着其臣子骄横无礼。无比周到的首相可以洞悉其主人有何愿望，不需要主人明示，就可以满足主人的所有愿望。所有平庸的奉承者都可以对任何一类言行无须思考地大加称赞，都可以从最卑俗的举动中发现智慧和精明。但是，圆滑的首相却可以遮掩君王显而易见的有所纰漏的行为，可以让君王的所有过错、所有缺陷都像极了美德（或者更恰如其分地说，让它们尽可能不违背美德）。凭借履行这些不可或缺的义务，他们既可以博得君王的青睐，也可以集君王的万般恩宠于一身。只要可以让自己在宫廷里成为受欢迎的人，基本上都会被当成必不可少的角色。他如果很幸运地赢得了君王的青睐，就能轻而易举地让自己的家族备受君王关注，从此之后除了他自己的人之外，不让君王有机会与其他人有交集。假以时日，他也就很容易让行政机构里所有与自己不是一个阵营的人出局，很容易让打算仰仗其他优点或功劳平步青云的人没有得偿所愿的一天。因为职位，一个首相会远远超过每一个与他针锋相对的人。那些人当中一个名不见经传的人会去暂居首相之位，然而无论他是一个盗贼抑或爱国者，最终会树敌无数，这是毋庸置疑的。如果了解了这些内幕，首相管辖的许多事情就算的确是真的，但连不偏不倚、老成持重的人也不可能信以为真了。

提及克服和化解对他们广泛存在的嫉妒和敌意，如果受宠者本人亲力亲为，那就确实是被你言中了，他不仅一定要拥有卓越的才华和博大的能力，而且要保持警惕，谨小慎微。然而，化解敌意却是其跟屁虫的职责所在，它被划分成了若干部分，随便一个与他有一点点关系的人或者随便一个希望从他那里获取什么利益的人，都把它视为自己的职责所在和头等大事。因为，首先，为自己的保护人奔走呼吁，宣扬他的优点与才干，为他的行为辩护，这非常合乎这种人的利益；第二，大力批判保护人的宿敌，贬斥那些人的声名，用他们挤对这位首相的方法和计谋去跟他们周旋，以其人之道还治其人之身，这也非常合乎这种人的利益。

荷瑞修：这么说，所有资历深厚的廷臣，就算没有参透政治的学问和语言、不拥有其他一切与之相关的才能，也都能胜任首相的职位了。

里欧·门尼斯：除了平时经常会映入我们眼帘的那些才能，其他一概无用。然而，这人起码对常识非常熟悉，并且不存在什么重大的弱点，而在所有国家这样的人都非常多。他的健康与体格理应还非常好；他理应爱慕虚荣，所以可以享用并容忍名誉让他这种人必须要处理的那些世俗的应酬，例如始终文质彬彬的举止风度、优雅礼数、有求者的奴颜婢膝，以及人们对他展示的始终如一的敬仰。他最迫切获得的必备素质就是勇敢和果决，如此一来他才不可能随随便便地被震住，不会随随便便就乱了方寸。如果他拥有了这些才能，又具备不错的记忆力，就更有资格参与诸多的事务,就算不可能时刻保持清醒的头脑,起码也可以让人觉得看上去非常镇定自如、沉稳安宁,那么,他的才能就一定会被大加称颂。

荷瑞修:关于他的美德和诚实,你什么都没说,而人们对首相却百般信赖。他如果贪婪无度,毫不诚实,对自己的国家毫无半点热爱之情,那大概就会变成窃取公众财富的盗贼。

里欧·门尼斯:但凡有一点点骄傲之心,任凭是谁多少都会在意自己的名誉。但凡偷窃有可能被逮到,但凡不能保证偷窃不会有惩罚加身,普通的谨慎已经可以让品行一般的人不去偷窃了。

荷瑞修:然而,在不可能被抓到把柄的地方,君王却对首相非常信任。例如,首相可以掌控间谍活动的经费,而为了捍卫国家的安定,就算提一下那笔资金也常常是不合适的,更无须提及仔细核实具体资金流向了。在与其他宫廷的斡旋中,首相如果被私心蒙蔽心智、为私利有片刻的松懈,而不考虑美德或大众的利益,那他不是有机会去背叛自己的国家、做民族的叛徒并把坏事做绝吗?

里欧·门尼斯:在我们英国,首相不会这样,因为国会年年都有听证会。外交上的所有重大往来,世人都一定会了解。如果干了或打算干什么显而易见违背了王国、被本国人和外国人看作是极大地损害了我们利益的事情,那就会引起大家广泛的质疑,把首相置于危险处境。所以,只要头脑还算精明的人如果还想要待在宫廷里,都不可能如此行事。提及首相们可以自由地支配间谍活动经费(可能还有其他资金),我深信他们真的有贪污国库的机会。然而想要贪污国库而不被人察觉,每次就不可能贪污太多的钱,还要慎之又慎。一些居心叵测的人随时都在密切监控着首相们的一举一动,对首相的职位虎视眈眈,这最让首相们担心。这些对手之间的仇视和各个派系之间的对垒,在很大程度上捍卫了国家的安全。

荷瑞修:然而,聘用注重声名、理智聪慧、知识丰富、经验老到和廉洁奉公的人去负责公共事务,这个主意不是更加可靠吗?

里欧·门尼斯:这是毋庸置疑的。

荷瑞修:一方面,人们无论在何时何地都展示出贪慕钱财和梦想发达的脸孔;另一方面,从人们的生活方式也可以显而易见地了解:多少财富和财产都不可能让人们的开销和各种欲望称心如愿;如果是这样的话,我们又该怎样信任他们所谓的正义感和廉洁奉公呢?除此之外,从那些可以赢得荣誉和利益的职位上,剔掉那些平庸之人或社会蛀虫,剔掉每一个利欲熏心、野心巨大、爱慕虚荣和迷恋酒色之徒,这难道不是可以更好地激发美德与优点吗?

里欧·门尼斯：谁都不会质疑你这个看法的合理性。如果绝大部分的人都用谋求感官快慰、谦卑优雅和当下盛名的热情，去谋求美德、宗教和来世的快乐，那就最好不过了。如此一来，政府机构的所有职务就只有品行优良、才华卓越的人们才有资格胜任。但是，在一个疆域辽阔、繁荣昌盛的王国里，期待这样的情况成为现实，或仅凭这样的一腔热情去生活，则体现了对人间世事的孤陋寡闻。以我之见，无论是谁，如果说全民的节约、勤俭和不偏不倚就是国家的福分，都是基本上不明白自己在说什么。如果由于没有最好的办法而出此下策，我们就会意识到：要保证各国目前的成就及珍视的事物，并让其成为永恒，最好的办法就是出台明智的法律，以捍卫并巩固各自的国体，建立一些管理形式，以预防由于不了解事实而使得哪位首相的能力和诚实辜负大家的期盼，而让公共财富遭受严重的损失。公共管理机构一定要勇往直前，它是一条永不停歇的航船。知识最为渊博、美德最为卓越、私心最为稀缺的首相们绝对是最好的，然而就算这样的君子不存在，世上也还是一刻都不能缺少首相。在海员身上，诅咒和酗酒被看作巨大的罪过，而如果可以让那些品行不端的水手重回正道，我就理应觉得那是众望所归的国之幸运。然而，就算品行不端之徒真的存在，我们也一刻都不能缺少海员。一生中诅咒过上千次、酗酒起码十次，如果这样的人都没有资格做国王陛下舰队的水兵，我就可以断言：这条友好的规定一定会让海军付出巨大代价。

荷瑞修：你为何不更直白一点，说世上压根就不存在美德和诚实呢？你的每一句话都像是想要印证这一点。

里欧·门尼斯：在上一次交谈时，我已经相当详尽地阐述了我对这个问题的认识。我实在是搞不懂你为什么又说我还在捍卫那个被我断然否认的观点。我压根没想过人们并不具备美德和宗教情怀。我和那帮奉迎人类者的区别就在于：在我看来世上这样的好人数量并不如他们所说的那么多。我觉得，其实你自己也不认为世上真的存在那么多如你所想的拥有美德的人。

荷瑞修：你为什么会比我自己还更明白我的所思所想呢？

里欧·门尼斯：如你所知，我已经测试过你对人性的见解了：我刚刚傻傻地颂扬过社会中的某些行业和职业（由低到高，全都包罗在内）的优点，把它们夸得无比美妙。就在那时，我准确无疑地发现了一点：你对人类的总体评价尽管相当高，然而当我们提及某一个人时，你却也如同我一样无比严苛，一样钟爱批评。我一定要问你一个需要思考的问题：大部分人（如果不是所有人）都期盼被视为公正无私，然而我们想要在自己的好恶左右之下做出不偏不倚的判断，却相当困难。无论人们多么公正,我们都会发现:他们的朋友如同他们喜欢这个朋友时说的那样好,或被那个朋友惹恼时说的那样坏的情形都非常少见。

就我而言,大致说来,我并不觉得首相们比他们的对手还要坏,那些对手出于自己的利益考虑而诋毁首相们的声誉,同时又竭力想越位取代。我们可以看一下欧洲随便哪个宫廷的两位达官贵人,二人的美德与恶德不相上下,然而分属两个阵营。每当我们碰到有如此二人出现,其中一个红日当头,而另一个日薄西山,我们就会发现一个规律:无论是谁位居上风,被委以重任,他都会得到自己一党的百般吹捧;如果每一个部位都正常运转,他的朋友们就会把所有这些都算作是他的功劳,说他的一举一动都有其备受称赞的缘由,而对立的一方却觉得他百无一用,并觉得他所有的举动都是率性而为的结果。与此相反,如果什么事情出了差错,对立的党派就必然会说:他们那位保护人如果身处那个位置,那一定不会有同样的过失。这就是人之常情。

身处同一个王国之内,人们对自己的首脑和军队统帅的评价常常会有很大出入,就算那些人有让人无比称赞的功劳,也是这样。我们曾亲眼所见:有的民众把胜利看成是一位统帅的功劳,说他对军事了如指掌,具有异于常人的指挥能力,说如果缺少真正的英雄精神和对祖国的热爱,一个人就不会如他一样乐于容忍一切艰难与险阻,不会如他一样去甘心置身于那些危险之中。如你所知,这只是其中一些民众的情绪,而另一部分民众却把他的战绩统统看作部队的英勇善战,看作后方对他军队绝对的关爱和倾囊相助。然而事实并不是这样的,分析一下这位统帅一生的经历,鞭策他、勉励他的强大信念,很明显只有勃勃的野心和对财富永无止境的贪婪。

荷瑞修: 我不晓得自己会不会也有此番评价。然而,马尔博罗公爵①终归是一位不同凡响的人,是一个杰出的天才。

里欧·门尼斯: 他真是这样。听到你最终认同了这一点,我非常开心。

活着仍旧是我们所羡慕的,所以当它被从视野中移开,

我们就双眼发直,遍寻它的踪迹。

荷瑞修: 顺带提一下。我但愿你能让他们把车停两三分钟,有几匹马能够利用这点时间休息片刻,顺便撒尿。

---

① 马尔博罗(1650—1722),英国贵族,为了争夺西班牙王位继承权,法国国王路易十四命令维拉尔率领12万大军同"强大联盟"的军队作战的联盟军统帅。在这场战争中,马尔博罗此役堪称其军事艺术的成功杰作。——译者注

里欧·门尼斯：这无须经过我的允许，这里你才是主人。而且我们时间充裕……你打算下车吗？

荷瑞修：不，然而我如今打算把那段听你多次提到的话记录下来。我常常想向你要那段话，可老是记不起来。那段话就是这位公爵辞世后你那位朋友为他作的墓志铭。

里欧·门尼斯：给马尔博罗公爵写的？我从心底里甘愿效劳。你带纸了吗？

荷瑞修：我打算把它记录在这封信的背面。其实，我今天早上把铅笔都削好了。那段话开头是什么？

里欧·门尼斯：谁进行的战争，或者，他也在渴望恒星般永久美好的和平。

荷瑞修：好。

里欧·门尼斯：时光倏然而逝，他已双鬓如雪。

荷瑞修：我记下来了。请你一次把一整联都念完，如此一来，句子的意思会更直白一些。

里欧·门尼斯：缺少父亲的马尔斯①，缺少母亲的密涅瓦②，为何还会被著名的希腊人奉为先祖。

荷瑞修：这的确是相当恰到好处。勇气和品行，公爵可谓是在这两个方面的楷模。下面一联是什么？

里欧·门尼斯：在这儿，他成为英格兰之父，如盐与瓮，古人没有这样的神明。

荷瑞修：非常感谢。我们的马车如今能够继续前进了。自从我在你那里读到这段墓志铭之后，我发现了有几段很明显是模仿它的文字。这段铭文发表过吗？

里欧·门尼斯：应该没有。我第一次读到它是在公爵葬礼那天，此后它不停地被反复传抄，然而我没有见过打印的版本。

荷瑞修：在我看来，这段铭文可以跟他一整部《蜜蜂的寓言》相媲美。

里欧·门尼斯：你如果当真这么喜欢它，我可以把它的一种译文给你看一下，那是牛津的一位先生最近翻译的，希望我还保留着它。那段译文的第一联和最后一联译得非常棒，真实地还原了主要的意思。第二联译得不太好，说它离原

---

① 马尔斯，罗马神话中的战神，如同希腊神话中的阿瑞斯。罗慕洛之父，朱庇特之后最伟大的神，被描绘为全副武装的勇士。——译者注

② 密涅瓦，古罗马神话中的智慧女神和女战神，也就是古希腊神话里的雅典娜，又称帕拉斯。——译者注

文的意思差之千里也不过分。

荷瑞修： 然而，第二联却让人深信不疑地觉得第一联是真实的。如果一个人想要证明我们关于马尔斯和密涅瓦的叙述是错误的，那么，马尔斯缺少父亲、密涅瓦缺少母亲①，这就是他梦寐以求的事情了。

里欧·门尼斯： 啊，它在这儿。我不晓得你可不可以通读下来，因为我抄的时候非常匆忙。

荷瑞修： 我绝对能通读下来。

曾经的年代遍布感激，如果英明神武，
或骁勇善战，就会被人们奉为神明，
所以，希腊才把她的马尔斯和帕拉斯视作战神，
让他充当英雄们的榜样，让爱国者紧紧跟随她的足迹。
古人啊，有一位凡人安葬在此；
请让我看到他位居你们众神之列。

写得非常棒。

里欧·门尼斯： 相当深刻。拉丁语铭文所要阐述的意思，用英语表达得更淋漓尽致。

荷瑞修： 如你所知，只有弥尔顿的诗作能激起我的兴致，其他人的英语韵文对我而言都味同嚼蜡。然而，不要因为这个妨碍我们的交谈。

里欧·门尼斯： 刚刚，我提到了人们大都无法做到公正无私，并且希望你能记住：人们凭借自己对行为者的好恶去审视其行为，最后的结论会大相径庭。

荷瑞修： 然而在那之前，你还批判过我的一个观点，即：管理公共事务一定要有杰出的才能和卓越的品格。当时你还做了其他的补充吗？

里欧·门尼斯： 没有。起码我没有印象了。

荷瑞修： 我认为你提出这些观点肯定不是恶意使然，然而，就算假设它们都是正确的，可是披露它们，除了可以让人更加散漫和愚昧，我仍旧不知道还能有别的什么作用。这是由于：如果缺少学问、能力、才干或知识的人也可以担任政府的最高职务，那么，所有脑力劳动和苦心钻研就都能够就此作罢了。

里欧·门尼斯： 我并不曾有过这样的普遍断言，然而有一点是毋庸置疑的：城府很深的人就算缺少杰出的才能，也会在行政机构的最高职位和其他关键职位

---

① 这是荷瑞修对此联原文的理解。原文可直译为："（否则）缺少父亲的马尔斯和缺少母亲的密涅瓦为什么会被著名的希腊人误奉为先祖？"——译者注

上干得非常之棒。所谓的那些最出色的政治家，我不认为世上曾有三个堪称此名的人同时存在的时候。人们说及并彼此吹捧恭维的才智、渊博知识或真实价值，事实上却还不到四分之一，而人们外表看上去具备的美德或宗教虔诚，事实上都达不到百分之一。

荷瑞修：有些人的行为出发点充其量是出于贪婪和野心，其行动初衷也只有谋得财富与名誉，而但凡可以实现目的，他们就会称心如意。我认可这个观点。然而，还有些人却把美德和福泽众生的精神当作行为原则，甘愿尝遍各种苦头来充实自身，从而让自己拥有能够为国服务的才能。如果美德是这般欠缺，为何还存在精通专业的人呢？在我看来，必然还有学问渊博、才能卓越的人。

里欧·门尼斯：所有无瑕的品质都一定是在人尚处于年轻时代时培养的，在那个阶段，我们没有资格自己去选择或评判哪条是符合我们时代发展的最合适的道路。我们所目睹的人的进步，其绝大多数都要算作父母和导师约束有方及关怀备至的功劳。只有为数甚少的父母才会卑鄙到不期盼自己的子女品行出众。人们想方设法地要为子女留下财富，同样与生俱来的关爱也让人对孩子的教育务必关注。而且，对子女教育漠不关心也有违时代发展，所以也归为耻辱之列。父母教育孩子掌握一种行当或专业的技能，其最大目的就是为了让孩子可以自力更生。可以促进和鼓励艺术与科学的，乃是金钱或荣誉的奖励。如果人并非这般骄傲，或并非这般贪婪，那么，人们做出的成千上万种完美成就，估计压根就不会出现了。野心、贪婪及频频出现的各种必需品，乃是让人去勤勤恳恳、奋力拼搏的动力所在，常常会让许多人在长大后从消极怠慢中振奋精神，父母或导师在他们年轻时的苦口婆心并不曾让他们印象多么深刻。如果专门职业待遇丰厚并相当让人敬佩，那就一直会有人能从中出人头地。所以，文明的大国必然鼓励钻研各种学问，其国民也会繁衍生息。家境殷实的父母，以及能够负担得起的父母，大都会让其子女选择学文。从文学这个源源不断的宝藏中，我们会获得远远超过我们所需要的援助，去迎合一切有关深邃语言知识的职业和专业的要求。在有文化的人里，有些人但凡能够识文断字就鄙夷知识，把书本抛在一边，其他人则因为日渐成熟而对学问慢慢感兴趣，然而大部分人一直都非常珍惜他们努力学得的那些知识。在富人这类人群中向来存在喜欢学习的人，也存在散漫的人。所有的学问都有其忠实的信众，这全在于人们的趣味和爱好的差异。学术里所有的边边角角都会有人愿意为之奋斗，而奋斗者的初衷也如同一些人热衷猎狐、另一些人热衷垂钓一样。看一下以研究古物、植物、蝴蝶或贝壳及收集自然界其他古怪产物为业的人终其一生的孜孜不倦，想一下他们各自在自己那个领域运用的奇思妙语，以及他们频频给研究对象赋予的称谓（那些东西大概都不可能让了无兴致的人看哪怕一眼）吧。

富人常被珍玩所诱惑，就像穷人常被金钱所左右一样。兴趣可以引人入胜，就像虚荣可以让其他人不可自拔，而不凡的奇迹则常常是这两者的合理配比促成的。一个开销谨慎细致的人竟然每年能消耗四五千英镑（或者基本上跟这个差不多，即甘心葬送起码十万英镑的收益），只是为了一个声誉而已，也就是他手中有为数颇多的稀奇珍宝和小玩意，同时他又贪慕钱财，步入老年后仍在为了赚钱而勤勤恳恳，这种情况难道不让人百思不得其解吗？也就是对收益、名望、待遇优厚和出类拔萃的期望激励着人们去学习。我们说艺术或科学的所有行业都不存在鼓励可言，其实也只是在说：以那一行为业的大师或专家的辛苦劳动尚未得到应有的回报，无论是精神的还是物质的，都是这样。

这种情况也把那些最神圣的职业涵盖在内。神职人员中只有为数甚少的人把名利视若浮云，不太在意自己相应的物质和精神回报，而更关注服务别人、为他人谋福祉。有些神职人员勤奋进取，尝遍各种苦头，然而我们不太容易证明其中大部分人的这种杰出的辛勤是源于造福公众精神的鼓舞，或源自让芸芸众生的灵魂得到抚慰的激情所致。与之相反，他们当中的绝大部分很明显都是源自希求荣誉和渴求升职，才这么铆足精神的。

同样并不罕见的是：学问中大部分有价值的东西都被视若无睹，而最不足挂齿的东西却备受瞩目，因为人们有原因期盼着凭借后者而不是前者去展现自己的才华。炫耀和嫉妒成就的作家，要超过美德与博爱成就的作家。才华横溢、博古通今的名人常会为了诋毁和贬斥对方的名誉而辛苦劳作。两个针锋相对的人拥有旗鼓相当的见识和广博知识，而他们擅长的所有技能和谨慎，却不能让他们用精致的外在表现向世人掩饰他们内心的恨意，已经不能让他们掩饰其彼此挖苦的文章里的歹毒与仇恨，就这两个人的行为原则而言，我们又有什么可说的呢？

荷瑞修： 在我看来这样的行为并不是因为对美德的执着。

里欧·门尼斯： 然而你依然了解这样的一个实例：那是两位不苟言笑的神学家，久负盛名，品行卓越。如果谈及他们每个人的美德，他们都会觉得自己的美德被严重地打击了。

荷瑞修： 如果有机会凭着一腔对宗教的热忱或打着为公众福祉着想的幌子去一展激情，人们就有了相当大的空间。那场争执是因何而起呢？

里欧·门尼斯：鸡毛蒜皮的小事。

荷瑞修：不过是为了区区小事而已。我实在是难以置信。

里欧·门尼斯：他们是就古代喜剧诗人的诗歌格律这一话题而争执不休的。

荷瑞修：如今我知道你所指为何物了：你是说那些诗文字里行间浸透的喜怒无常的习性。

里欧·门尼斯：在堪称文学的东西里，你还可以说出有什么事情能比这更不足挂齿、更没有价值的吗？

荷瑞修：实在是难以想象。

里欧·门尼斯：虽然这样，如你所知，这两人还是就此展开了那场喋喋不休的争论，而其关键就在于谁最熟悉那些格律，谁研究它的时间最长。以我之见，这个实例让我们参透了一点：就算人们只是因为嫉妒、贪婪和野心的迫切欲望去行为处事，然而学问但凡自成一家，其中所有的部分（即便是最一无所获的部分）在如同我们这样遍布机遇的国家也绝对不可能让学者们与之擦肩而过，而这样的国家已经为学者们设置了各种荣誉席位，已经让他们享有了优越的物质待遇。

荷瑞修：不过，就像你提到的那样，人就算才智平平也能够做好大部分工作，如果是这样的话，人们为什么还要自取烦恼，去努力学习，以掌握那些超出实际需要范围的知识呢？

里欧·门尼斯：我认为我已经就这一问题给出答复了。人们出此下策，绝大部分都是由于可以从学习钻研和知识中发现乐趣。

荷瑞修：然而有的人却由于努力学习而让自己的健康每况愈下，事实上就等于是由于学习太过劳累而自取灭亡。

里欧·门尼斯：然而这样的人可不比那些由于嗜酒如命而健康每况愈下、自取灭亡的人多。研习学问和嗜酒如命这两样乐事，后者最说不通，也比前者更让人耗尽心力。然而，我也坦诚一部分人是为了让自己具备为国服务的能力才努力用功学习的。我要说明的是：只是出于自身利益才努力学习，而较少顾及国家的人，其人数非常多。哈钦森先生[①]曾写过一本书，题目是《对美与美德观念起源的调查》。他好像非常擅长对关怀和博爱之类进行划分和揣摩。我但愿那位神奇的玄学家可以不辞辛苦，利用空余时间，分别考量一下两种东西，其一是人们并不是缘自私心寡欲的、对自己国家发自肺腑的爱，其二是人们希望被人视为拥有那种爱（虽然他们自己对此毫无察觉）的幻想。换句话说，我但愿这位睿智的先

---

① 弗朗西斯·哈钦森，苏格兰哲学家，英国功利主义的提出者。——译者注

生分别考量一下这两种品质，不偏不倚地衡量一下它们在英国或其他随便哪个国家所占的比重，然后用他那种可以让人一览无余的方法，跟我们说一下这两种品质各自所占的比例，就如同塞内加提到的那样：在每个人身上的比例分别为多少。而且，大自然恩赐给动物的必然不是对他人的关切之意，恰恰是对其自身的关切之心。人们竭尽全力往往都是想要让自己的处境变得更好，想要赢得赞誉，想要出类拔萃，想要比别人晋升得更快，也同样都是源于一己之私。

荷瑞修：你是不是觉得理应获得晋升的是那些满腹才华、学识渊博的人，而并非那些能力平平的人呢？

里欧·门尼斯：如果其他条件都一样的话，我觉得这样最为合理。

荷瑞修：那你就一定要认可，起码那些获得晋升的人是拥有美德的。

里欧·门尼斯：我并不是说他们没有美德可言。同理，那些推举美德者的人也被看作高尚之举，并可以获得真正的荣誉。一个依靠自己的辛苦努力而生活优越的人，如果让另一个颇有才华的人获得同样优越的生活，就会被所有的人大加称赞，所有的教民也都会对他感激万分。任何人都不希望自己推举的人受到质疑，所以，虚荣者也会如同拥有美德的推举者一样，拼尽全力跟世人抗争。只是出于想要获得赞扬的自发的期盼，就能够让相当多的人从数位候选人当中遴选出最有能力的人（就算是心怀叵测、居心不良的人，其中绝大部分的人也会如是而为），但凡他们了解候选者的真实处境，但凡因为亲情、友情、利益或其他因素的初衷并不违背我提到的那个欲念（也就是期盼被大加称赞）就行。

荷瑞修：然而以我之见，根据你的理论，那些最会趋炎附势的人理应提拔得最快。

里欧·门尼斯：有些学识渊博的人也非常聪明、足智多谋，他们一心一意埋头苦学，同时又对世事了如指掌。他们明白怎样让地位高贵者对其产生好感，并为此倾尽了生平所有的才能与辛劳，让其给自己赢得最大的回报。但凡看一下我们所涉及的那些伟大人物的一言一行，你就会迅速发现让他们孜孜不倦、不分昼夜的到底所为何物。未曾赢得职位的神甫们在君主们的宫廷里来回徜徉，还一直向熟人喋喋不休，但愿能为其谋得一官半职。他们大力呵斥时代的骄纵淫欲、埋怨自己必须要委身顺应它；而就在此时，他们却竭尽全力，不，理应说是迫切希望并竭力谋求生活的舒适，不遗余力地拷贝上流社会的行为举止。他们一旦谋得一官半职，就立刻拭目以待，并已经期盼着另一个待遇丰厚、备受尊崇的职位。在所有关键时刻，他们死死盯住并以此为乐的只有财富、权力、荣誉和地位。你如果亲眼见到了这些状况，把这些配合默契的证据尽收眼底，判断出这些人的行为出发点及其奋斗机所在，这还算得上什么难事吗？换言之，他们的行为出发点和奋斗动机还需要质疑吗？

荷瑞修：对神甫们我基本上无话可说。我也不可能在这些人身上发现美德的踪迹。

里欧·门尼斯：虽然这样，你还是可以在神职人员身上发现美德的踪迹的，如同你在其他所有层次的人当中发现的差不多。然而在各地，那些美德却全都是外在成分居多，而真实因素颇少。谁都不希望被视为不真诚或谎话连篇，然而，真的还有一星半点的人非常坦诚，敢于承认自己有什么需要，所以可以让我们了解他需要它的动机所在。因而，当我们从人们的言行之中，获悉人们对于事物真正价值的看法时，就能够最清楚地发现人们的言不由衷了。毋庸置疑，美德是人所能具备的最有意义的财富，所有人都对美德百般称赞；然而，所有人都虔诚地崇拜美德，崇拜那种交口称赞的长处，这样的理想国又在哪里？另一方面，金钱理应被称之为万恶之源。伟大的道德家和讽刺家都曾对金钱嗤之以鼻，然而却打着用金钱去积德行善的各种幌子，为了获取金钱，人们可是尝尽了千辛万苦、遭遇了千难万险！

毋庸置疑，金钱身为一种附带因素，它在这个世界上已经招致的祸患，要超过其他所有原因招致的祸患。虽然这样，我们还是不能道明另一种原因，文明社会的秩序、运作乃至存在都离不开它。这是由于：这种原因完全是基于人的各种需求，因而，这个基础上的所有建筑都是由人们相互提供的服务组合而成的。在期待别人的服务时，怎样才能去获得它们？这是所有的人在生活中最在乎的问题，也是基本上每时每刻都要思考的问题。但愿别人会不求回报地为我们服务，这实在是说不通。所以，人们之间的所有交易都一定是源源不断地以物易物。卖主把一件东西转让给他人时，也如同想要拥有它的那个买主一样，心中顾及的是自己的回报。你如果渴求或钟爱一件东西，无论其所有者有多少件同样的东西，无论你多么渴求它，其所有者都会首先考虑他更满意的回报，而不会考虑迎合你的需要，然后才会把它拱手相让。如果对方不期待或不满意我能给他提供的服务，我又怎样让他甘心为我提供服务呢？所有镇定自如、与社会里的所有人都没有纠纷的人，都不可能对律师有什么利用价值。一个人如果全家身体状况都非常好，医生就不可能让他购买任何服务。然而，在人们可以彼此提供的一切服务中，金钱是一种可以被所有人都欣然悦纳的回报，所以，它能排除或扫荡所有的这些障碍。

荷瑞修：然而，从你的理论里难道无法推出这样的结论吗——所有人对自己的评价都远远超出其真实价值，所有人都高估了自己的劳动？

里欧·门尼斯：必然可以，并且已然有了这样的结论。然而让人讶异的是：社会人口规模越大，人们的需求越是五花八门，人们越擅长用金钱去迎合这些需求，运用金钱的罪恶所招致的有害后果就会相应减少。与之相反，少了金钱，一个社会的人口越少，其成员迎合自身需求的方式局限越大，而只能维持生存必需，他们就越容易将我提到的那种相互服务变为现实。不过，缺少语言，缺少金钱或它的替代物，一个文明大国要获得生活所有的舒适，要获得我提到的那种现世享受，却是压根不可能的。在金钱非常充裕，立法机关又对金钱管理极为完备的地方，金钱向来是会充当判断所有事物价值的一种标准。人们与生俱来的需求带来了许多有价值的结果。所有人都需要吃喝，而这就是维系文明社会的桥梁所在。任凭人们怎样去高估自己，大部分人所能做的工作都永远是最低贱的。所有数量充裕的东西，无论它对人多么有价值，都绝对不会是奢侈品。稀少常常比有用更能抬高东西的身价。我们从中能够明白艺术与科学为什么总能带来最优越的回报，因为只有在长期的刻苦勤奋和专心致志之后，或者需要拥有世间少见的特殊天赋，才能成就它们。我们还可以知晓，在所有社会中，幸运为什么总是青睐某些人，因为他们会去干那些谁都不喜欢干的卑贱低俗的工作。然而我提到的这些，你已经在《蜜蜂的寓言》里有所了解了。

荷瑞修：果真是这样。我在其中看到了与这个题目相关的一句话，我绝对不可能遗忘它。那位作者说：可以鼓舞穷人去劳动的，除了他们自身的各种需要之外，再无他法，而削弱那些需求乃是上上之策，然而浇熄那些需求却可谓是下下之策。①

里欧·门尼斯：我认为这条箴言非常正确。它不但可以让穷人真正有所收获，也好像可以让富人获得切实的利益。其原因是：一些劳动者尽管家境贫寒，却知足常乐，只要让自己的子女能够持续在同样糟糕的条件下生存下去就已经心满意足，并让子女从孩提时代就对劳动和顺从习以为常，对最卑贱的饮食和器具习以为常，而这样的劳动者常常是对自己最好、对公众最有价值的人。与之相反，有些劳动者对自己的工作百般挑剔，一味地抱怨自己的生存环境太过糟糕，一味地推脱顾虑子女的安康，希望通过别人的慈善实现对子女的教育，这一类人

---

① 参见《蜜蜂的寓言》的"评论Q"和"评论Y"。——译者注

为别人提供的服务少得可怜，自己也郁郁寡欢。你会发现一个规律：对后一种穷人而言，他们大部分都好逸恶劳、嗜酒成性、放荡不羁，并且没有家庭观念，一心只希望尽可能撇开供养子女的压力。

荷瑞修：我尽管不支持慈善学派，然而我仍旧觉得：贫苦的劳动者把自己及其所有子女一直束缚在那种奴隶般的环境里，这实在是残忍之至；出身卑微的人，无论大概会有怎样的才能或天赋，在提高自己社会地位的过程中都会历尽艰难险阻、困难重重。

里欧·门尼斯：如果你提到的这种情况相当常见，或有人提出过类似的建议，我也会觉得那非常残忍。然而，在基督教国家里，所有等级的人本身及其子女都不可能被一直束缚在卑微的奴隶地位上。在地位最卑微的人们当中，各国都不乏有幸运之人。我们每天都会目睹一些人，他们既没有教育经历，也缺少朋友的助力，只是凭借自己的辛苦奋斗，让自己从两手空空一跃成为中等阶层，而但凡可以理性地热爱金钱并厉行节俭的话，他们偶尔甚至会让自己远远超过中等阶层。这种情况在那些资质平平的人或能力一般的人身上更是经常上演，而在那些稍微有点能力的人身上出现的频率却极低。不过，遏制穷人子女社会地位持续上升，与数以万计的穷人子女需要从事更有价值的工作时，不分青红皂白地反对逼迫他们接受教育，这两者之间却有着非常明显的不同。根据常理，有些富人有一天可能会重新变成穷人，有些穷人将来也会摇身一变成为富人。博爱的善举随时随地都激励辛勤的劳动者逃离苦难的境遇，然而这种广义的仁慈给整个王国造成的后果，却并不比一个暴君无凭无据地让富人们告别安闲和丰裕逊色多少。我们可以设想一下：全国卑贱龌龊的劳动需要三百万人合力完成，其中各个部分都由穷人的子女去负责，那些人大字不识，所以没有教育经历或教育经历有限。显而易见，如果凭借权力或计谋，让这些孩子当中的十分之一不再做那些最卑微的苦役，那就一定会出现应由三十万人合力去做的大量工作存在无法完成的巨大缺口，或者因为裁掉了这些劳工，他们的工作就必须要由其他受过更多教育的孩子去负责。

荷瑞修：所以，当初因为对有些人的慈善而施行的政策，最终会被印证为让其他人因此而遭殃。

里欧·门尼斯：这种结果一定会出现。在所有国家的复合体当中，各个等级人口的数量需要控制在恰当的比例之内，这才会将整个社会打造成一个分布合理的有机整体。这个比例的约定，是各种素质的人之间因其区别自然形成的，是这些人之间的新陈代谢顺势而为造就的，所以，让这种自然比例顺其自然，就是拥有并捍卫它的最佳举措。从中我们能够推断：那些本性不坏的人，其为了蝇头小利的算计却有可能减弱我们的一种福分，而但凡没有人想要改变或遏制那种福分的风尚，它就会从所有大型社会之中顺势喷涌而出。

荷瑞修： 我对探讨这些抽象的事物没有丝毫兴趣。你对金钱还有溢美之词没有言尽吗？

里欧·门尼斯： 我既不想对金钱大唱赞歌，也不想一味地批判金钱。然而，无论金钱是好是坏，它的力量都相当强悍，并掌控着巨大的疆域，而在所有帝国、国家或王国中，它对人类的影响，一直都不曾像在最聪明、最文雅的时代那样深刻和广博。在那样的时代里，国家最繁荣昌盛，艺术与科学也是百家争鸣。所以我觉得：相较于人类的所有其他发明，钱的发明乃是一件最恰如其分地满足人的所有天然性向的事情。要修整散漫或调皮，金钱是最好的良药。我曾万分惊讶地发现：为了钱，最高傲的人也甘心向那些地位低于他们的人表达最虔诚的崇敬。钱可以购买所有服务，可以冲抵所有债务。不但这样，钱还会有更大的作为，因为当一个人身为某份职业的雇员时，但凡让他去工作的那个人是一位可以支付给他优越薪资的主人，那么，无论那服务多么辛苦、多么难搞、多么让人憎恶，他都会把它视为自己的分内之事。

荷瑞修： 你不觉得，许多从事需要专业知识丰富的职业的优秀人士会不认同你这个观点吗？

里欧·门尼斯： 我非常了解，这些人如果是倾心于做生意或是谋职的，那就谁都不可能免俗。

荷瑞修： 你所有的言辞，对于爱慕金钱的人而言句句属实；然而对于视钱财如粪土的高尚者而言，荣誉的作用远远超出金钱的分量。

里欧·门尼斯： 最尊贵的头衔和最卓越的出身，也不可能让人们摒弃贪欲。品德最优秀的人虽然能做到宽容大度，然而但凡是值得的，他们也常会被利益所蒙蔽，就像最自私自利的技工算计小钱一样。十八世纪二十年代已经让我们了解了：当出现了可以赚得盆满钵满的情形时，要找到视金钱如粪土的清高之士是一件多么困难的事。除此之外，不可能有比金钱更让绝大部分人心向往之的了。钱可以让各种身份的人皆大欢喜，上等人、下等人、富人、穷人，无一例外。与之相反，荣誉对卑微的受奴役者的影响非常渺小，对粗俗者的影响基本上可以忽略不计。然而就算荣誉可以对这些产生一点影响，金钱也基本上到处都能买到荣誉。不但这样，对明白怎样用钱去紧跟时尚的人而言，有钱本身就能算作一种荣誉。从另一方面说,荣誉也需要财富相助,如果缺少财富,荣誉对其拥有者就是个相当巨大的压力。具备荣誉头衔却没有金钱,这种压力比只承担相同水平的贫困负担还要沉重,因为随着人们地位的提升,对生活的需求也就随之增多,然而金钱越多,就越会迎合最昂贵的需求。金钱是世界上最好的、真真切切的补药,它可以自发地对人的精神产生影响,因为金钱不但可以鼓舞人们去劳作,并让人们由衷地喜欢它,而且削减人们的倦怠,并可以帮助人们战胜所有疲惫和艰辛。随便从事哪一种工作的工人,但凡可以拿到与其辛苦匹配的薪水,就会比领取日工资或周工资、薪水不变的工人干得更为卖力。

荷瑞修: 在工作辛苦的办公室里,也有些人尽管拿着固定薪水,然而依旧勤勤恳恳,努力工作。你不这样觉得吗?

里欧·门尼斯: 是的,真是不乏这样的人。然而,世上不存在那样一种工作,它需要人们聚精会神地一直工作(有些人甘心以此来自寻麻烦、自取其辱),而但凡产生新的麻烦,他们就会身受其累。在那些职位的年收入一成不变的职位或岗位上,你也不可能发现认真、灵活和顽强、不遗余力地兢兢业业工作的人;而在其他有的行业里,人们却会这样恪尽职守,因为那些行业的待遇一直是与劳动成果挂钩的,而酬金也要么是在服务之前预付(例如律师),要么是在服务后马上兑现(例如医生)。我能够断言:你我第一次对话时已经对此有所提及。

荷瑞修: 城堡①就在我们前方了。

里欧·门尼斯: 我认为你不会对它抱有一丝遗憾。

荷瑞修: 果真这样。你说到首相与其嫉妒的对手时相当直白,我非常欣喜地听到了你用同样的直白的话评判国王及其他君主。但凡我发现一个公正无私的人,向来会对他以礼相待,会觉得就算他的话有失偏颇,起码他是在追寻真理的路上求索。越是用我在这个世界上的所见所闻去衡量你这些观点,我就越是必须要认可它们。今天一上午我都不曾有一句质疑你的话,而只想更多地听一下你的观点,把机会留给你,让你更详细地阐述你的见解。你让我的看法发生了很大改变。从今天起,我会用与之前截然不同的态度去对待《蜜蜂的寓言》。这是由于,尽管《性格论》的文字功底高过《蜜蜂的寓言》,其中对人的社会性的观点更能服众、看上去更有理有据,其论述也更为灵活,文采飞扬,然而《蜜蜂的寓言》肯定更真实,基本上全都是关于对人类天性的更准确的描摹。

里欧·门尼斯: 但愿你再看一下这两本书。读完之后,你就会说,你没有见

---

① 这里指的是温莎城堡,位于英国英格兰东南部区域伯克郡。——译者注

过哪两位作家写出的作品里还能涵盖更多的不同观点。《寓言》的作者，也就是我的那位朋友，为了激励和维系读者的好奇心，好像写得相当畅快淋漓，而当他讨论我们天性的堕落时，却表现得相当认真。他让人从各个角度认清了自己，然后立刻点明了一种必要性：人们的生活中很明显不但要有启迪和信仰的帮助，而且需要践行基督教的原则。

荷瑞修：我并没有意识到这一点。他是通过怎样的方式点明这一点的呢？

里欧·门尼斯：一方面，他说出了这个世界及其最优雅、自在的虚荣；另一方面，他点明了人类理性和异教美德并不构成让人获得真正的幸福的充分条件，因为我不了解在一个基督教国家里，在所有人都说要以快乐为终极目标的人群中，一个人就算可以拥有真正的幸福还有什么其他意义可言。

荷瑞修：你对沙夫茨伯里大人做何评价？

里欧·门尼斯：首先，我赞成你的观点，他是一位博古通今、文笔卓越的作家。他以优雅的文字和强悍的话语，体现了优秀的想象力和敏捷的思考能力。另一方面，我也必须要坦承：他对自由和人性的看法相当伟大，《性格论》里也不存在一点媚俗大众的东西。其次，所以我也必须要坦诚：他觉得人类生来是善良而优秀的，这些思想尽管美好而朴实，却不能称其为现实，如同空中楼阁。他想方设法，希望把两种没有共同之处的对立事物组合在一起，那就是维系行为的纯粹崇高与追求今生的富贵荣华。为了实现这个目标，他支持自然神论，通过谴责神职者依仗权势和宣扬迷信，去抨击《圣经》本身。最后，他还嘲讽了《圣经》里的许多章节，好像在不遗余力地摧垮所有神启宗教的基础，其出发点就是要踩在基督教的肩膀上建立异教的美德。